全国统计教材编审委员会“十二五”规划教材

国民经济核算初级教程

经济类、统计类、管理类专业适用

蒋萍 徐强 杨仲山 / 编著

中国统计出版社
China Statistics Press

图书在版编目(CIP)数据

国民经济核算初级教程/蒋萍　徐强　杨仲山编著. — 北京：中国统计出版社，2014.2 (2015.7 重印)

全国统计教材编审委员会“十二五”规划教材

ISBN 978－7－5037－7049－4

Ⅰ. ①国… Ⅱ. ①蒋… Ⅲ. ①国民经济核算－高等学校－教材 Ⅳ. ①F222.33

中国版本图书馆 CIP 数据核字(2014)第 012014 号

国民经济核算初级教程

作　　者/蒋萍　徐强　杨仲山
责任编辑/徐颖
封面设计/上智博文
出版发行/中国统计出版社
通信地址/北京市丰台区西三环南路甲 6 号　邮政编码/100073
电　　话/邮购(010)63376909　书店(010)68783171
网　　址/http://csp.stats.gov.cn
印　　刷/河北天普润印刷厂
经　　销/新华书店
开　　本/710×1000mm　1/16
字　　数/390 千字
印　　张/21.25
版　　别/2014 年 2 月第 1 版
版　　次/2015 年 7 月第 2 次印刷
定　　价/43.00 元

国家统计局
全国统计教材编审委员会

出版说明

全国统计教材编审委员会是国家统计局领导下的、全国统计教材建设工作的最高指导机构和咨询机构，自1988年成立以来，分别组织编写和出版了“七五”至“十一五”全国统计规划教材。

“十二五”时期，是我国全面实施素质教育，全面提高高等教育质量，深化教育体制改革，推动教育事业科学发展，提高教育现代化水平的时期。“十二五”伊始，统计学迎来了历史性的重大变革和飞跃。2011年2月，在国务院学位委员会第28次会议通过的新的《学位授予和人才培养学科目录(2011)》(以下简称“学科目录”)中，统计学从数学和经济学中独立出来，成为一级学科。这一变革和飞跃将对中国统计教育事业产生巨大而深远的影响，中国统计教育事业将在“十二五”时期发生积极变化。

正是在这一背景下，全国统计教材编审委员会制定了《“十二五”全国统计教材建设规划》(以下简称“规划”)。根据“学科目录”在统计学下设有数理统计学，社会经济统计学，生物卫生统计学，金融统计、风险管理与精算学，应用统计5个二级学科的构架，“规划”对“十二五”全国统计规划教材建设作了全面部署，具有以下特点：

第一，打破以往统计规划教材出版学科单一的格局。全面发展数理统计学，社会经济统计学，生物卫生统计学，金融统计、风险管理与精算学，应用统计5个二级学科规划教材的出版，使“十二五”全国统计规划教材涵盖5个二级学科，形成学科全面并平衡发展的出版局面。

第二，打破以往统计规划教材出版层次单一的格局。在编写出版好各学科本科生教材的基础上，对研究生教材出版进行深入研究，出版一批高水平高层次的研究生教材，为我国研究生教育、尤其是应用统计研究生教育提供教学服务。同时，积极重视统计专科教材出版，联合各专科院校，组织编写和出版适应统计专科教学和学习的优秀教材。

第三，打破以往统计规划教材出版品种单一的格局。鼓励内容创新，联系统计实践，具有教学内容和教学方法特色的、各高校自编的相同内容选题的精品教材出版，促进统计教学向创新性、创造性和多样性发展。

第四，重视非统计专业的统计教材出版。探讨对非统计专业学生的统计教学问题，为非统计专业学生组织编写和出版概念准确、叙述简练、深入浅出、表达方式活泼、练习题贴近社会生活的统计教材，使统计思想和统计理念深入非统计专业学生，以达到统计教学的最大效果。

第五，重视配合教师教学使用的电子课件和辅助学生学习使用的电子产品的配套出版，促进高校统计教学电子化建设，以期最后能形成系统，提高统计教育现代化水平。

第六，重视对已经出版的统计规划教材的培育和提高，本着去粗存精、去旧加新、与时俱进的原则，继续优化已经出版的统计教材的内容和写作，强化配套课件和习题解答，使它们成为精品，最后锤炼成为经典。

“十二五”期间，编审委员会将本着“重质量，求创新，出精品，育经典”的宗旨，组织我国统计教育界专家学者，编写和编辑出版好本轮教材。本轮教材出版后，将能够形成学科齐全、层次分明、品种多样、配套系统的高质量立体式结构，使我国统计规划教材建设再上新台阶，这将对推动我国统计教育和统计教材改革，推动我国统计教育事业科学发展，提高我国统计教育现代化水平产生积极意义。

让教师的教学和学生的学习事半功倍，并使学生在毕业之后能够学以致用的统计教材，是本轮教材的追求。编审委员会将努力使本轮教材好教、好学、好用，尽力使它们在内容上和形式上都向国外先进统计教材看齐。限于水平和经验，在教材的编写和编辑出版过程中仍会有不足，恳请广大师生和社会读者提出批评和建议，我们将虚心接受，并诚挚感谢！

国家统计局

全国统计教材编审委员会

2012年7月

前言

2012年，为贯彻落实教育规划纲要提出的适应国家和区域经济社会发展需要、建立动态调整机制、不断优化学科专业结构的要求，教育部对1998年印发的普通高等学校本科专业目录和1999年印发的专业设置规定进行了修订，形成了《普通高等学校本科专业目录(2012年)》和《普通高等学校本科专业设置管理规定》。对于统计学科来说，《普通高等学校本科专业目录(2012年)》的最大变化是：将经济统计学专业列入经济学门类下经济学类的一个专业。

2012年8月在杭州召开的“全国经济统计学科发展及教材建设研讨会”上，与会专家就经济统计学专业核心课程的设置与教材建设问题进行了讨论，并对“国民经济核算应列为经济统计学专业核心课程”的观点达成共识，认为当务之急是编写一部适合新专业目录的国民经济核算本科教材。

这就是本教程写作的动机与背景。

接下来的问题是：国民经济核算教材如何定位？框架结构如何设计？我们主要考虑了两个问题。一是如何解决与现有相关教材的关系，避免重复。例如，很多学校开设了经济统计学、经济统计分析等课程，还有的学校开设了国民经济核算课程，与此相应的教材也有一些。为了与现有教材相区别，本教程立足SNA，以SNA的内容为中心、以账户体系为主线、按SNA账户平衡表的内容设置各章的内容。在具体内容的讲述上，不仅解读“是什么”，更注重分析“为什么”，从学理上给予较为深入的解析。二是如何解决不同层次、不同专业对国民经济核算教材的需求问题。我们的做法是：分设成两本教材——国民经济核算初级教程与国民经济核算高级教程，每一层次的教材既适用于经济统计学专业，也适用于非经济统计学专业，内容的取舍由任课教师决定。将国民经济核算教材由一本分为两本的最大好处是，细化内容，将普适意义的核算知识与较为专业的核算知识分开，本科生（包括经济统计学专业与非经济统计学专业的本科生）只掌握最基本的核算知识，研究生阶段（主要指经济统计学专业研究生）再进行更为专业的学习，以满足经济管理类各专业在本科阶段开设国民经济核算课程的需求。

为了广泛征求学界的意见，2013年5月蒋萍教授在蚌埠安徽财经大学召开的中国统计教育学会经济统计研究会筹备会议、全国经济统计学协同发展论坛2013年度会议上作了“国民经济核算教材写作思路”的专题发言，2013年7月在上海财经大学召开的首届中国经济统计论坛上作了“国民经济核算本科教程框架内容”的专题发言，2013年12月在厦门大学召开的“纪念钱伯海先生诞辰八十五周年暨经济与统计发展研究高峰论坛”上作了“在经济管理类专业开设国民经济核算课程的构想”的特邀报告。就国民经济核算教程的整体框架、具体内容、写作风格等问题听取专家学者的评论，邱东教授、肖红叶教授、李金昌教授、罗良清教授、魏和清教授、李海东教授、宋旭光教授等提出了有价值的建议，在此一并表示感谢。

本教程共分11章，第一章至第六章由蒋萍教授撰写，第七章至第十章由徐强副教授撰写，第十一章由杨仲山教授撰写，蒋萍教授负责全书的结构设计与总纂。

本教程的写作是一种尝试，由于时间仓促，加之水平有限，难免存在疏漏，敬请同行专家批评指正。

本教程的出版还得到东北财经大学统计学院的资助，一并致谢。

作者

2013年11月

于辽宁省教育厅人文社科重点研究基地

东北财经大学国民核算研究中心

目 录

第一章 总 论

国民经济核算体系具有成熟的理论基础和方法论基础，几经修订，不断完善，已成为公认的国际统计标准。本章在讨论国民经济核算体系"是什么"之后，讲述国民经济核算体系"包括什么"，在此基础上，提炼出国民经济核算初级教程的具体内容。

第一节 国民经济核算体系及其作用

本节围绕国民经济核算体系"是什么"这一中心问题，讨论国民经济核算体系的独特作用及其与工商企业会计的联系与区别。

一、国民经济核算体系

国民经济核算体系（System of National Accounts，简称 SNA）是国际公认与建议采用的、用符合经济学原理的核算惯例来测算经济活动的国际标准，包括概念、定义、分类和核算规则；它是为满足经济分析、决策和政策分析而设计的、用来编制数据与展示数据的核算框架；它把经济运行过程中的大量信息进行了综合，详细而全面地记录了经济体内发生的复杂经济活动，以及发生在不同经济体之间、经济体不同组成之间的活动与影响；它是一套用账户体系表现的，兼具全面性、一致性与完整性的宏观经济统计工具。①

为了更好地理解国民经济核算体系的内含，需要把握这样几点：

1.国民经济核算体系是国际标准。

国民经济核算体系是在各界学者与实际工作者充分讨论基础上、经过多年实践总结出来的国际公认的准则。既然是国际标准，各国都有责任遵照执行。因为，作为统计结果，只有在可比的基础上，才有存在的意义。如果各个国家的核算概念、范围与方法等不同，统计出来的结果就无法进行国际比较，其统计结果也没有任何意义。以新生人口数量统计为例，新生人口数量是以离开母体时的出生为准

① 参见联合国、欧盟委员会、经济合作与发展组织、国际货币基金组织、世界银行编写的《国民帐户体系 2008》，1.1—1.5；此书由中国国家统计局国民经济核算司、中国人民大学国民经济核算研究所译，中国统计出版社 2012 年 11 月出版。以下简称《SNA(2008)》。

还是以受孕时为准，不同宗教所认同的新生人口起点是不同的，如果不对新生人口的起点做统一规定，各个国家虽然能够统计出来新生人口数量，但是由于新生人口的内涵不同，所以，统计结果不具有可比性。

这就意味着，国民经济核算不存在各国特色，也不能另搞一套。例如，《中国国民经济核算方案(1992)》采用的是 MPS＋SNA 模式，或称为中国特色的国民经济核算方案，它不同于国际标准的 SNA，因为保留了 MPS(System of Material Product Balance，物质产品平衡表体系)的成分。设计的出发点似乎合情合理，因为保持中国特色是很流行的设计思想，也很容易得到某些人的认可。实践证明，这种设计思想是错误的，因此，2002 年在修订《中国国民经济核算方案(1992)》时进行了更正，变 MPS＋SNA 模式为 SNA 模式。

当然，这并不是说每个国家的国民经济核算方案完全一样，在 SNA 基础上各个国家都需要制订本国的国民经济核算方案，各个国家国民经济核算方案的差异主要体现在以下两点：一是由于产业结构不同造成的核算重点、核算分类、核算范围的不同。例如，由于自然条件不同和生产力水平差异，有的国家农业所占份额比较高，有的国家重工业比较发达，有的国家新兴电子行业比较发达，各个国家在制订本国国民经济核算方案时，往往会对本国的优势产业有更详细的分类、投入更多的核算资源，而对本国所占比重极小的行业很可能忽略不计。二是由于统计能力存在差异造成采用方法的不同。在对国民经济运行过程进行测算时，往往可以采用不同的方法，例如，平均工资可以用算术平均法计算，也可以用加权平均法计算，还可以用几何平均法计算。不同方法对基础资料、统计人员能力的要求是不同的，考虑到每个国家的统计能力不同、经济发展水平不同，国际上也会允许不同方法的存在，但是，必须在国民经济核算框架中所列方法进行选择，而不是国际标准之外的方法。

当然，国际标准并不是一成不变的，随着社会经济的发展，不断出现新的经济现象，国民经济核算的范围与方法也要调整，所以，国民经济核算体系从动态上看是变化的。目前国际上采用的国民经济核算版本是在 SNA(1993)基础上修订的 SNA(2008)。

2.国民经济核算体系的理论基础是经济学。

国民经济核算属于经济学范畴，所以，国民经济核算基本概念的界定基于经济学理论，也就是说，国民经济核算中用到的概念依据的是经济学原理。例如，国民经济核算中账户序列的设置依据的是国民经济的运行过程；固定资本消耗、营业盈余概念的提出依据的是经济学中机会成本的概念，它不同于会计上的固定资产折旧与利润，所以，不能将国民经济核算中用到的账户与会计上的账户划等号，也不能将国民经济核算中的固定资本消耗和营业盈余与会计上的折旧和利润划等号①。

再比如，国民经济核算生产范围的界定是以经济学的生产范围为界限的，包括在经济学中的生产范围才有可能作为国民经济核算的生产范围，不包括在经济学中的生产范围也不包括在国民经济核算的生产范围内。农民自产自用的生产活动属于经济学的研究范围，也包括在国民经济核算的生产范围内；睡觉、吃饭、运动等活动不属于经济学研究范畴，所以，也不包括在国民经济核算的生产范围内。

也正因为国民经济核算中用到的账户与会计上的账户形似，所以有人将国民经济核算理解为"宏观会计"，这是不小的误区。工商企业会计是以企业行为为基础的，核算一定时期内企业的生产经营状况，非企业性质的生产不是会计学的研究范围。例如，农民自产自用的货物生产不是会计的记账范围，却是国民经济核算的记账范围。国民经济核算与工商企业会计不仅存在宏观与微观的差别，重要的是在设计思想、理论基础上存在本质性区别。正因如此，国民经济核算属于经济学范畴，工商企业会计属于管理学范畴。

3.国民经济核算体系测算的是经济活动或生产活动。

国民经济核算的理论基础是经济学，因此，国民经济核算的研究范围只能限定在经济学的研究范围内。换句话说，经济学的研究范围决定了国民经济核算的研究范围，超出经济学研究范畴的内容不属于国民经济核算的测算内容。例如，人作为一个客体，可以以"生产者"的身份从事经济活动或社会生产，也可以以"自然人"的身份从"出生"到"成长"到"死亡"完成人的生命过程，也可以以"社会人"的身份构成社会活动与社会组织的成员。国民经济核算研究的是生产者身份的人，测算的是作为生产要素参与生产过程的劳动力以及参与生产过程而生产的产出，而作为自然人出现的生理与心理问题是医学或心理学等学科的研究范畴，作为社会人发生的社会行为与变化是社会学或法学等学科的研究范畴。

由此看来，国民经济核算的测算范围是有边界的，不能将国民经济核算的测算范围无限放大。例如，"幸福感"的测算、"安全感"的测算、"满意度"的测算，这些都不是国民经济核算的研究范畴，也不应该作为国民经济核算的测算内容。

4.国民经济核算的标准体现在概念、定义、分类与核算规则上。

国民经济核算体系收录国际公认的做法，也即多数国家采用的方法，包括基本概念、定义、分类与核算规则。SNA(2008)实际上就是围绕"概念、定义、分类与核算规则"展开的。例如，国内生产总值是反映经济运行状况最常用的指标，SNA(2008)详细说明了国内生产总值的概念是什么？应该采用哪些计算方法？产出如何计算？增加值如何计算？用于计算的行业(产业)分类方法有哪些？计价原则是

① 参见《SNA2008》，1.65—1.68。

什么？在账户中如何反映等。

SNA 的基本概念及定义是以一套经济逻辑和原理为基础的，这些逻辑和原理具有普适性，不会因具体经济环境的不同而改变。同理，国民经济核算所遵循的分类方法和核算规则也是普遍适用的。例如，没有理由认为，在一个欠发达国家，其 SNA 的组成应该不同于发达国家。再比如，对于一个相对封闭的大国和一个相对开放的小国，也不应该对应不同的 SNA。当然，SNA 中的某些概念和方法可能不适用于所有情况。例如，在没有通货膨胀的情况下，那些高通胀下的统计处理方法可能用不上。但作为一个综合体系，SNA 有必要将所有情况的定义和规则都包括在内①。

5.国民经济核算框架由账户贯穿起来，用以编制与展示经济数据。

为了反映国民经济的运行过程，国民经济核算采用了账户的形式，并构成了一套逻辑严密、协调一致且完整的国民经济核算框架。由于国民经济核算框架体系是由账户贯穿起来的，所以，也称国民经济账户体系，或国民账户体系。

国民经济账户是编制经济数据与展示经济数据的载体，即按账户来源方或使用方的数据要求收集整理经济数据，并将计算结果填报在账户的相应栏目中，以显示经济数据的统计结果。例如，生产账户来源方设有“产出”指标，使用方设有“中间消耗”与“增加值”指标，为了完成生产账户的编制，就要收集整理“产出额”、“中间消耗额”与“增加值总额”，然后，将计算出的“产出额”、“中间消耗额”与“增加值总额”分别填写在生产账户的来源方与使用方，以展示“产出”、“中间消耗”与“增加值”的具体数值是多少，并反映各指标间的关系。

国民经济账户不仅可以反映某一时期的经济流量，如国内生产总值，还可以反映某一时点的经济存量，如资产与负债。所以，国民经济账户既包括反映流量的账户，如生产账户，也包括反映存量的账户，如资产负债表。

6.国民经济核算体系可以在不同的总量层次上实施。

SNA 可以在不同总量层次上实施：在机构单位层次、在机构部门层次、在经济总体层次。大家最为熟悉且应用最为广泛的指标是国民经济总体层次的经济总量指标，如国内生产总值，但计算这些经济总量指标并不是国民经济核算的主要目的，国民经济核算的重要目的之一是分析研究不同机构部门或不同机构单位之间的关系与相互影响②。

① 参见《SNA(2008)》，1.4。
② 参见《SNA(2008)》，1.3。

二、SNA(2008)的出台与发布[①]

国民经济核算体系(2008)(简称 SNA(2008))是国民经济核算体系(1993)的更新版本,之前的版本还有 SNA(1953)与 SNA(1968)。2003 年第 33 届联合国经济理事会统计委员会上决定对 SNA(1993)进行修订,以满足国民经济核算用户的需要。

修订的背景在于:

(1)自 SNA(1993)颁布以来,许多国家的经济环境发生了重要变化,特别是在资产、金融部门和全球化等领域出现了很多新情况。例如,随着金融服务的不断创新,传统上由金融公司提供的一些金融服务,越来越多地由非金融企业直接开展;有些货物生产企业或者零售商可以向消费者提供消费信贷,非金融企业也可以在资本市场出售证券用以融资等。对于这些新变化和新情况,SNA(1993)已经不能客观完整地反映,有必要对 SNA(1993)进行修订。

(2)国民经济核算方法的研究取得了重要进展。例如,研究与开发支出的处理,SNA(1993)虽然承认研究与开发活动可以为未来带来收益,不是一种仅用于当期生产的投入,但是,鉴于研究与开发支出不易识别、测算和估价,因此,把其作为中间消耗处理,不计入 GDP。近年来,研究与开发支出的测算方法研究获得了长足进展,研究与开发成果在经济发展中的资产属性越来越明显,因此,有必要对此进行修订,SNA(2008)把研究与开发支出作为资本形成的一部分,计入 GDP。

在这种背景下,联合国统计委员会在 1999 年决定对 SNA(1993)开展"逐步修订机制"(incremental updating mechanism)式的修订,即不开展集中的一次性修订,而是根据实际情况对 SNA(1993)采取逐步的、小幅度的修订。但是,在逐步修订过程中,参与修订的专家学者越来越感觉到,这种修订方式很难解决 SNA 与新的经济环境不协调的矛盾,修订应该采取更为集中的方式,包括更加广泛的修订范围。针对这种情况,联合国统计委员会在 2003 年的第三十四届大会上决定,对 SNA(1993)进行集中式的修订,并确定了修订工作的组织架构、修订问题清单等具体事宜。

SNA(1993)的修订是在国民经济核算工作组(Inter-secretariat Working Group on National Accounts,简称 ISWGNA 或工作组)的主持下完成的,该工作组由联合国(UN)、国际货币基金组织(IMF)、世界银行、经济合作与发展组织(OECD)和欧盟委员会 5 个国际组织组成。在 SNA(1993)的修订中,工作组管理并协调整个修订过程,联合国统计司经济统计处履行了 ISWGNA 秘书处的职能。

---

① 参见《SNA(2008)》的"序"。

为更好地协调修订工作，工作组还分别任命了一位项目经理和一位编辑。项目经理的主要职责是协助工作组管理整个修订过程，包括拟订修订日程表、监督资金的使用情况、协调各专家组的相关工作、与修订《国际收支手册》和《政府财政统计手册》的各工作组保持联系等。编辑的主要职责是草拟向联合国统计委员会提出的修订建议以及SNA(2008)的初稿，并确保各项修订建议之间的协调性和一致性。

在修订中，ISWGNA还设立了国民经济核算顾问专家组(简称AEG或专家组)和若干个主题专家工作小组。专家组的成员主要来自各国的资深国民经济核算专家，其工作职责是就修订的全局性问题进行斟酌并做出决策。主题专家工作小组则主要负责具体技术问题的讨论，并提出初步的修订意见。

修订问题首先由各主题专家工作小组进行讨论，然后各专家小组就所承担的研究问题撰写技术报告，将大多数专家认可并在多数国家可行的意见和建议提交给工作组，再由工作组提交给专家组进行讨论。专家组讨论后做出关于是澄清还是修改现行SNA的最终决定。每个问题都要形成唯一的解决方案，并附相关说明，指出修订的原因以及所涉及的SNA(1993)中的相关段落。一般来说，专家组须在最大程度上达成一致意见，达不成一致时用投票方式进行表决。参与投票的人为专家组和工作组成员(共计25张表决票)。工作组负责通报投票结果并组织相关讨论，最终结果由工作组进行汇总。

经过多年的努力，联合国统计委员会在2009年的第四十届大会上正式通过了SNA(1993)的修订版本——SNA(2008)。这标志着SNA(1993)修订过程的正式结束和SNA(2008)的正式颁布。

SNA(2008)与SNA(1993)相比没有根本性和结构性的变化，例如，账户结构没有变化，核算规则没有变化。但在基本概念、基本分类、基本核算方法和基本核算指标方面还是有不少具体的变化，在非核心账户方面，也扩充或增加了不少新的内容。

三、国民经济核算体系的用途

国民经济核算体系的主要目的是提供一个包括广泛的概念体系与核算框架，以便能够用于建立一个分析和评估经济运行状况的宏观经济数据库，为制定政策和决策提供服务。具体来说，有以下几个用途[①]：

(一)监测经济活动

国民经济运行过程的反映是通过各类指标实现的，监测经济活动的主要指标

---

① 参见《SNA(2008)》，1.28－1.35。

包括以下几类：

经济总量指标。国民经济核算的重要结果之一是可以提供反映经济运行结果的总量指标，如国内生产总值，人均国内生产总值，这些指标是反映社会生产与社会生活最综合最常用的指标，得到了国际社会的广泛认同，被政治家、分析人士、媒体和百姓广泛使用。国内生产总值或人均国内生产总值高说明经济发展水平或人民生活水平处于较高水平；国内生产总值或人均国内生产总值增长速度快说明经济实力提高的快、人民生活水平增长幅度大。国内生产总值的高位发展或快速增长既是评估经济运行总体状况的指标，也是判断政府所采取经济政策成败的重要指标。

不同类型经济活动指标。国民经济运行过程包括各类生产活动，从生产活动→收入分配与使用活动→资本形成活动→金融交易活动→出口与进口活动等，每类生产活动都有相对应的指标，每种指标反映的是该类经济活动的规模与水平。例如，金融资产、金融负债、金融资产净获得反映的是金融交易引起的金融资产和金融负债的变动，通过该类指标可以监测一国金融交易的规模与水平，分析金融交易的构成，反映金融行业发展对国民经济发展的贡献。再比如，进口额、出口额、进出口差额反映的是常住机构单位与非常住机构单位之间的交易情况，通过该类指标可以监测一国对外贸易的发展情况，分析对外贸易发展对 GDP 增长的拉动作用以及对国民经济发展的贡献。

不同部门经济活动指标。国民经济活动不仅可以从类型上进行划分，还可以从部门角度进行划分。例如，按机构部门划分有五个部门：非金融公司部门、金融公司部门、一般政府部门、为住户服务的非营利机构部门、住户部门。每个机构部门都从事着从生产到消费等各类经济活动，由此构成了不同机构部门的各类经济活动指标。例如，经济总体的金融资产（或金融负债，或金融净产净获得）可以按不同的机构部门进行划分，通过各机构部门金融资产的总量与水平可以分析该机构部门金融资产在全部金融资产中所占份额，监测该机构部门金融资产是否处于合理的区间内。

平衡项指标。国民经济是一个有机整体，各部门相互制约、相互依存，结成网络般的经济联系。国民经济核算体系一个非常实用之处是，它可以通过指标间的关系得到反映指标间差额的指标，这些差额指标实际上是为了保持账户的平衡而得到的计算差额，但是，这些差额不仅仅是数学上的量的差额，而且具有一定的经济意义，形成实实在在的经济指标，由此称为差额指标，或平衡项指标，平衡项指标是国民经济核算体系特有的指标。例如，总储蓄，它等于收入分配与使用账户来源方与使用方的差额，反映国内生产扣除最终消费之后的余额。

短期指标。国民经济核算体系除了提供年度经济指标外，还可以提供按季度或月度计算的短期指标，以便更为及时地监测经济变动情况。如按月度计算的生产者价格指数、按季度编制的消费品价格指数等。

(二)分析宏观经济

宏观经济运行状况与发展轨迹的分析需要大量的宏观经济数据做支撑，国民经济账户体系是完美展现宏观经济数据的最好工具，它不仅可展现数据的统计结果，还可展示数据间的关系，因而，可以进行各种深入的分析与研究。具体来说，有以下三种：

影响因素分析。宏观经济运行状况分析很重要的一个方面是分析宏观经济发展过程中的影响因素，以寻找经济发展过程中的因果关系。国民经济核算提供的每个时期的数据连接起来，就形成了时间序列资料，有了不同时期的连续变量，就可以建立数量模型，并通过各种函数关系识别出最具影响力的影响因素。例如，某一时期 GDP 的增长速度较快，为了识别出影响 GDP 快速增长的原因，就可以建立影响 GDP 快速增长的定量模型，然后根据所建立的函数关系模型估算出各种影响因素的参数，根据估算出的参数值可以分析出 GDP 快速增长的原因及各影响因素的权重。

经济运行走势的短期预测。在宏观经济数量模型基础上可以进行短期预测，为短期经济政策的制定提供参考依据，也就是说，短期预测是在宏观经济数量模型基础上进行的。例如，上面谈到的 GDP 快速增长影响因素数量模型的建立问题，根据历史数据将模型建立之后，可以根据该模型预测未来短期内 GDP 的规模与增长速度，该预测结果可作为预测期内经济政策制定的重要参考。这里我们强调的是短期预测，原因在于，数量模型中反映的变量间函数关系在短期内的变动相对较小，如果在中长期情况下，由于受未知的政策变量影响，预测结果的准确性将会受到较大影响。

地方政府及企事业单位所做的各种决策。各级地方政府、各类企事业单位都会面临发展与决策制定问题，因此，需要大量的宏观经济数据。例如，跨国公司等大型企业在发展方向的把握、产品定位等方面，必须考虑宏观层面的经济发展状况，是否具备本公司业务发展的条件，因此，他们会用到国民经济核算数据。具体来说，一个手机生产企业在开发了一种新的品种后，他首先要选择在什么样的国家、什么样的地区、什么样的人群中推广，因此，他们要了解各个国家或地区的经济发展水平和居民消费水平以及人口的年龄构成、职业构成等。再比如，地方政府在制定发展规划时，也必须依赖未来经济走势的判断与预测，这也需要国民经济核算数据。还有一些专门为客户提供预测服务并收取服务费的中介机构，也要用到详细的国民经济核算数据。

(三)国际比较

SNA 以一种标准的、国际通行的概念、定义和分类方法填报各国的国民经济核算数据，因此，各国的国民经济核算数据具有国际可比性。具体来说，有以下几点用途：

生产规模与结构的国际比较。国际比较中常用的反映生产规模的指标有国内生产总值、人均国内生产总值等，反映生产结构的指标主要有投资占国内生产总值的比重、消费占国内生产总值的比重、税收占国内生产总值的比重、政府支出占国内生产总值的比重等。该类国际比较指标广泛应用于经济学家、新闻工作者和各类经济分析人员。国际比较分析是建立在对各国生产发展水平基本判断基础上的，在分析时，既可以采用时间序列资料，也可以采用各国的截面数据，也可以将二者结合起来。

优惠待遇的确定。一个国家在国际上享受的优惠待遇往往与国民经济总量指标密切联系。例如，在国际上能否享受某些优惠待遇往往与世界银行关于国家收入等级的分类有关，世界银行会按人均国民生产总值的多少确定享受贷款的额度和贷款的种类。

应承担国际义务的确定。许多国际组织都要求其成员国交纳会费或进行捐款。这些会费或捐款额度的确定往往依据于国民经济总量指标。例如，联合国会费依据的是一国国民生产总值占世界国民生产总值的比重、该国人均国民生产总值与世界平均人均国民生产总值等，这充分反映了一个国家所承担的国际义务与国民生产总值的关系。

四、SNA在统计体系中的作用[①]

国民经济核算是不是统计？国民经济核算不同于一般基于调查的统计，它不直接做调查，也无法直接产生行政记录，而是以其他各种专业性统计或行政记录提供的数据为基本材料，按照自身的一套理论方法做进一步的数据加工；但是，国民经济核算的产出成果也是一套服务于管理与分析的统计数据，其目的和功能与一般专业统计无二，差别只在于核算对象的性质和覆盖范围。基于此，我们似乎可以这样为国民经济核算定位：它不是基于调查的统计，而是基于各种专业统计的统计，构成其核算基础的是多种专业统计的调查统计结果。

进一步看，一种专业统计只涉及经济社会发展的一个方面、一种角度，统计内容要在其专业范围内尽可能贴近调查对象的具体活动，贴近该领域专业管理的具体需求。相比之下，国民经济核算则具有全面性，是从一国国民经济整体看问题，通过整体核算提供统计数据，同时在很大程度上消减了各专业统计所在领域的具体特性，是按照一套基于经济学开发出来的理论方法进行核算，在核算中，各专业

① 高敏雪，“SNA－2008的新面貌以及延伸讨论”，《统计研究》2013年第5期。

统计依据其在整个国民经济运行过程中所处位置被综合为一体。

基于以上可以认为，作为一套国民经济核算理论方法，SNA具备了超越一般专业统计规范的性质，是存在于多种专业调查统计规范之上的一套综合“统计规范”，在各种专业统计体系中处于中心地位。由此决定，SNA在其发展过程中必须考虑与其他统计体系之间的协调一致，以保证国民经济核算的顺利实施；进一步延伸，还被赋予另一种使命：通过SNA实现各专业统计体系之间的协调一致。如果将整个经济统计系统比作一座大厦，SNA就是大厦的主体结构，而各专业统计则是其中的不同房间。房间可能处于大厦的不同位置，其内部陈设可以千差万别，甚至可以对房间格局进行适度改造。但是，各个房间的具体设计在总体上要服从大厦的整体框架和格局，其改造要以不伤及承重墙从而不影响大厦整体功能架构为基本原则。最终，所有房间围绕主体结构而集合为一体，形成大厦的整体形象和功能，各个房间之间也因为与主体结构的关系而具有了相互关联甚至相似性。

从历史过程看，讨论SNA的发展及其与其他专业统计之间的关系，离不开国际化这个大背景。伴随各国经济发展以及国际化程度不断提高，各国统计尤其是官方统计需要增强其国际可比性，为此需要为现有不同专业统计制定国际规范。但是，单一专业统计之国际规范的制定，难以保证各个业务统计之间的协调统一，由此也就难以真正实现各种专业统计的国际可比性。此时SNA作为各种专业统计体系之中心的作用就进一步凸显出来：制定国际统一的国民经济核算体系，使其与各专业统计规范之间保持协调一致，结果会同时促进各专业统计规范的国际可比和相互之间的协调一致。

正因如此，SNA从一开始就特别强调其在下述方面所具备的功能：为向国际组织提供可比的国民经济核算数据提供基础，为各种专业经济统计、财政金融统计和其他统计建立国际准则提供基础，SNA(1968)序言认为，所开发的SNA不仅是各国编制国民账户的标准指南，还应作为各国发展其基本统计体系的指导，因为，它“为评价经济统计中各种实际的和提议的计划提供了一个十分精致的框架”。到SNA(1993)，“充当统计协调的框架”已经被作为SNA的基本用途之一，“国民经济核算一直居于经济统计的中心地位，来自其他专业体系的数据如国际收支或劳动力统计，一般说来必须与国民经济核算数据一起使用，……。SNA与相关体系的协调(如金融统计或国际收支统计)，已经成为促进SNA修订的推动力”①。SNA(2008)则进一步阐发了SNA是如何作为经济统计的协调框架发挥作用的：“第一，它作为一个概念性框架，可以确保在相关不同领域中所使用的定义和分类具有一致性；第二，它作为一个核算框架，可以确保不同来源的数据具有一致性”②。

① 《国民经济核算体系(1993)》，1.44。

② 《SNA(2008)》，1.57。

总之，国民经济核算体系是各种统计体系的协调框架。

五、SNA 与工商会计的联系①

在国民经济核算中，账户的应用具有极为重要的科学价值。以 SNA 为代表的现代国民经济核算体系就是一种通过账户形式概括和描述宏观经济数量水平及数量关系的核算系统，它所运用的账户形式无疑是从企业会计核算中借鉴和引申过来的。自然，国民经济账户与企业会计账户两者在形式上非常相似：两者都由借方(资金运用)和贷方(资金来源)两个部分组成，账户安排都是左借右贷，对经济交易和事项的登录也都要运用“有借有贷、借贷相等”的复式簿记规则，等等。但仅仅注意到这些相似之处，还不足以从根本上把握国民经济账户体系的基本结构和编制原理，有必要进一步认识国民经济账户与企业会计账户之间的主要差异。

1.账户主体的差异

国民经济账户与企业会计账户之间的第一个重要差异就是账户主体不同。所谓“账户主体”就是账户所要反映的经济交易或经济事项的具体承担者。

就企业会计核算而言，其账户主体就是从事生产经营或其他经济活动的个别机构单位。而国民经济核算则有所不同：其账户主体可以是国民经济各机构单位(其中还包括不能作为企业会计账户主体的住户单位)、各机构部门和国民经济总体，以及与本国发生经济往来和经济关系的非常住单位及其集合体即“国外”。这表明，企业会计核算是从个别资金运动的角度考虑问题的，而国民经济核算则是从整个社会资金运动的角度观察问题的。正是基于这种差异，使得国民经济账户与企业会计账户之间又呈现出下面的种种特征。

2.账户设置的差异

账户的基本作用就在于对有关核算对象(交易和事项等)的各个组成部分进行科学的归类。每种账户都描述了经济活动的某个特定方面。为了完整反映有关经济活动的全貌，不仅需要设置单个的账户，而且需要将一系列互有联系的账户结合成“账户体系”。就此而言，任何经济账户都是成体系的；但账户体系的具体设置方式却会随考察范围和对象的不同而不同。

在企业会计核算中，为了全面描述个别资金在经营过程中的运动情况及其结果，通常需要设置一套能够完整反映机构单位内部财务状况的企业会计账户体系，其内容包括有关各种资产与负债的账户，以及有关营运的成本(费用)和收入(成果)的账户等。这样就能够适当体现个别资金循环的方式和特点。

但在国民经济核算中，为了系统地反映全部社会资金的运动条件、过程和结

① 账户主体的差异、账户设置的差异、复式簿记的差异、账户平衡的差异引自杨灿主编《国民经济统计学——国民经济核算原理》，科学出版社，2008 年 1 月版。

果，所需设置的账户体系必然有别于企业会计核算。显然，关于社会资金运动的核算应该考虑下面的问题：从纵向来看，它必须反映国民经济的生产、分配和使用诸环节的数量状况及其数量关系；从横向来看，又必须反映国民经济各部门的数量状况及其数量关系，以及经济总体与国外之间的经济联系；从国民经济运行全过程来看，它还必须反映主要经济活动的条件、过程和结果，也即全面反映各种经济存量与经济流量的规模、构成及其相互联系。国民经济账户体系应该概括反映社会资金运动的所有这些方面，因此，其账户体系的内容就更为丰富，结构也更为复杂。

例如，为了反映国民经济运行各环节的情况，就必须分别设置生产账户、收入分配账户、收入使用账户、资本账户和金融账户等；如果要反映经济运行的条件和结果，就必须设置期初和期末的资产负债存量账户。而且，不仅要对整个经济总体设置这些账户，还要对各机构部门和国外部门设置相应的账户。

3.复式簿记的差异

账户体系的基本特征就是其中各账户之间钩连环结，能以系统的形式提供完整的核算资料。为此，在记录经济交易和事项的过程中，就必须遵循和运用复式簿记规则。就此而言，企业会计账户和国民经济账户概莫能外。但在两种账户体系中，复式簿记规则的实现方式却并不完全相同。

在两种账户体系中，借贷记账符号的意义类似。在企业会计账户中，“借方”表示资产或资金占用项目的增加及其余额，以及负债或资金来源项目的减少；“贷方”则表示负债或资金来源项目的增加及其余额，以及资产或资金占用项目的减少。在国民经济账户中，“借方”与“贷方”被用来分别表示支出与收入、贷出与借入、资金来源与运用等流量，以及资产与负债存量；此外还可以分别表示投入与产出、供给与需求、进口与出口等。相对而言，借贷记账符号的含义在国民经济账户中显得更为丰富一些。

值得注意的是，在两种账户体系中，实现复式簿记的方式有着显著不同。一般而言，在企业会计账户中，我们透过复式簿记看到的只是个别资金运动对于作为账户主体的某个交易者(机构单位)经济状况的影响，通常不必在账户中反映与之交易的另一方的有关经济状况。在国民经济账户中，则还应通过复式簿记适当反映出对应交易者之间的经济联系。

可见，国民经济账户所运用的乃是一种更为系统的复式簿记方法，它既包含同一交易主体的两个不同账户科目上的复式记账，也包含两个不同交易主体之间的复式记账，这种双重的复式记账就是所谓的“四式记账”。复式或四式记账规则构成全部国民经济账户平衡的基础，能够有效地保证整个核算结构的逻辑一致性，同时，也使得这一账户体系能够适当地表现出社会再生产各环节、各要素以及国民经济各部门之间的有机联系。

4.账户平衡的差异

企业会计账户和国民经济账户都是依据“复式”簿记规则记录有关核算数据的,因此,两者都能保持某种账户平衡关系,形成钩连环结的账户体系,借以保证经济核算的严密性和科学性。但在企业账户和国民经济账户之间,上述平衡关系的具体内容仍然有所不同。

企业会计账户的平衡起点是期初全部账户的借方余额合计(资产存量)与贷方余额合计(负债和净值存量)的恒等;复式簿记保证了期内全部账户的借、贷两方的发生额(流量)合计也是平衡的;进而,根据账户余额与发生额之间的关系,必然有期末全部账户借、贷方余额合计的恒等。简言之,借助于复式簿记规则建立起来的企业会计账户的平衡关系,实质上就是全部账户的期初余额、期内发生额与期末余额的借、贷总量平衡。但在个别的企业会计账户中(会计平衡报表除外),无论就余额或发生额而言,并未体现出“借方合计＝贷方合计”的平衡关系。用会计学的术语说,这些账户通常是“未结清”的。

国民经济账户是以统计平衡表为基础,借鉴会计学的复式簿记方法而设计的,因此,它能够兼具两者的一些特点。国民经济账户既要保持整个体系的借、贷总量平衡(外部平衡),又要保持每个账户本身的借、贷平衡(内部平衡,此处撇开统计误差因素)。这与一般的企业会计账户和单式统计平衡表都是有区别的。

国民经济账户的平衡结构根植于国民经济运动的内在统一性。国民经济账户的外部平衡是通过特有的复式(四式)簿记技术实现的,它除了保持全部账户借、贷方的流量或存量总计平衡之外,还从根本上保证了国民经济核算体系平衡原则(三方等价)的实现,这在方法论上无疑是一个重大进步。至于国民账户的内部平衡关系,则表达了一些分析上极为重要的经济方程式。尤其在国民经济账户中专门设立的“平衡项”(如增加值、原始收入、可支配收入、储蓄、净贷出或净金融投资等),大多是一些意义显著的经济指标,据以得到的综合数据在宏观经济分析中占有极为重要的地位。

5.理论基础的差异[①]

SNA 的设计高度依赖于经济学理论,例如,国民经济核算用到的生产概念、消费概念、资本形成等概念都是以经济学原理为基础设计的。当工商会计的核算惯例与经济理论冲突时,国民经济核算则要以经济学理论为依据,而不是以工商会计的核算惯例为依据。

例如,工商会计通常是按历史成本记录的,即在对生产中使用的货物或资产要按照获得时发生的实际支出进行统计,不管这些支出发生在什么时候。历史成本

① 参见《SNA(2008)》,1.63－1.68。

反映的是购买时的总支出，不代表当前的实际价值。例如，某单位有 5 台办公电脑，分别购买于前 5 年、前 4 年、前 3 年、前 2 年和去年，5 台电脑购买时的价格都是 5000 元，则这 5 台电脑的历史成本是 2.5 万元。这 2.5 万元并不代表这 5 台电脑的当前价值，只代表购买时的实际支出。国民经济核算的设计目的是为了经济分析和政策制定，它要考虑的是当前的经济运行结果，因此，它更关注这 5 台电脑的当前价值，为此，国民经济核算采用的是经济学中的机会成本概念，而不是历史成本概念。根据机会成本概念对这 5 台电脑进行估价应使用重置成本法。

第二节 国民经济核算内容概览

国民经济是一个庞大复杂的有机整体，如何对如此庞杂的系统进行梳理，以勾勒出清晰的内容脉络，是本节重点解决的问题，在此基础上，将划定国民经济核算本科教程的具体内容。

一、基本概念的抽象

国民经济的运行是由具体活动构成的，从柴、米、油、盐、酱、醋、茶等基本生活资料的生产，到关系国计民生军工产品、航空航天产品的生产，从工业、农业、建筑业等物质产品的生产到科教文体卫等社会服务的提供，种类繁多，举不胜举。国民经济核算如何对错综复杂的国民经济运行过程加以清晰地描述呢？

首先，我们从一个具体的活动说起，以便抽象出国民经济核算的基本概念。例如，“张三在面包店买面包”。这是一个具体的活动，或者说，是一个具体的交易。每一项交易都涉及交易的双方，从一方来看是“买”，从另一方来看就是“卖”，从一方来看是面包的获得和货币的支付，从另一方来看就是面包的出售与货币的收受，因此，可将“张三在面包店买面包”这一简单的交易行为概括出以下基本信息：

谁（买方、卖方）、做什么（买面包、出售面包）、在哪（面包店）、交换什么（面包、货币）。“谁”指做该事情的经济主体，买方和卖方，即机构单位和机构部门；“做什么”指生产活动本身，买面包和出售面包，即所有的交易活动和非交易活动（如地震等自然灾害，即其他流量的变化）；“在哪”指从哪里买的面包，面包店还是超市，即从事生产活动的基层核算单位和行业。“交换什么”指交换的对象，面包和货币，面包代表非金融产品，货币代表金融产品。由此抽象出来的基本概念有：机构单位和机构部门、交易和其他流量（非交易）、基层核算单位和行业、产品（非金融产品与金融产品）。将抽象出来的基本概念用图 1—2—1 表示出来，即：

“做什么”是用流量指标表示的，例如，烤制了 5 公斤面包，购买了一块面包等。但是，仅有流量指标还是不够的。因为，面包店店主在出售面包前，必须将面包生

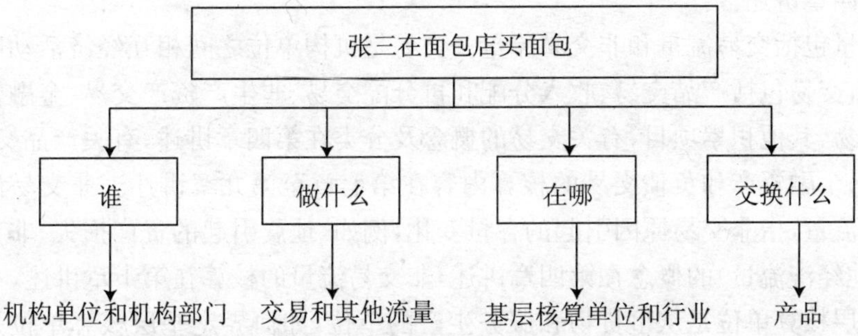

图 1—2—1　基本概念抽象过程示意图(A)

产出来,生产面包需要烤制设备、生产场地——设有店面的房子等。“烤制设备”和“房子”不是流量,是存量,通过面包的生产,店主的存量发生了变化——消耗了固定资本、增加了存货。对于买方来说,由于购买了面包,存量也发生了变化——金融资产转化成非金融资产,因此,还要增加反映存量的内容——资产和负债的变化。

上一段在讲“交换对象”时,交换对象中的货币代表金融产品,金融产品的交易除了引发金融流量的变化外,还会涉及金融资产的变化,金融资产也是用存量表示的,也属于资产和负债的变化。所以,资产和负债的变化包括非金融资产的变化和金融资产的变化。

这时,“张三在面包店买面包”这一活动会抽象出下列基本概念:机构单位和机构部门、交易和其他流量、基层核算单位和行业、产品(非金融产品和金融产品)、资产和负债,其抽象过程如图 1—2—2 所示。

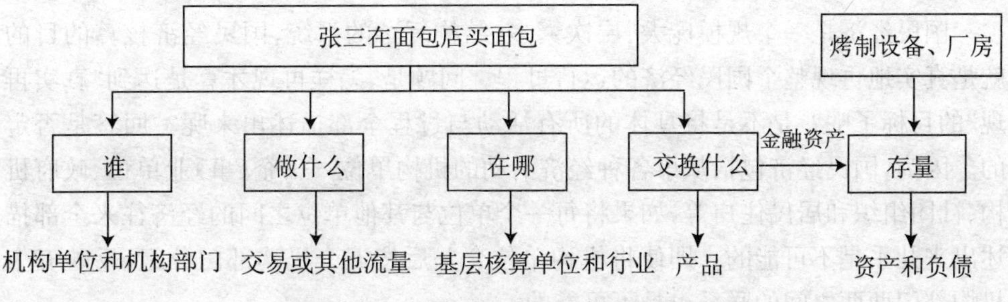

图 1—2—2　基本概念抽象过程示意图(B)

机构单位是从事交易行为的基层组织,是有权以自己的名义拥有资产、发生负债的经济单位,可以是企事业单位也可以是住户,可以是生产单位也可以是消费单位。机构单位可以按主要职能和生产活动的目的进行组合,形成不同的机构部门,将所有机构部门组合在一起就是国民经济总体。机构单位和机构部门的具体内容将在第四章讲述。

流量包括交易流量和非交易流量。交易是机构单位之间相互经济活动所产生的流量,交易包括产品交易、收入分配和再分配交易、非生产资产交易、金融资产和负债交易、其他积累项目,有关交易的概念及分类在第四章讲述,有关产品交易、分配交易、金融资产和负债交易的核算内容在第七章至第九章讲述。非交易流量也称其他流量,指非交易原因引起的存量变化,例如,地震引起的资产损失,非交易流量(其他经济流量)的概念在第四章讲述,非交易流量的核算在第十章讲述。

基层核算单位是从事货物和服务生产的单位,如何界定基层核算单位是国民经济核算的关键。在"张三在面包店买面包"这个例子中,面包店是企业单位,该面包店从事着两种生产:生产面包和销售面包,这两种生产活动的性质完全不同,如果将面包店看作一个企业单位的话,无论将其归入食品加工行业还是归入零售行业都不十分恰当。所以,SNA 将生产单位界定在基层核算单位层次,而不是企业单位层次。这样,就可以将面包店分成两个基层核算单位:面包加工基层核算单位和面包销售基层核算单位,面包加工基层核算单位的生产成果汇总到食品加工行业,面包销售基层核算单位的生产成果汇总到零售行业,这样就可以有效保证汇总指标的同质性。行业指标是在基层核算单位基础上汇总而成的。基层核算单位和行业的具体内容将在第四章讲述。

产品是生产的成果,包括货物和服务两大类,产品的概念及分类在第五章讲述。

资产和负债表是记录存量变化的账户,包括金融资产和非金融资产。资产和负债核算在第十一章讲述。

二、二维账户平衡表的提出

国民经济是一个规模庞大、层次繁多、结构复杂的系统,国民经济核算的目的就是真实地再现整个国民经济的运行过程。问题是,怎样再现才算是达到"真实再现"的目标了呢?是不是将具体的所有活动与过程全部描述出来呢?回答是否定的。因为,国民经济包括从事各种经济活动的机构单位——企(事)业单位、政府机构、社团组织和居民住户等,如果将每一个单位与其他单位之间的经济往来全部描述出来几乎是不可能的。即使将机构单位合并后按五个机构部门分组,反映五个机构部门两两之间的联系也是不可能的。

举个例子,假设有三个企业:面粉厂 A、服装厂 B、煤炭厂 C,面粉厂购买了服装厂的工作服"2"和煤炭厂的煤炭"3",服装厂购买了面粉厂的面粉"6"和煤炭厂的煤炭"1",煤炭厂购买了面粉厂的面粉"4"和服装厂的工作服"4"。面粉厂、服装厂、煤炭厂的总购买分别是 5、7、8,三个企业的总购买是 20。从另一个方面看,面粉厂、服装厂、煤炭厂分别从对方的购买中获得了 10、6、4 的销售收入,三个企业的销售收入总和也是20,总购买等于总销售(见表1—2—1)。

表1—2—1 3×3维两两间交易平衡表

	A	B	C	总购买
面粉厂A		2	3	5
服装厂B	6		1	7
煤炭厂C	4	4		8
总销售	10	6	4	20

表1—2—1是反映“从谁到谁”的3×3维两两间交易平衡表,该表的最大好处是,可以清晰地反映出“从谁到谁”的两两间交易关系。例如,面粉厂从服装厂的购买交易是2,面粉厂从煤炭厂的购买交易是3;面粉厂对服装厂的销售交易是6,面粉厂对煤炭厂的销售交易是4。推而广之,有n个企业,就应编制$n \times n$维交易表,只有这样,才能反映出“从谁到谁”的两两间交易关系,这样做几乎是不可能的。$n \times n$维企业交易表编制不出来,也就无法汇总出5×5维机构部门两两间交易平衡表。

表1—2—1不仅能反映“从谁到谁”的两两间交易关系,还可以反映出每个单位的总购买与总销售,虽然每个单位的总购买与本单位的总销售是不相等的,但统计总体的总购买与总销售是相等的。例如,面粉厂的总购买是5,服装厂的总购买是7,煤炭厂的总购买是8;面粉厂的总销售是10,服装厂的总销售是6,煤炭厂的总销售是4;面粉厂的总购买5不等于面粉厂的总销售10,服装厂的总购买7不等于服装厂的总销售6,煤炭厂的总购买8不等于煤炭厂的总销售4,但三个企业的总购买之和等于三个企业总销售之和,等于20。若只反映统计总体的“总购买”和“总销售”,不反映“从谁到谁”的两两间交易关系,操作性就会大大提高。将3×3维两两间交易平衡表简化后可形成二维平衡表,表1—2—2就是依据表1—2—1改编的二维平衡表。

表1—2—2 总购买与总销售二维平衡表

销售	企业	购买
10	面粉厂A	5
6	服装厂B	7
4	煤炭厂C	8
20	总额	20

二维平衡表的优点是[①]：

1.简单明了地再现经济图像。表1—2—2既可以反映出每个企业的总购买与总销售，也能反映出所有企业的总购买与总销售，虽未反映“从谁到谁”的两两间交易关系，但足以概括出整个国民经济的运行结果。从编制者角度看，具有操作性，从用户角度看，便于理解。而3×3维两两间交易平衡表虽然可以反映“从谁到谁”的两两间交易关系，但是，当分组较多时，就会过分复杂，脉络不清，不易理解。

2.以均衡的方式记录所有经济活动。购买与销售是一项交易的两个方面，从甲方来说是购买，从乙方来说就是销售，二维式平衡表也是从交易双方的角度分别记录的。例如，“面粉厂从服装厂的购买2”，既记录在了面粉厂的购买，也记录在了服装厂的销售，虽然该交易的具体往来关系没有在平衡表中表现出来，但是相应的数量关系已经包括在平衡表中了。

3.反映了重要的经济联系及结果。经济主体活动的相互关联性决定了经济主体之间的经济联系是复杂的，由于二维式平衡表未反映“从谁到谁”的两两间交易，所以，它可以很好地概括出经济运行中的主要经济联系，避免过分复杂的联系掩盖了主要矛盾。表1—2—2反映的主要经济联系是：总购买＝总销售＝20。

二维平衡表的最大缺点是：它是一种简化的平衡表，无法反映“从谁到谁”的两两间交易关系。例如，表1—2—1中面粉厂的总购买是5，如果用账户表示，就反映不出来面粉厂的总购买来自于哪里。

国民经济核算采用的就是二维式平衡表，全称为二维式账户平衡表，简称为账户平衡表或账户。账户的通用性内容在第三章讲述，各种具体的账户贯穿于第六章到第十一章。

三、账户体系及其特点

账户是国民经济核算的基本工具，根据核算内容可形成不同的账户。例如，生产账户、收入形成账户、重估价账户、资本账户、金融账户、供给使用表等。为什么要设置这些账户，账户设置的依据是什么？我们首先从国民经济的运行过程谈起。

国民经济的运行过程起始于“生产”，止于“使用”(最终消费、中间消耗、投资等)，周而复始，运行不止。“生产”到“使用”的过程可细分为两种流动：收入的流动与产品的流动。收入的流动是指“收入的形成→收入的分配与再分配→收入的使用(用于消费或资产的获得)”的过程，产品的流动是指“产品的供给→产品的流通→产品的需求”过程，收入分配和产品流通介于生产和使用环节之间，成为连接两端的中间环节，如此，国民经济运行过程如图1—2—3所示。

---

① 参见《SNA(2008)》，2.9。

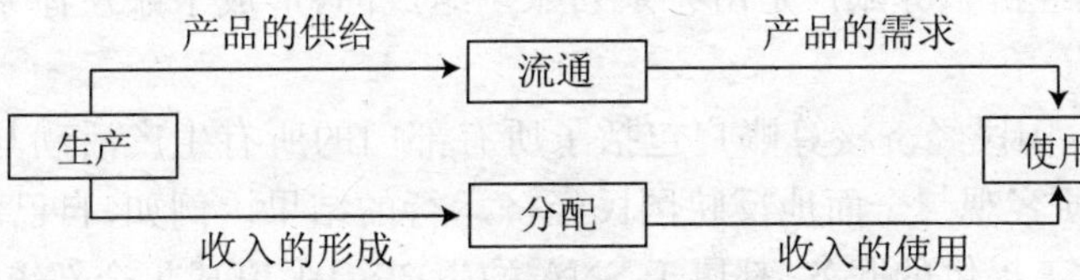

图 1－2－3 国民经济运行过程示意图

从运动形态上看，“生产→流通→使用”这一过程属于产品的实物运动过程，“生产→分配→使用”这一过程属于产品的价值运动过程，两种运动在脱离生产过程之时相分离，又在进入使用过程之时相汇合，既对立又统一，为国民经济账户体系的设置提供了两条基本线路。

国民经济的实物运动过程形成产品的市场供给与市场需求，供给指生产者为适应大众需求而提供给社会的产品总量，需求指消费者在一定价格条件下对产品的需要量。社会生产的目的是满足人们的物质文化需求，人们的物质文化需求是否满足了？社会总供给与社会总需求是否达到了平衡？从国民经济核算的角度看，采用的是产品平衡法，通过产品平衡法可以反映经济总体的产品供给与产品需求关系，其核算工具包括供给使用表、投入产出表、货物和服务账户。在开放经济条件下，一国的产品总供给不仅来自国内生产，还来自进口，一国的产品总需求不仅包括国内使用，还包括出口，反映对外关系的核算工具是国外账户。

国民经济的价值运动过程再现的是收入形成、分配与使用过程，这一过程的核算工具包括若干账户，形成一个序列，称为全套账户序列，或账户序列。

任何产品都是人类劳动的结果，任何生产都离不开劳动者的参与，因此，人口和就业是国民经济核算的重要内容。

国民经济核算采用的是二维账户平衡表，但也不排除特殊情况下，三维平衡表的运用，如三维资金流量表。

综上，国民经济核算账户体系包括两大部分：综合经济账户和其他账户，其中综合经济账户又分为全套账户序列、货物和服务账户、国外账户（见图 1－2－4）。

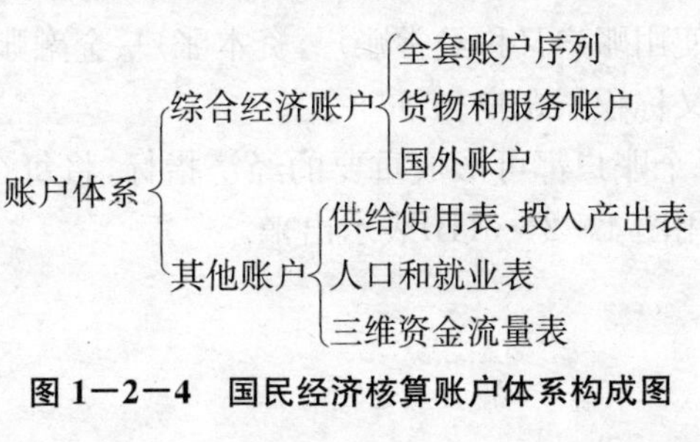

图 1－2－4 国民经济核算账户体系构成图

可见，国民经济核算账户是由一系列账户组成的，形成了账户体系，该账户体系有以下特点[①]：

1.全面性。国民经济核算账户包括了所有部门的所有生产活动与结果，不重复，不遗漏，以便客观与全面地反映国民经济运行的结果。例如，自己种植自己消费的蔬菜、小时工提供的服务，都属于SNA的生产范围，其成果全部统计在生产账户内。

2.一致性。国民经济核算账户对每一种活动或交易的所有方面都要按相同的价值进行记录。例如，一个单位的负债对应的是另一个单位的资产，因此需要在估价、记录时间以及分类上保持一致，避免按部门或经济总体汇总的总量指标出现矛盾。

3.完整性。每一种活动或交易都要在相对应的经济主体账户中进行记录，包括对资产负债表的影响，以构成完整的账户体系，使全套账户序列得以平衡。例如，某企业购买了500个货币单位的原材料，该笔交易既要在购买企业记录两次，也要在出售单位记录两次，同时，若引起了存货的变化，还要在资产负债表中反映。一致性和完整性的技术保证是国民经济核算账户采用的四式记账法。

国民经济核算本科教程只讲述账户体系中的全套账户序列。

四、全套账户序列的构成

全套账户序列简称账户序列，全套账户序列依据的是"收入形成→分配→使用"过程设置的。其中的"分配"包括初次分配与再分配；其中的"使用"既可用于最终消费，也可用于资产(非金融资产和金融资产)获得，非金融资产的获得/处置构成资本形成，用资本账户反映，金融资产的变化用金融账户反映。

由图1－2－2可知，国民经济核算不仅需要反映当期的生产、分配与使用，还需要反映历史的积累以及存量的变化，这就需要进行资产负债核算。

交易的变化可以改变存量，但是，存量的变动有时是由非交易引起的，如地震、通货膨胀/紧缩。这时就需要进行资产物量其他变化核算和重估价核算。

图1－2－5(A)是全套账户序列内容示意图，其中的生产账户、收入形成账户、收入分配账户、收入使用账户又称经常账户，资本账户、金融账户、资产物量其他变化账户、重估价账户又称积累账户。

全套账户中的每个账户都可形成重要的经济指标，将每个账户对应的重要经济指标列示出来，可用图1－2－5(B)表示出来。

---

① 参见《SNA(2008)》，1.1。

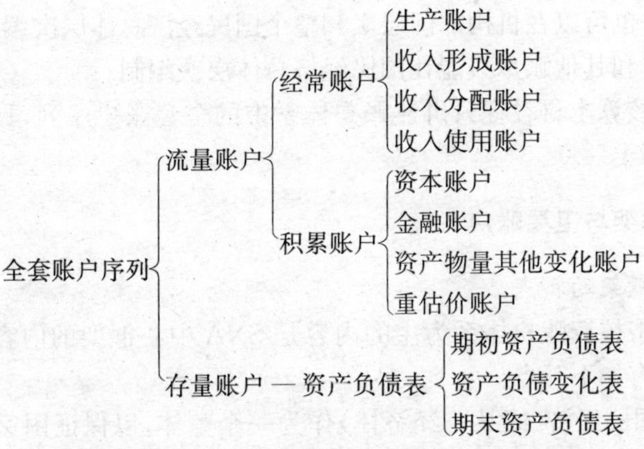

图 1—2—5(A) 全套账户序列涵盖内容示意图

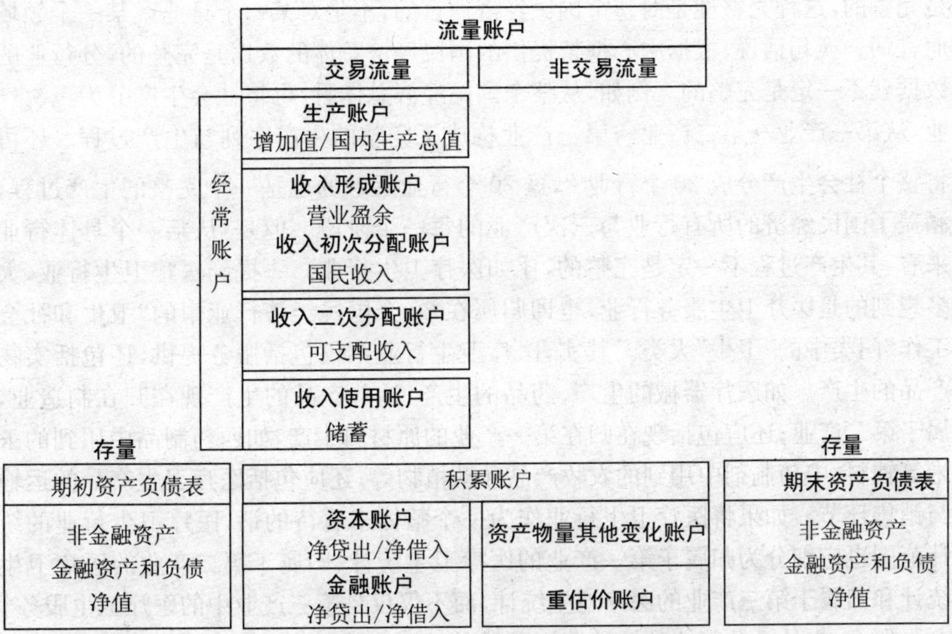

图 1—2—5(B) 全套账户序列涵盖内容示意图

全套账户序列“刻画了经济的运转过程，其中特别强调收入是如何形成、分配、再分配、用于消费或资产获得的；什么时候应处置资产或发生负债，以获得其他资产或进行超过现有收入的消费”[①]。整个账户体系中只有全套账户既可以在机构

① 参见《SNA(2008)》，14.1。

单位层次编制，也可以在机构部门层次和整个国民经济总体层次编制，货物和服务账户、国外账户和其他账户只能在国民经济总体层次编制。

国民经济核算本科教程只讲述账户体系中的全套账户序列，具体内容见第三章、第六章至第十一章。

五、中心框架与卫星账户①

（一）中心框架的特点

以国民经济核算账户体系为主的内容是 SNA 中心框架的内容，归纳起来，中心框架的特点有如下几点：

1.将整个国民经济（或某一经济体）作为一个整体，以保证国家层面测算结果的完整性。

中心框架描述的是国民经济总体的运行过程与结果，从研究框架与内容看，它是完整的，这种完整性是对整个国民经济而言的，不是对某一个行业或某一个领域而言的。换句话说，根据中心框架提供的国民经济总体的数据是完整的，分行业的数据就不一定是完整的。例如，从整个国民经济总体看，可将社会生产分为三次产业，从第一产业→第二产业→第三产业构成了完整的生产序列与生产过程。还可将整个社会生产分成 20 个行业②，这 20 个行业反映的也是一个完整的生产过程，涵盖了国民经济的所有行业与三次产业的每一个阶段。但是，从某一个具体行业来看，其生产过程不一定是完整的，比如医疗卫生行业。一提到医疗卫生行业，大多想到的是医疗卫生服务行业，也即归属在 20 个国民经济行业中的“卫生和社会工作”门类中的“卫生”大类。其实，医疗卫生行业不仅包括服务提供，还包括实物产品的生产。如医疗器械的生产、药品的生产，这些产品的生产现在归在制造业，属于第二产业；还应包括现在归在第一产业的原材料生产，如西药制品中用到的玉米等辅料、中药制剂中用到的农牧产品和动植物等；还应包括医疗卫生产品的运输与销售环节。如果将医疗卫生行业作为一个整体来看待的话，医疗卫生行业的统计范围也应细分为归属于第一产业的医疗卫生统计、归属于第二产业的医疗卫生统计和归属于第三产业的医疗卫生统计，而不仅仅是第三产业中的医疗卫生服务。

那么，为什么分行业的统计范围要维持这种不全面状态呢？其目的是保证经

① 参见蒋萍、刘丹丹、王勇，“SNA 研究的最新进展：中心框架、卫星账户和扩展研究”，《统计研究》2013 年第 3 期。

② 中国现行的行业分类标准将整个国民经济分成了 20 个行业：1.农、林、牧、渔业；2.采矿业；3.制造业；4.电力、热力、燃气及水生产和供应业；5.建筑业；6.批发和零售业；7.交通运输、仓储和邮政业；8.住宿和餐饮业；9.信息传输、软件和信息技术服务业；10.金融业；11.房地产业；12.租赁和商务服务业；13.科学研究和技术服务业；14.水利、环境和公共设施管理业；15.居民服务、修理和其他服务业；16.教育；17.卫生和社会工作；18.文化、体育和娱乐业；19.公共管理、社会保障和社会组织；20.国际组织。

济总体的可加性，保证各行业的数据加总起来等于经济总体，避免重复计算，最终保证经济总体测算结果的完整性。

2.利于宏观层面的分析。

作为国民经济管理手段的国民经济核算实践工作，它首先保证的是国家层面的管理需求，这是第一位的，这也决定了中心框架必须将整个国民经济作为一个整体来看待。正因为中心框架的目的是为了保证国家层面数据的完整性，也决定了它更利于宏观层面的分析。例如，国内生产总值就是一个非常综合的反映一个国家实力的经济指标，国内生产总值是进行宏观分析与决策的重要参照变量。

由于分行业的数据从行业角度看不一定是完整的，所以，在进行中观层面的分析时很难令人满意。仍以医疗卫生行业为例，通过中心框架得到的医疗卫生行业增加值反映的只是“卫生、社会保障和社会福利业”中的卫生行业的服务水平，很难涵盖全部医疗卫生产品的生产、销售及服务水平，从这个角度看，卫生行业增加值是不全面的。

3.更关注生产角度。

虽然 GDP 核算有三个角度：生产角度、收入角度、消费角度，但是，一旦研究视角定位于宏观，那么，从生产角度研究就是最恰当的。但对于个体来说，对于住户来说，对接更紧密的是收入与消费，而不是生产，居民个人从事生产的目的在于维持劳动力的再生产，满足人的生存需求。所以，从国家的层面来看，更关注生产，从住户的层面来看，更关注收入与消费。

国民经济核算的中心框架是以生产为主线贯穿起来的，由中心框架形成的核心经济总量指标必定是生产指标。

4.有利于反映经济生产，不利于反映社会发展。

中心框架中的核心经济总量指标——国内生产总值是一个生产总值，这就决定了它利于反映社会生产的总规模。虽然 GDP 与居民的生活水平密切相关，GDP 的增长有可能给国民带来更好的福利、提供更好的教育、改善居民的居住环境，但它毕竟不是社会指标，无法反映社会发展的方方面面。

（二）卫星账户的特点

中心框架虽然系统严谨、范围全面，但它毕竟是从国民经济总体角度出发设置的，因此，不可能解决社会实践中需要解决的所有层面的问题，在这种背景下，卫星账户应运而生。从另一个方面看，卫星账户的存在与发展也是 SNA 灵活性的体现。由于每个国家的发展基础与发展重点不同，统一的国民经济核算体系很难保证不同国家的特殊需要，因此，自 SNA(1993)起采纳了卫星账户的概念。卫星账户既保证了国民经济核算的特殊需要，体现了灵活性原则，又不影响中心框架的国际可比性。

SNA(1993)发布以来的近20年间,卫星账户与专门领域问题的研究与发展更为迅速,其代表性成果是一系列国际标准与准则的出台。例如,综合环境经济核算卫星账户(SEEA)、住户卫星账户、卫生账户体系(SHA)等。与中心框架不同的是,卫星账户的研究是以体系的构建为主线开展的,目的是形成相对独立的自成体系的账户体系。而中心框架的研究多集中于具体问题计算方法的选择或概念范围变动的讨论,整个中心框架的核算体系与核算原则并未发生变化。从这个意义上说,卫星账户的研究多为"原创"性的,中心框架的研究多为"补充"性的。

卫星账户与中心框架不同,其特点有:

1. 将某一行业或某一领域视为一个整体,以保证行业统计或该领域统计的全面性。比如,卫生卫星账户的研究对象是整个医疗卫生行业,它不仅包括医疗卫生行业的服务提供(第三产业),也包括医疗卫生行业实物产品的生产(第二产业)、销售(第三产业)和原材料的生产(第一产业),由此可见,卫生卫星账户是全口径医疗卫生行业统计的概念。由于卫星账户是以某一行业或某一领域为研究对象,考虑的是行业统计的全面性与整体性,因此,从整个国民经济的角度看,难免存在重复计算,所以,将所有行业的卫星账户加总起来,不等于国民经济总体账户。或者说,卫星账户对于整个国民经济来说不具有可加性。

2. 生产范围在中心框架基础上,可以有扩展。中心框架的生产范围是既定的,生产范围一旦确定下来,各个行业统计的内容就严格按生产范围的界限进行统计,这样才能保证中心框架生产范围的一致性。卫星账户则不然,它可以与中心框架的生产范围一致,也可以有扩展。

卫星账户按与中心框架生产范围的一致性与否可分为两类,一类是内部卫星账户,一类是外部卫星账户。内部卫星账户的核算范围与核算规则与中心框架相同。例如,旅游卫星账户、环境保护支出卫星账户等。外部卫星账户的核算范围或核算规则会发生一些变化。例如,卫生卫星账户的生产范围就扩展到无酬的家庭医疗护理。其理由是,与有酬的家庭医疗护理一样,提供了服务,就应该有对应的收入,也应该有对应的使用。相反,无酬家庭医疗护理不包括在中心框架的生产范围内,其价值也不计入到国民总收入与GDP中。

3. 是对中心框架的补充,利于中观层面或某一领域问题的分析。中心框架在体系上具有严密性与整体性,整个账户序列是完整的。为了保证这种完整性,不可能将所有部门所有的活动细节全部纳入到中心框架中,那样会使整个体系过于繁杂,且会削弱账户的整体性表现。为了解决这个问题,引入了卫星账户,卫星账户是对中心框架的补充。由于卫星账户多数是从行业的角度或某一领域的角度切入的,所以它比较适合中观层面问题的分析。

4. 仍然侧重生产。行业发展的最直接度量指标是生产结果,所以,卫星账户仍以生产规模与水平的测算为重点，即使同度量单位可以从“价值指标”扩展到“实物指标”。

与SNA(1993)相比，SNA(2008)明显的一大变化是：对卫星账户的内容进行了扩展与补充，将SNA(1993)之后开发的卫星账户纳入到了SNA(2008)。如旅游卫星账户、环境核算、卫生卫星账户、未付酬的住户活动等。“自成体系”的卫星账户从此“名正言顺”地纳入到了“国民经济核算”序列，卫星账户不再是游离于国民经济核算之外的可有可无的内容。由于各个国家统计基础不同，经济发展水平存在差异，贯彻执行国民经济核算的程度可以不同，卫星账户也可以暂缓编制，但这不是否定卫星账户作为国民经济核算重要组成部分的理由。

本教程只包括中心框架中全套账户序列对应的内容，不包括卫星账户的内容。

思考与练习

1.SNA(2008)与SNA(1993)相比，在总体框架上是否发生了本质性变化？

2.国民经济核算体系的作用有哪些？

3.SNA与工商企业会计的区别与联系？

4.试说明“营业盈余”与“利润”、“固定资本消耗”与“固定资产折旧”的区别。

5.为什么说国民经济核算体系是各种统计体系的协调框架？

6.如何理解账户体系的特点。

第二章 核算范围

国民经济核算是以经济学为理论依据的，所以国民经济核算的生产范围也限定在经济学意义上的生产范围内，为了满足可行性需要，国民经济核算的生产范围比经济学意义上的生产范围限定更多，所以，本章从经济学意义上的生产范围谈起，重点论述国民经济核算的生产范围、消费范围、资产范围与国民范围，以比较分析经济学的生产与国民经济核算的生产有什么区别。

第一节 经济意义的生产与非生产①

从经济学角度看，可将所有的活动分为两类：生产活动与非生产活动，经济学的研究范围仅限于生产活动，非生产活动不属于经济学的研究范围。

一、经济意义的生产

经济意义的生产（或一般生产范围所说的生产）指：在机构单位控制和负责下，利用劳动、资本、货物和服务作为投入，生产另外一些货物或服务的活动。对经济意义生产范围的理解应把握以下几点：

1.是在机构单位控制和管理下进行的，并且该机构单位对所生产的货物享有所有权。

自然界存在的活动非常多，是否应将某项具体的活动视为经济学意义上的生产活动，其判断标准是：该活动是否在机构单位控制和管理下进行，该机构单位是否对该活动生产的货物享有所有权。凡是在人类行为作用下产生的、且对所生产的货物享有所有权的，都要纳入经济学意义上的生产范围，没有人参与或管理的纯自然过程不是经济学意义上的生产。

例如，公海里鱼虾的自然生长不为任何机构单位所管理，自然生长的鱼虾不属于任何机构单位所有，所以，公海里鱼虾的生长不属于经济学意义上的生产。而养鱼企业拥有的养殖场内鱼的生长则属于经济学意义上的生产活动，因为它与饲养家畜的过程相类似，是一种生产活动。再比如，野生的、未经培育的森林、野果的自然生长不属于生产活动，而经济林木的培育以及为各种用途而种植的树木属于生

① 参见《SNA(2008)》，6.23－6.25。

产活动。

需要强调的是，只要由机构单位控制和管理，不论是否属于自然生长，都视为经济意义的生产活动。例如，在野生森林中砍伐树木、采集野果，在公海里捕鱼等。不能将此解释为生产范围以外的纯粹自然过程，很多社会生产都是利用自然力达到生产目的的，例如，水电站利用河流和重力发电。

2.既包括为货币交易进行的生产也包括为易货交易进行的生产。

交易按支付手段的不同分为货币交易与非货币交易，如果生产的货物或服务是以货币为支付手段出售的，该货物或服务属于生产活动，这一点容易理解。例如，市场上出售的商品。除此之外，还有一些交易是以“以物易物”方式进行交换的，即利用自己已有之物与别人交换，换取别人的物品。

易货交易是一种现有贸易模式出现之前就存在的交易方式，早于人类社会使用货币进行交易之前。现代社会中易货交易方式仍然存在，它是货币交换的一种补充，因为它可以让货物的价值最大化，不花钱换到自己需要的产品，所以，易货交易还是有一定市场的，从国际贸易、边境贸易、网上交易到校园交易，从日用品、艺术品到大宗商品，品种很多。该类交易虽然未用货币进行结算，但与用货币进行交易的生产没有本质区别，也是一种有效的交易行为，符合从投入到产出的完整过程，因此属于经济意义上的生产。

3.既包括有偿交易的生产也包括无偿交易的生产。

货币交易和易货交易都属于有偿交易，还有一些交易是无偿的，例如，政府单位或非营利机构免费或以经济意义不显著的价格向住户或向社会集体提供的服务。有偿交易的生产和无偿交易的生产都是利用劳动、资本、货物和服务等投入，生产另外一些货物或服务的活动，因此，都属于经济意义的生产活动。

4.既包括市场性生产也包括非市场性生产。

根据市场化程度可将生产分为两大类：市场性生产与非市场性生产。市场性生产是按显著经济意义价格出售其产品的生产，例如，为出售而进行的工业品、农产品等的生产；非市场性生产是免费或以经济意义不显著的价格提供其产品的生产①，例如，免费向全体居民和整个社会（或社会的大部分成员）提供的国防、外交、社会秩序的维护等公共服务，虽收取一部分费用但收取的费用远远低于成本的教育、卫生等准公共服务。不论是市场性生产还是非市场性生产，都属于经济意义的生产。

5.既包括为交换而进行的生产也包括为自身最终使用而进行的生产。

生产按是否用于交换分为为交换进行的生产与为自身最终使用的生产，货币

---

① 显著经济意义价格与经济意义不显著价格的概念参阅第五章。

交易与易货交易、有偿交易与无偿交易都属于为交换进行的生产，为自身最终使用的生产不是为交换进行的生产，而是为自身的使用。为自身最终使用的生产包括两类：自产自用的货物生产与为自身最终使用的服务提供。自产自用货物生产包括：自产自用的粮食、蔬菜、水果、鸡、鸭、羊等；为自身最终使用而提供的服务包括：洗衣、做饭、照顾儿童、护理病人等自我服务。

为什么将这部分活动也归入经济意义的生产范围，原因在于：(1)这些活动也是由一个具体的机构单位管理、控制并提供的，这个机构单位就是“住户”。住户对种植哪种货物、养殖什么品种的家禽、谁做饭、谁照顾儿童等活动具有决策权，对自产自用货物或服务生产过程的控制与质量的保证承担全部责任。(2)该活动也经历了从投入到产出的过程，形成了完整的生产过程。(3)虽然生产的目的在于自身消费，但这些生产完全可以由其他单位提供。例如，农民自产自用的粮食，如果他们自己不种植粮食，完全可以由第三方种植。再比如，住户自己照顾儿童，如果他们自己不照顾儿童，也可以采用雇佣保姆的方式。生产活动可否由第三方承担是该项活动能否进行社会分工的条件，人类的活动之所以能够采用社会化大生产的方式进行，其必要条件就是该活动具有可分工性，如果一项活动无法进行社会分工，则该活动就无法进行社会化生产，也就无法构成经济学所研究的生产范围。

6.不以是否给生产者或消费者带来好处为判断标准。

经济学角度的生产不以是否给生产者或消费者带来好处为判断标准。给生产者和消费者带来好处的许多活动并不都是经济意义上的生产过程。例如，自然降雨可能对农业生产带来收益，但它不是生产过程，不是经济学的研究范畴，其产出(降雨量)也不包括在GDP中。阳光也对人类的生产与生活带来益处，但它不受机构单位控制，未经历从投入到产出的完整过程，所以不是经济意义上的生产，不属于经济学的研究范畴。

当然，也有一些活动并未给生产者或消费者带来好处，却包括在经济意义生产范围内。例如，制造与贩卖毒品、卖淫嫖娼等非法生产。其原因是，该类活动符合经济意义生产的定义，由一个具体的机构单位控制并管理，经历了从投入到产出的完整过程[①]。

二、经济意义的非生产

经济学研究的生产指的是社会生产，因此，社会生产以外的活动不属于经济学研究范围，也就不是经济意义的生产，或者说是经济意义的非生产。

我们知道，社会生产是以社会分工为前提的，有了社会分工，社会化大生产才

① 详细解释参见本章第三节。

能实现，所以判定一个具体的活动是否属于经济意义的生产，要看该生产活动能否由分工完成。

一种具体的活动能否由分工完成，主要的判断标准是该活动可否由第三方生产，能够由第三方生产的视为可由社会分工完成的活动。例如，农场主为出售而生产的粮食。农场主生产粮食的目的是出售，不是自己消费，而粮食的消费者并不生产粮食，农场主从事粮食生产这种活动是社会分工的结果。在这种情况下，粮食生产不由消费者本人生产，由第三方生产。

由第三方生产又分为已实现的和未实现的，已实现的指该活动已经由第三方完成，不由消费者本人生产。例如，农场主为出售而生产的粮食。未实现的指能够由第三方生产但未由第三方生产而由消费者本人生产的活动，例如，农民自产自用的粮食。虽然该活动是由消费者本人完成的，不是由第三方生产的，但是，该活动可以由第三方生产。经济学意义的生产既包括已经由第三方进行的生产，也包括有可能由第三方进行的生产。所以，农民自产自用的粮食生产属于经济意义的生产，归于经济学的研究范畴。

从经济角度看，并非所有付出时间和精力的活动都具有生产性。有些活动非常有意义，也很重要，但无法进行社会分工，无法由第三方生产，只能由消费者本人亲自参与完成，因此，无法进行社会化大生产，也就无法进入经济学研究视野，这类活动不具备经济意义的生产性，属于非生产活动。例如，吃饭、喝水、睡觉、锻炼身体等基本的人类活动[①]。

吃饭、喝水、睡觉、锻炼身体这些活动具有“自我服务”的性质，洗衣、做饭、照顾儿童也属于“自我服务”，为什么前者是非生产活动，后者是生产活动？原因就在于，吃饭、喝水、睡觉、锻炼身体这些自我服务不能由他人代为进行，而洗衣、做饭、照顾儿童等自我服务是未实现的、可以由第三方完成的服务，所以是生产活动。

第二节　SNA的生产

SNA的生产或者说统计口径的生产是以经济学的生产为基础的，只有划定为经济学的生产活动才有可能成为SNA的生产，不是经济学的生产不可能构成SNA的生产，这是最基本的前提。

按理说，SNA的生产范围应该与经济学的生产范围完全一致，但是，由于国民经济核算不仅要考虑学理的要求，还要考虑可操作性和测算结果的经济意义，有些活动虽然符合社会生产的概念，但无法测算或很难测算或测算的意义不大，所以，

① 参见《SNA(2008)》，1.39，6.25。

SNA的生产范围要比经济意义的生产范围窄。从这个角度上看,"SNA关于生产范围的界定其实是一种妥协"[①],是学理要求与可操作性之间的妥协。

一、SNA的生产及其与经济意义生产的区别

SNA的生产指在机构单位负责、控制和管理之下,以劳动、资本、货物和服务为投入生产货物和服务的活动[②]。"作为产出的所有货物和服务都必须能够在市场上出售,或者至少能够有偿或无偿地由一个单位提供给另一个单位。因此,SNA将实际上注定要进入市场的全部生产——无论是用于销售还是用于以货易货——均列入生产范围。它也包括由政府单位或NPISH无偿提供给单个住户或社会团体的所有货物和服务"[③]。

由此可以看出,SNA的生产强调:1.是在机构单位控制和管理下进行的,并且该机构单位对所生产的货物享有所有权。2.既包括为货币交易进行的生产也包括为易货交易进行的生产。3.既包括有偿交易的生产也包括无偿交易的生产。4.既包括市场性生产也包括非市场性生产。5.既包括为交换而进行的生产也包括为自身最终使用而进行的部分生产。6.不以是否给生产者或消费者带来好处为判断标准。

对比SNA生产的定义与经济意义生产的定义并没有任何区别,这也是国民经济核算归在经济学门类下所必须遵循的原则。另一方面,国民经济核算又是一门独立的学科,所以,SNA的生产与经济意义的生产又有区别。那么,SNA的生产范围与经济意义的生产范围有什么区别呢?

我们对比一下"对SNA生产的6点解释"与"对经济意义生产的6点解释"可以发现,其中只有第5条是不一样的,其余5条完全相同。对经济意义生产的第5点解释是"既包括为交换而进行的生产也包括为自身最终使用而进行的生产",对SNA生产的第5点解释是"既包括为交换而进行的生产也包括为自身最终使用而进行的部分生产",由此可以看出,经济意义的生产包括为自身最终使用的全部产品生产,SNA的生产包括为自身最终使用的部分产品生产。这就是经济意义生产与SNA生产的区别所在。

我们知道,为自身最终使用的生产归在住户部门,所以,从5个机构部门看,只有住户从事的经济生产有可能不包括在SNA的生产范围内,其它机构单位从事的经济生产全部包括在SNA的生产范围内。所以,SNA生产范围与经济意义生产范围的差别体现在住户部门上。

---

① 参见《SNA(2008)》,1.42。

② 参见《SNA(2008)》,1.4,5.5,6.2。

③ 参见《SNA(2008)》,1.40。

住户从事的生产按生产目的的不同又分成为出售进行的生产与为自身最终消费与使用的生产，为出售进行的生产是市场性行为，属于 SNA 的生产范围，只有为最终消费与使用的生产有可能不包括在 SNA 生产范围内，所以，SNA 生产范围与经济意义生产范围的区别体现在住户从事的为自身最终消费与使用的生产上。

为了详细地说明经济意义生产与 SNA 生产的区别，我们先列出住户为自身最终消费与使用的全部货物生产和服务提供：

1.住户为自身最终消费所进行的农产品生产；

2.住户为自身最终使用所进行的其他货物生产，包括住宅建造、食物和服装的生产等；

3.自有住房者为自身最终消费所进行的住房服务生产；

4.供同一住户内消费的家庭服务和个人服务的生产，包括做饭、照顾和养育儿童、清洗、修理等。

“从经济角度看，上述所有活动都是生产性活动”①。从 SNA 的角度看，第 4 类不属于生产活动，所以，SNA 生产范围与经济意义生产范围的区别在于是否包括第 4 类。即：SNA 的生产不包括第 4 类，经济意义的生产包括第 4 类（见表 2－2－1）。

表 2－2－1　住户生产的货物与服务是否属于 SNA 生产范围对照表

住户生产的货物与服务	是否为 SNA 生产范围
1.住户企业为自身最终消费所进行的农产品生产	是
2.住户为自身最终使用所进行的其他货物生产，包括住宅建造、食物和服装的生产等	是
3.自有住房者为自身最终消费所进行的住房服务生产	是
4.供同一住户内消费的家庭服务和个人服务的生产，包括做饭、照顾和养育儿童、清洗、日常修理、住户内交通运输服务等	否

总结一下，住户部门生产是否归入 SNA 生产范围的一个基本原则是：住户自产自用的货物生产算做 SNA 的生产，住户为自身最终使用的服务（除为最终消费所进行的住房服务的生产之外）不算 SNA 的生产。

具体来说，“SNA 的生产范围包括以下几类活动：

1.生产者提供或准备提供给其他单位的所有货物或服务的生产，包括在生产

① 参见《SNA（2008）》，1.41。

这些货物或服务过程中消耗的货物或服务的生产；

2.生产者为了自身的最终消费或资本形成所保留的所有货物的自给性生产；

3.生产者为了自身的最终消费或资本形成所保留的知识载体产品的自给性生产，但(按照惯例)不包括住户部门的自给性产品的生产；

4.自有住房者的自给性住房服务；

5.雇佣付酬家政人员提供的家庭和个人服务的生产”①。

住户服务活动中不属于SNA生产范围的有：

1.无酬家务劳动，如做饭、洗衣、照顾儿童等；

2.对耐用消费品或住房进行的日常维修与护理；

3.对住户成员提供的交通运输服务、通过交通运输工具对住户所需物品进行的搬运；

4.志愿者从事的服务。

二、为什么未将经济意义的生产全部列入SNA的生产范围

经济意义的生产并未全部列入国民经济核算的生产范围，也即未将为自身最终使用的服务(为最终消费所进行的住房服务的生产除外)包括在国民经济核算的生产范围，其原因主要有以下几点：

1.丧失失业统计的意义。如果将所有经济意义的生产活动都算作生产活动的话，则意味着所有从事自产自用生产与服务的劳动者都成了自我雇佣者，构成了经济活动人口，按此定义，失业就不存在了，失业统计也就没有意义了②。

2.降低数据的分析效果。社会生活中的许多经济问题主要与货币价值关系重大，如通货膨胀、通货紧缩，如果将为自身最终使用的服务全部包括进来，意味着要将这部分不通过市场交换的服务价值用市场价格估算出来，然后将估算出来的服务价值加总到GDP中，这就使得GDP总量增加了。由于与货币价值相对应的增加值并未增加，所以，就会降低GDP与货币价值量的关系度。如果用与货币价值关系相对不够密切的生产总量来测算各种重大比例关系(如货币流量占GDP比重、财政收入占GDP比重等)，则会降低这些分析性指标所应起的警示作用③。

3.与市场依赖性相对较低。“住户内部服务的自给性生产是一种自给自足的活动，对经济中其他部门的影响非常有限。住户决定生产住户服务的同时也决定了消费该项服务。而货物的生产则不同。例如，如果一个住户从事农产品生产，并不意味着他会消费其所有的产出。一旦农作物收获了，生产者将面临选择：多少用

---

① 参见《SNA(2008)》，6.27。

② 参见《SNA(2008)》，1.42，6.31。

③ 参见《SNA(2008)》，1.41。

于消费，多少存储起来供未来的消费或生产，多少在市场上出售或交换其他物品。尽管习惯上称为货物的自给性生产，但实际上，在生产时无法确定最终有多少被生产者消费。举例来说，如果农作物收成比预期要好，住户可能会在市场上卖掉一些农作物，虽然原来可能打算全部用于自己消费。对于服务来说，不存在这种可能性，不可能生产出一项服务后再决定是否出售”①。

4.估价困难。洗衣、做饭、照顾儿童、护理病人等自我服务如果算作生产的话，就要对服务的价值进行估算，估算服务价值的关键是要找到恰当的服务价格。“由于绝大多数住户服务不是为市场而生产的，因此通常没有合适的市场价格可用来对这些服务进行估价。所以，估算服务产出以及相关收入和支出的价值，并且使之与货币性交易价值加起来仍有意义，这是非常困难的”②。

5.不受经济政策影响，也不影响经济政策的制定。洗衣、做饭、照顾儿童、护理病人等自我服务的投入时间、投入方式、服务质量、服务方式取决于住户，不受经济政策的制约。如果对住户的自我服务进行估值的话，它也不代表真正的货币流量，因此，也不影响经济政策的制定。例如，住户服务水平的变动不会影响到税收收入，也不会影响到汇率水平等③。

那么，为什么又将自有住房服务算做 SNA 的生产呢？“自有住房与租用住房的比率，在不同国家之间，在一个国家的不同地区之间，甚至在同一国家或同一地区的各较短时期之间，都可能存在较大的差异。因此，如果不虚拟自有住房服务的价值，住房服务生产和消费的国际比较和跨期比较就会失实”④。所以，住户自我服务中只有自有住房服务包括在 SNA 的生产范围内，其他都不包括。

自用的住宅视为住户的资本形成，拥有住宅的人视为提供住房服务的非法人企业所有者，住房服务由拥有住房的住户使用。

三、SNA 的生产范围为什么扩展了以货币交易为目的的生产

SNA 的起源可以追溯到 1947 年，“由理查德·斯通撰写的 1947 年报告及其附录、‘国民收入和相关总量的定义与计算’表明了如何通过选择和合并一个经济体的基本交易来获得国民收入和国民生产总值，以及如何展示这些交易的内在联系”。“这套账户是以一个货币交易占支配地位的先进工业国的模式为基础的，反映了当时的大多数经验”。

由此可以看出，SNA 的最初核算范围仅限于以货币交易为目的的生产。

① 参见《SNA(2008)》，6.29a。

② 参见《SNA(2008)》，6.29b。

③ 参见《SNA(2008)》，6.29c。

④ 参见《SNA(2008)》，6.34。

“与1947年的体系不同，1953年的体系明显考虑到了发展中国家的需要”。“……将住户从企业中分出”，“目的在于为发展中国家经济中的非货币交易起重要作用的部分提供一个独立的账户”①。

也就是说，到了《SNA(1953)》，SNA的生产范围扩大了，将住户为自身最终使用的货物生产包括了进来，也即将表2—2—1中前两项生产活动包括了进来。道理上讲，表2—2—1中前两项生产活动的目的并非用于交换，其产出价值并不反映实实在在的货币流量价值，那么，SNA为什么对以货币交易为目的的生产进行了扩展呢？

1.如果不扩展，会低估社会化水平较低国家或地区的生产与消费水平。住户自产自用的货物生产在一些发展中国家非常重要，在整个国民经济中所占份额较高，如果只将住户以交换为目的的活动视为生产的话，根据生产范围与消费范围一致的原则，自产自用部分也不能算做消费，这样就会低估社会化水平较低国家或地区的生产水平与消费水平。以一个极端的情况为例。假设某地区（某村落、某住户）完全是自给自足式的自然经济，住户生产的货物完全用于自身消费，若全部将其排除在生产范围之外，按生产范围与消费范围一致的原则，该地区（该村落、该住户）既不存在生产行为，也不存在消费行为。这在实际上是很难理解的，也与实际情况不相吻合。

2.与市场的关系较为密切。货物生产出来以后，会在市场和非市场之间流动。与家庭和个人服务相比，货物与市场的关系更为密切。例如，农民在生产粮食时，原打算全部供自己消费，但如果收成比预期的好，还是有可能拿出一部分到市场上出售，而且这些货物对本国货物总供应量来说相当重要。所以，生产的货物不管是供市场的还是供自己消费的，都包括在SNA生产范围内。

3.与用货币购买消费品进行消费所起的作用一样。虽然住户自产自用的货物不用于交换，但该生产活动满足了消费者的消费需求，满足了劳动力的生理需要，使劳动力的再生产得以实现，从这个意义上看，它与用货币购买消费品进行消费所起的作用是一样的。因此，应该将该类活动列入核算范围，它相当于农民自己生产的农产品全部卖给了自己，又全部消费掉。

值得注意的是，自给性货物生产不同于为满足家庭和个人需要而使用的货物。例如，为家庭成员消费而准备餐食，其中从市场上购买的柴、米、油、盐属于居民的最终消费，准备餐食属于自给性服务，不能把购买的柴、米、油、盐当作自给性货物。

---

① 参见“对1993年版SNA的观察：回顾和展望”，SNA(1993)，中国统计出版社，1995年。

四、对折衷性生产范围的思考

SNA 的生产范围是一种折衷的生产范围,也就是说,有的“经济意义上的生产活动”包括在 SNA 生产范围内,有的不包括(见表 2—2—1)。

这样就会产生一个疑问:既然同为“经济意义上的生产活动”,为什么有的包括在 SNA 生产范围内,有的不包括?人们把下列说法作为将农民自产自用的农产品包括在生产范围内的理由:“虽然它不用于交换,但该生产活动满足了消费者的消费需求,满足了劳动力的生理需要,使劳动力的再生产得以实现,从这个意义上看,它与用货币购买消费品进行消费所起的作用是一样的,因此,应该将该类活动列入核算范围”。从道理上讲,该理由也同样适用于住户所从事的家庭服务和个人服务。

从表 2—2—1 可以看出,货物的生产全部包括在 SNA 的生产范围内,服务(除第 3 条)的“待遇”却相反,这是不是也是一种“待遇不公”呢?过去物质产品平衡表体系的致命性错误就是核算范围太窄,未将非物质生产部门的生产成果包括在内,存在重货物生产、轻服务提供的问题,该问题也同样存在于 SNA 当中。国际社会已有越来越多的人认识到了该问题,因此,对核算范围修订的呼声日渐高涨。

住户为自身最终使用的家庭服务与个人服务多数由女性人口承担,有人认为,女性人口的经济地位以及社会地位没有得到应有的社会承认,与对女性人口从事的家务劳动未得到社会承认有关。若将住户为自身最终使用的家庭服务和个人服务纳入到核算范围并计入 GDP 的话,意味着家务劳动也存在经济价值,这样就会提高女性在家庭与在社会中的经济地位与社会地位。

还有的人认为,家庭服务是采用自我雇佣的方式还是采取社会化生产的方式与一个国家居民生活习惯、历史传承的观念、国家政策等有关,不一定仅与经济发展水平有关,如果不将这部分家庭服务包括进来的话,就会低估家务劳动所占份额较高国家的经济总量,进而影响 GDP 的国际可比性。例如,日本女性在家务劳动中起着重要作用,日本的家庭服务更倾向于采用自我雇佣的方式,由于住户为自身最终使用的服务不算生产,所以就不能计入到 GDP 中。而西方有些国家的家庭服务更倾向于采用社会化生产的方式,因此,算作生产,可以计入到 GDP 中。由此造成三种不可比:1.国家层面的经济总量不可比。2.国家层面经济结构不可比。3.动态发展趋势与增长幅度不可比。

问题是,如果将住户所从事的家庭服务和个人服务全部纳入生产范围内,就会出现前面提及的问题——不存在失业人口、GDP 指标与货币流量的关系弱化等,到底是否应将住户为最终使用的服务全部包括在国民经济核算范围内,真正做到与经济意义生产范围的统一,现在还没有达成共识。

第三节 非法生产与SNA的生产

非法生产是不是SNA的生产，不同的人有不同的理解，从学理上看，非法生产属于SNA的生产，应该统计在国内生产总值中。

一、非法生产及其分类

“非法生产有两类：

a.法律禁止销售、流通或持有的货物和服务的生产；

b.生产活动本身通常是合法的，但由于生产者未经许可而成为非法活动，如未获得行医许可的人员所从事的医疗活动”①。

非法生产“只要生产过程真实，产出的货物和服务具有有效市场需求，以上这两种非法生产就都应包括在SNA的生产范围之内”②。

经济合作与发展组织（OECD）的《未观测经济测算手册》（2002）转引自Blades的分法，将非法生产细分为8类：

（1）非法货物的生产与销售。例如，毒品、黄色书籍和影像产品的制造与贩卖等；

（2）非法服务的提供。例如，性工作者的服务、赌博场所的提供（在将性服务、赌博视为非法的国家中）；

（3）生产活动是合法的，但由未经许可的生产者从事。例如，没有营业执照的行医活动、私自酿酒、偷猎行为（非法捕鱼、非法狩猎、非法砍伐树木等）；

（4）冒牌产品的生产与销售。例如，冒牌手表及其他冒牌产品、未经许可复制艺术作品原件（软件、CD、录像等）；

（5）走私。例如，烟草、武器、白酒、食品、人口的走私；

（6）赃物的买卖（转售）；

（7）贿赂。包括向服务提供者行贿和向掌握特权的人行贿。例如，为了确保预订到房间向宾馆服务员行贿，为得到合同向官员行贿，为获得有特权的职位向政客行贿等；

（8）洗钱。洗钱活动是机构单位间依共同协议发生的活动，因此应视为生产性活动。通常情况下，洗钱活动的参与者（如银行）并不知道自己参与了洗钱，因此，银行对不同账户间货币转移所收取的费用与银行对合法交易收取的费用一样，都应包含在国民经济核算体系之内。

---

① 参见《SNA（2008）》，6.43。

② 参见《SNA（2008）》，6.45。

应该强调的是，不依双方共同协议进行的非法活动不属于非法生产，因为它们不符合交易的定义，也不具有生产性。如盗窃、抢劫、绑架、勒索等。这些活动虽是违法的，但不包括在 SNA 的核算范围内①。

盗窃、抢劫、绑架、勒索等活动虽然不符合生产的定义，但也可能导致 GDP 的下降。例如，员工偷盗本企业的产品会导致产出减少或中间消耗增加，致使用生产法估算的 GDP 减少。有人以此为理由误将这部分算作非法生产，这是不正确的。而赃物的买卖是两个单位依据共同协议进行的一种行为，一方是购买行为，一方是销售行为，因此，应该算作非法生产。

非法生产不包括外部效应，因为“外部效应的产生并不需要得到受影响单位的同意，SNA 也不估算其价值”②。

二、非法生产为什么应该包括在 GDP 中

是否应将非法生产包括在 GDP 中，很多人持反对观点。持反对观点人的依据主要有三点。一是非法生产违背了国家法律，违背了社会主义生产的目的，将违法产品包括在 GDP 中为法理所不容。二是非法生产的产品是“有害产品”，如贩毒、卖淫等，将有害产品包括在 GDP 中违背了价值判断的道德标准，为情理所不容。三是如果将非法生产包括在 GDP 中意味着承认了非法生产的合法性，非法生产岂不更为猖獗。因此，用“将非法生产排除在统计范围之外”作为控制非法生产的手段。

持反对观点人的理由似乎非常充分，但仔细推敲起来，不难发现他们仍然存在一些认识上的误区。

误区之一：将法律规定作为生产范围的界定标准。GDP 的统计范围是社会经济活动的生产性，某种具体的社会经济活动只要符合生产性的规定就应该统计在 GDP 中，不同意将非法生产包括在 GDP 中的人实际上是不承认非法活动的生产性。我们知道，生产范围的界定是有标准的，它强调“经济利益中心”，强调“常住性”，强调“投入与产出的存在”，符合这些规定的就具备了活动的生产性。而判断某种活动是否触犯了法律依据的是法律准绳，生产性的判断标准与合法与否的判断标准是不一样的，用一种判断标准否定另外一种判断标准这在逻辑上是行不通的。举个最简单的例子，对于人来说，既可以从年龄角度进行分组，又可以从性别角度进行归类，归在某个年龄组（别）的人口有可能是男性，也有可能是女性。这两种分组标志是同时存在、缺一不可的。对于一种具体的社会经济活动来说也是这样，既可以按法律标准判断其生产的合法性，也可以按生

① 参见《SNA(2008)》，3.97。
② 参见《SNA(2008)》，6.47。

产范围的归类原则判断其是否属于生产范围。归在生产范围内的活动可能是合法的,也可能是非法的。将非法生产排除在生产范围之外是一种典型的用一种判断标准否定另外一种判断标准的思维逻辑,其荒谬程度与“用年龄分类标准否定性别分类法的存在”是一样的。

误区之二:将常人的价值判断标准等同于统计工作的“行为操守”。统计工作的行为准则是“将所有的生产统计在 GDP 中,不重复,不遗漏”,非法生产也是生产,当然应该统计在 GDP 中。如果将属于生产范围的非法生产排除在 GDP 之外,则是统计工作的失职,从法律的角度看,也是一种违法行为,违反了统计法。做人有做人的道德规范,遵守法律是起码的要求,按常人遵守的道德标准评价统计工作的行为规范,无异于承认“违反统计法的合法性”。

误区之三:混淆了统计部门的职责与执法部门的职责。非法生产为法律所不容,理应打击。但是打击非法生产是执法部门或相关行政管理部门的职责,不是统计部门的工作范围,试图通过统计部门的工作限制非法生产的存在是一种错位的期盼。如在对人口进行统计时,“私生子”、“计划外生育人口”等非法出生人口都统计在总人口中,犯罪人口也统计在总人口中,没有人会认为他们违反了国家法律、政策就应排除在人口总数之外,也没有人会将控制非法出生人口和犯罪人口规模的任务推给统计部门。

误区之四:混淆了统计承认与客观存在的关系。客观存在是既定的事实,承认也好,不承认也罢,都不会依人们的主观认可而改变。以非法生产为例,非法生产的存在与是否已将其包括在 GDP 中没有任何关系。例如,改革开放前,从事性服务的人员极少,改革开放后又死灰复燃。新中国成立后,人民政府采取强有力的措施,仅用三年,就将毒品一扫而光。但是,20 世纪 80 年代起,开放的中国再度面临毒品的威胁。在国际毒潮的侵袭下,走私、贩卖、运输、制造毒品,非法种植罂粟等毒品原植物,吸食毒品等现象又沉渣泛起。中国的统计制度从未明确规定要将非法生产包括在内,但非法生产从小到大、从无到有的存在确是事实。

误区之五:混淆了统计承认与法律承认的关系。法律承认对统计承认虽然具有一定的指导意义,但统计承认与法律承认并不完全是一回事,统计承认与法律承认可以截然不同。仍以非法出生的人口为例,将非法出生的人口统计在总人口中并不意味着这部分人口就是合法出生人口,也并不意味着国家在鼓励非法出生人口的增加。当然,承认非法活动的生产性也并不等于承认了其生产的合法性,将非法生产统计在 GDP 中也并不意味着鼓励非法生产的存在。

那么,从统计的角度看,为什么应将非法生产包括在 GDP 中呢?

1.如果将非法生产排除在 GDP 之外,就会导致 GDP 生产额的低估。GDP 是反映生产规模的指标,如果将属于生产范围内的非法生产排除在外,则意味着

GDP 指标的覆盖范围不全。当非法生产所占份额较小时，漏算部分的影响也许可以忽略不计，但当非法生产所占份额较大时，就不能不考虑漏算的影响。例如，在亚洲和拉丁美洲的有些国家，毒品的生产与销售是比较重要的经济活动。若将毒品的生产与销售排除在国民经济核算以外，则会严重低估农业、制造业、国内贸易、国际贸易的增加值，从而导致 GDP 生产额的严重低估。

2.如果将非法生产排除在 GDP 之外，就会高估住户的储蓄。国内生产总值不仅可以从生产角度计算，还可以从支出角度计算。“如果因非法之故而忽视住户关于非法货物或服务的支出，住户的储蓄就会高估，从而认定住户得到了他们事实上没有得到的资产”[①]。

3.如果将非法生产排除在 GDP 之外，则会破坏国民经济核算的“三方等价原则”。生产既形成了收入，又决定了消费，因此，生产多少就会形成多少收入，生产多少就会构成多少消费，从这个意义上说，一定时期内的生产法 GDP、收入法 GDP 与支出法 GDP 是相等的，这就是国民经济核算中所说的三方等价原则。通过非法生产取得的收入，大部分通过合法手段购买合法生产的货物和服务、购置合法生产的固定资产和金融资产、或用于其他的合法交易。也就是说，通过非法生产获取的收入会通过支出法包括在 GDP 总额中，如果不将非法生产包括在 GDP 的生产额中，就会出现生产法 GDP 与支出法 GDP 不一致的现象。还有一种情况是，通过合法生产获得的收入也有可能用于购买非法生产的产品，享受非法活动提供的服务，这部分合法生产的份额已经包括在 GDP 生产额中了，如果不将购买的非法货物和服务包括在 GDP 支出额中，就会出现“合法生产的 GDP 没有相对应的支出渠道”的现象，同样会造成生产法 GDP 与支出法 GDP 的不一致。

4.如果不包括非法生产则会破坏国民经济账户的整体一致性。国民经济运行过程既是一种循环过程，又是一种平衡系统，在这个平衡系统中，交易双方涉及到的具体活动往往是同时进行的：有买就有卖，有收就有支，从一方来说是资源，从另一方来说就是使用，国民经济活动的这种特点决定了国民经济账户在整体上是一致的、平衡的。国民经济各账户——生产账户、收入分配与使用账户、资本账户、金融账户之间以平衡项相互衔接，构成了完整的统一体。如果交易双方的记录是非对称的，国民经济账户的一致性就会破坏；如果遗漏了非法货物与服务的生产和进口，国民经济的总供给与总使用就会失衡。

5.核算非法生产是国际比较的需要。有些经济活动在一个国家是非法的，在另一个国家可能是合法的。如果按各国的法律口径进行统计，各国的生产范围就不可能相同，以至于无法进行国际比较。例如在中国，白酒的生产与销售是合法

---

① 参见《SNA(2008)》，3.96。

的、人工流产是合法的、转基因食品的生产与进口是合法的，这些领域的生产成果与进口已经计入到 GDP 中了。有的国家白酒的生产与销售是非法的、人工流产是非法的、转基因食品的生产与进口是非法的，按法理不应计入 GDP 中。相反，性工作者的服务、赌博等活动在中国被认为是非法的，按现行的统计口径不包括这部分活动。在有些国家这些活动是合法的，按法理应该计入 GDP 中。特别是澳门、拉斯维加斯（美国）的博彩业不但是合法产业，而且是当地的重要支柱产业。如果按各国的法律来决定生产范围，则无法进行国际比较。因此，从统计的角度看，生产范围的确定不依各国的法律为准，而以“生产性”的口径为准。

6.核算非法生产是保证时间序列资料一致性的要求。时间序列资料口径上的一致性是统计分析的基础，也是决策机关应依据的基本信息。从动态上看，如果某些活动按法律规定由非法的性质转变为合法的性质，或者由合法的性质转变为非法的性质，就会导致不同时期统计口径的不一致。例如，1978 年以前意大利的人工流产是非法的，自 1978 年起，意大利承认了人工流产的合法性。1920 年到 1933 年间，美国有一项特别规定，即一切生产、销售、饮用酒类的行为都是非法的。在中国，“小商小贩”的经济活动曾被认为是倒买倒卖活动，属于资本主义尾巴应予以取缔。如果按法律规定不对非法生产进行核算，一国的 GDP 就无法进行纵向比较。

三、中国的 GDP 有可能包括非法生产的几种渠道

按中国目前的规定，中国的 GDP 是不包括非法生产的，但仔细分析后不难发现，中国的 GDP 还是有可能包括了非法生产。

从 GDP 生产额看有三种渠道。

渠道之一：以合法身份从事违法的活动。该类企业往往会依法登记注册一个合法的企业，从营业执照上反映出来的经营范围与非法生产没有任何关系，但从企业的实际活动来看，或者主营违法产品的生产，或者兼营非法产品的生产。根据企业活动的特点和产品的性质可将该类违法企业分为三种。1.以合法身份从事违法实物产品生产的企业。如以假冒伪劣产品为目的的生产企业。2.以合法身份从事走私、传销等活动的流通领域企业。3.以合法身份提供违法服务的企业。例如，放映非法影像资料的电影院、网站；以提供性服务为目的的旅店、洗浴中心；以提供赌博场所为手段招揽客户的咖啡厅、茶吧等。

渠道之二：被动地参与违法产品的生产过程，使非法产品价值增加，同时也增加了本部门的增加值。如交通运输、仓储及邮电企业在从事运送货物的过程中，不可避免地误将非法产品从生产地转移到使用地，这不仅使非法产品的使用价值得以实现，也会通过货运收入、行包收入、邮运收入的提高增加本部门的产出额与增加值。再比如金融企业也会在不知情的情况下使非法企业的“洗钱”活动得以实

现。再比如，合法经营的娱乐场所很可能为毒品的贩卖提供了场所，等等。

渠道之三：依据支出额推算生产额导致的被动包括。从理论上看，生产法 GDP 是从生产过程中生产的货物和服务入手的，它等于货物和服务的总产品价值剔除中间产品价值后的余额。但是，在实践中，有些企业的生产法增加值依据的并非生产额，而是支出额。如部分批发和零售贸易企业总产出的计算就存在这种问题。对于国有商业企业及大中型商业企业来说，其产出是根据企业的经营状况计算的。对于国有商业企业及大中型商业企业以外的商业、集市贸易、个体私营商业来说，其总产出是根据商品零售额推算的，而商品零售额很可能包括了用非法收入购买的合法商品的价值。

从支出法 GDP 来看，更有可能包括对非法货物和服务的支出。因为，通过非法生产获得的收入大部分要通过合法渠道进行消费，无论是通过统计报表和抽样调查得到的社会商品零售额，还是通过农村住户调查、城市住户调查得到的居民消费支出都有可能包括了用非法收入购买的合法货物和服务，也有可能包括了用合法收入购买的非法货物（如购买走私产品，盗版图书、音像制品等）和服务（观看黄色电影、录像等）。因为，填报社会商品零售额和住户消费支出资料时并不对收入来源的合法性与支出去向的合法性进行分析。

图 2—3—1 反映的是 1980～2010 年 30 年间支出法国内生产总值与生产法国内生产总值的差额变动趋势图，从中可以看出，20 世纪 80 年代二者的差别很小，90 年代二者的差额先升后降，到了 21 世纪，二者的差额扩大且变动很大，在 2009 年达到了历史最高点。支出法 GDP 大于生产法 GDP 的原因很多，其中之一很可能与非法生产有关。即，GDP 支出额包括了用非法收入购买的货物和服务、而 GDP 生产额未包括非法生产的生产额。

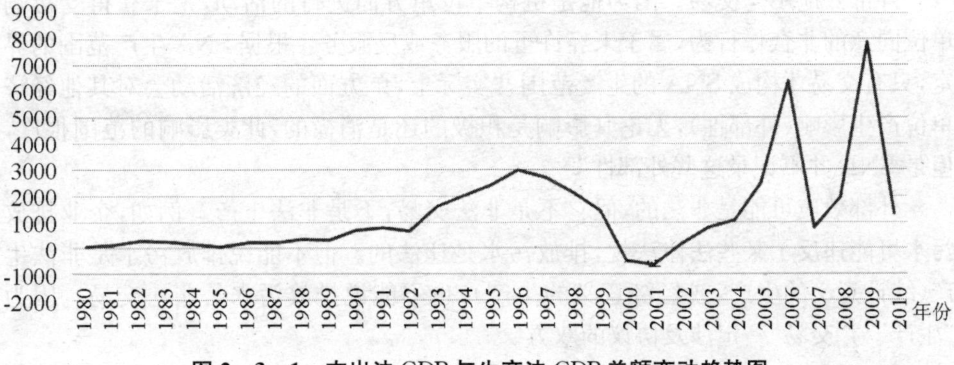

图 2—3—1 支出法 GDP 与生产法 GDP 差额变动趋势图

第四节 外部效应与SNA的生产

有人认为,应该将企业生产造成的环境污染等从GDP中扣减,这是对SNA生产范围的误解,从SNA生产的定义看,外部效应不属于SNA的生产,既不能扣除,也不应该添加。

一、外部效应的含义

外部效应指机构单位在未征得其他机构单位同意情况下采取的经济行为使这些单位受到的影响①。外部效应强调:单方行为与非交易。某一机构单位从事生产活动时对其他单位带来的影响,并未事先征得对方的同意,因此,不属于交易行为。

外部效应可能是有益的,也可能是有害的,有益的影响被称为外部效益,外部经济性,或正外部性;有害的影响被称为外部成本,外部不经济性,或负的外部性,外部负效应。例如,航空公司的飞机在运行时制造了大量噪音,这就是负的外部性;园林公司种植花草,美化了环境,净化了空气,这就是正的外部性。

负的外部效应虽然会造成资源浪费,效率低下,然而生产单位却没有为此赔偿损失。例如,航空公司制造了大量噪音,一般不会因为干扰了机场附近居民的生产与生活而进行补偿。同理,正的外部效应会改善环境,使更多的人受益,然而生产单位却没有为此得到补偿。例如,绿化工作做得好的机构单位,不会因为给附近居民居住环境质量改善而得到奖励。

二、外部效应不属于SNA生产范围

外部效应不是交易。因为他是机构单位单方面进行的活动,是未获得受影响单位同意的非合作行为,属于未经许可的服务或反服务。根据SNA生产范围的界定,只有交易才构成SNA的生产范围,“实际上,单方面的经济活动会对其他经济单位产生影响(外部性),无论其影响是积极的还是消极的,此类影响的范围很广,但是SNA并不记录这些外部性”②。

外部效应可能是非法的,但它不是非法交易,不是非法生产。例如,企业排放污水可能违反了某些法律法规,排放污水是违法的。但不能说排放污水是非法生产(统计意义的生产,或经济意义的生产),也不能说排放污水是非法交易。因为“生产”与“交易”一定涉及协议的双方。

---

① 参见《SNA(2008)》,3.92。

② 参见《SNA(2008)》,2.23。

盗窃或暴力是外部效应的一种极端形式，它是故意地而不仅仅是意外或偶然地使另一个机构单位受到损害，因此，盗窃行为不视为交易，盗窃活动不视为生产，被盗货物不记入被盗机构单位的消费支出。

三、不能从 GDP 中扣减(增加)负(正)外部效应

外部效应不属于 SNA 生产范围，也就是说，外部效应不是国内生产总值的统计范围。

国内生产总值是很重要的反映经济总量的指标。由于经济发展带来了一定的环境问题，为避免人们无节制地追求 GDP 增长，有人提出了应对机构单位生产带来的负外部性从 GDP 中扣减的观点。

外部负效应是指某机构单位在生产和消费活动的过程中，对其他机构单位造成的损害。外部负效应实际上是生产和消费过程中的成本外部化，但生产单位为追求更多利润或利差，会放任外部负效应的产生与蔓延。如化工厂，会将工厂排出的废水不加处理排入下水道、河流、江湖等，这样就可减少治污成本，增加企业利润。从而对环境保护、其他企业的生产和居民的生活带来危害。社会若要治理，就会增加负担。

由此看来，企业生产带来的负外部性增加了企业利润，也增加了企业的增加值，将企业生产造成的环境损失从增加值中扣除听起来理由很充分。推而广之，扣减的内容包括：环境污染造成的环境质量下降；自然资源退化与配比不均衡造成的损失；长期生态质量退化造成的损失；失业造成的损失；犯罪造成的损失；教育水平低下导致的损失等。这种观点是对国内生产总值统计范围不清楚造成的。外部效应不属于交易，也不构成 SNA 的核算范围，当然也不能构成 GDP 的统计范围，所以，无论是从 GDP 中扣减负外部性，还是从 GDP 中增加正外部性都是不正确的。

当然，这并不意味着对负外部性听之任之，只是想强调，GDP 的含义是明确的，其作用是有限的，超出了他能力范围的要求都是不切实际的。我们可以建立另外的统计指标，以反映负外部性，而不是通过调整 GDP 来实现。例如，综合环境经济核算(SEEA)就是较好地反映环境与经济发展关系的一个卫星账户。

第五节　消费范围、资产范围与国民范围

核算范围不仅要从生产角度加以界定，还要从消费角度、资产角度与国民角度进行规范，在了解了生产范围基础上，本节重点讨论消费范围、资产范围与国民范围。

一、SNA 的消费范围

消费范围与生产范围一致，生产范围确定了，消费范围也确定了。换句话说，生产范围决定了消费范围，生产边界划分在哪里，消费边界也划分在哪里，生产范围不包括的内容，消费范围也不包括。

例如，SNA 的生产范围包括了农民自产自用货物的生产，SNA 的消费也应该包括农民自产自用货物的消费。农民自产自用的货物价值既计入生产额，也计入消费额。再比如，SNA 的生产范围不包括无酬家务劳动，SNA 的消费也不包括无酬家务劳动。无酬家务劳动既不估算其生产额，也不估算其支出额。因此，“住户最终消费支出和实际消费中所涵盖的货物和服务的范围，也要受生产范围的制约”①。

无酬家务劳动本身不是 SNA 的生产，服务的价值也不计入到最终消费支出，不意味着在从事家务劳动中所消耗的货物支出也不计入住户的最终消费支出。例如，清扫房间用到的清洁材料、照顾病人用到的医疗用品、看护婴幼儿用到的婴幼儿产品等。将这些产品支出计入最终消费支出的原因在于，这些产品的生产属于 SNA 的生产范围，其生产额已经计入到了国内生产总值，居民对这些产品的支出不计算到最终消费支出，就会造成国内生产总值生产额与消费额的不一致。

值得注意的是，同为家务劳动消耗的货物，如果是无酬家务劳动消耗的货物支出应计入住户最终消费支出，如果是有酬家务劳动消耗的货物支出应该计入中间消耗。例如，小时工清扫房间用到的清洁材料应计入中间消耗，因为，小时工的服务价值是计入产出的。

正因为有了消费范围与生产范围一致的原则，才能保证国内生产总值生产额与支出额相等，进而保证三方等价原则的成立。

二、SNA 的资产范围

资产的范围以经济所有权为判断标准。

资产指的是某种物体或存在物，经济所有者在一定时期内通过持有或使用这些物体或存在物可以获得相应的经济利益，例如，机器、设备、建筑物、金融资产等。为了更好地理解资产的范围，应该明确以下几点：

1.资产是一种独立存在物。

独立存在物（或实体）是指货物、服务、自然资源、金融资产和负债等具体的、实际存在物，资产的价值存储于该类独立存在物中，或该类实体中。

---

① 参见《SNA(2008)》，1.45。

2.资产会给所有者带来预期经济利益。

所有者持有资产的目的在于能给所有者带来经济利益，如果持有的资产不能给所有者带来经济利益，就不能将其确认为SNA的资产。以前已经确认为资产的实体，如果不能再为所有者带来经济利益，也不能再将其确认为SNA的资产。比如，尚未开发的矿藏和能源储备，由于无法为这类资源的所有者带来任何经济利益，所以，不属于资产范围。

"经济利益是指通过一种行为产生的收益或正效用"。"经济利益可以视为提供服务——例如投入生产的那些劳动和资本服务——的报酬，也可以视为获得货物服务——用于当期或未来的生产、消费或积累——的手段"①。

3.资产是所有者拥有或者控制的资源。

在判断资产是否存在时，所有权是考虑的首要因素，但在有些情况下，虽然某些资产不为企业所拥有，即企业并不享有其所有权，但企业控制这些资产，同样表明企业能够从这些资产中获取经济利益。

"所有权标准对于确定哪些自然资源属于SNA中的资产是非常重要的。自然资源，例如土地、矿藏、能源储备、非培育性森林或其他植物和野生动物，只要机构单位能够对其行使有效的所有权，即确实能够从中获得经济利益，那么即可包括在资产负债表中"。"资产范围中不包括诸如空气或公海等无法有效行使所有权的自然资源与环境，以及尚未发现或开采的矿藏和能源储备，因为在现有技术条件和相对价格下，这些资源无法为其所有者带来任何经济利益"②。

4.资产的所有者指的是经济所有者。

资产的所有权分为两种：法定所有权与经济所有权，与此对应，资产的所有者也分为两种：法定所有者与经济所有者。法定所有者指在法律上对货物、服务、自然资源、金融资产和负债等独立存在物享有所有权，并获得由此带来持续经济利益的机构单位。经济所有者指由于承担了有关风险而有权对货物、服务、自然资源、金融资产和负债等独立存在物享有在经济活动期间内运作带来经济利益的机构单位③。

每个独立存在物都有一个法定所有者和经济所有者，很多情况下，法定所有者与经济所有者是相同的。例如，居民拥有的房产，企业拥有的设备等。有时，法定所有者与经济所有者是不同的，"当两者不同时，法定所有者会把承担在经济活动中使用这些实体之相关风险的责任和获取相关收益的权利转交给经济所有者。作

① 参见《SNA(2008)》，3.19。

② 参见《SNA(2008)》，1.46。

③ 参见《SNA(2008)》，3.21，3.26，10.5。

为回报，法定所有者会接受来自经济所有者的另一组相关收益和风险”①。“一个法定所有者有可能与另一个单位签订协议，同意由后者在生产中使用产品，并承担由此带来的风险、享有由此带来的利益，从而换取一个约定好的、蕴含风险因素较小的金额。例如，如果一家银行在法律上拥有一架飞机，不过它同意一家航空公司使用这架飞机，从而换取约定的金额。航空公司对这架飞机的飞行频次、飞行目的地以及机票价格等进行全权决策。于是，航空公司被认为是这架飞机的经济所有者，尽管银行仍然是其法定所有者”②。编制国民经济账户时，飞机应记录为由航空公司购买，而不是由银行购买。同时，要虚拟一笔由银行发放给航空公司的贷款，其金额等于在双方协议的有效期内应付给银行的金额。

再比如，在中国，土地是国有财产，当土地卖给开发商时，国家就成了法定所有者，开发商就成了经济所有者。

当政府代表全体公民拥有某一实体的法律所有权时，由此产生的收益也归代表全体公民的政府拥有。这样，政府既被视为该实体的法定所有者，也被视为该实体的经济所有者。

经济所有权是SNA(2008)引入的新概念，SNA(2008)的判断准则是：哪个单位承担资产的经济风险和收益，哪个单位就拥有该资产的经济所有权。经济所有权很好地反映了交易背后风险和收益与所有权相连这一事实。

SNA(2008)建议将资产记录在经济所有者、而非法定所有者的资产负债表上，交易记录的时点取决于经济所有权变更的时点。

5.SNA的资产指的是经济资产。

SNA的资产范围限定在经济活动中使用和拥有的资产，不在经济活动中使用和拥有的资产不包括在SNA资产范围内。例如，声誉、技能等也被认为是一种资产，由于这类资产无法用经济价值反映，所以，不属于SNA的资产。再比如，人力资源也不是SNA的资产，因为人的所有权很难确定，即使能够确定，估价也是个大问题。

6.资产的所有权可以归私人所有，也可以归政府所有。

SNA的资产不一定必须归私人所有，也可以由政府部门所有，私人拥有的资产由私人行使所有权，政府部门拥有的资产由政府部门代表整个社会行使所有权，因此，许多环境资产都可以包括在SNA中。例如，已探明的矿藏和能源储备等自然资源。

7.资产由过去的交易或者生产所形成。

资产是由于过去的交易或生产所形成的，也就是说资产必须是现实的资产，不能是预期的资产，是由于过去已经发生的交易或生产所产生的结果，预期在未来发生的

① 参见《SNA(2008)》，10.6。

② 参见《SNA(2008)》，2.47。

交易或者生产不形成资产。例如,机器、设备、建筑物都是过去生产出来的固定资产。

三、SNA的国民范围

简单说,SNA的国民范围是常住机构单位,将"常住机构单位"一分为二个单词:"机构单位"与"常住",分别理解了"机构单位"的范围与"常住"的范围,SNA的国民范围就理解了。

先看机构单位的范围。SNA的国民与常人理解的国民有两点不同。第一个不同是,常人理解的国民就是居民个人,不是由若干人组成的群体;SNA的国民指的是机构单位,机构单位可以由若干人组成,如企事业单位或一人以上的家庭住户,也可以由单个人组成,例如,无雇员的个体经营者或由居民个人构成的住户。第二个不同是,常人理解的国民是从消费者角度或者从分配者角度考虑的,如居民个人,很少从生产者角度考虑;SNA的国民既要从分配和消费的角度考虑,也要从生产的角度考虑,这种思考问题的方式是"三方等价原则"的基础,也是机构部门分类法与产业部门分类法的重要区别。由此可以概括出,SNA国民所指的机构单位既包括从事生产经营活动的机构单位,也包括参与分配和消费等活动的住户。机构单位更为详尽的解释参照第四章。

机构单位的范围理解了,接下来的问题是:是不是所有机构单位都属于SNA的统计范围呢?例如,在中国的外国人是不是SNA的机构单位(或住户)?在国外的中国企业是不是SNA的机构单位?如何进行判断呢?这个判断标准就是机构单位的"常住性"。

一个机构单位的"常住性"取决于"空间"和"时间"两个方面。空间属性强调一个机构单位是否在本国经济领土上从事生产、消费和投资等经济活动。时间属性强调该机构单位是否相对较长地在本国的经济领土从事生产活动。同时考虑空间属性与时间属性后,就可以给机构单位的常住性下一个定义:机构单位的常住性是指,在机构单位所在经济领土上具有显著经济利益中心。

为了更好地理解常住性需要注意两点:一是,一国的经济领土不完全等同于法律意义上的地理领土,经济领土要在地理领土之上加上一些本国在国(境)外的"飞地"[①],包括使领馆、军事基地、科学站、信息或移民办公机构、援助机构、央行的代表机构等,它们一般具有外交豁免权;还要减去国外在本国的类似的领土飞地。二是,某一机构单位即使在本国经济领土上从事了某种生产活动,仍不足以作为它是一个常住单位的依据,它还必须在该领土上具有某种"经济利益中心",也即在经济领土上拥有相对固定的活动场所,如厂房、住宅等,并在当地长期(至少一年)从事

① 飞地指位于国(境)外领土内,经与所在地政府达成正式协议后,为一政府所拥有或租用,用于外交、军事、科学或其他用途的有清晰界限的土地区域。

该种生产活动。常住性更为详细的解释参照第四章。

经济领土和常住性概念的设计是为了保证每一个机构单位是唯一一个经济领土上的常住者，避免统计上的遗漏或重复。

归结起来：SNA 的国民范围是常住机构单位，它既包括从事生产经营活动的常住机构单位，也包括参与分配和消费等活动的常住住户。

国民范围确定后，国民经济核算的所有内容都要围绕国民的范围展开。例如，SNA 的账户是针对常住机构单位或常住机构单位集合（机构部门、经济总体）编制的。从这个意义上说，国民经济核算体系又称为国民账户体系。

与常住机构单位相对应的概念是"非常住机构单位"，简称"非常住单位"，它们或者不处于本国的经济领土上，或者在本国的经济领土上不具有经济利益中心。

思考与练习

1.经济学意义的生产与统计学意义的生产有什么区别？

2.捕鱼公司到公海里捕鱼是否计入该国的国内生产总值？为什么？

3.子女照顾老人是 SNA 口径的生产吗？为什么？

4.耐用消费品是否属于 SNA 的资产？

5.非法生产为什么应该包括在 GDP 中？

6.企业排污造成的损失为什么不从企业创造的产出中扣除？

7.外部效应指什么？

8.非法生产、地下生产如果不算在生产范围内的话，能否出现生产额与消费额不一致的情况？

第三章 账户与记账规则

账户是国民经济核算的基本工具，也是国民经济核算的灵魂，本章围绕账户基本问题及相关记账原则进行解说，为核算具体内容的展开奠定基础。

第一节 账户及其种类

账户的基本表现形式是什么，列示的惯例是什么，如何对账户进行分类，本节将重点介绍这方面的内容。

一、账户的基本形式

国民经济核算中使用的账户从形式上看，与会计上使用的账户是一致的。形状似T字形，左右分列。右方为来源（或负债与净值），左方为使用（或资产）。来源方合计值等于使用方合计值。

表3－1－1是账户平衡表的一种——生产账户，从表3－1－1可以看出，来源方为“产出”与“产品税减产品补贴”，使用方为“中间消耗”和“国内生产总值”，来源方＝产出＋产品税减产品补贴＝3737，使用方＝中间消耗＋国内生产总值＝1883＋1854＝3737，来源方＝使用方。

表3－1－1 国民经济总体生产账户

使用		来源	
中间消耗	1883	产出	3604
		产品税减产品补贴	133
国内生产总值	1854		

T型账户包括三个部分：账户名称、来源的记录和使用的记录。表3－1－1中的账户名称是“国民经济总体生产账户”，来源的记录在表3－1－1中的右侧，使用的记录在表3－1－1中的左侧。

表3－1－1中的四个数字并不全是可直接填写的数据，其中的产出、中间消耗、产品税减产品补贴是已知数据，这三个数据可以直接填写到表3－1－1中，而国内生产总值是未知的，它需要通过下述平衡关系计算出来。即：

国内生产总值＝总产出－中间消耗＝产出＋产品税减产品补贴－中间消耗

将已知的数据代入上式得：

国内生产总值＝(3604＋133)－1883＝1854

将计算得到的国内生产总值“1854”填写到表3－1－1中，就完成了该表的编制。由于“国内生产总值”是通过已知指标间的平衡关系计算出来的，所以，称“国内生产总值”为平衡项。又由于平衡项是通过加减的方式得到的，所以，有人又称“差额项”，英文是“balancing item”。

平衡项是通过账户一方登录的总价值(使用或资产变化)减去另一方登录的总价值(来源或负债变化)得到的，它不能独立于其他指标而单独计算，所以，平衡项不能表示为价格与数量的关系[①]。

平衡项在数学上就是一个差额的概念，没有任何意义。国民经济核算账户中的平衡项不仅仅是个数学上的差额概念，也不仅仅是确保账户平衡这么简单，国民经济核算中平衡项的构建是因为它可以传递一些有意义的经济信息，所以，国民经济核算账户中的平衡项都是有具体经济意义的经济总量指标。例如，表3－1－1中的平衡项是“国内生产总值”，国内生产总值是一个国家反映经济总量的最重要指标之一。

“一般地，账户中的登录从理论上看并不平衡，因此必须引入一个平衡项。平衡项本身就是有关经济运行过程的有意义的测量指标。如果对经济总体计算平衡项，就会形成一系列重要的总量”[②]。

二、分列式T形账户与单列式T形账户

1.分列式T形账户

分列式T形账户是指账户的“来源”方与“使用”方完全分开、并单独列出，即来源方的指标描述语与指标值和使用方的指标描述语与指标值均分开单列。例如，表3－1－1中来源方的指标描述语是“产出”与“产品税减产品补贴”，来源方的指标值是“3604”与“133”，来源方的指标描述语与指标值均列在账户的右侧；使用方的指标描述语有两个：“中间消耗”与“国内生产总值”，使用方的指标值也有两个：“1883”与“1854”，使用方的指标描述语与指标值均列在账户的左侧。表3－1－1就是分列式T形账户的一种。

除表3－1－1之外，表3－1－2也是一种分列式T形账户。与表3－1－1不同的是，表3－1－2将来源方与使用方分列的更为明显，来源方与使用方之间没有任何连线，分开单列，看起来像两个表。

---

① 参见《SNA(2008)》，3.9，3.107。

② 参见《SNA(2008)》，2.73。

表 3—1—2　国民经济总体生产账户

使用		来源	
中间消耗	1883	产出	3604
		产品税减产品补贴	133
国内生产总值	1854		

表 3—1—2 这种形式的 T 形账户有一个最大的好处：当表格的内容较多、在一个版面页无法展现完整的表格时，可以将表格一分为二，展现在两个版面页中，即使用方占一个版面页，来源方占一个版面页①。

2.单列式 T 形账户

单列式 T 形账户将来源方的指标描述语与使用方的指标描述语列在账户的中间列，来源方指标值列在账户的右侧，使用方指标值列在账户的左侧，从感观上看，单列式 T 形账户更加形似 T 字形②。

表 3—1—3 就是单列式 T 形账户，它将来源方的指标描述语"产出"和使用方的指标描述语"中间消耗"、"国内生产总值"、"产品税减产品补贴"都列在了账户的中间列，将来源方的指标值"3604"与"133"列在了账户的右侧，将使用方的指标值"1883"、"1854"列在了账户的左侧。

表 3—1—3　国民经济总体生产账户

使用	交易和平衡项	来源
	产出	3604
1883	中间消耗	
	产品税减产品补贴	133
1854	国内生产总值	

单列式 T 形账户的好处是：(1)更加直观。从形式上看，外形更像 T 字形，直观形象。(2)便于解释。描述语统一列在中间列，两侧是指标值，容易理解。(3)便于指标值的细分。表 3—1—3 中来源方的指标值与使用方的指标值都是针对整个国民经济总体而言的，为了反映不同机构部门或不同机构单位的情况，还可以对来源方的指标值与使用方的指标值进行细分，这样只需对账户左右两侧的列细分，不需对账户中间列进行细分(账户中间列的细分体现在纵向的延展上)，如表 3—1—5 所示。

① 参见《SNA(2008)》表 16.4 与表 16.5。

② 参见《SNA(2008)》，16.3，16.4。

三、流量账户与存量账户

1.流量账户

流量账户是为描述流量指标间关系而形成的账户。流量账户的编制原则是:来源=使用。国民经济账户体系中,流量账户占有相当大的比重。表3—1—3就是流量账户的一种,其中的总产出、中间消耗、产品税减产品补贴、国内生产总值都是流量,所以,表3—1—3是流量账户。

2.存量账户

存量账户是为描述存量指标间关系而形成的账户。存量账户是按时点编制的,时点不同可以形成不同的账户,由于对所有时点的存量指标编制账户既没必要也不可能,所以,国民经济核算中的存量账户大多以一定时间为一个周期进行编制,由此形成期初存量账户与期末存量账户。最常用的时间周期是一年,因此,最常用的存量账户是年初存量账户与年末存量账户。

国民经济核算中的存量账户主要指资产负债表,资产负债表的编制原则是:资产=负债+净值。表3—1—4是国民经济总体期初资产负债表,期初资产包括两项:非金融资产与金融资产,这两项之和为16714;负债是6298,净值是10416,这两项之和为16714;即:国民经济总体期初资产=国民经济总体期初负债+国民经济总体期初净值=16714。

表3—1—4 国民经济总体期初资产负债表

资产		负债和净值	
非金融资产	9922	负债	6298
金融资产	6792	净值	10416
期初资产	16714	期初负债和净值	16714

资产负债表的平衡项是净值,它等于资产减去负债。

一提起账户,多数人将其中的指标与流量联系起来,如国内生产总值、资本消耗等,因此将账户归结为流量账户。这也许是因为我们太强调对"运行过程"描述的原因,也许是因为流量指标应用范围较广的原因。其实,存量指标也是衡量国民经济运行过程的重要总量指标,特别在反映经济实力方面更具解释力。SNA明确指出,"详细的SNA包括以下两个部分:一套与一定时期内各类经济活动有联系的、相互关联的流量账户序列,一套记录机构单位和部门在该时期期初、期末持有资产和负债存量价值的资产负债表"①。"从根本上说,国民经济核算体系的目标

① 参见《SNA(2008)》,1.14。

是记录经济流量和存量”①。

四、按机构部门分组的账户

表 3—1—1 至表 3—1—4 列举的账户都是以国民经济总体为对象编制的账户，账户不仅可以以国民经济总体为统计总体编制，还可以在国民经济总体基础上进行统计分组，形成按部门分组的账户。最常用的分组方法是按机构部门分组。例如，将表 3—1—1 按机构部门分组后形成的按机构部门分组的生产账户如表 3—1—5 所示。

表 3—1—5　按机构部门分组的国民经济总体生产账户

使用							来源					
非金融	金融	政府	住户	NPISH②	总体	交易和平衡项	非金融	金融	政府	住户	NPISH	总体
						产出	2808	146	348	270	32	3604
1477	52	222	115	17	1883	中间消耗						
						产品税减产品补贴						133
1331	94	126	155	15	1854	总增加值/国内生产总值						

由表 3—1—5 可知，国民经济总体的产出是 3604，它等于非金融公司部门产出 2808、金融公司部门产出 146、一般政府部门产出 348、住户部门产出 270、为住户服务的非营利机构部门产出 32 之和；国民经济总体的中间消耗是 1883，它等于非金融公司部门中间消耗 1477、金融公司部门中间消耗 52、一般政府部门中间消耗 222、住户部门中间消耗 115、为住户服务的非营利机构部门中间消耗 17 之和；国民经济总体的国内生产总值是 1854，它等于非金融公司部门的总增加值 1331、金融公司部门的总增加值 94、一般政府部门的总增加值 126、住户部门的总增加值 155、为住户服务的非营利机构部门总增加值 15、产品税减产品补贴 133(详见第六章)之和。

第二节　账户序列

每个独立的账户编制出来后，如何将各自独立的账户联系起来，以构成相互联

① 参见《SNA(2008)》，2.5。

② 指为住户服务的非营利机构部门。

系的账户序列呢？本节主要讲述序列账户的展示方式与相互关系。

一、简化的纵向账户序列

全套账户序列由若干个独立的账户组成，并上下串连起来形成一套账户序列(见图 1－2－5(A)与图 1－2－5(B))，由于全套账户序列包括的账户较多，将如此多的账户全部展示出来过于复杂，不利于理解，所以，有必要加以简化。

国民经济运行过程十分复杂，包括的活动种类繁多，为了综合反映国民经济运行的概况，我们可以把数十个行业、成千上万种活动抽象出四种最基本的活动与交易：生产活动、收入分配和使用活动、资本交易、金融交易，据此归纳出国民经济核算的基本账户为：生产账户、收入分配和使用账户、资本账户、金融账户，并以此四个账户为例，说明账户之间的纵向联系。

(一)按总额编制

基本账户可以按经济总体层次编制，也可以按机构部门层次编制，还可以按机构单位层次编制。表 3－2－1 至表 3－2－4 是按总额编制的国民经济总体基本账户序列。

由表 3－2－1 可以看出，该国一年内生产的总产出是 3737[①]，构成社会生产的来源，其中 1883 作为中间消耗使用，剩余 1854，这 1854 就是该国一年内社会生产新增加的增加值，构成国内生产总值。国内生产总值的规模决定了可供使用的份额，从生产账户角度看，它是使用方。国内生产总值既是生产账户的平衡项，也是生产账户的结束项。

表 3－2－2 说明，社会生产的新增价值最终要进入分配与使用环节，新增价值的规模决定了收入分配与使用的规模，所以，从收入分配与使用的角度分析，国内生产总值是来源，它也是收入分配与使用账户的起始项。有了国内生产总值才能进行消费，扣除消费的剩余是储蓄。从表 3－2－2 可以看出，收入分配与使用账户的来源有两项：来自国内生产的 1854 和来自国外雇员报酬与财产收入的 10[②]，来源总计为 1864；支出去向有两项：最终消费支出 1399 和对外经常转移净支出 38，支出总计为 1437；来源总计与支出总计的差额为 427，427 是扣除最终消费支出后的剩余部分，也即总储蓄。总储蓄的多少决定了投资规模，所以，它又决定了资本账户的净值变化。从收入分配与使用账户看，总储蓄是使用，它既是收入分配与使用账户的平衡项，也是收入分配与使用账户的结束项。

---

① 包括产品税减产品补贴 133。下同。

② 本科教程不涉及对外账户，为了易于理解，有关对外交易的项目尽量简化。

表 3—2—1 账户Ⅰ.国民经济总体生产账户

使用		来源	
中间消耗	1883	总产出	3737
国内生产总值	1854		

3—2—2 账户Ⅱ.国民经济总体收入分配与使用账户

使用		来源	
最终消费支出	1399	国内生产总值	1854
对外经常转移净支出	38	国外的雇员报酬与财产收入净额	10
总储蓄	427		

表 3—2—3 账户Ⅲ.1.国民经济总体资本账户

资产变化		负债和净值变化	
资本形成总额	414	总储蓄	427
		对外应付资本转移净额	−3
对外净贷出(＋)/净借入(－)	10		

表 3—2—4 账户Ⅲ.2.国民经济总体金融账户

资产变化		负债和净值变化	
金融资产净获得	436	对外净贷出(+)/净借入(−)	10
		金融负债净发生	426

一般而论，储蓄加上来自国外的净资本转移表示经济体内有多少资金可用于投资，进行扩大再生产，以形成非金融资产。资本账户的使用方显示生产资产和非生产非金融资产的获得。资本账户的平衡项是净贷出(＋)/净借入(－)。当有净贷出时，表示储蓄与来自国外的资本转移之和在实际用于非金融资产获得后仍有资金盈余，可贷给国外使用。当有净借入时，表示储蓄加来自国外的资本转移之和不足以支持所有的非金融资产获得，必须通过融资渠道从国外借入资金。由表 3

—2—3 可以看出，资本账户中由于总储蓄带来的净值增加为 427，对外应付资本转移净额是—3，资本账户中由储蓄和资本转移引起的净值变化为 424，减去资本形成总额 414，剩余 10，可贷给国外使用。净贷出(＋)/净借入(—)[①]既是资本账户的平衡项，也是资本账户的结束项。

由表 3—2—4 可知，贷给国外的金融资产是 10，金融负债净发生是 426，二者之和等于金融资产净获得 436。金融账户主要反映金融资产净获得和金融负债净发生是如何实现的，该账户没有平衡项。

从表 3—2—1 至表 3—2—4 所表述的账户序列可以看出，除金融账户外，每个账户均有一个平衡项。生产账户的平衡项为国内生产总值(总产出—中间消耗)；收入分配与使用账户的平衡项为总储蓄(国内生产总值—最终消费支出)；资本账户的平衡项为净贷出/净借入(总储蓄—资本形成)。从中可以看出：(1)平衡项不仅仅是数学上的差额概念，而且是实实在在的具有经济意义的指标。如国内生产总值 1854、总储蓄 427 和净贷出 10 都是具体的经济指标。(2)平衡项起到了将前后两个账户联系起来的作用。一方面它是前一个账户的使用(或资产)，同时，又构成了下一个账户的来源(或负债和净值)。平衡项在前一个账户中是该账户的最后一项，在下一个账户中，是该账户的起始项。也正因为该特点的存在，才能够使单个独立存在的账户上下串连起来，形成相互衔接的账户体系。

(二)按总额和净额编制

基本账户中的平衡项既可以用总额表示，也可以用净额表示[②]。用总额表示的平衡项包括固定资本消耗，用净额表示的平衡项不包括固定资本消耗。

例如，表 3—2—1 中的国内生产总值是用总额表示的平衡项，因为国内生产总值包括了固定资本消耗。如果将固定资本消耗扣除，生产账户的平衡项就变成国内生产净值，而不是国内生产总值，国内生产净值就是用净额表示的生产账户平衡项。与此相对应，用总额表示的收入分配与使用账户的平衡项是总储蓄，用净额表示的收入分配与使用账户平衡项是净储蓄，总储蓄包括固定资本消耗，净储蓄不包括固定资本消耗。

与用总额表示的平衡项相比，用净额表示的平衡项更具经济意义。例如，国内生产净值与增加值的概念更贴切，而国内生产总值包括了固定资本消耗，所以，它不是严格意义上增加值的概念。再比如，净储蓄与资金余额的概念更贴切，而总储蓄包括了固定资本消耗，所以，总储蓄不代表严格意义上的资金余额。由于用净额

---

① 由于资本形成总额包括了固定资本消耗，所以，资本账户的平衡项是净贷出/净借入，不是总贷出/总借入。

② 参见《SNA(2008)》，2.80。

表示的平衡项更具经济意义，所以，从理论上看，平衡项应该用净额表示。但是，由于可操作性的原因，用总额表示的平衡项更容易得到，或能更及时地获取，所以，用总额表示的平衡项运用的更加广泛。

表 3－2－1 至表 3－2－4 中所述各平衡项指标均未扣除固定资本消耗部分，若将未扣除固定资本消耗的平衡项称为总额平衡项的话，则将扣除固定资本消耗后的平衡项称为净额平衡项。换句话说，平衡项既可以用包括固定资本消耗的总额指标表示，也可以用扣除了固定资本消耗后的净额指标来表示。表 3－2－5 至表 3－2－8 是既包括总额平衡项也包括净额平衡项的国民经济总体基本账户序列。其中，国内生产净值、净储蓄、净贷出/净借入是用净额表示的平衡项。

由表 3－2－5 可以看出，国民经济总体生产账户的使用方在表 3－2－1 基础上，增加了固定资本消耗 222，国内生产总值 1854 减去固定资本消耗 222 得到的是国内生产净值 1632，1854 与 1632 分别是生产账户的总额平衡项与净额平衡项，它们既是生产账户的最后一项，也会结转到下一个账户，形成下一个账户的来源。

由表 3－2－6 可以看出，从生产账户总额平衡项国内生产总值结转的 1854，加上来自国外的雇员报酬与财产收入净额 10，减去最终消费支出 1399 和对外经常转移净支出 38，得到的是总额平衡项“总储蓄”427。从生产账户净额平衡项国内生产净值结转的 1632，加上来自国外的雇员报酬与财产收入净额 10，减去最终消费支出 1399 和对外经常转移净支出 38，得到的是净额平衡项“净储蓄”205。总储蓄与净储蓄都是收入分配与使用账户的平衡项，它们既是收入分配与使用账户的最后一项，也会结转到下一个账户——资本账户，形成资本账户的净值增加。

由表 3－2－7 可以看出，从收入分配与使用账户总额平衡项结转到资本账户的总储蓄 427，加上对外应付资本转移净额－3，减去使用方的资本形成总额 414，得到的是净额平衡项“对外净贷出”10。从收入分配与使用账户净额平衡项结转到资本账户的净储蓄 205，加上对外应付资本转移净额－3，减去使用方的资本形成净额 192，得到的是净额平衡项“对外净贷出”10。净额平衡项“对外净贷出”既是资本账户的最后一项，也会结转到金融账户，形成金融账户的净值增加。

由表 3－2－8 可以看出，从资本账户净额平衡项结转到金融账户的对外净贷出 10，加上本期金融负债净发生 426，得到的“负债和净值变化”是 436，当期金融资产的净获得也是 436，二者相等。

表 3—2—5 账户Ⅰ.国民经济总体生产账户

使用		来源	
中间消耗	1883	总产出	3737
国内生产总值	1854		
固定资本消耗(—)	222		
国内生产净值	1632		

3—2—6 账户Ⅱ.国民经济总体收入分配与使用账户

使用		来源	
最终消费支出	1399	国内生产总值	1854
对外经常转移净支出	38	固定资本消耗(—)	222
		国内生产净值	1632
		国外的雇员报酬与财产收入净额	10
总储蓄	427		
固定资本消耗(—)	222		
净储蓄	205		

表 3—2—7 账户Ⅲ.1.国民经济总体资本账户

资产变化		负债和净值变化	
资本形成总额	414	总储蓄	427
固定资本消耗(—)	222	固定资本消耗(—)	222
资本形成净额	192	净储蓄	205
		对外应付资本转移净额	−3
对外净贷出(+)/净借入(−)	10		

表 3—2—8 账户Ⅲ.2.国民经济总体金融账户

资产变化		负债和净值变化	
金融资产净获得	436	对外净贷出(+)/净借入(−)	10
		金融负债净发生	426

二、单列式T形账户表现的全套账户序列

上面谈到的基本账户序列是由各自分列的账户表示的，由表3－2－1到表3－2－8可以看出，生产账户、收入分配与使用账户、资本账户、金融账户是独立的，从这几个账户之间的虚线可以看出，基本账户序列存在纵向联系，既然存在纵向联系，能否简化一下，将这些账户串连起来形成一张表呢？表3－2－9就是这样一种简化表，它将表3－2－1到表3－2－4串连了起来。

在表3－2－9中，各种交易与活动的名称放在表的中间列，左边列表示使用或资产的变化，右边列表示来源或负债与净值的变化。生产账户、收入分配与使用账户、资本账户、金融账户上下串连起来形成一张表，该表的结构也是T形账户的一种，所以，表3－2－9也是一种账户，只不过它是将不同的账户综合起来形成的综合经济账户。

表3－2－9　国民经济总体基本账户序列(简表)

经济总体	交易和平衡项	经济总体
	生产账户	
	总产出	3737
1883	中间消耗	
1854	国内生产总值	
	收入分配与使用账户	
	国内生产总值	1854
	国外的雇员报酬与财产收入净额	10
1399	最终消费支出	
38	对外经常转移	
427	总储蓄	
	资本账户	
	总储蓄	427
	对外资本转移	－3
414	资本形成总额	
10	对外净贷出(＋)/净借入(－)	
	金融账户	
	对外净贷出(＋)/净借入(－)	10
436	金融资产/负债净获得	426

在基本账户序列基础上进一步扩展，就可以得到全套账户序列，表3－2－10就是在表3－2－9基础上，加入了资产物量其他变化账户、重估价账户、资产负债

变化账户、期末资产负债表之后的国民经济总体全套账户序列；在此基础上，还可将国民经济总体从横向分组，得到按机构部门分组的国民经济总体全套账户序列。本章只是通过简化的账户序列说明账户间的纵向关系，每个账户的具体内容与详细分类将在第六章至第十一章讲述。

表 3－2－10 国民经济总体全套账户序列(简表)

经济总体	交易和平衡项	经济总体
	生产账户	
	总产出	3737
1883	中间消耗	
1854	国内生产总值	
	收入分配与使用账户	
	国内生产总值	1854
	国外的雇员报酬与财产收入净额	10
1399	最终消费支出	
38	对外经常转移	
427	总储蓄	
222	固定资本消耗(－)	
205	净储蓄	
	资本账户	
	净储蓄	205
	对外资本转移	－3
192	资本形成净额	
	储蓄和资本转移引起的资产净值变化	202
10	对外净贷出(＋)/净借入(－)	
	金融账户	
	对外净贷出(＋)/净借入(－)	10
436	金融资产/负债净获得	426
	资产物量其他变化账户	
	资产物量其他变化引起的净值变化	10
	重估价账户	
	名义持有损益引起的净值变化	288
	期初资产负债表	
	资产净值	5090
	资产和负债变化账户	
	资产净值变化总计	500
	期末资产负债表	
	资产净值	5590

由表3—2—10可以看出，该核算期资产净增加500，它等于储蓄和资本转移引起的资产增加202、资产物量其他变化引起的净值变化10、持有资产引起的净值增加288之和。该经济总体期初资产总额为5090，本期资产净增加为500，期末资产总额为5590。

总结一下，全套账户序列分为三部分：经常账户、积累账户和资产负债账户。经常账户记录生产以及收入的形成、分配和使用，除了第一个账户“生产账户”外，其他每个账户都将上一个账户的平衡项记入本账户的来源方。经常账户的最后一个平衡项是储蓄，它表示由国内和国外生产所产生的收入中没有被用于最终消费的部分。积累账户记录资产和负债的变化以及资产净值的变化。积累账户包括资本账户、金融账户、资产物量其他变化账户以及重估价账户。积累账户显示了当期资产净值变化总计。资产负债账户反映期初资产负债、资产和负债变化及期末资产负债情况。

三、几点说明

(一)账户序列反映的是活动序列而非时间序列

国民经济的运行过程是由不同的经济活动构成的，如果将每一种经济活动都用一个账户表示出来的话，则用该账户序列表示的活动序列就反映了国民经济运行的完整过程。国民经济核算账户正是这样一种反映整个国民经济运行过程的活动序列。例如，前面讲到的生产账户、收入分配与使用账户、资本账户、金融账户等。这些账户的排列并非随意而是有序的，这种有序的排列方式说明国民经济核算账户是以序列的形式出现的。

一提序列，往往容易与时间挂钩，即将活动序列理解为按时间顺序排列的。这也正是我们特别提及需要否定的。国民经济运行过程既是一种循环过程，又是一种平衡系统。在这个平衡系统中，交易双方涉及到的具体活动往往是同时进行的：有买就有卖，有收就有支，从一方来说是来源，从另一方来说就是使用。国民经济活动的这种特点决定了不能将国民经济账户序列理解为“按时间顺序发生”。

“以上描述的一整套账户被称为‘账户序列’。应该指出的是，虽然按一定顺序表述账户是必要的，但不能认为该顺序就是账户中所描述活动发生的时间顺序”①。

(二)活动序列的特点决定了账户序列在纵向上具有可扩展性

国民经济核算反映的基本活动序列为：生产活动→收入分配与使用活动→资本形成活动→金融交易活动。这里所说的活动，并非具体的一种活动，而是一类活动，因此，可将该类活动再进行细分。例如，收入分配与使用活动可细分为初次分

---

① 参见《SNA(2008)》，1.15。

配、再分配、实物再分配和收入使用等活动，相对应的可以将收入分配和使用账户分解为：收入初次分配账户→收入二次分配账户→实物收入再分配账户→收入使用账户。其中收入初次分配活动又可分解为收入形成过程和原始收入分配过程，因此，又可将收入初次分配账户分解为收入形成账户和原始收入分配账户。依此类推，可将账户序列按研究问题的需要不断分解，使之在更为详细和具体的层面上反映国民经济运行的过程与状态。

- 经常账户
  - Ⅰ.生产账户
  - Ⅱ.收入分配和使用账户
    - Ⅱ.1 收入初次分配账户
      - Ⅱ.1.1 收入形成账户
      - Ⅱ.1.2 原始收入分配账户
        - Ⅱ.1.2.1 业主收入账户
        - Ⅱ.1.2.2 其他原始收入分配账户
    - Ⅱ.2 收入二次分配账户
    - Ⅱ.3 实物收入再分配账户
    - Ⅱ.4 收入使用账户
      - Ⅱ.4.1 可支配收入使用账户
      - Ⅱ.4.2 调整后可支配收入使用账
- 积累账户
  - Ⅲ.1 资本账户
  - Ⅲ.2 金融账户
  - Ⅲ.3 资产其他变化账户
    - Ⅲ.3.1 资产物量其他变化账户
    - Ⅲ.3.2 重估价账户
      - Ⅲ.3.2.1 中性持有收益/损失
      - Ⅲ.3.2.2 实际持有收益/损失
- 资产负债表
  - Ⅳ.1 期初资产负债表
  - Ⅳ.2 资产负债变化表
  - Ⅳ.3 期末资产负债表

图 3—2—1 全套账户序列分类体系图

图 3—2—1 是在基本账户序列基础上不断细分与扩展形成的全套账户序列分类体系图。

(三)国民经济活动总量的可加性决定了账户序列在横向上具有可分性

国民经济核算账户可以从不同层面上编制，可以以整个国民经济为总体，编制国民经济总体账户。也可以以不同部门(如机构部门、产业部门)或以不同单位(如机构单位)为总体，编制部门账户或机构单位账户。从宏观管理的角度看，国民经济核算账户主要从国民经济总体和部门的角度来编制，即编制国民经济总体账户与机构部门账户(或产业部门账户)。机构部门账户可以看成是国民经济总体账户的分解结果，国民经济总体账户可以看成是对机构部门账户的汇总与综合。

“SNA 可以在以下不同的总量层次上实施：单个经济体主体或本体系所称机构单位层次；这些单位组或机构部门层次；经济总体层次”[①]。

① 参见《SNA(2008)》，1.3。

第三节　记账方法与规则

与工商企业会计不同，国民经济核算采用四式记账法，并按权责发生制进行记账，估价采用市场价格，这是国民经济核算记账的基本规则。

一、复式记账法

复式记账法是指对每一笔交易都要以相等的金额，同时在至少两个相互联系的账户中进行登记的记账方法。每一笔交易必须记录至少两次。一次作为资源（或负债的变化）记录在账户的右端；另一次作为使用（或资产的变化）记录在账户的左端；或者在账户的同一端记录两次，但两次的符号相反。

复式记账法又分为垂直复式记账法与水平复式记账法。

垂直复式记账法是针对一个交易者（一个单位）而言的，每笔交易要在本交易者（本单位）的账簿中记录两次，"要在交易者的账簿中做一笔贷方分录和一笔借方分录。该原则可以确保所有交易的贷方分录合计等于借方分录合计，由此即可检查每个单位之账户的一致性"①。

为了更好地理解垂直复式记账法的记账思路，我们用图形的形式表示其记账关系（见图 3－3－1(A)）。假设单位 A 从单位 B 购买了某种产品，从单位 A 来说，该购买活动包括两种流动：产品的流动——单位 A 从单位 B 获得产品，支付过程——单位 A 向单位 B 付款。为了保证单位 A 产品运动过程与资金运动过程的一致性，必须进行垂直复式记账。

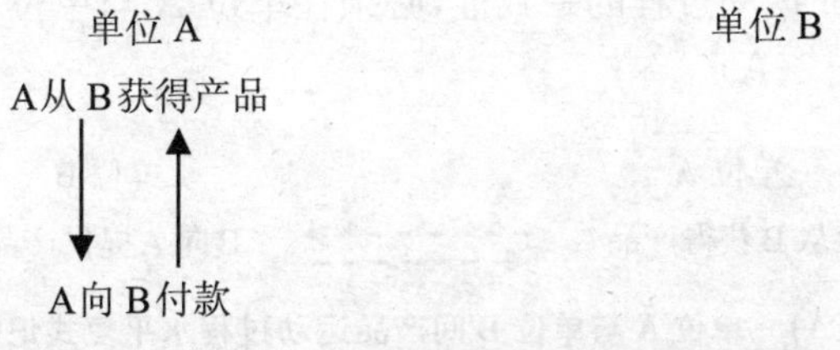

图 3－3－1(A)　单位 A 垂直复式记账法示意图

例如，某居民用现金购买了一件消费品，这个交易在住户部门账户中需要记录两次，一次作为最终消费支出记录在收入分配与使用账户的使用方（左端），另一次以负债（现金资产的减少）记录在金融账户的资产变化方（左端）。在复式记账原则下，记录为资源或负债变化的交易总额和记录为使用或资产变化的交易总额是相

① 参见《SNA(2008)》，3.113。

等的，据此可以检查账户的平衡性，验正账户记录是否正确。同时，可以了解每项交易的来龙去脉，综合反映经济活动的全部过程。

从单位B的角度看，是产品的出售活动，从单位B来说，该产品的出售活动包括两种流动：产品的流动——单位B向单位A提供产品，收受过程——单位B从单位A收到货款。为了保证单位B产品运动过程与资金运动过程的一致性，必须进行垂直复式记账，见表3－3－1(B)。

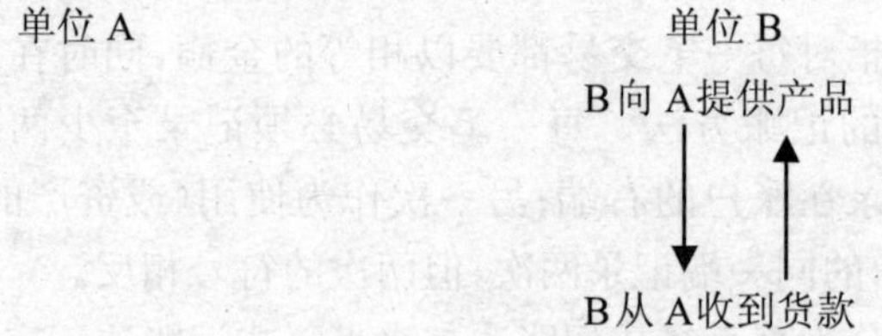

图3－3－1(B) 单位B垂直复式记账法示意图

垂直复式记账法是企业会计中使用的记账方法，通过垂直复式记账法可以保证企业内(本单位)账户的平衡。

水平复式记账法是针对不同交易者(不同单位、不同机构部门)而言的，每笔交易要在交易双方的账簿中分别记录。“如果单位A提供某物给单位B，A和B双方的账户应该反映相同数额的交易；A账户的支付、B账户的获得。水平复式记账法可以确保有关双方针对每个交易类别进行记录的一致性”①。

图3－3－2是水平复式记账法示意图。假设单位A从单位B购买了某种产品，从产品的流向来说包括两种：单位A从单位B获得产品、单位B向单位A提供产品。为了保证产品运动过程的一致性，必须在单位A与单位B之间进行水平复式记账，见表3－3－2(A)。

图3－3－2(A) 单位A与单位B间产品运动过程水平复式记账法示意图

同理，从资金流向来看也包括两种流向：单位A向单位B的付款、单位B从单位A收到货款。为了保证资金流向的一致性，必须在单位A与单位B之间进行水平复式记账，见表3－3－2(B)。

---

① 参见《SNA(2008)》，3.115。

图 3—3—2(B) 单位A与单位B间资金运动过程水平复式记账法示意图

二、四式记账法

交易双方垂直复式记账法或水平复式记账法的同时使用就形成了四式记账法，国民经济核算采用的是四式记账法。

假设单位A从单位B购买了某种产品，我们可以分别画出单位A与单位B的垂直复式记账法示意图(见图3—3—1)与水平复式记账法示意图(3—3—2)，将这四个示意图组合在一起就形成四式记账法示意图，见图3—3—3。图3—3—3显示出来的记账关系有8个，其中四条实线反映的记账关系是交易双方的垂直复式记账关系，四条虚线反映的记账关系是交易双方的水平复式记账关系。如果仔细对比可以发现，无论是交易双方垂直复式记账反映出的四种关系还是交易双方水平复式记账反映出的四种关系都是一样的。

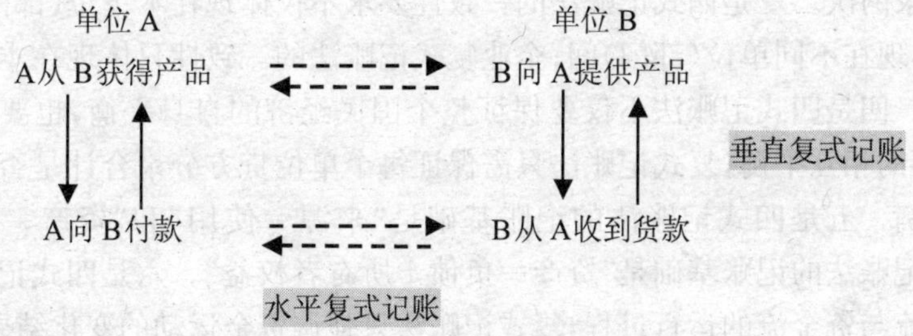

图 3—3—3 四式记账法示意图

由此可见，国民经济核算的四式记账法就是将交易双方垂直复式记账关系组合起来，或将交易双方水平复式记账关系组合起来形成的。

四式记账法是指对每一笔交易既要以相等的金额，在两个相互联系的本单位(本机构部门)账户中分别登录，也要在对应单位(对应机构部门)相互联系的两个账户中分别登录的记账方法。这样，一笔交易在相对应的双方就登录了四笔。

四式记账法是以"来源＝使用"与"资产＝负债＋净值"平衡关系作为记账基础，以保证本单位(机构)账户间的平衡与单位(部门)间账户的平衡。例如，表3—1—1"国民经济总体生产账户"是根据"来源＝使用"平衡关系建立的。表3—1—4"国民经济总体资本账户"是根据"资产＝负债＋净值"平衡关系建立的。

四式记账法是以"实物流与资金流相一致"为原则设计的，以保证国民经济运行过程的完整再现。任何一笔交易都是实物流与资金流的统一，交易者在获得产品(货物或服务)的同时,也支付了费用。国民经济核算既反映社会产品的实物运行过程,也反映资金运动的变化结果。

通过四式记账法,可以用一致的方法处理多个分别执行垂直复式记账法的交易者(交易单位)。与工商企业会计不同的是,国民经济核算需要平行处理大量发生在单位之间的交易,因此,需要特别注意一致性问题。只有通过四式记账,才能既保证本单位(机构部门)账户的平衡,也能保证整个国民经济账户的平衡。

例如,政府单位支付给住户一笔救济金,这笔交易需要在政府部门账户与住户部门账户中分别登录两次。在政府部门账户中,这笔救济金被记录两次,一次作为经常转移支出记录在政府部门的收入再分配账户的使用方,一次作为现金资产的减少,以负债记录在政府部门金融账户的使用方。在住户部门账户中也被记录两次,一次作为经常转移收入记录在住户部门收入再分配账户的来源方,一次作为通货资产的增加记录在住户部门金融账户的使用方。

国民经济核算中的四式记账法与企业会计中的垂直复式记账法相比有六个明显的特征:一是对所有交易都要在相对应的两个单位(部门)中进行登录;复式记账法只要求在本单位的账户中进行登录。二是四式记账法需要登录四次;复式记账法只需登录两次。三是四式记账法的一致性要求不仅体现在本单位(部门)不同账户间,也体现在不同单位(部门)间;企业复式记账法的一致性只体现在本单位的不同账户间。四是四式记账法不仅要保证整个国民经济的自身平衡,也要保证部门间、单位间的相互平衡;复式记账法只需保证每个单位贷方分录合计是否与借方分录合计平衡。五是四式记账法的记账基础是“来源＝使用”和“资产＝负债＋净值”;复式记账法的记账基础是“资产＝负债＋所有者权益”。六是四式记账法同时反映实物流与资金流的运行过程,复式记账法只强调资金运动的变化结果。

通过四式记账,可以对所有的账户进行试算平衡,以检查账户记录的完整性和正确性。如果各单位对所有的交易登录符合四式记账原理,则在任何时点,国民经济账户的恒等式“来源＝使用”和“资产＝负债＋净值”均能成立。相反,如果各单位对交易的记录没有遵守四式记账原理,即记账有错误,则在大多数情况下,会破坏国民经济账户的平衡关系。所以在四式记账系统下,可以通过国民经济账户恒等式的平衡关系检查记账错误。

四式记账方法逻辑严密,联系性强,能够有效地反映部门之间的经济联系和提高国民经济核算的数据质量。

三、记账时间

四式记账原则要求每一笔交易必须在同一时点计入交易双方的账户,这就要求国民经济核算必须对各种交易的记录规定一个统一的时点。

"确定交易记录时间所面临的一个问题是:机构单位的活动时常会持续一段时间,其间存在好几个可以识别该项交易的重要时刻。例如,许多商业销售是从出售者与购买者之间签订合同开始的,然后会有某个交货日期和一个或多个到期支付日期,直到出售者得到最后一笔支付的日期,销售才完成"①。

"同样,进行政府支出分析,可能需要区分预算被立法机构表决的日期、财政部授权某个部门支出资金的日期、各部门承担具体义务的日期、交货发生的日期,以及最后发出支付指令和支付支票的日期。以纳税为例,有以下不同的重要时刻:纳税义务产生的日期或时期,明确地确定纳税义务金额的时刻,不受处罚到期付税的日期和实际付税或退税的日期"②。

记账时间的处理有多种:现金收付制、到期应付制、承诺制和权责发生制等。国民经济核算的记账时间是权责发生制。

权责发生制原则是指对经济活动中机构单位之间的交易按照债权债务发生的时间或在经济价值被创造、转换、交换、转移或消失的时间进行记录的原则。即凡是本期实际发生的权益和债务的变化,都作为本期的实际交易加以核算,而不论款项是否在本期收付。具体来说,"所有权变更的流量在所有权转移时记录,服务在提供时记录,产出在产品创造时记录,中间消耗在材料和用品被使用时记录"③。

国民经济核算采用权责发生制的原因有两个:一是权责发生制的记录时间与SNA对经济活动的记录时间完全一致。权责发生制的记录时间是以本期实际发生的权益和债务为准的,SNA对经济活动的记录时间也是以本期的活动为准的,这样,就可以保证二者的一致性。二是权责发生制可应用于非货币交易。与权责发生制相对应的记录时间有收付实现制,收付实现制是按实际收到或实际支付款项的时间进行记录的,它比较适合于货币交易。由于国民经济核算中的很多交易是非货币交易,如果采用收付实现制就无法对非货币交易进行记录。

采用权责发生制还是采用收付实现制,对于某些交易来说并没有区别。例如,居民在商店用货币购买日常用品,货物所有权的变更与货币所有权的变更是同时发生的,居民在获得货物的同时也支付了货款,所以,对该交易采用权责发生制与采用收付实现制,结果是一样的。但是有些交易,货物所有权的变更与货币所有权的变更不是同时发生的。例如内部交易,货物所有权已经发生了变更,但收货方并未及时地支付货款,而是延时一定时期后再支付货款。这时,根据权责发生制进行记录就比较恰当。

---

① 参见《SNA(2008)》,3.161。

② 参见《SNA(2008)》,3.162。

③ 参见《SNA(2008)》,3.166。

遵循权责发生制的目的在于反映本期经济活动的现状，反映本期资产负债的变化，由于交易双方按同一时间进行记录，从而保证生产核算、收入分配与使用核算、资本核算、金融核算之间内在的一致性。

四、估价原则

四式记账原则不仅要求每一笔交易必须在同一时点计入交易双方的相关账户，而且还要求每一笔交易必须以完全一致的价值计入交易双方的相关账户，同样的要求也适用于资产和负债的变化。

国民经济核算用到的估价原则包括以下几点：

1.如果存在市场价格则按市场价格估价。

“市场价格是指有意购买者从有意出售者手中获得某物所支付的货币数额”[①]。它是货物和服务项目的单位价值表现，是通过价值流量和实物流量对比而产生的，是连接不同单位之间交易的中介因素。据此原则，凡有货币支付行为的交易，都按交易双方认定的成交价格，即市场价格来估价。

市场价格又有三种口径：基本价格、生产者价格和购买者价格，这三种价格口径的含义与区别在第五章讲述。

2.如果没有现成的市场价格，则要以相近的市场价格为参照进行估价。

并不是所有的交易都有现成的市场价格，有些交易不存在市场价格。例如，非货币交易在交易中就没有形成市场价格，对于这些交易，可以用间接估算法估算其价格。其具体做法是，在市场上找到一个同样的或类似的交易项目，以该交易的市场价格为参照，再适当考虑其批发与零售市场的差异、地区差异，对所要估价的非货币交易进行估价。

3.如果不存在可供参考的市场价格，则要模拟市场价格的形成过程对其估价。

有些非货币交易不存在可供参考的市场环境。例如，一些自给性货物和服务的交易，对于这些交易，可以采用成本价估算的方法：以当时生产它们所需的成本额为基础，模拟出其市场价格。成本包括中间消耗、雇员报酬、固定资本消耗及其他生产税净额等。

五、数据整合方法

国民经济核算面对大量原始数据，对于来自基层的原始数据首先要解决数据的整合方法问题，整合方法不同，得到的综合指标就不同，到底应采取什么样的整合方法，取决于数据来源和分析目的。

---

① 参见《SNA(2008)》,3.119。

（一）汇总

数据汇总是将统计总体内部不同子部门或不同基层核算单位的单个数据加总到一起的方法。汇总可以在不同层面展开，可以在整个国民经济总体层面汇总，也可以在机构部门层面或企业层面汇总。例如，社会总产出是国民经济总体内所有基层核算单位产出之和，机构部门总产出是本机构部门所有基层核算单位产出之和，企业总产出是本企业内各基层核算单位产出之和。总产出的汇总方法隐含的规则是"不合并"原则，即基层核算单位之间的转移价值允许重复计算，不能从总产出中扣除[①]。

还有一些交易，在本单位内既可以作为使用出现，也可以作为来源出现，例如，某机构单位（或机构部门）内既存在支付利息的交易，也存在获得利息的交易。按数据汇总的方法进行计算，就需要将本机构单位支付的所有利息加总起来，得到本单位支付的利息总额；将本机构单位获得的所有利息加总起来，得到本单位获得的利息总额。而不是将支付的利息与获得的利息抵消后，计算"净利息"。这样汇总的目的在于反映本单位使用方的总规模与来源方的总规模。

还有一种情况，金融交易发生在同一机构部门的不同机构单位间，一方记录为金融资产，另一方记录为金融负债。按数据汇总的方法进行计算，该机构部门的金融资产应将所有机构单位的金融资产加总起来，该机构部门的金融负债应将所有机构单位的金融负债加总起来，而不是将本机构部门内不同机构单位的金融资产与金融负债抵消后，计算净金融资产/负债。这样汇总的目的在于反映本机构部门的金融总流量，以便分析整个国民经济中金融市场的规模或结构。

（二）取净额

取净额是将统计总体内部的相关数据合并到一起的方法，通过取净额，会抵消本部门（单位）内部的部分交易。因为有些交易，在本单位内既可以作为使用出现，也可以作为来源出现，将来源方与使用方的数据合并后，可以得到净增加/减少。

例如，某机构单位（或机构部门）内既存在支付利息的交易，也存在获得利息的交易。按取净额的方法进行计算，就需要将本机构单位支付的利息与获得的利息抵消后，计算"利息净获得"，这就是取净额。常见的通过取净额的方法进行记录的还有，在金融资产（或负债）的增加与减少相抵后分别记录"金融资产的净获得"与"金融负债的净发生"，在生产税与政府对生产者的补贴（负的生产税）相抵后记录"生产税净额"，在存货的增加与减少相抵后记录"存货变动"[②]。

取净额虽然可以简化记录内容，反映交易的净变化，但是，它也会损失部分有用信息。为了保证数据的完整性，有时还在给出净额数据的同时，列出抵消掉的原

① 转移价值重复计算的问题可参见第五章。

② 以此强调其在整个资本形成中的分析意义，而不是过分关注日常的入库与出库。

始数据。例如,在"净出口"之下列出"出口"和"进口"。

当然,所有的平衡项也是取净额,例如,国内生产总值、总储蓄等。平衡项有两类:用总额表示的平衡项与用净额表示的平衡项,用净额表示的平衡项是扣除了固定资本消耗后的指标,如国内生产净值、净储蓄等。所以,不能将用净额表示的平衡项与取净额相混淆。

(三)合并

数据合并是将统计总体内部不同子部门之间的相关数据合并到一起的方法,通过合并,会省略被合并单位间的部分交易。国民经济核算中的数据合并方法多用于金融公司部门和一般政府部门。

先看金融公司部门。例如,将不同金融机构(如中央银行和商业银行)之间的借贷关系(一方的借入,同时是另一方的贷出)相互抵消,计算金融公司部门的净借入或净贷出。合并金融交易的作用在于,忽略机构部门内部的金融流量,凸显金融公司部门与其他部门之间的金融交易。金融交易的合并可以在不同层次上展开,不同层次上的合并说明的问题是不同的。例如,在国民经济总体层次上的合并,意在强调本国与国外的金融往来;在机构部门层次上的合并,可以突出资金剩余部门与资金短缺部门之间的资金流动情况,并识别出其中的金融中介机构;在金融公司部门子部门层次上的合并,可以进一步反映金融系统之间的复杂关系。

对于政府单位来说,可以作为合并处理的交易主要有:1.经常转移和资本转移,例如,中央政府向低层级政府的拨款;2.金融资产和负债交易,例如,向其他政府的政策性贷款、社会保障单位获取的政府债券和债务豁免等;3.政府间持有金融资产和负债的利息收入和支出;4.非金融资产的获得和处置,包括政府间的土地、建筑物和设备交易;5.政府单位或实体之间的税收支出①。

理论上说,对政府单位相关交易的合并可以在任一层次展开,但实际上,主要在一般政府部门层次及其子部门层次进行。比如,在评估政府运作对于整个经济体的综合效应或政府运作的可持续性时,可省略不同层级政府之间的交易而仅涵盖其与其他部门或非常住单位之间的交易。合并不同政府单位间交易的作用在于,略去一般政府部门内部的交易流量,突出一般政府部门与其他部门之间的交易关系及在整个国民经济中的地位与作用。比如,在某些情况下,合并后的收入或支出与 GDP 的比率会比未合并数据更具经济意义。

值得注意的是,在以机构部门为统计总体,报告一般政府部门的账户时,子部门之间的交易可以合并,但在以子部门为统计总体,报告每个子部门的账户时,这些交易不宜省略。

---

① 《SNA(2008)》,22.82。

合并不同于取净额，合并抵消的是同一部门中不同子部门间的数据，取净额抵消的是同一部门中使用方与来源方（或资产方与负债方）的数据。

思考与练习

1.平衡项的形成及其作用。

2.账户的种类有哪些？

3.纵向账户序列的形成。

4.全套账户序列的构成。

5.国民经济核算的账户序列反映的是活动序列吗？

6.复式记账法与四式记账法的区别。

7.取净额与合并有区别吗？

第四章　存量、流量与基本分类

国民经济核算涉猎的所有指标都可归结为存量指标或流量指标，两类指标的性质不同，作用不同，缺一不可。从国民经济核算的基层经济主体来看，既可着眼于机构单位，也可着眼于基层核算单位，机构单位的集合构成机构部门，基层核算单位的集合构成行业部门或三次产业部门，不同角度的分类方法在国民经济宏观管理中的作用是不同的。

第一节　存量与流量

一般而论，存量指一定时点上具有某种特征（或处于某种状态）的统计总体，流量指一定时期内反映事物变化或规模的统计总体。某一时点的学校数、医护人员数、存款额属于存量指标。某一时期新增学校数、减少的医护人员数、年收入属于流量指标。

存量指标和流量指标可以应用在不同领域，以形成不同领域的存量指标与流量指标。例如，气象领域的温度、湿度、风向、风力属于存量指标，降水量、风能发电量、温度变化度数属于流量指标。国民经济核算归属于经济学门类，所以，本教程所说的存量和流量指的是经济存量与经济流量。

区分存量和流量对国民经济核算具有重要意义。从某种意义上说，国民经济核算的内容就是由存量核算和流量核算构成的，其中，对生产、收入、消费、投资和其他积累的计量属于流量核算，对资产和负债的计量属于存量核算。

一、存量

存量指某一时点的资产或负债总额①。例如，金融资产、非金融资产、手存现金、银行存款、银行贷款等。为了更好地理解存量指标的含义和国民经济核算中存量指标设置的意义，应注意以下几点：

1.存量是时点指标。

按时间维度的不同可将指标分为时点指标与时期指标，存量是时点指标。例如，“年初金融资产 250 亿元”说明，在年初这个时点上，金融资产是 250 亿元，它不

---

① 参见《SNA（2008）》，3.4、3.18。

代表其他时点金融资产的数量。

时点不同，金融资产的数量也不同，所以，若以时点为标志，可得到无数个时点指标。例如，股票经纪人的手存现金每时每刻都在发生着变化。宏观经济分析中较常用的时点是年初、年中与年末，从而，应用较多的也是年初存量、年中存量与年末存量。例如，年初金融资产、年中金融资产、年末金融资产。

2.存量指标不具有可加性。

不具有可加性是指不同时点的存量指标不能加总在一起。例如，某人 1 月 1 日到 1 月 3 日这三天的手存现金分别是 1400 元、1200 元、1000 元，我们不能将这三天的手存现金数量加总起来说，“该人的手存现金是 3600 元”。只能通过计算平均数的方法说，“该人这三天的手存现金平均每天是 1200 元”。

宏观经济统计中，大多以年度为一个核算期，所以，通常用年初存量指标与年末存量指标的平均数反映年内存量的平均规模。根据存量指标计算的平均数反映该时期内每个时点上拥有的存量是多少。

例如，某地区年初金融资产为 250 亿元，年末金融资产为 270 亿元，则该地区该年金融资产平均额为 260 亿元。260 表明，该年每个时点上的金融资产平均是 260 亿元。

3.存量由流量累积而成。

存量是过去生产与积累起来的产品、货物、储备、资产负债的结存数量。生产规模大，形成的固定资产就多，积攒的家底就可能多，人民的生活水平就可能越过越好，所以，存量的增加是依靠流量的增加而增加的。

例如，某年某月某日银行的金库中存有 500 万美元，这 500 万美元是过去多年积累起来的金融资产；某地区某一时点上的住宅总面积是过去多年积累起来的非金融资产；某个居民某一时点上的储蓄是过去多年积攒的。从这个意义上说，没有流量就没有存量，这就是为什么“发展是硬道理”，因为，生产力是社会发展的最终决定力量。

4.流量增加并不意味着存量必定增加。

“存量由流量积累而成”强调生产的重要性，强调流量对存量的正向作用，强调没有流量就没有存量。但是流量对存量的正向影响并不永远成立，并不是流量的增加一定带来存量的增加。当生产是靠已有存量的损坏牵动时，流量对存量的影响就是负向的，它不仅不能增加存量，反而会减少存量。例如，“拆旧建新”[①]模式中的“拆旧”过程增加了当期的生产规模，也即增加了流量，但是，存量却减少了。

由此可见，流量可以增加存量，也可以减少存量。这说明，“存量由流量积累而成”是成立的，但是，“流量增加存量”并不永远成立。

---

① 指不必要的“拆旧”。

5.存量指标是反映总规模的总量指标。

一提总规模，大多想到的是流量指标，如国内生产总值，很少想到要用存量指标来反映总规模，这是一个误区。总规模既可以用流量指标反映（如 GDP），也可以用存量指标来反映（如资产额）。

举个最简单的例子，对于居民个人来说，年收入是反映居民收入水平的流量指标，存款额（或居民资产）是反映居民生活水平的存量指标，在对居民个人生活水平进行评价时，不仅可用收入额，也可用存款额（或居民资产），收入额与存款额（或居民资产）都是反映居民生活水平的重要总量指标。

对于整个国民经济来说，如果说国内生产总值相当于居民个人年收入的话，则整个国民经济的资产额相当于居民个人的存款额（或居民资产），在对整个国民经济进行判断时，不仅可用国内生产总值，也可用国民资产，国内生产总值与国民资产都是反映国民经济发展状况的重要总量指标，如果仅用国内生产总值作为国民经济发展状况的评价指标则是有偏的。

基于此，国民经济核算不仅设计了反映生产成果的国内生产总值指标，也设计了反映国民经济积累结果的资产负债指标。“详细的 SNA 包括以下两个部分：一套与一定时期内各类经济活动有联系的、相互关联的流量账户序列，一套记录机构单位和部门在该时期期初、期末持有资产和负债存量价值的资产负债表”①。

可是，在中国多数人对国内生产总值这种流量指标较为熟悉，应用范围也很广泛，对资产这种存量指标较为陌生，应用的很有限，影响了中国经济实力综合评价的客观性。

当下摆在人们面前的一个重要任务是，提高存量指标的“总量”意识，资产存量是靠一点一点积累起来的，毁坏了，资产存量就减少了。

二、流量

（一）流量及其分类

流量指一定时期内反映社会经济发展变化或规模的统计指标，例如，新增固定资产、国内生产总值等。为了更好地理解流量指标的含义及国民经济核算中流量指标设置的意义，应注意以下几点：

1.流量是时期指标。

与存量指标不同的是，经济流量的大小与时间维度有关。例如，“某地区某年第一季度的地区生产总值是 20 亿元”，这说明，该地区的地区生产总值是这一季度生产的。时期长短不同，地区生产总值的大小就不同，所以，经济流量的大小与时期长短有关。

---

① 参见《SNA（2008）》，1.14。

宏观经济统计中常用的时期是“年度”，为了更加及时地掌握国民经济的运行情况，有些指标也可以按“季度”或“月度”进行统计。

2.流量指标具有可加性。

可加性是指不同时期的流量指标可以加总到一起，例如，已知某地区各个季度的地区生产总值，则该地区全年的地区生产总值是这四个季度地区生产总值的汇总额。这一点与经济存量是不同的，经济存量指标不具有可加性。

3.流量反映的是当期生产状况。

流量的大小与当期的生产规模有关，当期生产规模大，经济流量就多，当期生产规模小，经济流量就少。这一点与经济存量是不同的，经济存量是多年累积的结果。

4.流量既可以反映总规模，也可以反映变化量。

流量很多情况下与规模指标相关联，如国内生产总值、货币供应量等，除此之外，增减量也是流量指标。如国内生产总值的增加量、货币供应量的减少量等。

增减量的获得可以通过两个流量指标的加减获得，也可以通过两个存量指标的加减获得。

国内生产总值的增加量和货币供应量的减少量是通过两个流量指标加减得到的，即：

2013 年国内生产总值增加量＝2013 年的 GDP－2012 的 GDP

2013 年货币供应减少量＝2013 年货币供应量－2012 年货币供应量

手存现金增加量是用两个时点的手存现金相减得到的，手存现金增加量是流量指标，手存现金是存量指标。

流量按是否由交易引起分为交易流量和非交易流量，根据交易过程中是否由货币充当等价物可将交易分为货币交易和非货币交易，其中，货币交易包括有对应物的交易和无对应物的交易，非货币交易又分为易货交易、实物报酬、实物报酬以外的实物支付、实物转移和内部交易。非交易流量分为资产物量其他变化和价格因素引发的持有损益。流量的具体类别由图 4－1－1 所示。

- 流量
  - 交易流量
    - 货币交易
      - 有对应物的交易
      - 无对应物的交易
    - 非货币交易
      - 易货交易
      - 实物报酬
      - 实物报酬以外的实物支付
      - 实物转移
      - 内部交易
  - 非交易流量
    - 资产物量其他变化
    - 价格因素引发的持有损益

图 4－1－1　流量分类示意图

下面分别讲述交易流量与非交易流量的有关问题。

(二)交易流量及其记录方式

1.交易流量

“交易是一种经济流量。这种流量是机构单位之间基于共同协议所发生的相互作用,或是某个机构单位内部的行为——由于这种单位常常以两种身份进行活动,因此,将此类内部行为作为交易处理具有分析价值”[①]。为了更好地理解交易的含义,应注意以下几点:

(1)交易形成流量。交易是在机构单位之间传递一定数量的具有使用价值的经济权益,包括经济权益的创造、转移、具体性质的改变和消失,每一笔具体的交易都会形成相应的流量。例如,产品销售是一种交易,由此产生的流量有销售量与购买量。需要注意的是,我们可以说“交易形成流量”,但不能说“流量形成交易”,因为,有些流量并不是通过交易形成的。

(2)交易是依双方共同协议进行的。交易之所以能成立,一定涉及甲乙双方且双方达成了共识。例如,买卖商品之所以能够成交,是因为买卖双方都同意以该交易价格“买”或“卖”,任一方不同意,交易就不成立。单方面进行的活动不属于交易,例如,小偷的偷窃行为、化工厂的排污行为等。

(3)依双方共同协议进行不意味着必须是自愿的。交易按共同协议进行意味着,机构单位对交易是事先知情且同意的,知情和同意也许是自愿的,如货物和服务的消费支出;也许是强制的,如纳税,政府与纳税人之间有一个强制性的协议,尽管纳税是强制性的,但它仍然视为交易。

(4)交易包括内部交易。理论上说,交易必须涉及两个不同的单位,是在一对机构单位之间同时进行的一对组合行为。但是,因为同一机构单位具有多重经济身份,作为生产主体它向社会提供货物和劳务,作为消费主体它需要使用自己生产的产品,由此形成的交易是在一个机构单位内部完成的。例如,自给性固定资本形成视为机构单位自己与自己进行的交易:机构单位一方面作为生产者提供(相当于销售)固定资本,另一方面作为使用者获得(相当于购买)固定资本。此类交易与两个不同机构单位依双方共同协议进行的活动没有本质区别,所以,也归于交易行为。

(5)交易与活动既有联系又有区别。活动可以是单主体的行动,交易则必须是两个或多个主体的行动,一个主体的交易必须有其对应的主体。每一种交易都是一种活动,但并不是所有活动都是交易。所以,可以将二者加以区别。例如,生产是一种活动,产品销售则是一种交易,消费是一种活动,消费支出则是一种交易。虽然从概念上说交易仅指机构单位之间发生流量的活动,但在经济生活中,单纯的

---

① 参见《SNA(2008)》,3.51。

交易与活动难以严格划分，而且两者相互联系。因此，在国民经济核算中将所有的经济活动都作为交易处理，相应的经济活动主体也就是交易主体。

2.货币交易

货币交易指机构单位以货币为单位做出一笔支付（收到一笔支付）或发生一笔负债（得到一笔资产）①。说的具体些，货币交易指交易的一方对另一方支付货币，或者交易一方对另一方确定金融债权（如货物已经发出货款尚未收到），或者交易一方对另一方金融负债的消失（如支付应付而未付的货款）而形成的交易。由此可以看出，货币交易是直接引起交易者金融资产或负债发生变化的交易。

货币交易分为有对应物的交易与没有对应物交易。有对应物的交易也称“有换有”交易、物对物交易、有对价物的交易，或称交换。例如，货物和服务的消费支出，当一方向另一方提供货物或服务时，会得到相应的回报，这就是有对应物的交易。没有对应物的交易也称“有换无”的交易、物对无交易、无对价物交易，或转移。如社会救济福利，当一方向另一方提供货物、服务或资产时，未获得相应的回报。

货币交易都是双边交易，但双边交易并不一定是有对应物的交易。如货物和服务的消费支出、证券的获得、税金和现金社会救济的发放都是双边交易，但只有货物和服务的消费支出、证券的获得是有对应物的交易，在这些交易中，一方向另一方提供货物、服务、劳动力或资产，另一方向对方支付货币。税金和现金社会救济是无对应物的交易。

3.非货币交易

“非货币交易指原本不以货币单位表示的交易”②，如以物易物交易。为了更好地理解非货币交易，还应注意以下两点：

（1）非货币交易最终也要表示成货币价值。

非货币交易虽然不以货币为媒介，但也要按货币价值来表示，由于非货币交易本身不是通过货币为媒介进行的交换，所以，在对非货币交易的价值量进行记录时采用的是间接估算法。例如，用1斤大米换2斤白面，为了能够将所有的交易汇总起来，必须将该易货交易按货币价值进行记录，其交易价值参照的是市场上销售的同品种大米和白面的价格。

（2）非货币交易形成的货币价值的经济意义不同于货币交易。

非货币交易虽然要按货币价值进行记录，但该货币价值与可自由支配的货币是不同的，可自由支配的货币不仅可以购买换回的货物，还可以购买其他产品。非货币交易换回的产品是具体的，非货币交易的货币价值只能视为对换回货物的购买，不能另做它用。例如，1斤大米若在市场上销售出去换回货币，可再购买其他

① 参见《SNA(2008)》，3.55。
② 参见《SNA(2008)》，3.75。

任何需要的货物和服务，而用 1 斤大米换回 2 斤白面，虽然两种交易的价值量相等，但通过易货交易只能换回白面，也只能消费白面。

所以，以货币形式记录不等于是货币交易。

非货币交易又分为易货交易、实物报酬、实物报酬以外的实物支付、实物转移和内部交易。

易货交易指双方以等值的货物或服务进行交换，也即一方向另一方提供货物、服务或现金以外的资产作为对另一方提供货物、服务或现金以外资产的回报，易货交易不需要货币作为交换媒介。

易货交易可以追溯到人类最早的生产与生活活动，在货币尚未出现之前，这种物对物的易货交易形式曾普遍存在。货币出现后，这种交易形式退居次位，主要是因为传统易货只能实现点对点的交易，只有双方都正好需要对方的产品，交易才能得以实现，局限性很大。货币产生后，货币的使用在很大程度上取代了易货交易，因此，易货交易进入了 3000 年的沉寂期。但易货交易并未完全退出市场，因为货币经济也有它的缺点，货币经济的正常运转是以足够的现金为前提的，当现金不足时，就无法开展正常的生产与生活活动，为解决这一难题，自 20 世纪 50 年代，美国出现了易货公司，专门为现金不足的企业寻找易货机会，并逐渐在不同的易货公司（交易所）使用各自不同的易货币。随着经济、技术的发展，易货交易正以新的方式重现世界经济。

实物报酬指雇主以货物和服务的形式代替货币、向雇员支付劳动报酬而形成的收入。常见的实物报酬有：膳食和饮料、住房服务和住宿设施、供个人私用的车辆服务、本企业生产的各种产品等。

实物报酬以外的实物支付指以货物和服务的形式代替货币而进行的非实物报酬支付。例如，农业中，土地承租者向土地所有者支付所生产的部分收成作为土地租金；在某些国家，交纳遗产税也可以通过捐赠字画或其他珍贵物品的方式来进行等。

实物转移指一方向另一方提供货物、服务或非金融资产等而不获得对应物作为回报的交易，包括政府间的国际合作，赠与、慈善捐献，实物社会保障福利和社会援助福利以及政府单位或非营利机构向住户提供的教育、保健、住房和其他服务等。例如，自然灾害后的实物国际援助等。

内部交易指一个单位内部发生的交易行为。当一个机构单位既从事生产也从事最终消费时，它可能选择消费自己生产的产出，在这种情况下，就要构造一笔内部交易，并估算其价值。例如，企业使用自己生产的固定资产、农民消费自己生产的粮食等。

4.货币交易重新安排的三种记录方式。

交易涉及买卖双方，记录时只需分别从买方或卖方的角度记录就可以了。但是，有些交易并非总是这么简单，买卖双方的交易关系并非很直接，这时，就需对这些交易的记录方式进行重新安排，以便揭示出其内在的经济关系。

对交易进行重新安排的记录方式有三种：改变交易流程——不同的途径、分割交易——不同的交易数目、代表其他单位进行交易的处理——不同的单位。

(1)改变交易流程

改变交易流程指，按不同于实际发生的途径记录所发生交易的方法，简称改道，或变更路线。改道有两种情况：

第一种是单位甲与单位丙之间进行的直接交易，记录为通过单位乙进行的。例如，雇主为雇员支付的社会保障缴款记录为由雇主先支付给雇员，再由雇员支付给社会保障基金，而不是直接记录为雇主与社会保障基金之间的直接交易。经过这种处理，可以使该项缴款所反映的经济往来关系更加清晰。

第二种是从单位甲到单位乙的交易要与从单位乙到单位甲的另一个不同类别的交易匹配起来记录。例如，外国直接投资企业的收益会有一部分留在企业，用于再投资。这种留存收益的记录方式是：由直接投资企业汇给外国所有者作为外国所有者的财产收入，再由外国所有者对直接投资企业进行再投资。再比如，人寿保险基金准备金获得的财产收入被视为首先支付给保单持有者，然后作为追加保险费再支付给保险企业，即使实际上这种财产收入是由保险企业留存下来的。由此可以看出，个人或住户的储蓄包括了改道后的财产收入，而保险企业的储蓄不包括这部分。

(2)分割交易

分割交易指将单一交易分割成两个或多个交易并分别进行记录的方法。例如，承租人按照融资租赁合同实际支付的“租金”可分为两部分：本金和利息[①]，本金用于偿还租赁物件，利息是占用出租人资金的回报。因而，要将支付租金这一交易行为分割为两个交易：偿还本金和支付利息。

再比如，金融中介机构的应付存款利息和付给金融中介机构的应付贷款利息可分解为两部分：SNA的名义利息和未直接收费的金融中介机构的服务费[②]，名义利息是银行对占用存款人资金的支付（或是贷款人对占用银行资金的支付），服务费指金融中介机构的服务费。

(3)代表其他单位进行交易的处理

---

① 融资租赁是指出租人根据承租人对租赁物件的特定要求和对供货人的选择，出资向供货人购买租赁物件，并租给承租人使用，承租人则分期向出租人支付租金，租金计算原则是：出租人以租赁物件的购买价格为基础，按承租人占用出租人资金的时间为计算依据，根据双方商定的利率计算租金。

② 理论上说，存款人将多余资金存入银行后，应向银行支付存款服务费；贷款人从银行贷出资金后，也应向银行支付贷款服务费。但是，金融机构对存款人和贷款人收取的服务费不是通过这种直接收费的方式收取的，而是间接收取的，间接收取的服务费隐含在应付存款利息与应收贷款利息中。

有些交易不是通过交易双方直接进行的，而是通过第三方间接完成的，交易双方的一方或双方以手续费的方式支付给第三方作为第三方提供服务的酬金，这种交易记录为甲乙双方的交易，不记录在促成交易的第三方账户中。例如，一个商业代理人在委托方(费用承担者)指示下做出的购买，应该认定为委托方的购买，商业代理人的账户上只记录通过提供中介服务向委托方收取的佣金。

还有一种情况是，一个政府单位代表另一个政府单位收税，并将所征税收交给下列政府单位：行使权力规定征税、在决定和变动税率方面有最后决策权。这种情况说明，后者具有征税、制定和调整税率的权力，前者只相当于后者的代理人，所以，所征税收需要进行再分配。

(4)货币交易重新安排的启示

交易关系的脉络既清晰又不清晰，说它清晰是因为听起来很直接，只涉及甲乙双方，说它不清晰是因为有些交易关系并不像直接显现出来的甲乙方那么简单，其背后隐藏着更为复杂的交易关系，显现出来的交易关系是将其背后隐藏的复杂交易关系合并之后的情况。国民经济核算的目的就是要再现经济运行的实际情况，因此，有必要将表面简单的交易关系还原成真实情况。上面讲的三种记录方式都是为了解决这个问题。

这样做的结果就会产生这样一种情况：宏观经济数据与个人感受到的微观数据不一致。例如劳动报酬，居民个人普遍认同的劳动报酬是从雇主获得的现金收入，而从宏观来看，劳动报酬不仅包括居民获得的现金收入，还包括雇主为雇员支付的社会保障缴款。雇主缴纳社会保障缴款为的是让雇员获得更多的社会福利，因此，雇主缴纳的社会保障缴款与现金劳动报酬的性质一样，应记入雇员劳动报酬。再比如，居民收入不仅包括劳动报酬，还包括看得见的财产收入和改道后的财产收入，改道后的财产收入不仅影响居民收入，也影响居民储蓄。

这就是为什么有时候官方公布的数据与个人认同的数据存在差异的原因之一。在实际生活中，当官方公布的宏观数据与个人认同的数据存在差异时，有些人往往单方面认为自己的观点是正确的，因此，将差异存在的原因归于虚报或统计工作疏漏，指责统计工作。例如，大家常调侃的一句话就是收入水平“被平均”了。

(三)非交易流量

非交易流量指“不是源自于交易的资产和负债的价值变化”[①]，非交易流量也称其他流量。

国家也好，个人也罢，资产和负债的变化大多是由交易引起的，例如，购买货物引发非金融资产的增加和金融资产的减少。但是，有些非交易也会引起资产和负

① 参见《SNA(2008)》，3.99。

债的变化，例如，资产的无偿没收，外币资产因汇率变化而发生金融资产的变化。这些流量不是交易的结果，但却与国民经济具有密切关联，也在改变着存量的规模与结构。所以，非交易流量核算也是国民经济核算的重要内容。

非交易流量主要分为两类：由非交易因素造成的资产、负债和净值的变化，称资产物量其他变化；由于价格因素引发的价值变化，称持有收益和损失，简称持有损益。

资产物量其他变化包括：除交易以外原因引发的资产和负债的出现和消失，例如，地下资源的经济发现，贵重物品的经济出现；受外部效应或自然灾害影响导致的资产物量的变化，例如，财产失盗、自然灾害或战争等毁坏的资产；由于机构单位和资产分类的变化以及机构单位结构变化引起的资产变化，例如，原归于住户部门的非法人企业成长为(准)法人企业，该企业的资产和负债就应从住户部门转到非金融公司部门，由此引发的机构部门资产和负债的变化要记录在资产物量其他变化账户中。

持有损益反映纯粹由于价格变化而形成的资产收益或损失，它与核算期内所持有的资产在物量或质量方面的改变毫无关系。持有损益有时称为资本损益，但用持有损益更恰当，因为持有损益的发生纯粹是一定时期内持有资产或负债的结果，资产或负债本身并未发生任何方式的改变。持有损益不仅包括持有诸如固定资产、土地和金融资产等资本的收益或损失，而且包括生产者持有的各种类型货物存货(包括在制品)带来的收益或损失，这种收益/损失通常称为存货升值/贬值。在核算期内，不论资产持有时间多长，都可能产生持有收益/损失，因此，不仅仅是核算期内全程持有的资产会产生持有收益或持有损失，而且未出现在期初资产负债表上也未出现在期末资产负债表上的资产也可以产生持有收益或持有损失。

第二节　机构单位与机构部门

国民经济总体是由千千万万个经济主体构成的：政府、企业、个人，国民经济核算将构成经济总体的每个经济主体表述为常住机构单位，相同类型常住机构单位的集合构成机构部门，所有机构部门之和，也可以说所有常住机构单位之和，构成经济总体。机构部门构成是反映宏观经济结构的重要指标。

一、机构单位与经济总体

(一)机构单位

机构单位指能够以自己的名义拥有资产、发生负债、从事经济活动并与其他实体进行交易的经济实体。机构单位强调以下几点：

1.机构单位有权以自己的名义拥有货物或资产，并能够通过与其他机构单位的交易变更对货物或资产的所有权。

2.机构单位能够做出经济决策、从事经济活动，并以自己的名义在法律上承担相应的直接责任。

3.机构单位能够代表自己发生负债，或承担其他的义务、承诺，签订合同等。

4.机构单位能够编制包括资产负债表在内的全套账户，或者有可能(在被要求时)编制出这样的全套账户。

具备上述四个特点的单位就是机构单位。

机构单位按"是否是法人单位"和"是否独立于其所有者"分为两类:住户机构单位和法律或社会实体机构单位。

住户机构单位，简称住户，指共享同样的生活设施、共同支配部分或全部收入和财产、共同消费(主要是住房与食物)的常住居民户。住户机构单位既包括居民住户，也包括机构住户；居民住户包括作为消费者的居民和作为生产者的非法人企业(单位)、为自身最终使用的生产者；机构住户指由长期住在医院、养老院、宗教场所、监狱等地人员所组成的住户。之所以将居民住户也包括在机构单位中的原因在于，以住户为单位的个人或群体有权集中该住户的全部(或部分)收入和财产，有权共同享有同样的生活设施，有权处理以住户为单位的有关事务，从这个意义上说，它也是一个独立的"单位"。

要注意的是，非法人企业不是非法企业，它们也是经过法律程序批准的，如个体工商户等，将非法人企业归为住户的原因在于:非法人企业的拥有者一般具有双重身份，既是企业业主从事企业的经营与管理活动，又是劳动力的提供者，相当于自我雇佣的有酬劳动力。这样，非法人企业生产活动创造的盈余很难区分为是营业盈余还是劳动者报酬。所以它不是独立于其所有者而存在的法律实体。

法律或社会实体机构单位指，"被法律或社会承认的，独立于可能拥有或控制它的自然人或其他实体而存在的实体"①。法律或社会实体强调两点:一是得到法律或社会承认。公司、政府单位、非营利机构必须是依法成立的，构成"法人"单位。二是与所有者相分离。法律或社会实体机构单位必须独立于其所有者而存在，例如，公司是一个法人单位，公司的所有者是全体股东，股东有权任命负责日常管理的管理人员，公司与公司的所有者是分离的。

法律或社会实体机构单位按市场性与否划分为公司、非营利机构和政府单位，其具体内涵参见本节第二小节。

我们常说的企事业单位都是独立的机构单位。但机构单位又比"企事业单位"

---

① 参见《SNA(2008)》，4.6。

的概念宽,他还包括个体经营者和居民住户等。

(二)常住性

机构单位的常住性是指,在机构单位所在经济领土上具有显著经济利益中心。常住性强调两点:经济领土和显著经济利益中心。

经济领土不同于法律意义上的地理领土或国土,它是指"任何有统计需求的地理区域或管辖区域"[①]。经济领土涵盖包括岛屿在内的陆地、领空、领水和地理上位于其他领土上的国外领土飞地(例如,免受所在领土国法律管辖的大使馆、领事馆、军事基地、科研站、信息或移民机构),不包括地理上位于本国领土上的国际组织和其他政府的飞地。

经济领土既有坐落何处的物理属性,又有归谁管辖的社会属性,所以,依法建立并受到管辖的单位是该经济体的一部分。例如,一个包括多个附属企业的集团,其每个附属企业都是所在经济领土的常住单位,而不应全部归并到总部所在地的经济体中。

经济领土还包括一些特殊区域,例如自由贸易区和离岸金融中心,这些区域在政府控制范围内,因此,是其经济体的一部分。

大多数情况下,经济领土指由单一政府控制与管理的区域,但是,有的情况下,经济领土的含义可能大于或小于这个范围,例如,经济领土可以是一个货币联盟或经济同盟,也可以是国家的一部分或某一区域范围内的若干个国家。

显著经济利益中心指,在经济领土上拥有相对固定的活动场所,如厂房、住宅等,并在当地长期(至少一年)从事该种生产活动。只要在同一经济领土内,具体地点可以不必固定。时间期限为一年带有一定的主观性,之所以如此规定,是为了避免不确定性和有利于国际比较。"经济利益中心"这一条的规定是为了保证一个机构单位在一个且仅在一个经济领土上常住。

由此可以归纳出,常住性的操作性定义是:事实上或意向上在经济领土上的时间达一年或一年以上。

在一个以上经济领土上进行无缝运营的跨国公司例外,例如,从事跨境的水运、空运、水电工程、管道、桥梁、隧道、海底电缆等活动,虽然该类企业在多个经济领土上从事着经营活动,但因为其运行过程不可分,无法建立独立的账户并做出独立的决策,从而不能将该企业拆分成若干个独立的子公司或母一子公司。这时,就需将企业的总运营指标按比例分配给各个经济领土。

为了更好地理解常住性,还要注意以下几个具体问题的处理。

1.个人的常住性取决于其所属的住户而非其本人的工作地,即使住户成员中

---

① 参见《SNA(2008)》,4.10。

有从事跨界工作的，或者是在国外居住一段时间的，同一住户的所有成员应与住户本身的常住性相同。如果有的住户成员在国外工作或居住的时间长到在国外形成了经济利益中心的程度，则其不再是原住户的成员，而成为国外的常住居民。

2.不属于准公司的非法人企业不能成为独立于其所有者的单独的机构单位，常住性与其所有者相同，且与其所有者同属一个机构单位。

3.一个单一法律实体在两个及以上的经济领土从事实质性的生产活动时，要对该法律实体做拆分处理。正常情况下，公司和非营利机构在其依法成立和登记的国家具有经济利益中心。但可能存在如下情况：公司的常住国并非其股东的常住国；子公司的常住国不同于母公司的常住国。如果一个公司或非法人公司为了长期（通常是一年以上）从事生产活动而在别国设有分支机构、办事处或生产场地，但并未因此成立子公司，则这样的分支机构、办事处或生产场地应被视为常住所在国的准公司，即独立的机构单位。这样的处理会使常住性的概念更加明确，经济领土的概念更加强化。

4.一国经济领土上的土地、建筑物等不动产的所有者，或者持有上述任一种不动产长期租赁协议的单位，即使在该国并没有从事除此之外的经济活动或交易，也被认为在该国具有经济利益中心，因此，所有的土地和建筑物都为常住者所拥有。换句话说，在经济领土上持有土地、建筑物等不动产的非常住者都视为常住机构单位。

5.开采地下资源的活动只能由常住机构单位进行。进行资源开采的企业，即使之前不是常住单位，当其获得开采许可证或租赁协议后就应视为常住机构单位。

6.缺少活动场所特征信息的特殊实体，可以将该实体成立的地点确定为活动场所。

（三）经济总体

经济总体指经济领土内所有常住机构单位的集合，常住机构单位指在本国的经济领土上具有显著经济利益中心的机构单位。如果一个机构单位使用一个经济领土内的一些地点、住宅、生产场地或其他活动场所，从事至少一年具有显著规模的经济活动或交易，则这个机构单位就是该经济领土上的常住机构单位。

与常住机构单位相对应的概念是非常住机构单位，简称非常住单位。它们或者不处于本国的经济领土上，或者在本国的经济领土上不具有显著经济利益中心。非常住机构单位的集合称为国外。

经济总体也可以说是五个机构部门——非金融公司部门、金融公司部门、一般政府部门、为住户服务的非营利机构部门、住户部门的集合。

要注意的是，国民经济核算体系用了“国家（national）”和“国内（domestic）”两个词，国内对应的是经济领土，它与常人理解的法律意义上的地理领土或国土不同，因此，不能将国内生产误认为是地理领土范围内的生产。与此相对应，国外对应的是非经济领土，而不是非地理领土。经济总体对应的也是经济领土，不是地理领土，经济总体是对经济领土范围内所有常住机构单位生产、分配与使用、积累等活动的汇总。

二、公司、非营利机构与政府单位

法律或社会实体机构单位按市场性与否划分为公司、非营利机构和政府单位，公司按经营范围分别归在非金融公司部门和金融公司部门，非营利机构单位可分别归于除住户部门以外的四个部门，政府单位归在一般政府部门。

（一）公司

国民经济核算中所说的公司不是严格意义上的依法成立的法人公司，它比法律意义上的公司宽泛，不仅包括依法成立的法人公司，还包括合作社和有限责任合伙企业、准公司、分支机构、名义常住机构单位等。

法人公司是一个法律实体，它成立的目的是生产市场性货物或服务，这些货物和服务会给公司所有者带来利润或其他财务收益；法人公司归股东集体所有，股东有权任命公司管理者。

合作社、有限责任合伙企业是为经营共同事业，共同出资、合伙经营、共享收益、共担分险而成立的营利性组织，合伙人既是股东又是管理者。合作社的利润按达成的协议进行分配，不一定按持股比例进行分配，但在运营方面，合作社与法人公司一样。有限责任合伙企业是独立的法律实体，其成员承担有限责任，其运营方式与法人公司类似。

准公司指按法人企业运营的非法人企业，包括：常住机构单位拥有的非法人企业和非常住机构单位在经济领土内拥有的具有经济利益中心的非法人企业。准公司设置的目的是将生产活动相对独立，运营方式与公司相似的非法人企业从其所有者中分离出来。对于本身就是市场性的非金融公司来说，其所属的非法人企业不论是否从其所有者中分离出来，都不会改变本机构部门的生产规模，所以 SNA 中所说的准公司对政府单位拥有的非法人企业和住户部门拥有的非法人企业更具统计意义。

分支机构指非常住机构单位拥有的在本经济领土进行生产活动的非法人企业。如果一个非常住机构单位在一个显著长的时期内在该经济领土内从事实质性的活动，即使没有独立的法律实体，仍可将其视为具有机构单位身份的分支机构。分支机构具有常住性，应处理为准公司。

满足下列条件的应视为分支机构：①该分支机构已经编制或可以编制（如果需要的话）包括资产负债表在内的全套账户，而且这种编制在经济和法律视角下是有意义的。②在与总部所在地不同的经济领土内从事或意向从事一年及以上的生产活动,和/或分支机构被认定要受所在地所得税制度的管理。

名义常住机构单位是虚设的一个常住机构单位,它的设置是出现在非常住机构单位拥有经济领土内的土地、建筑物等不动产时,这时,SNA 就虚设一个单位,称为名义常住机构单位,名义常住机构单位被记录成资产所有者,并获得该资产所产生的地租或租金,而法律上的所有者则拥有该名义常住机构单位的权益,并获得该名义常住机构单位以向国外支付财产收入的形式所提供的收入。这样处理的结果是:非常住机构单位是名义常住机构单位的所有者,但不直接拥有土地,因此,存在一笔对该非常住单位的权益性负债,而土地和其他自然资源总是其所在经济领土的资产。名义常住机构单位属于准公司。

(二)非营利机构

非营利性机构(Non-profit institutions,简称 NPI)指为生产货物或服务而建立的法律或社会实体,但其法律地位不允许那些建立它们、控制它们或为其提供资金的单位利用该实体获得收入、利润或其他金融收益。非营利机构具有以下特点。

1.非营利机构是按法律程序成立的法律实体。也就是说,非营利机构是独立于向它提供资金、控制或管理它的个人、公司或政府单位而存在的。它们有能力自行拥有资产,发生负债,从事经济活动并与其他实体进行交易。

2.联合团体控制的非营利机构,团体成员享有平等的权利,包括享有对影响非营利机构事务这样一些重大事项的表决权,和对非营利机构的经营承担有限责任。

3.非营利机构不存在分享其利润和股本的股东,所有成员无权分享非营利机构通过生产活动所创造的任何利润或盈余,这些利润只能为非营利机构所有。也正因为如此,非营利机构经常被免除各种税收。

4.非营利机构的发展方向、政策决策权,通常是由全体成员以简单多数原则选出的管理人员团队、理事会或类似的组织所把握,这些管理人员相当于公司董事会中的董事,负责任命经理。

5.建立非营利机构的目的是生产或分配货物或服务,不是为了给那些控制或提供资金给非营利机构的单位创造收入或利润。但这并不意味着,非营利机构不能通过生产创造营业盈余,非营利机构可以是非市场性的也可以是市场性的。

非营利机构在 SNA 中起着特殊的作用。有些非营利机构像企业一样,生产用于出售的货物服务以弥补成本,也即从事市场生产,它们和其他市场生产者一样,不发生最终消费。有些非营利机构却像政府单位一样是非市场生产者,免费或以没有显著经济意义的价格向单个住户或整个社会提供产出。由此看出,非营利机构可分为两大类:从事市场生产的非营利机构、从事非市场生产的非营利机构。

从事市场生产的非营利机构是以显著经济意义的价格销售其大部分或全部产

出的生产者。理论上看,所有的非营利机构都可生产货物与服务,但最常见的是提供服务,以供住户或企业消费之用。例如,由企业协会成立的各类商会,农业、制造业或贸易业的同业公会,雇主组织等。市场性非营利机构为企业提供服务时通常会收取服务费,有时称会员费,以弥补成本。这些机构常以联合会的形式设立,只向会员提供服务。收取的费用,即会员价,通常符合 SNA 所说的有显著经济意义价格的标准。

为企业服务的市场性非营利机构又分为:为非金融企业服务的市场性非营利机构和为金融企业服务的市场性非营利机构,为非金融企业服务的市场性非营利机构归在非金融公司部门,为金融企业服务的市场性非营利机构归在金融公司部门。

从事非市场生产的非营利机构的资金来源不是销售收入,而是控制它们的协会成员的定期缴款,或来自包括政府在内的第三方转移或捐款,或来自财产收入。

从事非市场生产的非营利机构又分为两类:被政府控制的和未被政府控制的,前者称为政府控制的非市场非营利机构,归在一般政府部门,后者称为为住户服务的非营利机构(Non-profit institutions serving households ,简称 NPISH),属于五个机构部门中的一个。

政府控制的非营利机构是独立于政府而成立的法律实体。政府控制的非营利机构从事的是非市场生产,属于非市场非营利机构单位。政府成立非营利机构的目的在于:非营利机构可能更为超脱、客观,且免受政治因素的影响。例如,为某些生产者集团如农场主所做的研究工作;负责制定和维护企业和住户利益方面如保健、安全、环境、会计、金融和教育等领域的制度等。

理论上讲,非营利机构是个整体概念,应作为一个独立的部门处理,但是,SNA(2008)同 SNA(1993)一样,仍旧只是将为住户服务的非营利机构单列,而将其他的非营利机构归于不同的机构部门。由于越来越多的人倾向于把所有的非营利机构作为"公民社会"的标志,为适应这一需求变化,SNA(2008)建议把公司和政府机构单位中的非营利机构划分出来,作为相应机构部门中的一个独立的子部门。这样就可以在需要时,直接推导出一个可以描述非营利机构部门总体情况的补充表。

(三)政府单位

政府单位是通过政治程序建立的、能在指定区域内对其他机构单位拥有立法、司法和行政权的法律实体及其附属单位。

政府单位的主要功能是利用征税和其他方式获得的资金向社会和公众提供货物和公共服务;通过转移手段对收入和财产进行再分配;从事非市场生产。

政府单位的收入来源是:向其他机构单位征税或用强制转移手段获得资金。政府单位不是市场生产者,所以它的资金来源不是经营收入,它必须通过向其他单位征税或接受其他政府单位的转移而获取发展资金。

政府单位的支出分为三类：向全社会提供的免费公共服务，如公共管理、国防、司法、公共卫生等；向住户免费或以经济意义不显著的价格提供货物和服务；向住户或其他机构单位进行的转移支付，以实现收入和财产的再分配。

具备准公司标准的政府单位的基层核算单位应视为独立于政府机构单位的市场生产者，不属于政府机构单位，应归入非金融公司或金融公司。

三、机构部门及其子部门

(一)机构单位分类标志与归类流程

一个国家的常住机构单位成千上万，数不胜数，为了更好地分析不同机构单位的特点，有必要对所有的机构单位进行归类整理。按什么标志进行归类呢？归类的基本标志是：经济活动的目的、功能和行为方式。

经济活动的种类主要有三类：生产活动、消费活动、积累活动。公司从事的是生产活动和(或)积累活动，生产的目的是为所有者营利，但不从事最终消费活动；政府虽然从事生产活动但与公司截然不同，政府生产的目的是为全社会服务，除此之外，还从事积累活动和最终消费活动；住户是最终消费的主体，虽然包括小部分生产活动与积累活动，但住户生产与公司或政府生产的性质和目的相差较大；为住户服务的非营利机构虽然从事着类似公司或类似政府的生产活动，但生产的目的不是营利，属于非营利组织，所以，其生产活动归入公司部门或政府部门也不太恰当。

在公司部门中，由于金融公司与非金融公司的生产性质完全不同，其中的金融公司在国民经济发展中起着越来越重要的作用，因此，将公司部门一分为二为：非金融公司部门与金融公司部门。由此，国民经济核算将机构部门分为五个：非金融公司部门、金融公司部门、一般政府部门、为住户服务的非营利机构部门、住户部门。

如何将一个具体的机构单位归到相应的机构部门呢？图4－2－1展现了机构单位的归类过程。

首先确定该机构单位是不是常住机构单位，如果不是归入国外部门；如果是再确定该机构单位是不是住户部门，如果是就归入住户部门；如果不是(住户部门既包括消费者也包括生产者，一但排除了住户，所有剩余机构单位都是生产者)再看这些生产者是否按显著经济意义的价格出售产品，如果是就是市场生产者，如果不是就是非市场生产者；对于非市场生产者，再看是否受政府控制，受政府控制归入一般政府部门，不受政府控制归入为住户服务的非营利机构部门；对于市场生产者，再看提供的是不是金融服务，如果是归入金融公司部门，如果不是归入非金融公司部门。

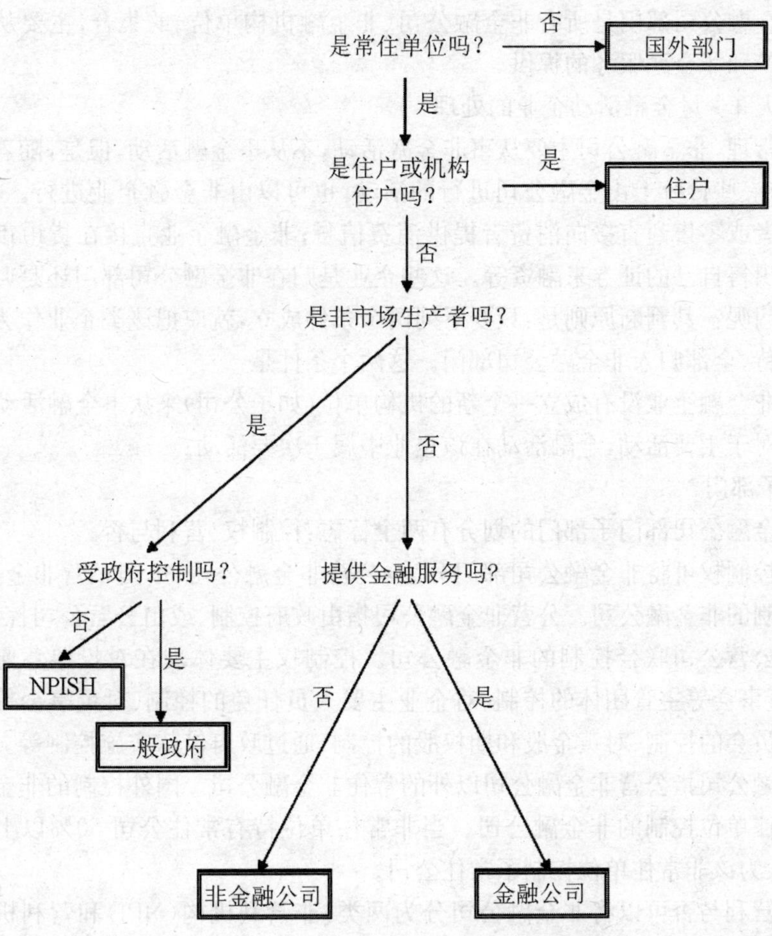

图 4—2—1　机构单位归类于机构部门流程图

我国将机构单位分为四大类：非金融企业部门、金融机构部门、政府部门和住户部门。

(二)非金融公司部门及其子部门

1.非金融公司与非金融公司部门

“非金融公司是指那些以生产市场性货物或非金融服务为主要活动的公司”①，具体来说包括三种常住机构单位：(1)常住非金融公司；(2)非常住机构单位

① 参见《SNA(2008)》，4.94。

在经济领土内长期从事非金融生产的分支机构；(3)从事市场性非金融生产的常住非营利机构，例如，非金融公司拥有并控制的医院、学校、行业协会、商会等。

非金融公司部门是所有非金融公司(非金融机构单位)的集合，主要从事市场货物生产和非金融服务的提供。

2.从事少量金融活动企业的处理

按常理，非金融公司主要从事非金融活动，不从事金融活动，但是，随着经济的发展，有一些传统上由金融公司进行的活动，也可以由非金融企业进行。例如，货物生产者或零售商直接向消费者提供消费信贷；非金融企业直接在货币市场或资本市场出售自己的证券来融资等。这些企业是归在非金融公司部门还是归在金融公司部门呢？其判断原则是：只要下列两个条件成立，就应把该类企业作为一个整体来看待，全部归入非金融公司部门。这两个条件是：

该非金融企业没有成立一个新的机构单位(如子公司)来从事金融活动；

相对于主要活动，金融活动在该企业中属于次要活动。

3.子部门

非金融公司部门子部门的划分有两个标志：控制权、营利与否。

按控制权可将非金融公司部门分为：公营非金融公司、本国私营非金融公司、国外控制的非金融公司。公营非金融公司指由政府控制、或由公营公司控制、或由政府和公营公司联合控制的非金融公司。控制权主要体现在对投票意愿者的控制、对董事会等主管团体的控制、对企业主要人员任免的控制、对董事会等下设的重要委员会的控制、对黄金股和期权股的控制、通过政府借款实施控制等。本国私营非金融公司指公营非金融公司以外的常住非金融公司。国外控制的非金融公司指非常住单位控制的非金融公司。当非常住单位持有常住公司50%以上的权益时，就认为该非常住单位控制了常住公司。

按营利与否可以将非金融公司分为两类：非营利机构(NPI)和营利机构(For Profit Institutions，简称FPI)。

由此可知，非金融公司部门的子部门如表4—2—1所示。

表4—2—1 非金融公司部门的子部门

营利与否 / 控制权	NPI	FPI
公营非金融公司	公营非金融NPI	公营非金融FPI
本国私营非金融公司	本国私营非金融NPI	本国私营非金融FPI
国外控制的非金融公司	国外控制的非金融NPI	国外控制的非金融FPI
非金融公司合计	非金融NPI合计	非金融FPI合计

(三)金融公司部门及其子部门

1.金融公司与金融公司部门

金融公司指主要从事金融服务活动的常住机构单位,包括保险、养老基金和各种金融中介机构。金融公司包括三种常住机构单位:常住金融公司、非常住机构单位在经济领土内从事金融活动一年及以上的分支机构、从事市场性金融服务的常住非营利机构。

金融公司按工作性质可分为三类:金融中介机构、金融辅助机构和其他金融公司。金融中介机构是以在市场上从事金融交易获得金融资产为目的、并以自己的名义发生负债的机构单位,包括保险公司和养老基金。金融辅助机构主要为金融市场提供服务、但不获得经手的金融资产和债务所有权的机构单位。其他金融公司是提供金融服务、但大多数资产或负债并不在公开市场上交易的机构单位。

金融公司部门是所有常住金融机构单位(金融公司)的集合,即,“金融公司部门包括所有的主要从事向其他机构单位提供金融服务(含保险、养老基金服务等)活动的常住公司”①。

根据金融公司在市场上的活动类别和负债的流动性,可将金融公司部门分成9个子部门:中央银行、中央银行以外的存款性公司、货币市场基金(MMF)、非MMF投资基金、保险公司和养老基金以外的其他金融中介机构、金融辅助机构、专属金融机构和贷款人、保险公司、养老基金。每个子部门还可以按控制权、营利与否分组,以反映各个子部门为谁所控制和营利与否。

SNA(1993)中,金融公司部门被划分为五个子部门:中央银行、其他存款公司、保险公司和养老基金以外的其他金融中介机构、金融附属机构、保险公司和养老基金。SNA(2008)对金融公司部门的子部门分类进行了修订,将其细化为九个子部门,可以看出,SNA(2008)对货币市场基金、非货币市场投资基金、专属金融机构和贷款人给予了更多关注,并且将保险公司和养老基金分列开来进行处理。这种修订反映了近年来金融服务、金融市场和金融工具的新发展,同时新的分类也能更好地适应国际货币基金组织、欧洲中央银行等组织制定的货币和金融统计体系。

2.子部门

(1)中央银行

中央银行是对金融系统的关键方面实施控制的国家金融机构。一般来说,中央银行是由政府组建的机构,负责控制国家货币供给、信贷条件,监管金融体系,特别是商业银行和其他储蓄机构;代表政府管理金融机构、制定和执行货币政策。

中央银行主要包括国家中央银行及中央银行系统的各分行;发行由外汇储备

① 参见《SNA(2008)》,4.98。

完全支撑的国家货币的货币委员会或独立货币当局；编制有全套账户但并未归为中央政府的、在本质上具有公共性的中央货币机构，如外汇管理机构或银行票据、硬币发行机构。

在对中央银行进行分类处理时，还应注意以下三点：

作为独立机构单位的监管机构不归入中央银行，而是归入金融辅助机构。

只要中央银行是独立的机构单位，即使它是非市场生产者，也要把它归入金融公司部门。

有些中央银行也从事少量的商业银行活动，作为一个整体，应将其归入中央银行。

(2)中央银行以外的存款性公司

中央银行以外的存款性公司以金融中介活动为主，主要进行吸收存款、发放贷款和创造存款等活动，中央银行以外的金融中介机构主要有：

商业银行，“全能”银行，“通用”银行；

储蓄银行，包括信托储蓄银行、储蓄与贷款协会；

邮政直接转账机构、邮政银行，直接转账银行；

农村信贷银行，农业信贷银行；

合作信贷银行，信用合作社；

从事吸收存款或发行存款近似替代物活动的专业银行或其他金融公司。

(3)货币市场基金

货币市场基金(Money Market Funds，简称 MMF)是指投资于货币市场上短期(一年以内)有价证券的一种投资基金。该基金资产主要投资于短期货币工具如国库券、商业票据、银行定期存单、政府短期债券、企业债券等短期有价证券。

货币市场基金的特点是：(1)货币市场基金与其它投资于股票的基金最主要的不同在于基金单位的资产净值是固定不变的，通常是每个基金单位 1 元。投资该基金后，投资者可利用收益再投资，投资收益不断累积，增加投资者所拥有的基金份额。比如，某投资者以 100 元投资于某货币市场基金，可拥有 100 个基金单位，1 年后，若投资报酬是 8%，那么该投资者就多 8 个基金单位，总共 108 个基金单位，价值 108 元。(2)衡量货币市场基金表现好坏的标准是收益率，这与其他基金以净资产价值增值获利不同。(3)流动性好、资本安全性高。投资者可以用基金账户签发支票、支付消费账单，并可随时撤回用于投资。有的货币市场基金甚至允许投资人直接通过自动取款机抽取资金。(4)风险性低。货币市场工具的到期日通常很短，货币市场基金投资组合的平均期限一般为 4～6 个月，因此风险较低，其价格通常只受市场利率的影响。(5)投资成本低。货币市场基金通常不收取赎回费用，并且管理费用较低，货币市场基金的年管理费用大约为基金资产净值的 0.25%～

1%，比传统的基金年管理费率1%～2.5%低。(6)货币市场基金均为开放式基金。货币市场基金通常被视为无风险或低风险投资工具，适合资本短期投资生息以备不时之需，特别是在利率高、通货膨胀率高、证券流动性下降、可信度降低时，可使本金免遭损失。

(4)非MMF投资基金

非MMF投资基金是通过公开发行股份或权益单位来融资的共同投资计划。所得款项主要投资于金融资产(但不包括短期资产)和非金融资产(通常是房地产)。

投资基金的股份或权益单位一般不能作为存款的近似替代物，也不能通过支票或其他直接第三方支付方式转让。

(5)保险公司和养老基金以外的其他金融中介机构

“保险公司和养老基金以外的其他金融中介机构是指以下述方式提供金融服务的金融公司：以自己的名义发生负债——负债的形式不包括通货、存款、存款的近似替代物，进而试图在市场上从事金融交易来获得金融资产”[①]。

保险公司和养老基金以外的其他金融中介机构包括以下机构：从事资产证券化的金融公司；证券和衍生产品交易商；从事贷款的金融公司，包括零售商的资金互助社——负责金融租赁和为个人或商业用途提供资金融通；中央对手方清算机构等。

(6)金融辅助机构

金融辅助机构指“主要从事与金融资产和负债交易相关联的活动，或与对这些交易进行监管相关联的活动，但在交易过程中并不获得所交易的金融资产和负债的所有权”[②]的金融公司。

金融辅助机构包括下列机构：

保险经纪人、估价与理赔人员；贷款经纪人、证券经纪人、投资顾问；管理证券发行的发行公司；主要功能是以背书、票据和类似工具提供担保的公司；安排衍生产品和对冲工具(如掉期、期权和期货等)的公司；为金融市场提供基础设施的公司；养老基金、共同基金等的管理人；提供股票交易和保险交易的公司；外汇交易咨询公司；为金融公司服务且具独立法律实体地位的非营利机构；金融公司的总部(主要从事对金融公司或金融公司集团的控制，而不是亲自从事金融公司业务)；具有独立机构单位身份的对金融中介机构和金融市场进行监管的中央机构。

(7)专属金融机构和贷款人

专属金融机构和贷款人指提供金融服务，但其大部分资产或大部分负债不在

---

① 参见《SNA(2008)》，4.109。

② 参见《SNA(2008)》，4.111。

公开市场上交易的金融机构。

专属金融机构和贷款人包括下列各种机构单位:依托公司、不动产公司、会计代理记账公司等;只持有一组子公司资产的控股公司,公司的主要活动就是拥有其持有权益的这组子公司,而并不向子公司提供任何服务;具有机构单位资格,并为母公司在公开市场上融资的特殊目的实体;以自有资金或来源于单一赞助者的资金,向一定范围的客户提供排他性金融服务,并承担债务人违约金融风险的单位(如贷款人,主要从事放贷活动的典当行)。

(8)保险公司

保险公司是销售保险合约、提供风险保障的公司,包括直接保险公司和再保险公司。保险公司是采用公司组织形式的保险人,经营保险业务。保险关系中的保险人,享有收取保险费、建立保险费基金的权利。同时,当保险事故发生时,有义务赔偿被保险人的经济损失。

保险公司分为两大类型——人寿保险公司、财产保险公司,人寿保险公司从事的业务主要包括人寿保险、健康保险、意外伤害保险及年金保险;财产保险公司从事的业务主要包括火灾保险、海上保险、陆空保险、责任保险、保证保险等。

(9)养老基金

养老基金又称养老保险基金,是一种用于支付退休收入的基金,是社会保障基金的一部分。

养老基金通过发行基金股份或受益凭证,募集社会上的养老保险资金,委托专业基金管理机构用于产业投资、证券投资或其他项目的投资,以实现保值增值的目的。

养老基金子部门只包括有机构单位身份、且独立于其创建单位的社会保险养老基金。

(四)一般政府部门及其子部门

1.一般政府部门

一般政府部门主要包括:中央政府单位、州政府单位和地方政府单位,受这些政府单位影响和控制的社会保障基金,政府和社会保障基金控制的从事非市场生产的非营利机构①。

一般政府部门不包括公营公司,也不包括政府单位拥有和控制的公司与准公司,但包括政府单位拥有的不属于准公司的非法人企业。

在理解一般政府部门时应注意这样一个问题,有些人一看"政府部门"这几个字就联想到党政机关、行政管理、群团组织等,因此,将一般政府部门狭义地理解为

---

① 参见《SNA(2008)》,4.30、4.127。

国民经济行业分类中的党政机关、行政管理部门和群团组织等。其实，机构部门分类法所说的政府部门不仅包括履行党政职能的行政管理部门，还包括政府控制的非营利机构，如学校、医院等。所以，这里所说的一般政府部门是广义政府的概念。

如果看一下英文就更好理解了，一般政府部门的英文是：general government sector，其中的 general 有"整体"、"广泛"、"大体"之意，结合该部门的实际内容，译成"广义政府部门"更好。

2.子部门

一般政府部门的子部门有两种分法，一种是将一般政府部门分为 4 个子部门：中央政府、州政府、地方政府、社会保障基金；一种是将一般政府部门分为 3 个子部门：中央政府、州政府、地方政府。在第二种分法中，社会保障基金分别归到各级政府中。到底采用哪种具体的分法，要根据各个国家的具体情况来定。

(1)中央政府

中央政府包括中央政府机构单位和由中央政府控制的非市场非营利机构。

中央政府的政治责任包括：国防，维护法律和秩序以及与外国政府的关系。它要通过恰当的法律和管制来保证社会和经济系统的有效运行。它要为了全社会的利益而提供集体服务，并为此目的而支出经费用于国防和公共管理，支出还可用于提供主要针对个体住户福利的教育、卫生等服务。最后，中央政府还可能对其他的机构单位，即住户、非营利机构、公司、其它层级的政府，实施转移支付。

各国中央政府有不同的名称，如国务院、政务院、国务委员会、部长会议、内阁，其组织形式也不同。有的政府由议会中占多数席位的政党或政党联盟组成，对议会负责，议会有权监督政府并提出质询，甚至提出不信任案迫使政府辞职，如英国。有的政府以选举产生的总统为首脑，由他直接组织和领导，只对总统负责而不对议会负责，如美国。还有的政府由议会选举产生并对议会负责的总统为行政首脑，他直接干预由内阁总理及各部部长组成的政府，议会有权监督、撤换政府，如法国。中华人民共和国的中央政府是国务院，是最高国家权力机关的执行机关，是最高国家行政机关。由最高国家权力机关，即全国人民代表大会产生，对它负责并报告工作。

如果中央政府为了满足地方需要，在本国的不同地方设有分支或代理机构，例如，军事基地或军事设施，这些机构必须看作是中央政府子部门。

具有独立法律地位和实质自主权的中央政府代理机构可以自己决定其支出的规模和结构，可以有直接的收入来源，如专用目的税，建立此类机构是为了执行如道路建设、卫生或教育服务的非市场生产等特定职能，如果此类机构有全套的账户，则应处理为独立的机构单位。如果其生产的服务是非市场的，同时被中央政府所控制，则仍应视为中央政府的子部门。

(2)州政府

州政府包括作为独立机构单位的州政府单位和受州政府控制的非市场非营利机构。

州政府在中央政府之下，在地方政府之上，州政府在财政、立法、行政方面的权力仅覆盖国家中的州。“州”的概念在不同的国家可能有不同的名词，有些国家可能不存在州级区域和州政府。而在一些比较大的国家——尤其是实行联邦制的国家，州政府则被赋予了很大的权力和责任。

州政府通常拥有财政权力，据此能对常住管辖范围内的机构单位或对管辖范围内从事的经济活动或交易征税。在遵守国家法规前提下，州政府有权部分地或全部地根据自己的政策来使用或分配收取的税收及其他收入。它还能独立任命自己的官员，而不受外界行政控制。

如果一个地区单位完全依赖于中央政府的资金，而且这些资金在该地区也要按中央政府规定的方式使用，则该单位就应作为中央政府的派出机构，而不是独立的机构单位。

SNA(2008)中文版将“State government”译成“省级政府”，主要考虑的是中国的国家结构组织形式。但是，就世界范围来讲，不仅存在中国这种中央集权型单一式国家结构，还存在地方分权型单一式国家结构和复合制(联邦或邦联)国家结构。以美国为例，州政府相对联邦政府来说是一个独立的实体，有自己的法律、税收、警察、教育、选举等制度，因此，译成“州政府”较为恰当。而在中国，除中央之外的各级政府都可统称为“地方政府”。

(3)地方政府

地方政府包括作为机构单位的地方政府和受地方政府控制的非市场非营利机构。

地方政府的权力范围一般来说远小于中央政府或州政府，它们可能有也可能没有对常住自己辖区内的机构单位征税的权力，因而，通常会高度依赖于上级政府的拨款或转移支付，在某种程度上它们是作为中央或州政府的代理人来活动的。

地方政府是与辖区内常住机构单位联系最紧密的政府单位，因此，地方政府单位通常要向当地常住居民提供广泛服务，所需资金部分来源于上级政府。政府开办的市场性货物或服务单位，如影剧院、博物馆、游泳池等，只要有相应的核算信息，就应处理为准公司，归入非金融公司部门。其他市场性货物和服务单位应作为地方政府内的非法人企业。非市场性服务单位，如教育或卫生服务单位，应归入地方政府。

中国的地方政府除特别行政区以外分为三级或四级。中国大陆地方政府自1950年开始至1980年代，除直辖市以外，实际以三级为主，三级和四级并存；1980

年代以后转为以四级为主，三级和四级并存。四级政府分别为：

省级政府：分别为省、自治区政府；

地区级政府：分别为地级市、自治州政府；

县级政府：分别为县、自治县政府，县级市以及市辖区政府，旗政府；

乡级政府：分别为乡（民族乡）、镇政府。

（4）社会保障基金

社会保障基金子部门由各级政府运作的社会保障基金构成。也就是说，将各级政府控制与管理的社会保障基金独立出来，构成一个独立的子部门。

社会保障计划是指由政府单位实施和控制的、覆盖全社会或社会大部分人群的社会保险计划。该计划包括多种多样的以现金或实物形式为年老、伤残或死亡、抚恤、疾病和生育、工伤、失业、家庭补助、卫生保健等提供福利或救济的项目。

如果社会保障计划与政府单位的其他活动是分开运作的，单独持有资产和承担负债，并以自己的名义从事金融交易，它就获得了作为机构单位的资格，被称为社会保障基金。

但是，各国在社会保障计划的机构安排上是有差异的，有些国家的社会保障计划与政府其他财政活动的联系相当紧密，很难在概念层面对社会保障基金管理和政府的其他经济功能做出清晰的区分。有些国家社会保障计划处于起步阶段，也难以把社会保障基金从各级政府中区别出来，这时，就可把各级社会保障基金与对应层级的政府单位集合起来，并按政府层级分类，以形成一般政府部门的3个子部门：

中央政府及所属的社会保障基金；

州政府及所属的社会保障基金；

地方政府及所属的社会保障基金。

5.一般政府部门与公共部门的区别

一般政府部门属于公共部门，但不是公共部门的全部。一般政府部门包括非营利机构和不作为公司处理的公共公司，但不包括归入企业部门的公共公司[①]；公共部门不仅包括一般政府部门，还包括公共非金融公司、公共金融公司。一般政府部门与公共部门的区别如图4－2－1所示。

<table>
<tr><th>非金融公司</th><th>金融公司</th><th>一般政府</th><th>NPISH</th><th>住户</th></tr>
<tr><td>公共</td><td>公共</td><td rowspan="2">公共</td><td rowspan="2">私有</td><td rowspan="2">私有</td></tr>
<tr><td>私有</td><td>私有</td></tr>
</table>

图4－2－1 公共部门与一般政府部门关系示意图

① 根据SNA机构部门分类法，政府控制的企业归入非金融公司部门或金融公司部门。

一般政府部门中的政府单位和政府控制的非营利机构在前面已经讲述，下面看一下公共公司的含义。

公共公司又称公营企业、公共企业，指所有权或控股权直接或间接由政府控制、具有企业法人地位的公司，如政府控制的铁路、航空、公用设施和公共金融企业等。公共公司只受产权关系约束，不受行政关系管辖，并由拥有所有权的那一级政府全权负责。政府成立公共公司的目的在于解决市场失灵问题，以向社会公众提供必不可少的公共产品和服务、解决外部效用问题、增进社会公正、调节和平衡宏观经济发展目标等。

公共公司必须满足两个条件：由公共单位控制；市场生产者。控制公司的方式有很多，大致可归纳为这样 8 种：拥有多数表决权；控制董事会或其他主管团体；控制主要人员的任免；控制实体单位中的主要委员会；黄金股份和黄金期权；管制和控制；以大客户身份实施控制；通过政府借款实施控制。

公共公司按经营范围的不同又分为公共非金融公司与公共金融公司。公共非金融公司与一般政府部门之和为公共非金融部门，公共非金融部门加上公共金融公司就是公共部门。

公共公司不同于国有企业，公共公司既不是国家资本主义或国家垄断资本主义性质，也不是社会主义公有制性质。因为国家与政府是不能等同的，公共公司只是政府所有的企业。国有企业是社会主义全民所有制性质，是社会主义国家制度建立的经济基础，有别于资本主义经济原则而创立的社会主义经济成分，因此，国有企业只存在于社会主义国家。

（五）住户及住户部门的子部门

1.住户机构单位

住户机构单位，简称住户，指共享同样的生活设施、共同支配部分或全部收入和财产、共同消费（主要是住房与食物）的常住居民户。住户机构单位既包括居民住户，也包括机构住户，机构住户指由长期住在医院、养老院、宗教场所、监狱等地人员所组成的住户。

住户机构单位可以由一个人组成，也可以由若干个人组成。所有的自然人必须属于且只能属于一个住户。“多位成员住户中的每个个体不能作为单独的机构单位处理。首先，许多资产拥有或负债发生是由住户中的两个或更多成员共同承担的；其次，为了整体的利益，住户中的个体成员们会把获得的部分或全部收入汇集起来共同分享；再次，许多支出决策，尤其是与食物、住房消费相关的决策，是为了住户整体而集体做出的。这样，要为住户成员个体构建有意义的资产负债表或其他账户几乎是不可能的。上述种种原因，使得 SNA 必须把住户整体而不是其中的个体处理为机构单位”①。

住户与家庭户大多数情况是一致的，但从概念上看，二者不完全相同，同一住户的成员不一定属于同一家庭，因为住户只要求在资源和消费上存在某些共享，由于传统、宗教、教育、气候、地理、历史和其他社会经济因素的影响，在不同的社会或文化中，住户可以与家庭户不同。

和雇主生活在同一住所的家政人员，即使他们被提供住宿和膳食作为实物报酬，仍不能成为雇主所在住户的成员。因为家政人员对雇主住户的集体资源没有决策权，其消费的住宿和膳食也不包括在雇主的消费中。

永久居住在机构住户中的人员，即使只有很少或者没有行动的自主权或经济事务的决策权，仍要作为该机构住户的成员处理。例如，居住在寺院、修道院等宗教机构中的成员；长期住在医院的病人；长期服刑的犯人；长年在养老院居住的老人。

短期进入医院、诊所、疗养院、宗教静修场所或类似机构的人员，常住在学校、学院或大学学习的人员，以及短期服刑的人员，应处理为他们正常所属住户的成员。

住户主要是消费单位，但也有少量的生产单位。一般而言，住户生产活动的规模较小，有的是非正规的或维持生计式的简单生产活动，且不是法律实体，这种生产单位属于非法人企业，也归入住户机构单位。

2.住户机构部门

住户机构部门由所有的常住住户机构单位组成，包括居民住户；长期住在医院、养老院、宗教场所、监狱等地的人员所组成的机构住户；住户非法人企业。

3.子部门

住户机构部门子部门的划分标志有多种，较常用的有以下几种：

按住户收入来源分为：来自住户非法人企业所有者（雇佣雇员的雇主）的收入，即雇主的混合收入；来自住户非法人企业所有者（未雇佣雇员的自我雇佣者）的收入，即自我雇佣者的混合收入；雇员报酬；财产收入和转移收入。住户中哪一类收入所占比重最大，就将该住户的全部收入归入该类别。

按住户成员的类型分为：雇主（雇佣雇员的非法人企业所有者）；自我雇佣者（未雇佣雇员的非法人企业所有者）；雇员（提供劳动力）；财产收入和转移收入领取者（财产收入领取者、退休金领取者、其他转移收入领取者等）。这四类人员中哪类人员的收入所占比重高，就将该住户的全部收入归入该类别。

① 参见《SNA(2008)》，4.5。

按参照人[①]特征进行分组，例如，按参照人的职业、参照人工作所在的行业、参照人受教育程度等进行分组。

按住户总体情况进行分组，例如，按住户的总收入分组；按住户的人员数进行分组；按住户居住地区的类别，如农村住户、城镇住户等，进行分组。

（六）为住户服务的非营利机构部门

为住户服务的非营利机构部门由所有为住户或社会提供非市场性货物服务的常住非营利机构构成，但要除去受政府控制的非市场非营利机构。

为住户服务的非营利机构有三类：

为满足会员需要而建立的。它优先向会员提供货物或服务（服务更常见）。这些服务一般是免费提供的，其资金来源于会员定期缴纳的会员费或缴款。例如，专业或学术团体、政党、工会、消费者协会、教会或宗教团体，以及社会、文化、娱乐、体育等方面的俱乐部。

出于慈善目的成立的慈善、救济或援助机构。它们不是服务于控制它们的团体成员利益，它们基于非市场原则向有需要的住户（如受自然灾害或战争影响的住户）提供货物或服务。此类非营利机构的资金主要来自于社会公众、公司或政府的捐赠，也有可能来自非常住者的转移。捐赠的形式既包括现金也包括实物。

提供公共服务的机构。例如，无偿提供研究成果的研究机构、环保组织等。

四、机构部门分类法的特点

1.“机构部门是机构单位的集合”[②]。

机构部门分类法以机构单位为一个统计单位，一个机构单位只能与一个机构部门相对应，即一个机构单位只能归入到一个机构部门中去。

这与行业分类和三次产业分类的思想是不同的。行业分类与产业分类依据的是比机构单位更小、且更同质的基层核算单位，它以基层核算单位为一个统计单位，基层核算单位的集合构成行业部门或三次产业。由于同一机构单位可能从事不同的生产活动，因此，一个机构单位可能分成若干个基层核算单位，这样，一个机构单位有可能分别归入到不同的行业部门或不同的产业部门中去。当一个机构单位仅由一个基层核算单位构成时，该机构单位才与一个行业或产业部门相对应。

2.将市场性作为分类的重要标志。

为了反映市场经济运行的结果和市场原则在国民经济中所起的重要作用，机构部门分类法将基层核算单位分为三类：市场生产者，为自己最终使用的生产者，

---

① 参照人指住户中根据经济重要性确定的成员，如住户中收入最多的那个人，或对住户消费做出主要决定的那个人。

② 参见《SNA（2008）》，4.23 第三行。

其他非市场生产者①。

"市场基层单位生产货物的目的，主要是为了以有经济意义的价格出售它们"，如工业品、建筑产品等货物生产单位；商业、餐饮业等服务单位。"为自己最终使用的生产者生产货物和服务的目的，主要是为了企业主自己的最终消费或固定资本形成"，如自产自用的农民，自建民宅的居民个人等。"非市场基层单位则会免费或以非经济意义价格提供其所生产的大部分货物和服务"②，如免费教育服务、公费医疗服务、国防等。由此可知，非金融公司和金融公司是市场生产者，一般政府和为住户服务的非营利机构是非市场生产者，住户有些是为自身最终使用的生产者，有些是市场生产者，根据机构部门资料有利于分析生产的市场化程度。

这种分类思想与行(产)业分类法存在明显的区别：根据《国际标准行业分类》原则，行业部门由一组从事相同或相似活动的基层核算单位组成，而不区分其所属的基层核算单位是市场生产者还是非市场生产者。因而，同一行业或同一产业既包括了市场生产者生产的产品与服务，也包括非市场生产者生产的产品与服务。如农业，既包括了用于交换而生产的农产品，也包括了自产自用的农产品。所以，根据行业分组或三次产业分组无法直接反映出社会生产中市场生产、非市场生产、为自身最终使用生产所占份额。

3.将机构单位按法律身份进行区分。

根据法律身份将机构单位分为两类：住户、法律或社会实体，并将非法人企业归入住户部门。

这种区分的重要作用在于，有利于分析社会生产的现代化程度和社会化程度。从事市场性生产的非法人企业(如城镇个体经营者、沿街摊贩)虽然也是社会生产中的一员，生产的目的也不是"自产自用"，但是他们的生产方式相对落后，不同于现代化经营理念与经营方式，因此，将他们从具有法人资格的企事业单位中分离出来，定性为非法人企业，归入住户部门。

行(产)业分类法没有对生产者的法律身份进行区分，因此，同一行(产)业中既包括按市场经济和现代化大生产要求运行与经营的公司与准公司，也包括生产资料归劳动者个人所有，以个体劳动为基础，劳动成果归劳动者个人占有和支配的个体经营者或非法人企业。例如，零售业既包括为适应社会化大生产需要、按现代企业制度建立起来的商业企业，也包括沿街摊贩售卖者，仅仅根据零售业增加值无法

① 值得强调的是：这里所说的市场性准则是以生产的目的是否用于交换和是否为等价交换来界定的。用于等价(有经济意义的价格)交换的生产者为市场生产者，不用于交换或按非等价(经济意义不显著)交换原则进行交换的生产者为非市场生产者。所以，这里的市场是与非市场相对的概念，而非与计划相对的概念。

② 参见《SNA(2008)》，2.40。

判断商业发展的社会化和现代化程度。

4.对金融公司与非金融公司进行了区分。

金融公司与非金融公司都是市场生产者，都是法人单位，道理上完全可以将非金融公司与金融公司合并在一起，归为一类。那么，为什么国民经济核算要把本应归在一起的所有公司一分为二类公司：非金融公司与金融公司，以形成非金融公司部门和金融公司部门呢？原因在于金融公司在国民经济中的独特作用。

首先，金融在现代经济中处于核心地位。现代经济是市场经济，市场经济从本质上讲属于发达的货币信用经济或金融经济，它的运行表现为价值流导向实物流，货币资金运动导向物质资源运动。金融运行的正常有效，则货币资金的筹集、融通和使用充分而有效，社会资源的配置也就合理，对国民经济走向良性循环所起的作用也就明显。

其次，金融是现代经济中调节宏观经济的重要杠杆。现代经济是由市场机制对资源配置起基础性作用的经济，其显著特征是宏观调控的间接化。金融业是联结国民经济各方面的纽带，它能够比较深入、全面地反映成千上万个企事业单位的经济活动，同时，利率、汇率、信贷、结算等金融手段又对微观经济主体有着直接的影响，国家可以根据宏观经济政策的需求，通过中央银行制定货币政策，运用各种金融调控手段，适时地调控货币供应的数量、结构和利率，从而调节经济发展的规模、速度和结构。

最后，货币资金作为重要的经济资源和财富，成为沟通整个社会经济生活的手段。现代一切经济活动几乎都离不开货币资金运动。从国内看，金融连接着各部门、各行业、各单位的生产经营，联系每个社会成员和千家万户，成为国家管理、监督和调控国民经济运行的重要杠杆和手段；从国际看，金融成为国际政治经济文化交往，实现国际贸易、引进外资、加强国际间经济技术合作的纽带。

正因为如此，机构部门分类法将金融公司从所有公司中独立出来，单独成为一个部门，以反映金融业发展对国民经济的促进作用。

5.包括了所有的生产者与所有的最终消费者。

从以上分析可以看出，机构部门分类法兼顾了几个不同的分类角度，但是这些分类思想都围绕一个宗旨：既要包括生产者，又要包括最终消费者，且包括所有的生产者与所有的最终消费者。5个机构部门的设置满足了这一要求，其中，有的机构单位身份单一，仅为生产者，或仅为最终消费者，有的机构单位身份是双重的，既是生产与服务的提供者，也是最终消费者。例如，金融企业和非金融企业都是生产者，不是最终消费者；住户都是最终消费者，也有部分生产者；政府单位既是生产者也是最终消费者。

这种分类方法有利于反映生产与消费之间的联系。行业分类法和三次产业分类法仅对生产者进行分类，没有考虑最终消费者，不利于生产与消费的关联性分析。

6.未根据营利与否进行区分。

一提以市场性为分类原则，很容易与营利与否相联系，将营利与非营利作为分类的一个标志。实际上，除住户部门外，其余四个机构部门都包括一部分非营利机构。那么根据什么对非营利机构进行归类呢？依据的标准在于：控制、管理非营利机构的单位和资助来源。

住户、公司和政府都有权成立非营利机构，但它们成立非营利机构的目的是不同的。"成立 NPI 可能是为那些实施控制或提供资金的住户或公司自己提供服务；或者出于慈善、关爱人类或福利的原因向需要帮助的人提供货物和服务；或者是提供虽然收费但不以营利为目标的健康或教育方面的服务；或者是为了推进工商业界或政界压力集团的利益；等等"①。

非营利机构也是一种法律或社会实体，但是该类机构不允许向成立、控制或资助它们的单位提供收入、利润或其他金融收益，也即控制或管理它们的机构单位无权分享其获得的利润或其他收入。从这个意义上说，它们是非营利机构，但这并不意味着非营利机构本身不能通过生产创造营业盈余。

根据以上分析，我们将机构部门分类法的特点进行了归结，概括在表 4—2—2 中。

表 4—2—2　机构部门分类法特点综述表

	是否为市场性生产者	生产者的法律身份	具有的生产者或消费者身份	非营利机构的性质
非金融公司	市场生产者	法人企业	生产者	市场性非金融非营利机构
金融公司	市场生产者	法人企业	生产者	市场性金融非营利机构
一般政府	非市场服务提供者	法人单位	服务的提供者、最终消费者	政府控制的非市场非营利机构
住户	非法人市场生产者、为自己最终使用的生产者	非法人企业	生产者、最终消费者	—
NPISH	非市场服务提供者	法人单位	服务的提供者、最终消费者	为住户服务的非营利机构

① 参见《SNA(2008)》，4.84。

五、机构部门分类法的作用

1.有利于反映生产的社会化、现代化和市场化程度。

我们知道，SNA 的生产范围相对较宽，不仅包括公司这种法律或社会实体的生产，也包括非法人企业的生产，还包括住户为自身最终使用的生产。公司和非法人企业的生产无论在社会化程度还是在市场化程度和现代化程度方面都不具有可比性，住户为自身最终使用的生产更是与社会化、现代化和市场化无法对接。也可以说，由于加入了非法人企业的生产和住户为自身最终使用的生产后，SNA 口径的生产质量大大下降，且降低了国际可比性。

如何解决这个问题，SNA 从分类上加以逆补。即将市场经济和社会化大生产背景下发展起来的公司(法律或社会实体)与采用初级阶段生产方式的自产自用生产者和非法人企业生产区分开来，将公司归入非金融公司部门或金融公司部门，将住户为自身最终使用的生产和非法人企业生产归入住户部门。非金融公司部门和金融公司部门生产与住户部门生产的社会化程度、现代化程度、市场化程度是不同的，通过各机构部门所占比重可以分析生产的社会化、现代化和市场化程度。

以中国和美国为例，1992～2011 年，中国住户部门增加值占 GDP 的比重为 26.6%～32.2%，美国住户部门增加值占 GDP 的比重为 6.5%～7.6%(见表 4－2－3)，平均来看，中国是美国所占份额的四倍多。住户部门增加值主要由两类机构单位生产，一是为自身最终使用的住户，二是城乡的非法人市场企业。中国国内生产总值中三成左右是由生产力水平较低、生产经营方式较为落后的住户部门提供的，这说明，中国国内生产总值的质量并不高，生产的社会化程度、现代化程度仍较低。

最初版本的 SNA(1947)是以“货币交易占支配地位的先进工业国家的模式为基础”[①]，由于该类国家社会化生产的程度较高，所以理查德·斯通在 1947 年撰写的《国民收入的计算和社会账户的构建》研究报告和附件《国民收入和相关总量的定义和计算》中将国民经济分为四个机构部门：生产企业、金融中介、保险和社会保障机构、最终消费者。其中，没有单独反映自产自用和非法人企业生产成果的类别。考虑到发展中国家非货币交易所占份额较大的实际情况，在 1953 年版本的 SNA 中将住户生产者从“企业”大类中分离出来，归入住户部门。SNA 关于机构部门分类法这一更改的动机在于：虽然可以将非货币交易视为生产，可以考虑非法人企业的社会贡献，但要另册处理。

① 参见：“对 1993 年版 SNA 的观察：回顾和展望”，SNA(1993)，中国统计出版社，1995 年。

表 4—2—3 中国和美国金融公司部门、住户部门增加值占 GDP 比重比较表(1992～2011)

单位：%

年份	金融公司部门增加值占 GDP 比重		住户部门增加值占 GDP 比重	
	中国	美国	中国	美国
1992	4.9	7.0	30.0	6.5
1993	4.7	7.2	27.3	6.6
1994	4.6	7.0	28.9	6.6
1995	4.6	7.2	28.0	6.7
1996	4.5	7.5	29.8	6.7
1997	4.6	7.9	30.0	6.6
1998	4.4	8.3	30.8	6.6
1999	4.3	8.2	31.3	6.7
2000	4.1	8.4	32.2	6.7
2001	4.0	8.4	30.5	7.0
2002	3.8	8.3	28.6	7.0
2003	3.7	8.3	29.3	6.9
2004	3.4	8.1	27.9	6.8
2005	3.3	8.5	27.9	6.8
2006	3.7	8.7	27.8	6.9
2007	4.6	8.0	27.5	6.9
2008	4.7	7.2	26.6	7.3
2009	5.2	8.0	27.1	7.6
2010	5.2	7.0	28.0	7.4
2011	5.3	6.6	28.1	7.3

2.有利于反映金融市场的发育程度。

金融业是 20 世纪、特别是 20 世纪后半叶发展最为迅速的行业之一,从某种程度上看,它代表了社会生产的一个发展阶段,因此金融市场的发育程度已成为评价一个国家经济发展阶段的重要参照变量。由于联合国国民经济核算专家组成员认识到了金融市场所起的重要作用,因此,将金融企业独立出来,单独归类,以反映金融市场的变化情况。

以中国和美国为例,1992～2011 年,中国金融部门增加值占 GDP 的比重为 3.3%～5.3%,美国金融部门增加值占 GDP 比重为 6.6%～8.7%(见表 4—2—3)。

这说明，中国金融市场在整个国民经济中所占份额还较小。

3.能够将生产与最终消费联系起来，以反映二者之间的内在联系。

生产的目的在于消费，也决定了消费，因此，生产的范围与消费的范围相同，生产范围一旦定了下来，消费的范围也定了下来，生产多少，消费与使用就是多少，二者是一致的。由于机构部门分类法涵盖了所有的生产者与所有的消费者，因此，有可能既从生产者角度又从消费者角度设置账户，以保证生产与消费的一致。

由表 4－2－4 可以看出，国内生产总值是 1854。最终消费支出是 1399，初始收入和二次收入对外差额是 28，总储蓄是 427，总使用也是 1854。

4－2－4　账户Ⅱ.国民经济总体收入分配与使用账户

使用		来源	
最终消费支出	1399	国内生产总值	1854
初始收入与二次收入对外差额	28		
总储蓄	427		

从国民经济核算的角度看，不仅要反映生产与使用数量关系的总量一致性，也要反映生产是由谁创造的，生产的结果是由谁消费的。只有将所有的生产者与所有的消费者都包括在分类体系中，才能实现这一目标。为此，可将表 4－2－4 按机构部门分组后得到表 4－2－5。

表 4－2－5　按机构部门分组的国民经济总体收入分配与使用账户

使　用							来　源						
	非金融公司	金融公司	一般政府	住户	①	国外		非金融公司	金融公司	一般政府	住户	①	②
最终消费支出			352	1015	32		GDP	1331	94	126	155	15	133
总储蓄	228	14	－35	215	5								
对外差额						28							
总计	1854						总计	1854					

注：①表示为住户服务的非营利机构。

②表示产品税减产品补贴。

表 4－2－5 的右方表示国内生产总值是由哪些机构部门生产的，各机构部门生产的规模是多少，其中非金融公司的增加值最多，为 1331，说明非金融公司是社会生产的主要提供者。住户部门的增加值次之，为 155，所有机构部门增加值总和

为 1854。左方表示最终消费支出的去向与规模，其中住户部门的最终消费支出为 1015，占最终消费支出总额的 55%，是最终消费支出的最大承担者；一般政府为 352、为住户服务的非营利机构为 32；非金融公司和金融公司的最终消费支出项下没有数字，因为这两类机构部门不是最终消费者；最终消费总支出是 1399。

表 4—2—5 还可说明总储蓄的部门构成。从表 4—2—5 可以看出，除一般政府部门外，其余四个部门都是资金剩余部门，并形成储蓄，其中，非金融公司部门和住户部门是最大的资金剩余部门，分别占总储蓄的 53% 和 50%；非金融公司部门和为住户服务的非营利机构的总储蓄分别是 14 和 5；一般政府部门不仅没有资金剩余，还透支 35；经济总体总储蓄是 427。

如果继续分析还会发现，非金融企业是实物投资的主要部门，也是资金需求最大的部门，非金融企业的储蓄不足以补充该部门的投资需求，其不足部分通过金融交易获得。

通过以上分析可以看出，根据机构部门分类，可以反映社会生产是由谁提供的，最终消费是由谁承担的，可以反映各机构部门之间生产与消费的联系。强调“交易之间的联系”，而非单纯的结果是机构部门分类法的重要作用之一。

行业分类法或三次产业分类法只对生产者进行了分类，没有包括消费者，它所反映的仅是单方面的生产结果。虽然它也可以从使用角度反映国内生产的构成，但无法将生产与最终消费联系起来，形成一个相互对应的分类体系。

4.是宏观经济结构研究的最佳角度。

结构研究是经济研究的重要方法，结构控制也是国民经济管理的重要手段。从宏观的角度看，结构研究的关键是要找到恰当的分析角度。

宏观经济结构应该是反映国民经济最高层次的经济变量之间的比例关系，目前常用的宏观结构分类法是三次产业分类法，即将整个国民经济分解成三次产业，以分析三次产业的构成与变化规律。由于三次产业分类法强调的只是社会生产活动发生的历史顺序，它在反映生产社会化程度、现代化程度和市场化程度等方面存在一定局限性，所以，它不是反映宏观经济结构的最佳方法。

机构部门分类法是按经济活动的目的、功能和行为方式进行的分类，它将整个国民经济分成 5 个部门，由于在分类过程中充分考虑了市场性元素、生产单位的法人身份与非法人身份元素、生产者与消费者元素、金融生产与非金融生产元素等，因此，它能够更好地反映社会生产的社会化程度、现代化程度和市场化程度，能够反映金融市场的发育程度，能够将生产者与消费者联系起来进行供需平衡分析，这些都是生产质量与内涵发展的重要方面，所以，机构部门分类法是宏观经济结构分析中的最佳角度。

第三节 基层核算单位、行业与三次产业

国民经济的行业部门和三次产业部门是以从事同种类活动的基层核算单位为基础构成的，所以，基层核算单位的确定决定了国民经济行业部门和三次产业部门生产活动的同质性，也决定了行业汇总指标和三次产业汇总指标的同质性。

一、按生产份额对生产活动进行的分类

对于一个具体的企业或单位来说，其生产活动的领域应该是具体的，例如，医院从事的是医疗卫生服务，学校从事的是教育服务，煤矿企业生产的是煤矿，手机生产企业生产的是手机，因此，每个企业生产活动的性质是一样的。但是，并不是所有的企业都在从事单一品种的生产活动，例如，煤矿企业不仅设有生产煤矿的车间，还设有门诊部（卫生所、医院），为该企业的职工（或企业外居民）进行医疗保健服务。煤矿企业虽然从事两种生产活动——煤矿生产与医疗卫生服务，但两种生产活动的份额是不一样的，因此，有必要按生产份额的多少对企业的生产活动进行分类。

生产活动按所占份额可分为主要活动、次要活动和辅助活动，生产活动按所占份额分类的意义在于：划分出生产活动的基层核算单位，以利于在更加同质的基础上汇总出行业总量指标与三次产业总量指标。

（一）主要活动

主要活动是指，增加值所占份额超过本单位（企业单位或基层核算单位）其他活动增加值所占份额、且为其他单位所生产的活动。

主要活动强调两点：

一是该活动的增加值占本单位增加值的比重超过本单位生产的其他任何一种生产活动。例如，上面提到的设有门诊部的煤矿企业，其主要活动是煤矿生产，因为煤矿的增加值超过了门诊部的服务价值。如果反之，门诊部的服务价值超过了煤矿的增加值，那么该企业就不是煤矿企业而是医疗卫生单位了。

二是该活动的产出必须是供应给其他单位的货物或服务，但不排除这些活动或服务可用于自身消费或自身资本形成。例如煤矿企业，该企业生产的煤矿是为了销售给其他单位，当然，也有一部分煤矿会用于本企业的自身消费。

（二）次要活动

次要活动是指本单位（企业单位或基层核算单位）主要活动之外的活动，其产出也必须是能够供应给外单位消费或使用的货物或服务。

次要活动强调两点：

一是次要活动生产的是次要产品，其操作性的判断标准是：次要活动的增加值必须小于主要活动的增加值；

二是次要活动必须是能够提供给外单位消费或使用的。例如，设有门诊部的煤矿企业，门诊部提供的医疗卫生服务是次要产品，且能够供应给其他单位消费，所以，属于次要活动。

（三）辅助活动

辅助活动是本单位内部活动的支持性活动，它能为主要活动和次要活动的开展创造条件，它与主要活动和次要活动的区别是，它不产生能提供给市场的货物和服务。例如，材料和设备采购；雇员的录用、培训、管理；材料和设备的存储管理；楼房等建筑物的清洁和维护；机器设备的维修和维护；安全保卫和实时监控等。

辅助活动的特点有：

1.辅助活动满足的是本企业的内部需要，没有用于企业之外的意向，如果一项活动开始向外部提供服务，应把外销的那部分产出作为次要活动而不再是辅助活动；

2.典型辅助活动都可以作为所有种类生产活动的投入，例如，辅助活动中消耗的所有投入，包括材料、人工、固定资本消耗等，都可作为辅助活动所支持的主要活动或次要活动的投入处理；

3.辅助活动的产出形式是服务（个别的除外）；

4.与主要活动和次要活动相比，辅助活动的价值较小。

SNA(1993)有一个附属公司的概念。附属公司被定义为完全归一家母公司或公司集团所拥有，其生产活动严格限于为母公司或公司集团提供服务的子公司，从事的都是辅助活动。按照SNA(1993)的规定，辅助活动不单独记录产出，附属公司也不被认为是独立的机构单位。在现代经济社会中，行业分工日益细化，单独为一家企业提供辅助活动的附属企业日益减少。同时，为制造业企业从事服务类辅助活动的辅助单位越来越多。如果不计算这些辅助活动的产出，难以客观反映产业发展状况和产业结构。SNA(2008)对辅助活动做了新的处理，规定如果一个辅助单位的活动是统计可观测的，或其所处地点独立于主要单位，则应被视为一个独立的机构单位，并按成本计算其总产出。相应的，SNA(2008)取消了“附属公司”这一称谓，以免造成混淆。

二、基层核算单位[①]

（一）企业作为基层核算单位的弊端

基层核算单位（基层单位）是国民经济核算最重要的一个基础性概念，因为，国

① SNA(2008)中文版的译法是“基层单位”。

民经济的所有汇总指标都来自于基层核算单位。例如，国民经济行业指标是所属行业基层核算单位的汇总额，三次产业指标是所属产业基层核算单位的汇总额。因此，基层核算单位的范围决定了国民经济汇总指标的内涵与质量。

企业是最基层的生产组织形式，所以，一提基层核算单位，大多想到的是企业层面。实践中，也确实存在着将企业作为基层核算单位的做法①，但是将企业作为基层核算单位存在重大弊端——影响汇总指标的同质性。

从企业生产的成果看，有的企业产品品种单一，有的企业产品品种一种以上，随着社会的发展和集约化、集团化运营方式的出现，很多企业不断由单一品种经营方式向多种经营方式转化，由此形成了同一企业生产不同品种产品的情况，因此，汇总指标的同质性受到了很大影响。例如，设有门诊部的煤矿企业增加值只能汇总到国民经济行业中的“采矿业”和三次产业中的“第二产业”，这不仅影响了采矿业和第二产业产出的同质性，还虚增了采矿业和第二产业的规模，因为该煤矿企业增加值包括了医疗卫生服务的增加值，这部分增加值应该汇总到国民经济行业中的“卫生和社会工作”中的“卫生”大类和三次产业中的“第三产业”，由于该企业的医疗卫生服务增加值未汇总到卫生和第三产业，所以又减少了卫生和第三产业的规模。由此影响到行业结构分析和产业结构分析。

综上，将基层核算单位界定在企业层面存在四大弊端：1.虚增（或虚减）某些行业或产业的生产规模，影响国民经济运行结果的判断；2.降低行业产出或三次产业产出的同质性，影响供给与需求的平衡分析；3.误算行业结构或三次产业结构，使国民经济宏观结构的判断失实；4.与国际上推荐使用的方法不接轨，影响统计数据的国际可比性。

（二）SNA推荐的基层核算单位

如何解决汇总指标同质性不高的问题呢？办法就是：将企业生产活动分解成若干个从事单一活动的生产单位，每个生产单位的生产活动是同质的，这种同质生产活动的单位就是基层核算单位。

基层核算单位可以是企业，也可以是企业的一部分，它具有单独的场所，只从事一种生产活动，或者其主要生产活动在其全部增加值中占有最大部分。从中可以看出，基层核算单位强调两点：一是只从事一种生产活动，或主要活动的增加值占大部分，如果次要活动与主要活动一样重要或不差上下，则应该把该次要活动处理为另一个独立的基层核算单位的主要活动；二是生产活动只在一个地点进行或只来自一个地点。

基层核算单位按照主要活动的相似性被归类于不同的行业或不同的产业，

① 将企业作为基层核算单位的做法又称企业法。

SNA 要求，要在基层核算单位基础上划分行业或产业。例如，设有门诊部的煤矿企业可分为两个基层核算单位：煤矿基层核算单位和医疗卫生基层核算单位。在计算行业汇总指标或产业汇总指标时，将煤矿基层核算单位的增加值汇总到采矿业或第一产业，将医疗卫生基层核算单位增加值汇总到卫生行业或第三产业。

以基层核算单位为基础汇总行业指标或三次产业指标的优点是：保证各行业产出或三次产业产出的同质性、保证各行业或各产业生产规模的客观性、保证国民经济结构分析的客观性、保证国民经济运行数据的国际可比性。

说到底，基层核算单位是一种基层单位，企业也是一种基层单位，二者有什么区别呢？企业是法律意义上的基层单位，是法人单位；基层核算单位是统计意义上的基层单位，它有可能与企业相同（当企业的生产品种单一时），也有可能比企业小。也正因为有人一看“基层单位”容易联想到法律意义上的企业，所以，本教程用“基层核算单位”来表述，增加“核算”二字为的是强调统计角度，非法律角度。

基层核算单位与机构单位的关系是，一个机构单位会包含一个或多个完整的基层核算单位，而一个基层核算单位属于且仅属于一个机构单位。

SNA 把基层核算单位区分为市场生产者、为自己最终使用的生产者和非市场生产者，这种分类是 SNA 结构的一个基本特征。

（三）特殊情况的处理

1.横向一体化企业

横向一体化企业指，使用相同的生产要素，同时从事不同种类的活动，生产出可供市场销售的不同种类的货物或服务。例如，垃圾发电企业的垃圾处理活动与发电活动是融为一体、无法分离的[①]。垃圾发电企业属于横向一体化企业的一种。

SNA 要求，只要可能，就应对每一种不同的活动作为一个独立的基层核算单位来处理。

2.纵向一体化企业

纵向一体化企业指，将通常由不同企业完成的不同生产阶段的生产，全部由一个企业的不同生产过程依次完成。上一生产过程的产出构成下一生产过程的投入，只有最终阶段的产出才真正在市场上出售。例如，砖瓦厂包括黏土采挖和砖块烧制两个生产阶段，采挖的黏土全部用于本企业砖块的烧制，只有砖块用于出售。

SNA 建议，当纵向一体化企业的生产活动覆盖 21 个 ISIC 门类中的不同门类时，每个覆盖的门类至少要有一个基层核算单位。

---

① 垃圾发电是把各种垃圾收集后，进行分类处理。其中：一是对燃烧值较高的进行高温焚烧，在高温焚烧中产生的热能转化为高温蒸气，推动涡轮机转动，使发电机产生电能。二是对不能燃烧的有机物进行发酵、厌氧处理，最后干燥脱硫，产生一种气体叫甲烷，也叫沼气。再经燃烧，把热能转化为蒸气，推动涡轮机转动，带动发电机产生电能。

从核算的角度看,很难把纵向一体化企业分解成基层核算单位,因为前一(几)阶段的产出并未在市场上真正出售,为此要虚拟一个前一(几)阶段生产的产出价值,并将其作为下一阶段生产的中间投入。对于营业盈余在各阶段生产过程的分摊,可对每个阶段的成本用统一的营业盈余率计算。

3.一般政府所属的基层核算单位

若政府所属非法人企业是一个市场生产者,并具备准公司的条件,即可将之作为非金融公司部门或金融公司部门的公共单位处理,构成一个基层核算单位。政府所有的游泳池就是一个把非法人市场性企业处理为准公司的例子。它独立经营,具有可以使其收入、储蓄和资本等的计量与政府分开的账户,这就意味着它与政府之间发生的收入流量或资本流量是可以分开的。

如果政府所有的非法人企业虽然是市场生产者,但不具备成为准公司的条件,或者它就是一个非市场生产者,则应将其归在一般政府部门内,但应作为独立的基层核算单位处理,以便归入恰当的产业(行业)部门。

如果一个政府机构向另一个政府机构提供货物,应将其视作独立的基层核算单位,例如,政府自己生产武器,再供应给自己的武装力量,相当于一个跨两个以上 ISIC 门类的纵向一体化企业,所以,至少应该在每个门类下分解出一个基层核算单位。

三、行业与三次产业

International Standard Industrial Classification of All Economic Activities 的中文译法是"全部经济活动的国际标准产业分类",英文简称是 ISIC,中文简称是"产业分类标准",所以,SNA(2008)中文版也将 Industrial Classification 译成产业分类。这样翻译的另一个原因是,SNA 没有三次产业的分法,所以无论译成"产业"还是译成"行业",熟悉国民经济核算的读者都会很清楚指的是什么。

问题是在中国,不仅存在行业分类法,还存在三次产业分类法,而且三次产业分类法的应用非常广泛。如果将 Industrial Classification 表述成产业,则很容易与三次产业中的产业混淆,为了将这两种分类法加以区别,本教程分别采用了两个名词:行业与产业,行业指国民经济 20 个行业部门中的行业①,产业指三次产业中的产业②,并将 International Standard Industrial Classification of All Economic Activities 简称为"行业分类标准"。

(一)行业分类

1.联合国的 ISIC

1945 年 10 月 24 日联合国正式成立后,于 1946 年成立了隶属于经济及社会理事

---

① 中国的国民经济行业分类标准共有 20 类。

② 在中国,"行业"是相对中观的概念,"产业"是相对宏观的概念。

会的统计委员会，并于 1947 年 1 月召开了统计委员会的第一次会议。为了促进世界统计工作的发展，使各国或各地区的统计数据具有可比性，在该次会议上，选举产生了“行业分类委员会”，其中心任务就是推进行业分类的国际化、标准化进程。

ISIC 从诞生至今，历经 60 多年，经过多次修订，从 1948 年的 ISIC 初稿→1958 年的 ISIC1.0 版→1968 年的 ISIC2.0 版→1990 年的 ISIC3.0 版→2002 年的 ISIC3.1 版→2008 年的 ISIC4.0 版，目前已成为世界上对经济活动进行分类的最成熟、最权威、最有影响力的国际统计标准之一。

ISIC 分类有两个最基本的原则，一是对所有经济活动按照经济活动的同质性进行划分，而不是按照职业或产品进行划分，也不考虑所有制类型，即使所有制形式不同，只要从事的经济活动类型相同，就要归为一类。二是分类单位最小化原则，符合最小化原则的单位是基层核算单位，而不是企业。行业是由从事相同或类似经济活动的基层核算单位组成的，或者说，SNA 的行业是在基层核算单位基础上定义的。这就意味着，国民经济行业指标是通过汇总基层核算单位的指标得到的，这就最大限度地保证了国民经济行业产出的同质性。

联合国统计委员会第四次修订的《全部经济活动国际标准行业分类》将整个国民经济总体分成 21 个行业，这 21 个行业是第一层次的行业类别，可称为“门类”(section)，其代码用大写英文字母 A－U 表示；第二个层次的行业类别共有 88 个，或称为“大类”(division)，其代码用 2 位数的数字表示；第三个层次的行业类别有 238 个，或称为“中类”(group)，其代码用 3 位数的数字表示；第四层次的行业类别有 419 个，或称为“小类”(class)，其代码用 4 位数的数字表示。

21 个行业门类分别是：A.农业、林业和渔业；B.采矿和采石业；C.制造业；D.电力、煤气、蒸汽和空调的供应；E.供水；污水处理、废物管理和修复活动；F.建筑业；G.批发和零售贸易；汽车和摩托车修理；H.运输和仓储；I.住宿和餐饮服务活动；J.信息和通信；K.金融和保险活动；L.房地产活动；M.专业、科学和技术活动；N.行政和辅助服务活动；O.公共管理和国防；强制性社会保障；P.教育；Q.人类健康和社会工作活动；R.艺术、娱乐和文娱活动；S.其他服务活动；T.雇主住户的活动；为自身使用的货物生产和服务活动；U.国际组织和机构的活动。

2.SNA 口径的 ISIC

行业分类标准虽然几经修订，且考虑了方方面面的情况，但并不能满足所有分析目的的需求。例如，从国民经济核算数据填报的角度看，即使将国民经济总体按第一层次标准划分，也要分成 21 个门类，行业类别也较多，填写出来的报表也较为复杂。为了更为综合且清晰地反映整个国民经济的行业类别，有必要在 21 个门类基础上再进行合并。

SNA 强调按活动类别进行分析，只要是相同类别的活动就可以归为一类，根据活动类别的不同，第四版 ISIC 在 21 个行业门类基础上合并成 10 个行业门类，在 88 个行业大类基础上合并成 38 个行业大类，分别称为 A*10 与 A*38。表 4－3－1 是 21 个行业门类与合并后的 10 个行业门类对照关系表。

SNA 口径的 10 个门类并非简单地将 ISIC 中的 21 个门类合并，二者在口径上还是有一定差别的。首先是自有住房服务。由于自有住房服务没有劳动力投入，不构成经济学角度的经济行为，不利于生产率分析，经济分析人员倾向于把这部分排除在外，所以，ISIC 分类中的房地产业不包括自有住房服务①。但从国民经济核算角度看，自有住房服务包括在生产范围内，所以将其包括在 10 个门类中的第"7"类中。其次是家庭住户的自我服务。从经济角度看，家庭住户的自我服务也是一种实实在在的活动，包括在经济意义的生产范围内，所以，ISIC 将其包括在行业分类中，归在门类"T"（或大类"98"中）。从国民经济核算角度看，家庭住户的自我服务不包括在核算范围内，所以，这部分要从 ISIC 的"T"类中去掉，10 个门类中的第"10"类不包括这部分。

表 4－3－1 SNA 口径的 10 个门类与 ISIC 中 21 个门类对照表

SNA 口径	21 个门类中的代码	各门类的具体描述
1	A	农业、林业和渔业
2	B、C、D、E	B.采矿和采石业；C.制造业；D.电力、煤气、蒸汽和空调的供应；E.供水；污水处理、废物管理和修复活动
3	F	建筑业
4	G、H、I	G.批发和零售贸易；汽车和摩托车修理；H.运输和仓储；I.住宿和餐饮服务活动
5	J	信息和通信
6	K	金融和保险活动
7②	L、自有住房服务	L.房地产活动；自有住房服务
8	M、N	M.专业、科学和技术活动；N.行政和辅助服务活动
9	O、P、Q	O.公共管理和国防；强制性社会保障；P.教育；Q.人类健康和社会工作活动
10③	R、S、T(部分)、U	R.艺术、娱乐和文娱活动；S.其他服务活动；T.雇主住户的活动；U.国际组织和机构的活动

① ISIC4.0 版（2008），205 段。

② 除 ISIC 中的"L"门类外，还包括自有住房服务，也即，应将自有住房服务的虚拟租金统计在生产成果中。

③ 不包括 ISIC 的"T"门类（或大类"98"）中的为自身使用的服务活动。

总之,联合国的行业分类标准是对所有经济活动的分类,服务于产业活动研究,所以,只要构成“经济活动”或“产业活动”的行为都纳入到了分类体系,不构成“经济活动”或“产业活动”的行业不在联合国行业分类的范围内。因此,ISIC4.0 版中的行业类别不包括自有住房服务,但包括家庭住户的自我服务[①]。国民经济核算正好相反,包括住房服务的虚拟租金,不包括家庭住户自我服务的价值。

3.中国的行业分类

国民经济行业分类(GB/T 4754—2011)将我国国民经济行业分为 20 类:1.农林牧渔业;2.采矿业;3.制造业;4.电力、热力、燃气及水生产和供应业;5.建筑业;6.批发和零售业;7.交通运输、仓储和邮政业;8.住宿和餐饮业;9.信息传输、软件和信息技术服务业;10.金融业;11.房地产业;12.租赁和商务服务业等;13.科学研究和技术服务业;14.水利、环境和公共设施管理业;15.居民服务、修理和其他;16.教育;17.卫生和社会工作;18.文化、体育和娱乐业;19.公共管理、社会保障和社会组织;20.国际组织等。

中国现行的国民经济行业总增加值是由从事相同或类似活动的企业单位组成的,也即,国民经济行业指标是通过汇总企业层次的指标得到的,由于企业生产活动的同质性低于基层核算单位,所以,通过企业数据汇总得到的国民经济行业数据的同质性也较低,影响了行业结构数据的客观性。

(二)三次产业分类

产业分类是根据社会生产活动历史发展的顺序对产业结构的划分,产品直接取自自然界的部门称为第一产业,对初级产品进行再加工的部门称为第二产业,为生产和消费提供各种服务的部门称为第三产业。

我国的三次产业划分是:第一产业指农、林、牧、渔业;第二产业指采矿业,制造业,电力、煤气及水的生产和供应业,建筑业;第三产业指除第一、二产业以外的其他行业,也即行业分类中的第 6～20 类。

理论上讲,三次产业应由从事相同或类似活动的基层核算单位组成,也即三次产业指标应在基层核算单位指标基础上进行汇总。但是在中国,三次产业是以从事相同或类似活动的企业单位/机构单位组成,即三次产业指标是在企业/机构单位指标基础上汇总得到的,因此,三次产业指标的同质性并不理想。

为了更好地理解三次产业分类法的作用与局限性,需要注意以下几点:

1.三次产业分类强调的是社会生产活动发生的历史顺序。

根据发达国家经济史演进的产业结构特征可以看出,人类社会生产活动的发展有三个阶段,与三个阶段相对应的主导产业分别代表了三次产业。在初级生产

① 中国的国民经济行业分类(GB/T 4754—2011),这两种活动都包括。

阶段上，生产活动主要以农业和畜牧业为主，生产目的主要是为人类提供满足最基本需要的食品。第二阶段是以工业生产大规模地迅速发展为标志，生产的目的在于满足人类对其他物质产品的进一步需要。第三阶段始于20世纪初，涉及文化艺术、教育科技、旅游娱乐、卫生保健及政府活动等服务行业，生产的目的在于满足人类除物质产品需要以外的更高层次的需要。

从这里可以看出：(1)三次产业的分类标志是产业发展的时序，因此它更适用于从时间维进行切割，反映经济发展的阶段性递延。(2)三次产业相对于三个不同的经济发展时期，形成了不同的发展阶段，既是阶段，必相伴一定的发展期，因此，它更适用于长期分析。(3)从三次产业划分的初衷来看，其主要目的在于反映产业结构由低到高的替代与优化过程，因此它更适用于跨阶段的“代际”替换研究。而在同一发展阶段，特别是当时间差小到一定程度时，结构的演变过程并不明显，因此也就失去了应有的作用。这里可以举一个人口方面的例子。我们常采用“老、中、青”分组法研究人口群体的社会经济特征，毫无疑问，不论是人口的自然与生理状况还是社会经济特征，差异极为显著。而在同一年龄组，差异明显缩小。当年龄差缩小到一个自然年度时，不仅差异缩小，有时甚至会出现相反的结论。如不同年龄的预期寿命随年龄的增大而缩短，即X岁人口的预期寿命大于X+1岁人口的预期寿命，这是客观规律。但其中也有例外，即出生(零岁)人口的预期寿命要小于1岁人口的预期寿命。

2.现行三次产业的分类结果与三次产业分类法的初衷已产生了距离。

三次产业分别表述为：第一产业、第二产业、第三产业，这种用序数词表述的方式与产业的发展顺序相对应。这也是三次产业划分法的初衷，意在反映产业由初级到高级的先后发展过程。

现代科学技术的发展已使这种分类观念产生了距离。高新技术已不再是某些“高级”、“准高级”产业的专利，它已渗透到了各行各业。例如，现代化农业已不再是处于初级生产阶段上的农业生产概念，生物工程和遗传工程在农业生产中的应用已经成为农业发展的重要方面。而在代表“高级发展阶段”的第三产业中也还存在着与社会化大生产经营方式不同的、生产方式相对落后的沿街摊贩式个体经营者，也还存在着早在初级生产阶段就已存在的、为自身最终使用的自我服务。由此看来，过去看来处于初级生产阶段的“产业”也包括了现代科学技术的色彩，过去看来处于“高级”生产阶段的产业也含有并不“高级”的成分，这种交叉的程度决定了三次产业分类法所起作用发挥的程度。当交叉程度较小时，该分类法可以较好地反映社会生产的阶段性递延，当交叉程度较大时，三次产业构成很难说明产业结构的质量升级程度。

以2011年分省第三产业构成为例，表4－3－2列出了2011年第三产业构成基本相同的省份，河北、内蒙古、吉林、广西、四川、陕西、新疆7个省份，它们的第三产业构成基本都是34%，相同的产业结构似乎意味着相同的产业发展阶段。但是，进一步分析第三产业就业人员构成和第三产业就业人员人均创造的增加值就会发现，这7个省份就业人员构成最高的与最低的相差10个百分点(61.6/51.7)，人均增加值最高的与最低的相差一倍多(33.93/15.51)。换句话说，这7个省份第三产业的劳动生产率大不相同。劳动生产率在一定层面上说明生产的质量与内涵，劳动生产率不同很难证明这7个省份的社会生产处于同一发展阶段。同样道理，三次产业结构的动态变化也很难与社会生产的"初级"或"高级"完全划等号。

4—3—2　河北等7省份第三产业相关指标表(2011年)

单位：%、万元/人

地　区	第三产业构成	第三产业就业人员构成	第三产业人均增加值
河　北	34.6	57.6	26.52
内蒙古	34.9	56.3	33.93
吉　林	34.8	57.4	23.07
广　西	34.1	61.6	19.01
四　川	34.0	51.9	22.03
陕　西	34.8	58.7	18.84
新　疆	34.0	51.7	15.54

注：由于缺少资料，第三产业构成的口径是全省，第三产业就业人员构成和人均增加值的口径是城镇。

3.三次产业分类法不宜进行年度结构分析。

结构研究不外乎"动态"和"静态"二个维度，从国民经济循环的角度看，这两个维度的结构研究缺一不可。从上面的分析可以看出，三次产业分类法比较适合长期的动态结构研究，对短期的年度结构剖析存在一定的局限性，原因在于"组内方差"过大。

根据我国现行的三次产业分类法，第三产业中既包括了物质性生产服务，也包括非物质性生产服务；既包括按市场规律经营的营利性服务行业，又包括政府部门的非市场非营利性服务行业；既包括按社会化、现代化要求组合并运行的法人企业，也包括个体经营者。将涉及面如此广泛的非同质产业归结在一起，得到的是抵消了各产业变化后的平均值，这样，同一平均值可能是不同组合变化的结果。根据最基本的统计学知识，方差越大，平均值的代表性越小，当方差大到一定程度时，平均值很难说明什么问题。

虽然从服务业这个角度看，第三产业是同质的，但它毕竟由多达15个行业门类(批发和零售业；交通运输、仓储和邮政业；住宿和餐饮业；信息传输、软件和信息技术服务业；金融业；房地产业；租赁和商务服务业等；科学研究和技术服务业；水利、环境和公共设施管理业；居民服务、修理和其他；教育；卫生和社会工作；文化、体育和娱乐业；公共管理、社会保障和社会组织；国际组织)组成，单纯使用三次产业结构无法反映产业内部的组合情况。

4.三次产业分类法不是严格意义的独立分类法。

三次产业分类法是在行业分类法的基础上，将国民经济行业进行了重新组合与归并。虽然它是一种分类法，但它是在行业分类法基础上的重新归并，三次产业分类法与行业分类法的分类标志一样，都是基层核算单位主产品的同质性，所以，不能算做独立于行业分类法之外的分类方法。

仍以人口为例，按年龄可将人口分为5岁(或10岁，或1岁等)年龄组，将所有5岁年龄组的人口重新组合后可得到按老、中、青分组的人口数，按年龄组(别)分组和按老中青分组属同种类分组法，分组标志都是年龄，区别仅在于组距的变化。重新分组的组别可以是以前组别的简单归并，也可以与以前的组别不完全对应。若老、中、青的年龄分别为65岁及以上、35～64岁、34岁及以下的话，当原始资料中年龄组的组距为5岁时，只要将5岁年龄组的人口简单汇总后就可分别得到老、中、青人口数；如果原始资料中年龄组的组距为10岁的话，就需要重新进行计算，其中，有些原始资料中在同一年龄组的人口在老中青分组法中，就不一定还在同一个年龄组①。

思考与练习

1.请对“生产规模越大，积累的存量就越多”进行判断，并说明理由。

2.交易流量与非交易流量有什么区别？

3.如何理解“非货币交易形成的货币价值的经济意义不同于货币交易”？

4.国民经济核算中的“公司”与法律意义上的“公司”有什么区别？

5.什么情况下设置名义常住机构单位？

6.为什么住户也视为一个机构单位？

---

① 既然三次产业与行业分类法属同种类分组法，为什么还要在20个行业类别基础上，又归出个三次产业来呢？原因在于：行业分类测重于中观研究，虽然它可以反映整个国民经济的结构状况，但无法进行更为综合的概括。为了从宏观角度把握国民经济运行的总体状况，客观上需要一种更为概括的分类法。联合国推荐的是机构部门分类法，不是三次产业分类法。

7.非法人企业归在哪个机构部门，为什么？

8.请对“非营利机构应归在为住户服务的非营利机构部门中”进行判断，并说明理由。

9.机构单位与基层核算单位的区别。

10.机构部门分类法在宏观经济结构研究中的作用是什么？

11.如何理解“现行三次产业的分类结果与三次产业分类法的初衷已产生了距离”？

第五章 生产核算：基层核算单位角度

基层核算单位的产出与增加值是国民经济总量指标核算的基础，有了基层核算单位的产出与增加值就可以汇总得到整个国民经济的社会总产出与国内生产总值，因此，本章主要讲述与基层核算单位产出、增加值核算相关的产品及其分类、价格口径、产出核算方法与增加值核算方法等。

第一节 产品与价格口径

国民经济核算的重要任务就是对所有基层核算单位的生产成果进行测算，基层核算单位的生产成果统称为“产品”，只有明确了产品的含义及其具体内容，才能更好地对产出及增加值进行测算。

一、产品的含义

产品是一定时期内生产活动的成果——货物和服务的总称。这个表述包括了以下几个层次的含义：

1. 产品是 SNA 口径生产活动的成果。这里所说的“生产活动”指的是 SNA 的生产口径，只有 SNA 生产口径的生产成果才是统计口径上的产品，例如，基层核算单位生产的机器、粮食等。有些货物的生长未经人类劳动的参与，不属于 SNA 生产口径，不包括在产品范围内。例如，原始森林、未经开采的矿藏、公海里的鱼等，这些产品虽然十分宝贵，但不属于国民经济核算的产品。而原始森林经采伐后获得的原木、矿藏经挖掘得到的矿石、公海里的鱼经捕捞得到的鱼就是社会产品，构成基层核算单位的产品统计范围。

2. 产品既包括货物也包括服务。产品是货物和服务的总称，我国现行的国民经济行业共有 20 类，有些行业基层核算单位生产的产品主要是货物，有些行业基层核算单位生产的产品主要是服务，不论是货物还是服务，都包括在产品统计范围内。

3. 产品既包括市场性产品也包括非市场性产品。按市场性与否可将产品分成市场性产品与非市场性产品，市场性货物有为出售而生产的工业品、农产品等，市场性服务有批发和零售业、交通运输仓储和邮政业、住宿和餐饮业、信息传输软件和信息技术服务业、金融业、房地产业、租赁和商务服务业等行业提供的服务。

非市场性货物有农民自产自用的粮食,非市场性服务有科学研究和技术服务业、水利环境和公共设施管理业、教育、卫生和社会工作、公共管理社会保障和社会组织、国际组织等行业提供的服务。不论是市场性货物和服务,还是非市场性货物和服务,只要属于SNA的生产范围,都包括在产品的统计范围内。

4. 产品是一定时期内的劳动成果。社会生产是一个连续不断的过程,但对于社会产品生产成果的测算只能是一个时期一个时期地进行。如果不注意产品生产统计的时间要求,就容易出现计算重复或遗漏的现象,测算的成果就会偏大或偏小,无法保证准确性。产品统计的常用时间范围是一个月、一个季度、一年等,从而形成了月度指标、季度指标和年度指标。

其中的年度指标还有日历年度、生产年度和财政年度之分。日历年度就是公元纪年的年度。生产年度是按动物、植物生长期确定的年度,例如,冬小麦从播种到收获生长年度是跨日历年度的。财政年度也叫预算年度,是国家编制预算时规定的收讫期限,有的国家财政年度与日历年度一致,如我国,有的国家财政年度与日历年度不一致,如日本、英国、美国等。在对比分析时,要注意不同指标的时间可比性。

二、产品的分类及特点

(一)产品的分类

产品按照其表现形态不同可以分成两大类:货物和服务。货物是基层核算单位生产的表现为新的物质形态和新的使用价值的产品,例如,粮食、钢铁、石油、房屋、水坝、糕点、菜肴等。这些货物主要是农业、工业、建筑业、餐饮业创造的,是社会产品的主体。服务是基层核算单位生产的不表现为新的物质形态和新的使用价值,只是恢复、提高或实现使用价值的那部分服务。例如,房屋、汽车的修理,是使用价值的恢复;产品的喷漆、零件的镀锌,是使用价值的提高;产品的运输和仓储、信息的传达,是为了实现产品的使用价值。这些服务主要是服务行业创造的,是社会产品不可分割的重要组成部分。

从三次产业生产的成果看,第一产业和第二产业生产的大部分是货物,第三产业生产的大部分是服务。注意的是,我们这里强调"大部分",而不是全部。因为第一产业与第二产业的产品也包括服务,第三产业的产品也包括货物。

对产品进行货物和服务划分的统计意义在于:在计算产值指标时对它们的处理方法不同。货物产品要计算全部价值,例如,工业产品的价值要包括转移价值。而服务的价值不包括劳动对象的价值,只计算追加的价值,例如,运输业产值的计算只计算运输业的收入,被运输的货物价值不能包括。

当我们说产品包括货物和服务两大类时,其隐含的解释是:两大类分法中的服务指的是广义服务。一提服务，多数人会将服务与无形产品对接，这是一个误解。因为，服务不仅包括无形产品还包括有形产品，为了加以区别，可以将包括有形产品的服务称之广义服务，不包括有形产品的服务称之狭义服务。为避免对服务的误解，SNA(2008)取消了服务是无形产品的说法，并将服务领域中的有形产品赋予了一个新的名词：知识载体产品，由此看来，产品共分为三类：货物、服务、知识载体产品。即：

$$\text{产品}\begin{cases}\text{货物}\\ \text{(广义) 服务}\begin{cases}\text{(狭义) 服务}\\ \text{知识载体产品}\end{cases}\end{cases}$$

SNA 在讲到服务时，并未作广义服务与狭义服务之分，为了便于理解我们将服务分为广义服务与狭义服务。如果将产品分为两类时指的就是广义服务，如果将产品分为三类时指的就是狭义服务。

(二)货物及其特点

“货物是指对它有某种需求、并能够确定其所有权的有形生产成果，这种所有权可以通过市场交易从一个机构单位转移给另一个机构单位”[①]。为了更好地理解货物的概念，要把握以下几点。

1. 货物是有形产品。一提货物，大家脑海里总能浮现出该货物的具体形态与样式，每种货物都是看得见、摸得着的具体物品，其数量可以用实物单位如公斤、吨、台、辆、件等计量。例如，工业部门生产的石油、煤炭、钢铁、服装等工业品；农业部门生产的粮、棉、禽、畜、果、蔬等农产品；建筑业部门生产的房屋、道路、桥梁等建筑产品。

2. 货物是生产的成果。这里所说的“生产”指的是 SNA 的生产，SNA 的生产范围决定了货物的统计范围，属于 SNA 生产范围内的货物产品属于货物统计内容，不属于 SNA 生产范围内的货物产品不属于货物统计内容。例如，基层核算单位养殖的鱼虾是货物产品，公海里的鱼虾不包括在 SNA 生产范围内，所以，不属于货物产品。再比如，农民自产自用的粮食虽然不用于交换，但包括在 SNA 生产范围内，所以，也包括在货物产品中。

3. 货物的所有权可以确定下来。货物归谁所有，谁就具有该货物的所有权，所以，货物总是与所有人相联系的，货物的所有权是明晰的。例如，甲购买了电冰箱，电冰箱的所有权就归甲所有。

4. 货物可以通过交易转换所有权。货物的生产与交换是两种完全独立的活动，所以，它可以通过交易将生产者的货物转换给使用者。例如，生产者将电冰箱卖给了消费者，电冰箱的所有权就从生产者转移给了消费者。有些货物可能从不

① 参见《SNA(2008)》，6.15。

交换,也有的货物可能被多次买卖,或者从生产者手中转换给使用者,或者从持有者手中转换给使用者。工业、农业部门生产的货物可以转移位置,可以入库储存,建筑业的货物产品称为建筑物,一般不能转移位置,但可以长期使用或封存。

5. 货物既可以用于最终消费,也可用于中间投入。同一种产品可被居民购买用于最终消费,也可被另一个企业购买再次投入生产过程。例如,棉花既可用于居民最终消费,也可投入到纺织企业,成为纺织企业生产活动的原材料;再比如,煤炭如果卖给居民则是最终消费,如果卖给发电厂用于发电就是中间投入。

(三)(狭义)服务及其分类

1.(狭义)服务的含义

“服务是生产活动的结果,通过这些生产活动可以改变消费单位的状况,或促进产品或金融资产的交换”①。服务不同于货物,它包括以下几个层次的含义。

(1)服务不是独立存在的实体。服务是什么,我们无法从物理形态上描述清楚。例如,教育服务的物理形态是什么?而货物的物理形态是具体的、独立的,货物是独立存在的有形实体。为什么服务不是独立存在的实体呢?原因在于服务的生产过程与消费过程是结合在一起的,缺少任一方服务都不复存在。如理发服务,理发师的理发服务与消费者的理发消费是同时存在的,没有消费者就没有理发服务,在理发服务提供的同时消费者也将该服务消费掉了,所以,理发服务不可能独立存在。

(2)服务无法将所有权确定下来。服务的所有权归生产者所有还是归消费者所有,无法确定。例如,教育服务是归教师所有还是归学生所有,无法确定,因为仅从教师或学生一方来看,都无法构成教育服务,只有教师与学生同时存在时,才构成教育服务。所以,服务无法将所有权确定下来,而货物能够将所有权确定下来。

(3)服务不能通过交易转移所有权。货物的所有权可以明确地确定下来,因此,货物的所有权可以通过交易从一个机构单位转移给另一个机构单位。服务的所有权无法确定,所以,不能通过交易转移所有权。例如,教师甲具备大学教育服务的资质,他无法将自身的教育服务资质转移给他人。

(4)服务不能脱离生产单独地进行交易。服务交易是服务提供过程与服务消费过程的统一,当服务的生产完成时,该服务也就提供给了消费者。例如,教师提供教育服务的过程与学生获得知识的过程是统一的,教育服务的生产过程与消费过程不能分离。货物的生产与交换是完全独立的两种活动,货物的生产可以与销售或再销售分离。

(5)服务的生产只能用于最终消费,不能用于中间投入。服务生产直接提供给

---

① 参见《SNA(2008)》,6.17。

服务消费者，用于满足居民或社会的最终需求，不能作为中间投入用于再生产，因此，它只能构成最终消费。货物的生产既可以用于满足居民和社会的最终需求，也可用于再生产，所以，货物的生产既可用于最终消费也可用于中间投入。

(6)服务是生产活动的成果。我们这里所说的服务是指 SNA 口径的服务，不包括 SNA 口径以外的服务。例如，无酬家务劳动虽然属于经济意义上的生产，但目前不包括在国民经济核算范围内，所以，无酬家务劳动不是国民经济核算口径的服务。

2.(狭义)服务的分类

(狭义)服务包括两类：起改变作用的服务(change-effecting service)和增值服务(margin service)。

起改变作用的服务指生产者按照消费者需求进行的、为实现消费品或消费者的状态发生改变而从事的活动。起改变作用的服务包括三种：改变货物的状况、改变人的身体状况、改变人的精神状态。

改变货物的状况：生产者通过运输、清洁、修理等方式，直接作用于消费者所拥有的货物上，改变了货物的质量。例如，货物运输、汽车修理等。根据经济学原理，相同货物在不同地点的品质是不同的，从而其价格也不同，所以，将货物从一个地点运输到另一个地点看作是产品的生产过程。在此过程中，即使货物没有发生物理上的变化，也认为其发生了显著的经济变化。

改变人的身体状况：生产者向消费者提供运输、食宿、医疗服务、手术、美容等服务，使消费者的身体状况得以改善。

改变人的精神状态：生产者向消费者提供教育、信息、咨询、娱乐等面对面的服务，丰富了消费者的精神世界、增长了消费者的知识。

按改变的永久性与否可将起改变作用的服务分成暂时性的改变与永久性的改变。例如，医疗服务或教育服务可能给消费者带来长久的变化，消费者可以从中受益多年。而观看一场足球比赛带来的愉悦则是短暂的。

根据服务对象群体性与否可将起改变作用的服务分为三类：针对个人消费提供的个人服务；针对部分消费群体提供的准公共服务；针对全体居民提供的公共服务。

个人服务指针对不同的消费者提供的一对一服务。如医疗卫生服务，由于每个病人的病情不同，医生从事医疗服务时只能一对一的进行。再比如，理发服务、按摩服务等。由于该类服务是对不同的个体进行的专项服务，因此，客观上存在着服务提供者与服务消费者之间单独进行的交易关系，消费者在接受这类服务时需要有个人的意愿表示。

准公共服务指向一组消费者同时提供的服务。如教育、交通、娱乐、体育等，一组消费者可以同时参加同一节课的学习、乘同一艘轮船远行、欣赏同一场表演、观看同一场球赛等。准公共服务的消费者不再仅仅是一个人,而是一组人或一批人,该组(批)消费者同时受益于一种服务。

公共服务指为全体居民和整个社会(或社会的大部分成员)提供的服务。公共服务涵盖的范围很广,如国防、外交、社会秩序的维护等。消费的集体性、连续性和间接性是该类服务的特点,公共服务是一种公共产品,具有公共产品的非排他性和非竞争性特点。

增值服务是指为促使货物、知识载体产品、金融资产的所有权在不同机构单位之间发生变化而提供的中介服务。增值服务的提供者主要是批发商、零售商和金融机构,他们在提供中介服务的同时也增加了货物或服务的价值。例如,药品批发商在提供中介服务的同时也提高了药品的价值。

(四)知识载体产品

一般而论,货物与服务是性质不同的两种产品,有些人将货物形容为有形产品,将服务形容为无形产品。SNA(1993)就将产品分成了两类:货物与服务,并将货物描述为有形产品,将服务描述为无形产品。

但是,有一些具有货物特征的生产也被视为服务业,例如,信息的交流和传播、咨询、娱乐等,这些行业生产的产品是信息、新闻、咨询报告、计算机程序、电影、音乐等,这些产品可以确定出所有权,其所有权储存在纸、磁带、唱片等实体之中,它们与有形的货物一样,可以进行交易。随着社会的发展和科技的进步,服务业中有形产品的品种和规模都在扩大,为适应这一变化,SNA(2008)将服务业中的有形产品独立出来,并赋予一个新的名词:知识载体产品(knowledge-capturing products)。

"知识载体产品是指那些以消费者单位能重复获取知识的方式而提供、存储、交流和发布的信息、咨询和娱乐。生产这些产品的产业是那些涉及提供、存储、交流和发布各种信息、咨询和娱乐的产业,从最广义的角度来看,包括生产一般或专业信息、新闻、咨询报告、电脑程序、电影、音乐等的产业。这些产业的产出可以确定所有权,它们经常存储于一个实物(无论是纸质媒体还是电子媒体)之中,而这些实物可以像普通货物一样进行交易。它们具有货物的很多特征,例如,可以确定这些产品的所有权并可以重复使用它们。无论将这些产品定性为货物还是服务,它们都具备基本的共同特征,即可以由一个单位生产并提供给另一个单位,从而使劳动分工和市场的出现成为可能"①。

① 参见《SNA(2008)》,6.22。

三、产品的计量单位

产品统计的目的就是围绕统计客体——产品，形成系列的统计指标，为了准确地计算出产品生产统计指标，首先要了解常用的计量单位：实物量和价值量，采用不同的计量单位就可以得到不同的测算指标。

（一）实物量

产品的实物量是以实物单位来计量的产品产量。实物单位是符合产品基本物理化学性能或外部特征的计量单位，它是一种自然单位。例如，钢、煤、化肥等按重量单位"吨"来表示，原木按"立方米"来表示，医院按"个数"来表示，等等。采用两种或两种以上单位来计量的，叫"复合计量单位"，例如，电动机以"台/千瓦"来表示，船舶用"艘/（排水量）吨/马力"来计量。

还有一种实物量是以"人"为计量单位的，例如，学生人数、劳动力人数、医生人数等。有的将以"人"为计量单位的指标单独归为劳动量指标。

实物量在加总时有两种方法：一种是混合量计算法，就是把名称相同、用途相同，但规格不同、含量不同的实物量直接加总在一起，得到某种产品的产量加总指标，即混合量指标。例如，拖拉机不管型号马力大小，有一台算一台，各种型号/马力的拖拉机加在一起就算出了总台数；医院不管规模大小，有一个算一个，各种规模的医院加在一起算出医院总数。混合量指标可以概括地、粗略地反映某类产品的使用价值总量。

实物量加总的另一种方法是标准量计算法，就是把用途相同而规格含量不同的实物产品量，按照一定的系数折合为某一标准规格含量的产品量。按这种方法得到的指标，称为标准实物量指标，也叫折合量指标。例如，将含量不同的各种煤折合成标准煤后再加总，将不同年龄的劳动力（通常对年龄偏小或年龄偏大的劳动力）或不同能力的劳动力折合成标准劳动力后再加总。标准量计算法的公式如下：

标准实物量＝实物产量×标准实物量折算系数

标准实物量折算系数＝某产品的实际规格或含量/标准品的规格或含量

产品实物量指标是最基本、最直接的产量指标，采用实物单位对产品进行加总的最大特点是，能具体地、明确地反映各类社会产品的使用价值数量，一些重要社会产品实物产量和人均实物量，如粮食、棉花、钢铁、石油、煤炭、电力等，能代表性地说明一个国家的经济发展水平和经济实力，表明该国在世界经济中的地位，因而是进行国际间经济发展水平对比的重要指标。

用实物单位进行计量也有一定的局限性。第一，它只能用于同种产品的产量加总，不能解决不同品种的产量加总问题，不能综合地说明社会产品生产的规模和水平。第二，它只能用于主要产品的实物量统计，社会生产如此复杂，社会产品的品种规格如此繁多,实物量统计不可能把每一种产品都包括进来。第三,无法对不以实物形态表现出来的生产成果进行计量,如服务。第四,不能解决社会生产中半成品、在制品的统计问题。

(二)价值量

为了解决不同产品的加总问题,人们在社会实践中,又总结出了新的计量单位——价值计量单位。价值是看不见摸不着的抽象体,我们只能用价值的货币形式——价格来计量社会产品。货币具有价值尺度的作用,把各种产品的实物量乘以相应的价格,得到的就是该产品的价值量,然后将所有的乘积(产品价值)加总,得到的就是社会产品的价值量。

与实物量指标相比,产品价值量的最大特点是它的综合性。有了货币单位作为同度量因素,就可以综合地计算各种不同社会产品的总量,反映一定时期内社会生产的总规模与总水平。1000 吨木材和 1000 吨钢铁加在一起没有什么意义,但是把它们各乘以相应的价值,得到价值指标后再加总,就可以说明一定的问题了。产品价值量指标的另一个特点是它的全面性,它可以对所有的产品进行价值量统计,不论是货物产品还是服务产品,不论是产成品还是在制品或半成品,从而弥补了实物量指标的不足。正因为如此,价值量指标应用的范围更广。

产品价值量指标是以实物量指标为基础计算的,它是对实物量指标的发展,但不能取代实物量指标,两种计量单位计算的指标各有自己的独特作用。既要有各种价值量指标,也要有一些主要产品的实物量指标,把这两方面结合起来,才能更准确地描述整个国民经济的运行状况。

四、价格口径

市场价格有不同的口径:基本价格、生产者价格和购买者价格,它们的区别在于是否包括产品税、产品补贴和运输费用,价格口径不同,得到的基层核算单位的产出价值、投入价值与增加值就不同①。

(一)基本价格

"基本价格是生产者就其生产的每单位货物或服务产出从购买者那里所获得的、扣除了生产或销售时应付的所有税、再加上所获得的补贴后的金额。它不包括生产者在发票上单列的任何运输费用"②。

基本价格不包括生产者从购买者那里获得、再转移给政府的任何产品税,但包括生产者从政府那里获得、用于降低向购买者所收取价格的所有产品补贴。

基本价格强调的是生产者所有,不是生产者生产。生产者上缴的税收,是生产

① 产品税和产品补贴的详细概念参见第七章。

② 参见《SNA(2008)》,6.51。

者生产的一部分,由于已经以税收的形式上缴给了政府,所以不再归生产者所有,从基本价格的角度看就要扣除。补贴不是生产者生产的,但归生产者所有,所以包括在基本价格中。

由于基本价格是从生产者所有角度考虑的,因此,它与企业决策关系更为密切,国民经济核算重点推荐的价格口径也是基本价格。

(二)生产者价格

"生产者价格是生产者就其生产的每单位货物或服务产出从购买者那里所获得的、扣除了向购买者开列的所有 VAT 或类似可抵扣税后的金额。它不包括生产者在发票上单列的任何运输费用"①。

与基本价格不同,生产者价格中包括产品税,但不包括产品补贴。

生产者价格强调的是生产者生产,不是生产者所有。生产者上缴的税收是生产者生产的一部分,虽然已经以税收的形式上缴给了政府,但属于生产者生产的性质没变,所以包括在生产者价格中。补贴虽然由政府补贴给了生产者,但它并不是生产者生产的,所以不包括在生产者价格中。

生产者价格与基本价格一样,都是能够直接观测和记录的实际交易价格,所以,它也是国民经济核算推荐的价格口径。所不同的是,SNA(2008)首推基本价格,在无法获得基本价格的情况下,可采用生产者价格。

(三)购买者价格

"购买者价格是购买者在指定时间地点获得每单位货物或服务所支付的金额,它不包括任何可抵扣增值税或类似的可抵扣税。货物的购买者价格包括按购买者要求在指定的时间运送货物到指定地点而另行支付的运输费用"②。

购买者价格是在基本价格基础上增加了:购买者支付的任何不可抵扣的 VAT;购买者另行支付的货物运输费用。

如果购买者不是直接从生产者手中购买产品,而是从批发商或零售商那里购买,那么,就需要将批发商或零售商的毛利包括在基本价格和购买者价格的差额中。

购买者价格强调的是购买者实际支付的价格,货物的运输费用不包括在基本价格中,购买者支付的不可抵扣 VAT 也不包括在基本价格中,但应包括在购买者价格中,所以,要在基本价格基础上加上这两部分。

(四)基本价格、生产者价格和购买者价格的关系

基本价格、生产者价格和购买者价格互相联系,又有区别。基本价格、生产者价格和购买者价格是从生产者角度设置的,所不同的是,基本价格强调"所有",生

---

① 参见《SNA(2008)》,6.51。

② 参见《SNA(2008)》,6.64。

产者价格强调“生产”。购买者价格是从购买者的角度设置的，强调的是“实际支付”。只要知道了其中一种价格，就可以根据下列关系式(见图 5－1－1)得出另外两种价格。

基本价格
＋
产品税(不包括开具发票的 VAT)
－
产品补贴
＝
生产者价格
＋
购买者不可抵扣的 VAT
＋
另行支付的运输费用
＋
批发商和零售商的商业毛利
＝
购买者价格

图 5－1－1　基本价格、生产者价格和购买者价格关系示意图

第二节　产出及其核算

生产是一种活动，生产结果的表现形态是货物和服务，对生产成果的价值量进行测算就是对所有基层核算单位产出的价值进行测算，基层核算单位不同，其产出的核算方法也不尽相同。

一、产出及其记录时间

(一)SNA 的产出

一般而言，由同一基层核算单位生产又由本基层核算单位使用(消耗)的货物或服务不包括在产出测算范围内。例如，发电厂发的电，有一部分用于本单位办公照明，这部分用电不应计入产出，因为办公照明用电属于管理成本，应计入中间消耗，若计入产出，就会发生重复计算。但有一种情况例外:如果生产的货物和服务被基层核算单位用于资本形成，就要记录为产出。例如，发电厂发的电，有一部分用于本单位新建厂房，这部分用电就要计入发电厂的发电总量。因为，新建厂房不同于“电”，属于另一种产品，对不同的产品要分别测算产出。

与此类似，进入存货的产品也要记录为产出，因为，存货产品也是当期生产的。例如，种植玉米的住户非法人企业，生产的玉米中有一部分留作住户自身最终消费，这部分留用玉米也应计入住户的产出。

“因此产出被定义为，一个基层核算单位生产的货物和服务，它不包括：

1.基层核算单位在生产中使用的不承担风险的任何货物和服务的价值；

2.同一基层核算单位消耗的货物和服务的价值，但用于资本形成（固定资本形成或存货变动）或自身最终消费的货物服务除外”①。

从实物形态看，产出就是基层核算单位生产的具体货物或服务。从价值形态看，产出的价值构成为$C+V+M$，即各基层核算单位生产的货物或服务的完全价值。C为基层核算单位在生产过程中消耗的产品价值，其价值在生产过程中转移到新产品中，称为转移价值。转移价值由C_1和C_2两项构成，C_1为劳动资料的转移价值，即固定资本消耗，C_2为劳动对象的转移价值，是生产过程中消耗的各种原材料、燃料、辅助材料及各种生产性服务的价值，即中间消耗的价值。$V+M$是新创造的价值，即净增加值，C_1+V+M是生产单位在生产过程中追加的价值，称为总增加值。

（二）SNA产出以基层核算单位为基础

SNA产出的测算是以基层核算单位为基础的，这句话包括以下两点含义：

1.基层核算单位内部不允许重复计算。每个基层核算单位的产出要根据该基层核算单位生产活动的成果来计算，基层核算单位内部不允许转移价值的重复计算。也就是说，一个基层核算单位生产并在同一核算期内被同一基层核算单位内其他生产过程使用的货物和服务不作为该基层核算单位的产出。实际上，有的基层核算单位生产的品种单一，有的基层核算单位生产的品种较多，不管基层核算单位生产活动的种类有多少，在产出测算时，都要以基层核算单位为一个统计单位。

2.基层核算单位之间允许重复计算。当一个企业包括一个以上基层核算单位时，产出为所属各基层核算单位的产出之和，这就意味着基层核算单位之间允许转移价值的重复计算。假设某纺织厂生产三种产品：棉纱、棉布、染色布，若棉纱、棉布和染色布分别由纺纱车间、织布车间和印染车间三个基层核算单位生产，尽管本期生产的棉纱和棉布可能全部用于本企业的织布和染布，从纺织厂来看，最终产品是染色布，但是，在计算纺织厂的产出时，应将纺纱车间、织布车间和印染车间的产出全部汇总，不用扣除本企业消耗的棉纱和棉布价值。

以基层核算单位为基础计算产出的优点是：

1.产出与产品的对接更紧密。对于一个具体的企业来说，往往从事一种以上的生产活动，不同的生产活动往往对应不同的产品。例如，某服装厂除设有生产车间生产服装外，还设有销售部负责服装的销售，这说明该服装厂有两个基层核算单

① 参见《SNA(2008)》，6.89。

位——生产车间和销售部，从事两种生产——服装生产和服装销售，服装生产和服装销售属于不同种类的生产活动。将产出界定在基层核算单位层次上，可以最大限度地保证一个基层核算单位的产出与一种产品相对应。

2.根据基层核算单位产出汇总的行业（或三次产业）总产出的同质性较强。行业部门（或三次产业）是由主要活动相同或相似的基层核算单位构成的集合，因此，行业部门（产业）的总产出是由基层核算单位的产出汇总得到的。基层核算单位产出与产品相对应，可以最大限度地保证同一产业或同一行业产出所包括产品的同质性。仍以第(1)点讲到的附带销售部的服装厂为例，按基层核算单位产出汇总，就可将该服装厂生产车间的产出汇总到工业部门或汇总到第二产业，将销售部的产出汇总到商业部门或汇总到第三产业。若按企业产出汇总，只能将该服装厂的所有产出（包括生产车间的产出与销售部的产出）全部汇总到工业部门或第二产业，这样，工业部门产出（或第二产业产出）包括了商业部门（或第三产业）的产出（服装厂销售部的产出），降低了工业部门（或第二产业）产出的同质性。

3.根据基层核算单位产出计算的行业（或三次产业）结构更为客观。由于根据基层核算单位产出汇总得到的行业（或三次产业）产出与产品的对接更紧密，最大限度地保证了同一行业（产业）产品的同质性，因此，保证了行业（或产业）结构与产品结构更为接近，能更好地反映产品结构的变化。

（三）产出的记录时间

基层核算单位生产的货物和服务，大部分在其生产完成时予以记录，即当期完成的货物和服务记入当期的产出。如果产品的生产需要较长的时间，就要将该产品视为跨期生产，并记录为在制品。例如，树木、海参等农林产品，船舶、大型机械等工业产品，商厦、现代厂房等建筑产品。这些产品需要数月或数年才能完成。在这种情况下，如果将全部产出都作为生产过程结束时的产出，将会扭曲实际的经济情况。因此，只要生产过程持续两个或两个以上核算期，就要计算每个核算期完成的在制品，以便核算每个时期的产出价值。当期完成但未出售的产品记为制成品的库存。

由此可以看出，产出与销售不同。产出是当期生产的结果，但不一定在当期销售；销售是当期售出的产品，但不一定在当期生产。

二、产出核算的一般性方法

市场是人们进行交易的场所，现代社会中，人们从事的各种经济活动都是以市场为中心的。从资金的筹集到原材料的采购，从人才的聘用到产品的销售，都离不开资本市场、人才市场、产品市场等。因此，国民经济核算的重要准则就是遵循市场性原则。

根据市场化程度，可对国民经济核算涉及的产出与生产者进行分类，产出分为三类：市场产出、为自身最终使用的产出、非市场产出，生产者也分为三类：市场生产者、非市场生产者和为自身最终使用的生产者。“市场生产者是指大部分或全部产出是为市场而生产的基层核算单位”；例如，工业企业、商业企业、沿街摊贩等。市场生产者的产出可分为市场产出与为自身最终使用的产出。“非市场生产者是指政府单位或为住户服务的非营利机构所拥有的基层核算单位，它们免费或以无显著经济意义的价格向住户或全社会提供货物或服务”①；例如，教育部门、医疗卫生部门等。为自身最终使用的生产可由市场生产者承担，也可由政府单位或为住户服务的非营利机构承担，若由政府单位或 NPISH 承担，应处理为由非市场生产者从事的生产。为自身最终使用的生产者指除市场生产者、一般政府和 NPISH 以外、只为自己最终使用而生产的单位②。

（一）市场产出

市场产出是指准备以显著经济意义价格销售的产出。市场产出的价值由下列各项构成：

1. 以显著经济意义价格出售的货物和服务的价值。销售的记录时间是应收应付的时间，即：货物的所有权从生产者转移到购买者的时间或服务提供给使用者的时间。货物或服务应按其销售时的基本价格估价，如果不能按基本价格估价，可以用生产者价格代替。

2. 用于易货交换的货物或服务的价值。进行易货交易的货物和服务的价值，应在货物所有权发生转移或服务提供之时进行记录。易货货物的产出按它们如果出售时可得到的基本价格进行估价。

3. 用于实物支付（包括实物报酬）的货物或服务的价值。作为实物报酬提供给雇员、或用于其他实物支付的货物或服务，应该在货物所有权发生转移或服务提供之时进行记录。它们应该按如果出售时可得到的基本价格进行估价。

4. 企业的内部交付价值。内部交易一般不算作产出，只有当接收货物的基层核算单位有权决定其向市场提供的产出水平和价格时，才将相应的产品记录为内部交付。例如，一个基层核算单位向同一企业的另一基层核算单位提供用于中间投入的货物和服务后，后续生产的风险也随之发生了转移，这时就要记录为产出。在记录交付时，应按如果出售可得到的基本价格进行估价。

5. 制成品存货的变动价值。货物生产出来后未立即销售的货物才进入库存，若货物的需求量超过当期产出量，该货物的存货就会减少，所以，制成品存货可以理解为一个时期内生产和销售之间的差额。制成品存货变化核算的原则是：进入

① 参见《SNA(2008)》，6.133。

② 参见《SNA(2008)》，6.134。

库存的货物按其入库时通行的基本价格（即该货物最初生产出来时的销售价格）估价；从存货中退出的货物按其出库时通行的基本价格（即该货物销售时的价格）估价。

如果价格稳定，对存货变化的核算会相对简单，如果存在通货膨胀（或通货紧缩），那么库存货物的价格可能显著上涨（或下降）。货物生产出来后若作为存货持有，则货物的持有收益（或损失）不能包括在产出价值中。当价格不断变化时，不同时间入库和出库的货物应按不同的价格估价，即使在同一核算期内也是这样。所以，原则上要求对所有入库和出库的货物在其发生时进行记录。

6. 在制品存货价值的变动。在制品实质上是尚不能销售的未完工产出，即未充分加工的、不能随时提供或出售给其他机构单位的产出。只要生产过程未在一个核算期内完成，就有必要对在制品产出进行记录，以便将在制品从一个核算期结转至下一个核算期。如果不对在制品的产出进行核算，由于中间投入是连续性的消耗，因此，所记录的投入和产出就好像是在不同核算期发生的，这会使增加值数据失去意义。在制品增加和减少的处理方法与制成品入库和出库的处理方法相同，必须在发生时、按当时通行的基本价格记录。

7. 提供货物和服务所收取的服务费、运输费、金融资产获得和处置的附加费等①。

显著经济意义的价格是指对生产者愿意提供和购买者愿意购买的产品数量有重要影响的价格。对生产者而言，他愿意出售的产品价格一定是高于生产成本且盈利越多越好，对购买者而言，他愿意支付的产品价格是越低越好，在此基础上形成的销售价格就是有显著经济意义的价格。一般来说，市场生产者会将产出的全部或大部分以显著经济意义的价格出售。

按常理推断，显著经济意义的价格应该高于生产成本，否则市场生产者就没有动力从事生产。但是在很多情况下，企业生产的产品也会以低于成本的价格出售，那么如何判断该价格是否具有显著经济意义呢？一般认为，所售产品的价格持续多年至少高于生产成本的一半以上则认为该价格具有显著经济意义。

综上，市场产出估价的基本原则是按基本价格估价，当无法按基本价格进行估价时，则按生产者价格估价。

（二）为自身最终使用的产出

“为自身最终使用的产出是指为自身最终消费或资本形成而留用的产品”②。它的价值等于下列各项之和。

1. 住户非法人企业生产的、被同一住户消费的货物价值。住户部门生产的所

① 参见《SNA(2008)》，6.99－6.113。

② 参见《SNA(2008)》，6.114－6.123。

有货物都应包括在生产范围内，包括出售的和留作自用的。出售的属于市场产出，留作自用的属于为自身最终消费的产出。

2. 付酬家政人员为住户提供的服务价值。付酬家政人员，如保姆、厨师、园丁、司机等，应视为该住户所有的非法人企业的雇员，他们提供的服务被该住户消费，从而构成自给性生产。家政服务生产过程中所发生的任何成本都不应视为家政服务产出的中间消耗，而应视为该住户的最终消费支出。因此，家政服务产出的价值必然与家政人员获得的劳动报酬相等，既包括现金报酬，也包括住宿等实物报酬。

3. 自有住房服务的估算价值。对居住的房屋拥有所有权的住户应视为为自身消费提供住房服务的非法人企业所有者，因此，应将自有住房服务的产出归入为自身最终使用的产出。如果存在规范的房屋租赁市场，可以使用市场上同类服务的价格对自给性住房服务产出进行估价，这与自给性货物或服务的估价方法一致。也就是说，自有住宅者的住房服务产出根据承租人在市场上租住同样住房所支付的租金来估计，住房租金取决于房屋面积、住宅质量、地理位置、周边环境等因素。住房服务产出价值与记录在住户部门住房最终消费支出的价值相等。

4. 自给性固定资本形成总额。自给性固定资本形成总额指企业基层核算单位生产的、为同一单位使用而留用的固定资产价值。无论是法人企业还是非法人企业都有可能为自身固定资本形成而生产货物或服务。例如，工程企业生产的供自己使用的专用机床，住户部门从事的房屋建造或扩建，企业开发的供自己使用的软件等知识产权产品。

5. 制成品和在制品存货变化的价值。自用建筑物在制品的增加应记录为生产者的固定资产获得。自用的货物和服务制成品存货应按照入库时市场上销售的同类产品的基本价格估价，如果没有合适的基本价格，就按生产成本估价。

6. 特殊情况下用于自身中间消耗的产出价值。同一基层核算单位内用于中间消耗的货物和服务通常不算产出，但也有例外。在某些情况下，当期产出可以入库存放供将来的中间消耗使用，例如，当期生产的农作物在下一个时期可作为种子使用。

为自身最终使用的产出按市场上销售的相同货物和服务的平均基本价格计算。如果无法获得平均基本价格，则按生产总成本来核算，生产总成本包括中间消耗、雇员报酬、固定资本消耗、固定资本净收益①、其他生产税（减生产补贴）。非市场生产者进行自给性生产时，其产出价值不包括固定资本净收益。

对非法人企业来说，可能无法单独核算雇员报酬、固定资本消耗和资本收益，

① 这意味着将资本回报作为总成本的一部分。SNA(1993)中，在按照成本法计算市场生产者的自给性产出时，不包括资本回报。

此时，应该估算涵盖所有这些项目的混合收入。

（三）非市场产出

"非市场产出是指由为住户服务的非营利机构或政府生产的、免费或以没有显著经济意义的价格提供给其他机构单位或全社会的货物和个人/公共服务"[①]。

没有显著经济意义的价格指对生产者准备提供的产品数量没有或只有很少影响、且对需求量的影响也很少的价格。无论从供给的角度看还是从需求的角度看，该价格均不具有数量上的显著性，此价格的制定可能是为了获得一些收入，也可能是抑制免费服务所引起的过度需求，但最终目的并不是消除这种过度需求，所以，不会大幅度削减总需求量。SNA(2008)并未对无显著经济意义的价格做出具体的数量规定，但一般认为，若销售价格低于成本的一半，则认为该价格没有显著经济意义。

为什么将非市场产出单列出来作为产出的一个独立类别，主要出于以下两个原因[②]：

1. 对公共产品付费不可行。公共产品是指那些为整个社会共同消费的产品。严格地讲，它是在消费过程中具有非竞争性和非排他性的产品，是任何一个人对该产品的消费都不减少别人对它进行同样消费的货物与服务。公共产品的生产承担者是政府部门与为住户服务的非营利机构。公共服务没有市场，也没有价格。例如，公共管理、国防等。如果让消费者对公共管理或国防服务付费在技术上是不可行的，因为，无法对这些消费进行监测和控制，也无法对这些消费定价。

2. 对准公共产品未按市场运营方式运行。有一些准公共服务是可以按市场运作方式经营的，但出于公平等社会政策的原因，未按市场运营方式运行，因此，也不存在市场价格。例如，教育服务与卫生服务等。教育服务和卫生服务可以按市场原则经营，并按市场价格收费。多数国家并没有这样做，而是以免费的形式向全体居民提供教育服务或医疗卫生服务。有些国家即使收费，其价格也无显著经济意义。由于不存在客观的市场价格，所以，无法按市场产出的方法对准公共服务价值进行核算。

由于非市场产出不同于市场产出，因此，非市场产出的核算方法也不可能与市场产出的核算方法一样，有必要将其单列出来，以讨论非市场产出的特有核算方法。

非市场服务与自用性生产是不同的。非市场服务的提供者与非市场服务的使用者是不同的，非市场服务的提供者是政府和为住户服务的非营利机构，非市场服务的使用者是住户或其他常住机构单位。自用性生产的生产者与使用者是相同

① 参见《SNA(2008)》，6.128。

② 参见《SNA(2008)》，6.98。

的，生产者不仅要核算为自用而生产的产出，也要核算为自用而使用的消费。因此，决不能将非市场产出与自用性产出混淆。

非市场产出的记录时间是非市场生产产生的时间。

对于非市场服务来说，生产时间也是交货时间。政府单位或为住户服务的非营利机构从事的非市场生产在其产出产生时记录。一般来说，不能采用为自身最终使用或自身资本形成而生产的货物和服务的估价方法来估算非市场服务的价值，原因在于为自身最终使用的生产者除了供自身使用以外，还可以大量生产并在市场上出售，因此，客观上有可能存在一个市场上销售的相同的货物和服务的平均基本价格。而公共服务，如公共管理服务和国防服务，是没有市场的。教育服务、卫生服务等准公共服务，也缺少恰当的价格。因为，社会虽然存在一些以市场为基础的教育服务、卫生服务等，但二者往往在所提供的服务类型和质量上存在较大差异。

为住户部门免费提供的非市场产出价值按生产成本计算，包括：中间消耗、雇员报酬、固定资本消耗、其他生产税(减生产补贴)。

当支付经济意义不显著的价格就可以获得产出时，由于经济意义不显著的价格既反映不了成本，也反映不了供求关系，因此，不能以该价格作为计算非市场服务产出的理由。以经济意义不显著价格出售的非市场货物和服务的产出估价方法，与免费提供的货物和服务的估价方法一样，应按照生产成本计算。

政府单位和为住户服务的非营利机构有时会同时从事市场生产活动和非市场生产活动。只要有可能，就应该将从事这两种活动的基层核算单位区分开来。

三、特殊行业产出的核算

上面介绍了产出核算的一般原则与记录时间，这些方法适用于大多数货物和服务的核算。但是，有些特殊行业的核算方法具有特殊性，为此，下面分别加以介绍。

(一)农业、林业和渔业

与工业产品不同，庄稼、树木、牲畜和鱼虾的生长很大程度上依靠自然力量，其生长过程虽有人类劳动的付出，但更大程度上取决于自然条件的好坏，所以，农业、林业和渔业靠天吃饭的成分大一些。是否将庄稼、树木、牲畜和鱼类的生长计入产出的原则是：其生长过程是否由机构单位控制、管理和负责。如果这些产品的生长是由机构单位控制与管理的，则应将其计入该行业的产出，例如，农民种植的庄稼、林场主管理的树木、牧民饲养的牲畜、渔民捕捞的鱼虾等。如果这些产品的生长不是由机构单位控制与管理的，则不计入相应行业的产出，例如，自然生长的野果、树木、野生动物、公海里的鱼虾等。

农业、林业、渔业生产的另一个特点是,其生产过程往往要持续数月甚至数年,因此,其产出的计算比较复杂。

对于一年生的农作物,其大部分成本发生在播种的时候和收获的时候。在计算年内不同时期(分月或分季)的产出时,需要将农作物的价值在一年之中分摊,并作为在制品处理。农作物的最终价值通常不等于年内早些时候估计的价值和收获前对农作物的估计价值。在这种情况下,需要对先前的估值进行修正,以反映实际结果。农作物收获后,在制品的累积价值就转为制成品的存货,然后,随着生产者的使用、出售或虫害损失等逐渐被消耗掉。

对于多年生的植物和动物,应将其价值的增加反映在各核算期的产出中,并根据该植物或动物是否能够重复生产来决定是将所增加的价值作为固定资本还是作为存货。植物或动物一旦成熟,其价值就会下降,下降的价值应记录为固定资本消耗。

(二)机器、设备和建筑物

与一般的工业品(例如,家用电器、服装鞋帽等)、食品等不同,有些机器设备和建筑物的生产周期较长,需要几个月甚至几年的时间才能完成。例如,船舶、重型机器、房屋等。如果等该产品完工时再计算产出,或按货物所有权从生产者转移到购买者时再计算产出,则意味着未完工时的产出为零,这在理论上是解释不通的。因此,这类产品的产出必须按在制品进行记录和估价,并将生产分摊到各记录时期,而不能简单地在生产过程结束时一次性记录。分摊方法取决于是否事先签订了销售合同。

如果在动工之前预先签订了销售合同,则应将每期完成的产出视为在期末就销售给了购买者,即作为销售而非在制品处理。因此,该产出应记录为购买者的固定资本形成总额,而不是生产者的在制品。若合同要求分期付款,则产出的价值通常以每期付款额来近似估计。

如果事先没有签订销售合同,则必须将每期的未完工产出记录为生产者的在制品。带有投机动机(即没有预售合同)而建造的住宅在出售之前应作为建筑公司的存货,如果在完工时还未出售,则存货状态应由在制品转为制成品。

(三)运输和仓储

1. 运输业

运输活动是通过各种运输工具和方式使货物或旅客在空间区域内实现位置移动的生产活动。相同货物在不同地点的品质是不同的,不同品质的货物可视为不同的产品,所以,将货物从一个地方运输到另一个地方视为生产过程。例如,黑龙江出产的大米在产地黑龙江与在销售地浙江视为不同品种的大米,从黑龙江运输到浙江视为在浙江销售大米的生产过程。运输业的产出按运送货物或旅客的应收额来计算。运输服务量可以用吨公里或人公里等指标衡量。

2. 仓储成本与持有损益

仓储活动是指通过一定的设备和方式储存货物的活动。货物生产出来后，可能被存储一段时间，然后在未来销售、交换或使用，因此，仓储活动本身就成为生产的一个重要环节。例如，服装、餐具等大部分工业品生产出来后，必须入库存储，以备销售，这些产品的存储活动构成了厂家生产的一个环节，在存储过程中发生了存储成本，由此增加了服装、餐具的价格。而存储成本就构成了仓储产出。这一现象符合经济学所讲的"相同货物在不同时间销售会存在明显的质量差别，从而其价格也不相同"的原理。

持有库存产品总会增加成本，这些成本或者构成制造商基本价格的一部分，或者构成批发商或零售商商业毛利的一部分。仓储成本就成了仓储产出核算的基础。例如，甲单位在第 1 年年中购买的货物价值 100，到年底发生的仓储成本为 8；到第 2 年年中以 110 的价格将货物出售，同时假设此间不存在通货膨胀。则，第 1 年的仓储产出为 8(108－100)，第 2 年的仓储产出为 2(110－108)。

仓储产出仅指仓储活动成本导致的价值增值，不包括持有货物导致的价值增加，因此，仓储产出测算时要扣除因持有货物带来的损益，持有货物带来的损益应处理为持有损益。

例如上例中，假设存在通货膨胀，所以第 1 年购买的货物到年底增值到 115，到第 2 年年中销售时增值到 120，则，第 1 年增加的 15(115－100)包括仓储产出 8 和持有收益 7，第 2 年增加的 5(120－115)包括仓储产出 2 和持有收益 3。

我们这里所说的仓储生产活动，不包括所持有的金融资产、贵重物品或土地和建筑等非金融资产，虽然它们也会产生价值的预期增长，但持有它们的动机是投机，因此，不应视为仓储生产的产出，而应视为持有收益或损失。

3. 价值随时间变化的货物

一般而论，如果货物的升值只反映价格的上升，没有因仓储而导致货物质量的变化，则除了仓储生产以外，不再包括其它的生产过程。例如，大部分工业制品是全年持续生产与销售的，不存在因储存而发生质量的改变，因此，与入库时相比，库存中这些货物价格的变化或者是因为仓储成本增加的，或者是因为通货膨胀条件下持有货物增加的，仓储活动属于生产过程，持有货物的收益不属于生产过程。

但是，也有例外的情况，即：随着时间的推移，储存货物的升值也属于生产过程，也应核算产出。这些例外的情况有以下三种：

(1)生产过程较长的货物。当一个产品因生产过程较长，需要几个月甚至几年才能完成而不得不持续持有时，不能在该产品完工时再计算产出，而应在未完工时按在制品核算产出，在制品到制成品的过程视为生产过程。例如，船舶的制造。

对生产过程较长货物的估价要考虑到贴现因子的问题①。例如,一个建造了4年、最终价值为200的资产,每年在制品的产出价值不能简单地用200除以4,得50,而应按贴现率进行折算。假设贴现率为5%,首先应将4年后的200折算成第1年、第2年、第3年的价值,然后把折算后的价值除以4得到的就是每年在制品的价值。由表5—2—1可以看出,若第4年的产出价值是200的话,则它相当于第1年的172.8[181.4/(1+0.05)],第2年的181.4[190.5/(1+0.05)],第3年的190.5[200/(1+0.05)],据此计算的第1年的在制品产出为43.2(172.8/4),第2年的在制品产出为45.4(181.4/4),第3年的在制品产出为47.6(190.5/4),第4年的在制品产出为50(200/4)。

表5—2—1 跨越数年在建工程的估价表

	第1年	第2年	第3年	第4年
每一年最终产品的价值	172.8	181.4	190.5	200
每一年的产出价值	43.2	45.4	47.6	50

(2)储存期间物理特征发生变化的货物。有些货物在储存期间其物理特征会发生变化,也即随着储存时间的推移,产品的质量不断发生变化,价格也随之发生变化。这种价格变化不能视为持有货物带来的损益,而应视为生产过程。例如,葡萄酒存储的时间不同,质量存在很大差别,价格也存在很大差别,因此,存储不同时间的葡萄酒视为不同品种的葡萄酒。再比如,经发酵的食品等。在这些情况下,可以将仓储活动视为生产过程在时间上的延续。

该类货物,在整个储存期间也是产品不断成熟化的过程,出库时的产品与入库时的产品完全不同,如果用入库时产品的价格进行比照,显然是不合适的。那么,如何将产品不断成熟引起的增值与由价格上升引起的持有收益分开呢?

假设某品牌的酒需要存放三年才能达到比较理想的完全成熟状态。存放了一年、两年的酒虽未达到理想的完全成熟状态,但也是可以消费的。假设入库时酒的价格为P_0,存放一年酒的价格为P_1,t表示第一年,$t+1$表示第二年,Q表示酒的数量,则存储一年酒的价值与入库时酒的价值相比的变化为:$Q(P_{1,t+1}-P_{0,t})$。

存储一年酒的价值的增加有两个因素:价格变化的影响和仓储生产的影响。价格变化导致的价值增长额为:$Q(P_{0,t+1}-P_{0,t})$,它表示持有收益;仓储生产带来的产出额为$Q(P_{1,t+1}-P_{0,t+1})$,它表示仓储产出。

(3)受季节影响的货物。有些货物的物理形态未发生变化,但受供求关系的影响,其价值在一年内会发生有规律且可预测的变化。例如,玉米等农产品,其收获

① 贴现因子$=1/(1+r)$,r为贴现率。

期相对短暂，但需求在全年相对稳定，因此，随着库存的减少价格会不断上升，到了下一个收获期，由于供给增加价格又会下跌。或者呈现相反的情况：需求呈现季节性波动，但生产却是常年性的。常年生产的好处是节省成本，所以，在需求较少的季节，可将产品入库储存，以备需求高峰时销售。

这里所说的由于受供求关系影响导致的仓储行为与投机目的而储存的货物不同，受供求关系影响导致的产品价格变动是可以预测的，存储的时间也是可以预期的，其仓储行为相当于将货物从供给充足的时期输送给一个相对稀缺的时期，货物价格的增加是由于它经过储存并且在储存过程中发生了储存成本，因此，这种仓储行为属于生产行为，货物价值的变化不能归结于持有损益。而投机目的的储存无法预测存储多长时间，其仓储行为不属于生产行为。

如果经过仓储活动，销售时的价格不仅包括了由于仓储成本带来的价格增长，还包括通货膨胀下价格的增长，则要将增加的价格分离出仓储产出的价值与持有收益的价值。

4. 仓储产出的记录

价值随时间变化的货物会发生仓储活动，进而产生仓储产出，仓储产出归谁所有，不取决于货物的生产者，只取决于货物的类型，即取决于是否是“价值随时间变化的货物”。如果农民将生产的季节性产品储存起来，以便在今后一年内逐渐出售，则因价格增加带来的收益应记录在农民的产出中。如果他在收获期将所有的产品卖给批发商，批发商将产品储存起来且在年内持续出售，则因价格增加带来的收益应记录为批发商的产出。

仓储产出是在一个连续的生产过程中生产出来的，仓储时间可能要跨越若干个核算期，为了反映仓储生产的真实情况，就要分别计算不同时期的仓储产出，而不能等到产品出库时再计算。这就需要将若干个核算期后才出库的货物仓储产出分摊到不同的核算期。

(四)批发和零售

从形式上看，批发企业和零售企业从事的是买卖货物的活动，但是，它们与其他货物生产企业不同，它们属于服务行业，不属于货物生产行业。原因有两点：1. 虽然批发商和零售商买了货物，又卖了货物，但它们在转卖过程中仅对货物作极少量的加工，如分级、清理、包装等，买入的货物与卖出的货物没有本质区别，所以，不属于货物的生产。而工业等货物生产企业，买入的货物与卖出的货物完全不同，属于货物的生产。2. 批发企业和零售企业买入的货物不能作为中间消耗处理，因为买入的货物不是批发企业和零售企业的原材料，买入货物的目的不是生产新产品，只是为了转售。货物生产企业为生产购进的货物和服务要作为中间消耗处理，因为，它们购入货物和服务的目的是为了生产不同品种的产品，购入的货物和服务属于中间投入。

批发企业和零售企业的产出应该用转售其所购货物而实现的商业毛利来计算。“商业毛利(或称贸易加价)是指转售所购货物时的实际价格或虚拟价格减去该货物在经销商销售时或另作他用时如想重新购置该货物所需支付的价格”[①]。其计算公式为:

产出价值＝销售价值

＋为转售而购买的货物价值中用于中间消耗、雇员报酬等的价值

－为转售而购买的货物价值

＋用于转售的存货增值

－从存货中退出用于转售的货物价值

－由于正常损耗、被盗或意外损坏造成的经常损失的价值

在核算批发和零售产出时应注意以下几点:

(1)所售货物的价值按其实际销售价格计算,即使经销商为了消除积压或避免浪费不得不降价销售。为会员提供折扣价造成的影响也要予以考虑。

(2)作为实物报酬提供给雇员的货物应按照经销商重置该货物的当前购买者价格估价,也就是说,实现的商业毛利为零。与此类似,对于非法人企业所有者为其最终消费而提取的货物也应以此价格估价。

(3)为转售所购货物的价值中不包括供应商另开发票收取的、或由批发商和零售商向第三方支付的任何运输费用,这些运输服务构成批发商或零售商中间消耗的一部分。

(4)转售货物的存货增加应按其入库时的通行价格估价。

(5)出库用于转售的货物价值取决于货物的取得是否为了获取持有收益。如果转售货物预期在存储期内不会产生实际持有收益,那么从库存中提取货物的价值应该等于批发商或零售商在提货时点上再去获取完全相同的、用于以后销售的替代货物所要付出的成本。

作为SNA的一般规则,产出的价值应扣除持有收益和损失,然而,如果由于价格季节波动的原因而存储货物,或者存储是货物成熟过程中的一部分,则应将经过预计时期后的期望实际持有收益从出库货物的重置价值中扣除,扣除的价值在货物入库时就确定了,不会改变实际持有收益或名义持有收益。

(6)经常损失是由于正常损耗、盗窃或意外损坏造成的,而损失货物的估价方法与从库存中提取货物的估价方法相同。

例如,某零售企业某年年初产品A的库存为20,单价为8;当期购买了同种产

① 参见《SNA(2008)》,6.146。

品 100，单价为 8；当期售出该产品 105，销售价格为 20；年末该产品库存为 15，价格为 8；试计算该企业产品 A 的年产出。

根据题意可知，该企业产品 A 的年产出为：

产出＝销售价值－(年初库存货物价值＋为转售而购买的货物价值－年末库存货物价值)

＝105×20－(20×8＋100×8－15×8)

＝2100－(160＋800－120)

＝1260

假设货物从入库到售出时，价格发生了变化，这时，在计算产出时要扣除持有收益。

例如，某零售企业某年年初产品 A 的库存是 20，单价为 8(年初以后，价格上涨)；年后购买了同种产品 100，单价为 10；然后，以 20 的单价销售了 70；年中库存剩余 50，这时的单价为 10。下半年该产品的单价为 12；下半年又以 25 的单价销售了 35。试计算产品 A 的年产出。

根据题意可知，上半年的销售额为 70×20；上半年销售产品时价格已经上升到 10，所以，出库货物的价值为 70×10(单价不是 8)；下半年的销售额为 35×25；下半年的价格已经上升到 12，所以，下半年出库货物的价值为 35×12(单价不是 10)；则，产品 A 的年产出为：

产出＝上半年产出＋下半年产出

＝上半年销售额－上半年出库货物的价值＋下半年销售额－下半年出库货物的价值

＝70×20－70×10＋35×25－35×12

＝1155

(五)中央银行①

中央银行服务按市场性与否分为三种类型：货币政策服务、金融中介服务和对金融公司的监管服务。

货币政策服务是服务于整个社会的公共性服务，该公共服务被视作全体居民的公共消费，因此，是非市场服务。由于中央银行是一个独立的机构单位，归在金融部门，而非一般政府部门，所以，以货币政策为代表的非市场活动应视为一般政府部门获得的公共服务，相应地有一笔从中央银行向政府的转移，因为，政府并不承担中央银行发生的成本，因此，中央银行非市场产出的价值应作为经常转移，记录为中央银行的应付项和一般政府部门的应收项，以对应政府对中央银行非市场产出的购买。

---

① 金融中介服务分为中央银行提供的金融服务、保险和养老金以外的金融服务、与保险和养老金计划相关的金融服务，这三部分产出的测算将分别阐述。

金融中介服务是中央银行在没有对利率进行政策干预下所承担的个体性服务，该类服务视为市场服务。中央银行的市场服务应记录为服务接收单位的应付项。

对金融公司的监管服务属于市场服务还是属于非市场服务观点不一。认为该类服务属于非市场服务的理由是：金融监管服务与执行市场监管政策的政府部门（如从事道路、水坝和桥梁建设的政府监管单位）类似，是一项造福社会的行为，属于公共服务，应记录为政府的最终消费支出。认为该类服务属于市场服务的理由是：金融监管服务的对象是金融中介机构，这些服务有助于金融机构的正常运作和业绩的提升，它与食品和药品的质量监管部门性质一样，不是公共服务，应记录为金融中介机构的中间消耗。到底如何记录取决于所收取直接费用是否可以弥补提供此类服务的成本。

货币政策服务代表非市场服务，按成本法计算；金融中介服务代表市场服务，其产出即为间接计算的金融中介服务产出，按参考利率法计算；对于金融监管服务，应根据收费是否可充分弥补成本来决定是按市场产出计算还是按非市场产出计算。SNA（2008）建议在可能的情形下，应该为三种不同的活动确认独立的基层核算单位，并分别计算产出。

理论上说，对中央银行产出的核算应首先区别该服务是市场性服务还是非市场性服务，然后，根据服务类型采取不同的核算方法。如果无法将中央银行服务中的市场服务与非市场服务区分开来时，也可将中央银行的所有产出视为非市场产出，中央银行产出的价值等于成本之和。

SNA（1993）中，中央银行产出主要考虑的是金融中介服务产出，按照收费、佣金和间接计算的金融中介服务之和计算，并未过多考虑货币政策服务和金融监管服务。由于中央银行的利率有时会根据政策需要远高于或远低于市场利率，因此用这种方法计算的产出有时会异常的大或异常的小，甚至出现负数。

（六）保险和养老基金以外的金融服务

金融服务费可能是直接收取的，也可能是隐含的，按服务费用收取方式的不同可将保险和养老金以外的金融服务分为三种：直接收费的金融服务、收取存贷款利息的金融服务、与金融工具的获得和使用相关的金融服务，下面分别讨论这三种金融服务产出的测算问题。

1. 直接收费的金融服务产出测算

直接收费是指对金融机构提供的金融服务直接收取服务费用。例如，银行向住户提供抵押贷款、投资组合管理、税务咨询、不动产管理等服务并收取服务费用；专业金融机构向非金融公司提供股票发行或企业重组管理等服务并收取服务费用；信用卡发放机构向接受信用卡作为支付手段的单位收取的费用等。其中，通过发放信用卡收取的服务费用占直接收费的绝大部分。

直接收费非常明确,是针对某一具体的金融服务收取的费用,所以,其产出的测算也很简单,就是用收费额代替产出额。

直接收费额度的确定方式有两种,一种是对某种服务收取确定数额的费用,例如,信用卡发放机构每年会向持卡人收取一定数额的直接费用。一种是按总营业额的某一百分比计算,例如,信用卡发放机构向接受信用卡作为支付手段的单位按其销售额的一定百分比收取直接费用,该直接收费额代表了信用卡发放机构的产出,也代表了接受信用卡作为支付手段单位的中间消耗。通常来说,百分比额度并不高,也许只有1%或2%,但是,由于接受信用卡作为支付手段单位的销售总额较高,所以,直接收费总额相当可观。

直接收费的金融服务产出就是将所有的直接收费额汇总得到的。

2. 收取存贷款利息的金融服务产出测算

金融机构的大量业务是存款与贷款业务,理论上说,存款人将多余资金存入银行后,应向银行支付存款服务费;贷款人从银行贷出资金后,也应向银行支付贷款服务费。但是,金融机构对存款人和贷款人收取的服务费不是通过这种直接收费的方式收取的,而是间接收取的,间接收取的服务费隐含在应付存款利息与应收贷款利息中。银行在存贷款活动中提供的服务称为“间接计算的金融中介服务”(Financial Intermediation Service Indirectly Measured,简称FISIM)。

间接收取的服务费的运作过程是这样的:当资金所有人把资金存入金融机构时,意味着把财产使用权转给了金融机构,资金所有人应获得一笔财产收入,同时应向金融机构支付一笔存款服务费。为了简化记账手续,金融机构就从储户应得的财产收入中扣除一部分作为服务费,也就是按较低的存款利率付给储户,这说明,金融机构收取的存款服务费隐含在少付的应付存款利息中。当金融机构把资金贷给贷款人时,相当于把资金使用权转移给了贷款人,金融机构应向贷款人收取一笔财产收入,同时,还应向贷款人收取贷款服务费。为了简化记账手续,金融机构就在贷款人应付的贷款利息基础上增加一部分作为贷款服务费,同时将这部分贷款服务费与贷款人应付的贷款利息合并到一起统称为应付贷款利息,结果是,金融机构按较高的贷款利率向贷款人收取了财产收入,这说明,金融机构收取的贷款服务费隐含在多收的应收贷款利息中。

金融机构通过对贷款人收取较高的利息和对存款人支付较低利息方式形成的利息净收入用于弥补日常业务开支,并获得营业盈余,这样做可以避免向每个客户收取服务费用。问题是,这样做虽然为存款人和贷款人提供了便利,但该类服务活动的产出很难直接观测到。为此,SNA采用了不同于直接收费的金融服务产出计算方法。

间接计算的金融中介服务产出的计算思路是这样的。以存款活动为例,从表面看,存款人不但不用支付服务费,反而还能按照存款利率从银行收取利息。而实际上,如果不存在银行这类金融中介机构的话,存款人会直接把钱借给贷款人,会得到比银行利息更高的利息收入,这种利息收入对应的是一个理论上的利率,SNA称为“参考利率”,参考利率高于实际的存款利率。从这个意义上讲,存款活动的服务费相当于存款额乘以参考利率与存款利率的差值。与此类似,贷款活动的服务费相当于贷款额乘以贷款利率与参考利率的差值。据此可以计算出FISIM,即:

FISIM =存款额×(参考利率-存款利率)+贷款额×(贷款利率-参考利率)

=应收利息收入-应付利息支出+(存款额-贷款额)×参考利率

例如,某银行某年吸收的住户存款是50万元,储蓄年利率为6%;银行贷出30万元,贷款年利率为15%;若参考利率为10%,问银行间接测算的金融中介服务是多少?

根据题意可知,银行间接测算的金融中介服务为:

FISIM =50×(10%-6%)+30×(15%+10%)

=2+1.5

=3.5(万元)

3. 与金融工具获得和使用相关的金融服务产出测算

金融工具是指在金融市场中可交易的金融资产,例如,债券、股票、期权、对冲基金、存款证书等。大部分的金融工具会带来投资收益,通过金融工具的买卖可改变金融资产/金融负债的持有数量与结构,金融机构通过提供金融工具的买卖服务获取服务费。

该类金融服务的产出一般以买入价与中间价之差或中间价与卖出价之差来计算。以债券为例。假设某种债券以102买进,随后以118卖出,如果将二者之差16(118-102)记录为利息则是不恰当的,原因是没有考虑金融服务费的问题。正确的记录方式是①:先计算购买时的服务费,为2(102-100);再计算出售时的服务费,为2(120-118);最后记录债券发行者应付给持有人的利息,为20(16+4),持有人应付给债券发行者购买服务费与卖出服务费(产出),为4(2+2)。否则既会低估利息,也会低估金融服务的产出。

再比如,周一银行的美元买入价是1.62,卖出价是1.66,张三周一买入100美元,花费166;周五银行美元买入价是1.65,卖出价是1.70,张三把100美元卖给银行,获得165;问银行的服务费是多少?

根据题意可知:周一美元的中间价是1.64[(1.66+1.62)/2],周五美元的中

① 假设购买时的中间价是100,出售时的中间价是120。

间价是 1.675(1.70＋1.65)/2，银行的服务费为 4.5[(1.64－1.62)＋(1.675－1.65)]，4.5 是银行的产出。

(七)与保险和养老金计划相关的金融服务

与保险和养老金计划相关的金融服务包括五大类：非人寿保险服务、寿险和年金服务、再保险服务、社会保险计划服务、标准化担保计划服务。所有这些服务都将导致资金的再分配，其中非人寿保险服务和标准化担保计划服务大部分再分配活动发生在同一时期不同单位之间，每位客户缴纳相对少量的保费或费用，他们中间的少数人将收到相对较多的赔偿。人寿保险和年金服务、养老金计划主要是对单个客户在不同时期的收入进行再分配。

1. 非人寿保险

非人寿保险服务指除人寿保险以外的保险业务，包括财产损失保险、责任保险、信用保险、短期健康保险、人身意外伤害保险以及上述业务的再保险业务等。非人寿保险须在规定的意外事件发生时才支付索赔，所以，非人寿保险保单下，保险公司接受并留存客户的保费，直至做出赔付或保险到期止。同时，保险公司将保费用于投资，投资收入成为弥补应付索赔的额外资金来源。在 SNA 中，这种投资收入视为投保人的收入，投保人将这部分收入作为追加保费又付给了保险公司。

SNA(1993)中，非寿险服务产出等于实收保费[①]加上追加保费再减去已生索赔[②]。对于大多数年份而言，用这种方法计算的非寿险服务总产出没有问题。但是在发生巨大灾难，产生巨额保险赔付的年份，非寿险服务的产出会出现剧烈下降，甚至出现负值[③]，而且导致住户的可支配收入和储蓄发生难以置信的上升。此外，追加保费来自于保险公司的投资收入，投资收入在资本市场激烈动荡的年份也会出现数据的不稳定现象。

SNA(2008)对非寿险服务产出的计算方法做了改进，用调整后已生索赔代替实际赔付，即：

非人寿保险产出＝实收保费＋追加保费－调整后的已生索赔[④]

其中调整后已生索赔可以利用统计技术对历史数据进行平滑后得到。若无法获取调整后已发生索赔，则可用“成本＋正常利润”计算非人寿保险服务的产出。

但是从实际情况来看，追加保费来自于保险公司的投资收入，在资本市场激烈动荡的年份，投资收入的波动性会很大，也有调整的必要。很多国民经济核算专家

① 实收保费(actual premiums earned)不同于实际保费(actual premiums)，实际保费指在一个时期内保险公司实际收到的所有保费，实收保费指根据权责发生制原则在实际保费中覆盖核算期的那一部分。

② 已生索赔(claims incurred)是事件发生时变成应付状态的索赔，即使实际的索赔支付发生在之后。

③ 在这些年份，保险公司会做出巨额赔付，显示出保险在应对风险方面的巨大作用。相反，产出却是负的，与保险公司的贡献不匹配。

④ 《SNA(2008)》，6.185。

已经认识到这一点,在联合国和欧洲中央银行即将共同出版的《SNA 中的金融生产、流量与存量手册》中,将对此做出明确规定:在非寿险服务产出计算中,追加保费也应像赔付那样根据历史数据做平滑调整。

采用 SNA(2008)的新方法后,有些年份的 GDP 可能会发生变化。例如,对于发生巨灾的年份,调整后赔付会小于实际赔付,从而按 SNA(2008)得到的非寿险服务总产出会大于按 SNA(1993)得到的非寿险服务总产出,非寿险服务增加值和 GDP 也相应会变大。但对于相邻几个年份的数据而言,调整后赔付会大于实际赔付,从而按 SNA(2008)得到的非寿险服务产出、非寿险服务增加值和 GDP 都会小于按 SNA(1993)得到的结果。

2. 人寿保险

人寿保险是人身保险的一种。和所有保险业务一样,投保人将风险转嫁给保险人,接受保险人的条款并支付保险费。与其他保险不同的是,人寿保险转嫁的是被保险人的生存或者死亡的风险。投保人在较长年限内向保险公司缴纳保费,保险公司则承诺在未来向其支付保险金。保险金的数额既与投保人所付保费有关,也与保险公司运用这笔资金进行投资得到的回报有关。

保险公司在承诺的保险金应付日期前会将投保人缴纳的保费累积起来,同时运用准备金获得投资收入。其中部分投资收入会用于增加属于保单持有人的寿险准备金,以满足未来的收益支付。此部分投资收入是保单持有人的一项资产,由保险公司留存并继续投资,直至保险金应付时为止。其余未分配给保单持有人的投资收入作为服务费归保险公司所有。

人寿保险产出的核算原则与非人寿保险相同,但是,由于收到保费的时间与支付保险金的时间存在一定间隔,因此,必须对专门准备金的变动予以调整。为此,人寿保险服务产出的计算方法为:

人寿保险产出＝实际实收保费
　　　　　　　＋追加保费
　　　　　　　－到期应付保险金
　　　　　　　－寿险专门准备金的增加(加准备金的减少)

3. 再保险

再保险也称分保,是保险人在原保险合同的基础上,通过签订分保合同,将其所承保的部分风险和责任向其他保险人进行保险的行为。在再保险交易中,分出业务的公司称为原保险人,接受业务的公司称为再保险人。

再保险服务产出的核算方法与非人寿保险服务产出的核算方法完全相同,无论再投保的是人寿险保单还是非人寿险保单。

4. 社会保险计划

社会保险计划共分为以下四种，每种产出的核算方法是不同的。

政府社会保障计划提供的社会保障。社会保障计划是政府部门业务的一部分，如果能够识别出进行运作的独立单位，则社会保障产出的计算与非市场产出一样，应使用成本法计算。如果不能识别出独立的单位，则社会保障产出应包括在负责运作的政府部门的产出中。

雇主为雇员组织的社会保障计划。有些雇主会自己为其雇员组织社会保障计划，当雇主自己运作社会保险计划时，其产出按成本计算，包括对该计划运作中所使用的固定资产回报的估计值。即使雇主建立了一个独立的养老基金以管理该计划，其产出也按成本来计算。

雇主委托保险公司运营的保险计划。有些雇主会委托保险公司为其雇员运营保险计划，并支付一定费用。当雇主委托保险公司管理社会保险计划时，其产出的价值就是保险公司收取的费用。

多雇主计划。多雇主计划指保险公司为若干个雇主运行一个计划，获得的财产收入和持有收益中，除应归属计划参与人的部分外，超过的部分作为保险公司的回报。对于多雇主计划，应使用核算寿险保单的方法计算产出，即：用该计划应收的投资收入减去为满足当前和未来养老金权益需要而增加到准备金上的数额，以其超出部分作为该计划的产出价值。

5. 标准化担保

标准化担保指大批量同一种类的担保，它们通常金额小且条款相同。担保协定涉及三方：借入方（债务人）、贷出方（债权人）和担保方。借入方或贷出方与担保人订立契约，当借入方违约时由担保方偿还给贷出方。典型的例子是出口信用担保和助学贷款担保。

标准化担保计划如果以市场生产者方式运行，则产出按非寿险服务方法计算；如果以非市场生产者方式运行，则产出按成本加总的方式计算。

（八）研究和开发

“研究与（试验性）开发支出是指：为了增加知识储备（包括有关人类、文化和社会的知识）并利用这种知识储备开发新的应用，系统性地从事创造性工作而支出的价值”①。

SNA（1993）将研究与开发视为中间消耗，SNA（2008）将研究与开发视为生产活动，并将研究与开发活动单独设立一个基层核算单位，以计算产出。市场生产者为自身利益从事的研究和开发，原则上按基本价格计算。专门的商业性研究机构进行的研究和开发，应按销售收入、合同收入、佣金收入、服务费等进行估价。政府

① 参见《SNA（2008）》，10.103。

单位、大学和非营利性研究机构进行的研究和开发属于非市场生产活动,应按总成本计算。

(九)原件和复制品的生产

书籍、唱片、影片、软件、磁带、磁盘等的生产过程包括两个阶段:原件的生产和原件复制品的生产和使用。

第一阶段的产出就是原件本身。如果原件生产出来后被销售,则原件生产者的产出价值就是其销售价格。如果原件未被销售,则其价值可通过在生产成本基础上加成来估计,加成的多少取决于将来生产中使用原件所能获得预期收入的贴现值。

第二阶段是用原件生产复制品的过程。原件所有者自己从事复制品的生产,其价值也记录为生产,但必须与原件生产相分离。同生产中使用的其他固定资产一样,制作复制品过程中对资产的使用也要记录为固定资本消耗。原件所有者也可将复制品的生产授权给其他生产者,获许可从事复制品生产的获许者需向授权者(原件所有者)支付一定费用,该费用代表了获许可者的中间消耗和原件所有者的产出。

四、中国产出统计的初级单位是企业

中国产出统计的初级单位不是基层核算单位,而是企业。也就是说,中国是以企业产出为基础进行计算的,而不是 SNA 所说的比企业更小且更同质的基层核算单位,所以,中国将产出计算方法称为“企业法”,或“工厂法”。

“工厂法”强调这样两点:

1. 企业内部不允许重复计算。每个企业的产出要根据企业生产活动的最终成果来计算,企业内部不允许转移价值的重复计算。也就是说,企业产出不能把企业内部各车间的生产成果直接相加。例如,棉纺印染联合企业有三个车间:纺纱车间、织布车间、染色车间,这三个车间生产的产品分别是棉纱、棉布、染色布,其中棉纱和棉布既用于本企业织布、染布,也有一部分出售。在这种情况下,该联合企业的产出只能计算印染布产量的价值和出售的棉纱、出售的棉布的价值,不能把企业自己生产的织布用纱和染色用布这两部分的价值算到该企业的产出中。

2. 企业之间、行业之间、产业之间、地区之间允许重复计算。在计算行业总产出、产业总产出、社会总产出时,可以将行业内(产业内、地区内)所有企业的产出直接汇总,这就意味着企业之间、行业之间、产业之间、地区之间允许转移价值的重复计算。仍以纺织部门为例,若棉纱、棉布和染色布分别由纺纱厂、织布厂和印染厂三个独立的企业生产,尽管本期生产的棉纱和棉布可能全部用于织布和染布,从纺织部门来看,最终产品是染色布,但是,在计算纺织部门的总产出时,应将纺纱厂、织布厂和印染厂的产出全部汇总，不用扣除本部门消耗的棉纱和棉布价值。

工厂法是从法人角度考虑的，我国无论从行政管理还是统计与会计核算，都是以企业为基本的管理单位，因而，企业原则适应了企业核算分析成本、利润等方面的要求，在实践中是可行的。

工厂法的问题在于：

1. 无法保证企业产出与企业总产品的实物内容相一致。因为，企业总产品的实物量包括企业自产自用部门，而按企业原则要求计算的企业产出是企业生产的最终成果，不包括本期生产又在本期消耗的中间产品，所以，根据企业原则计算的企业产出与企业的总产品并不完全对应。例如，前面所说的棉纺印染联合企业中，总产品包括三个车间生产的全部棉纱、棉布和染色布，而该企业的产出只包括部分棉纱和棉布(外售部分)和全部染色布的产品价值。

2. 根据企业产出汇总的行业部门(或产业部门)总产出的同质性不够高。随着社会的发展和产业链的扩展，仅仅从事一种活动的企业并不多，大多数企业从事一种以上的生产活动，这些生产活动可能分属于不同的行业部门，在这种情况下，企业产出就横跨了不同的行业(或产业部门)，这类企业的产出无论汇总到哪个行业(或产业部门)，都会降低行业(或产业部门)总产出所对应产品的同质性，致使产业部门(行业)结构与产品结构相差较远。

五、界定在基层核算单位层次与界定在企业层次对国民经济总量指标的影响

产出统计的初级单位界定在基层核算单位层次还是界定在企业层次，对国民经济总量指标——社会总产出与国内生产总值的影响是不同的。

(一)对社会总产出的影响

初级单位界定在基层核算单位层次包括了基层核算单位间转移价值的重复计算，而界定在企业层次不包括基层核算单位间的转移价值重复计算，所以，用基层核算单位产出汇总得到的社会总产出与用企业单位产出汇总得到的社会总产出是不一样的，用基层核算单位产出汇总得到的社会总产出大于用企业单位产出汇总得到的社会总产出。

例如，某服装联合企业有三个车间：纺纱车间、织布车间和服装车间，如果纺纱车间用棉花纺成棉纱后全部用于本企业织布车间织布，织布车间织出的布全部用于本企业服装车间制作成衣；另设棉花价值为 a ，棉纱的追加价值为 b ，棉布的追加价值为 c ，服装的追加价值为 d ，则，

若将产出统计的初级单位界定在企业层面的话，该企业的产出为：

企业产出＝企业的中间投入＋棉纱追加价值＋棉布追加价值＋服装追加价值

$$= a + b + c + d$$

若将产出统计的初级单位界定在基层核算单位层面的话(将每个车间视为一个基层核算单位),该企业的产出为:

企业产出＝∑基层核算单位产出

＝纺纱车间产出＋织布车间产出＋服装车间产出

＝$3a+3b+2c+d$

由此可见,将初级单位界定在企业层次还是界定在基层核算单位层次,得到的社会总产出是不一样的(见表5－2－2)。

表5－2－2　总产出与增加值汇总过程示意表

	中间投入	产出	增加值
纺纱车间	a	$(a)+b$	b
织布车间	$a+b$	$(a+b)+c$	c
服装车间	$a+b+c$	$(a+b+c)+d$	d
合计	$3a+2b+c$	$3a+3b+2c+d$	$b+c+d$

(二)对国内生产总值的影响

国内生产总值取决于两个因素:社会总产出与中间投入,因此,对国内生产总值的影响不仅要考虑社会总产出,也要考虑中间投入。

根据SNA的核算原则可知,产出的核算范围决定了中间投入的核算范围,产出的核算范围一经确定,中间投入的核算范围就应与其保持一致。如果产出的核算范围确定在基层核算单位这一层次,说明某一基层核算单位生产且为同一企业另一基层核算单位使用的货物和服务要作为前一基层核算单位的产出,与此相一致,这些货物和服务也要作为后一基层核算单位的中间投入,在计算企业总增加值时虽然前一基层核算单位的产出增加了,但是后一基层核算单位的中间投入也增加了,二者抵消。如果产出的核算范围确定在企业单位层次,说明企业某一基层核算单位生产为同一企业另一基层核算单位所使用的产品不作为前一基层核算单位的产出,与此相对应,这些货物和服务也不能作为后一基层核算单位的中间投入,在计算企业总增加值时,直接用企业的产出减去中间投入,结果与产出界定在基层核算单位层次是一致的。所以,用基层核算单位总增加值汇总得到的国内生产总值等于用企业单位总增加值汇总得到的国内生产总值。

由表5－2－2的例子可以看出,若将产出统计的初级单位界定在企业层面的话,该企业的总增加值为:

企业总增加值＝企业产出－企业中间投入

＝$(a+b+c+d)-\mathrm{a}$

＝$b+c+d$

若将产出统计的初级单位界定的基层核算单位层次的话,该企业的总增加值为：

$$企业总增加值 = \sum 基层核算单位产出 - \sum 基层核算单位中间投入$$
$$= (3a + 3b + 2c + d) - (3a + 2b + c)$$
$$= b + c + d$$

由此看来，虽然根据基层核算单位产出汇总的社会总产出与根据企业单位产出汇总的社会总产出不一样，但得到的国内生产总值是一样的。

由于企业单位产出有可能将不同品种的产品汇总到了一起，而基层核算单位产出能够最大限度地分离开企业生产的不同产品，因此，根据这两种产出汇总得到的行业(或产业)总产出是不同的，由此计算的行业(或产业)增加值是不同的，用行业(或产业)增加值计算的行业(或三次产业)构成也是不一样的。

在中国，产出统计的初级单位是企业单位，在很多国家，产出统计的初级单位是基层核算单位，这说明，中国的国内生产总值与这些国家国内生产总值是可比的，但产业(行业)结构是不可比的。实际分析中，很多人将中国的产业(行业)构成直接与其他国家相比，没有了解相比较国家的产出核算是以基层核算单位为基础的还是以企业单位为基础的，由此得到的比较结果很可能是不可信的。

第三节　中间消耗、固定资本消耗与增加值

中间消耗、固定资本消耗、增加值是产出中的重要组成部分，中间消耗是生产过程中耗尽的货物和服务，固定资本消耗是生产过程中损耗的固定资产价值，增加值是产出中新增加的价值。下面分别讲述这三部分内容及核算方法。

一、中间消耗及其核算

(一)中间消耗的范围

中间消耗是指生产过程中作为投入被消耗或转移的货物和服务价值，又称中间投入。中间消耗的特点是，投入到生产过程的货物和服务改变了实物形态，形成了新的产品，其价值全部转移到新产品中。例如，棉花是纺纱厂的原材料，棉花投入到纺纱生产过程后，改变了原有的棉花实物形态，形成了新产品——棉纱，棉花的价值全部转移到了新产品——棉纱价值中。这些新产品可能又被投入下一个生产过程。例如，棉花被纺纱厂纺成棉纱，棉纱又被织布厂织成棉布，棉布又被服装厂制成成衣。再比如，谷物可碾成面粉，面粉可以做成面包。还有的货物和服务投入生产过程后，被完全耗光用尽，其实物形态不再出现在下一个生产过程中。例如，生产用电、燃料，大部分服务等。

计算中间消耗时应注意以下几点：

1. 中间消耗不包括贵重物品支出。艺术品、贵金属、宝石等属于贵重物品,企业根据需要会购置或持有一些贵重物品。例如,企业展示厅、会议室、大堂、会客厅等悬挂的名人字画,摆放的艺术品等。用于贵重物品的支出不是中间投入,不能汇总到中间消耗价值中。因为,贵重物品是作为价值贮藏手段而获取的资产,它们不会在生产过程中消耗掉,在物理形态上也不随时间变化而发生退化。贵重物品的支出记录在资本账户中。

2. 中间消耗不包括固定资产。中间消耗是在核算期内全部使用或消耗掉的,例如,材料、燃料等。企业所拥有的固定资产是逐渐磨损的,它不能一次性计入生产成本,固定资产价值的下降是在若干年内分别记录的,所以,它只能记录为固定资本消耗。

3. 中间消耗包括为使用固定资产所支付的租金。使用固定资产支付的租金,无论是通过经营租赁从其他单位租借的设备、厂房,还是应付的服务费、佣金、版税等,都包括在中间消耗中。

4. 中间消耗包括辅助活动的投入。如果辅助活动未构成一个独立的基层核算单位,说明该类活动所消耗的货物和服务与该生产单位主要活动所消耗的货物和服务无法区分,因此,要将辅助活动消耗的所有货物和服务包括在中间消耗中。例如,投入到购置、销售、会计核算、数据加工、运输、仓储、维护、安全保卫等辅助活动中的货物或服务都要包括在中间消耗中。

(二)中间消耗的记录时间和估价

货物和服务的中间消耗在其进入生产过程时记录,而不是在生产者获得该货物和服务的时间记录,中间消耗的价值按使用时的购买者价格计算,即按货物或服务被使用时生产者若要重置该货物或服务所需支付的价格计算。

(三)中间消耗和雇员报酬的区别

企业的有些货物和服务并没有直接进入生产过程,而是被本企业的雇员所使用,这些货物和服务是记为中间消耗还是记入实物报酬?

一般而论,雇员为直接满足自己的需要或要求、可在非工作时间内自主使用的货物和服务,应作为实物报酬。例如,食品厂为职工分发的食品、工作时间以外使用的公车等。

雇员在生产过程中为了完成工作而必须使用的货物和服务,应作为中间消耗。例如:1. 专门或主要在工作中使用的工具或设备;2. 普通消费者不会选购或穿戴的、专门或主要在工作中穿着的防护服、工作服或制服等;3. 雇员家人不能使用、只能在工作场所使用的住宿服务,如军营、舱位、集体宿舍等;4. 特殊工作条件下所必需的专用膳食或饮料,向现役军人和执行公务人员提供的膳食或饮料;5. 对出差雇员提供的交通和住宿服务以及伙食补助;6. 因工作性质所需的更衣设施、厕所、淋浴、浴缸等;7. 因工作性质所需的急救设施、医疗检查或其他健康检查。

对于企业来说,将上述货物或服务记为中间消耗还是记为雇员报酬并不重要,因为从企业的角度看,两者都构成生产成本,不论记入中间消耗还是记入雇员报酬,都不会影响企业的盈余,企业更关心的是盈余而不是增加值。但是,从宏观来看,将中间消耗改记为雇员报酬,或将雇员报酬改记为中间消耗,都会影响增加值和初始收入,从而影响反映整个国民经济生产总水平的国内生产总值。

(四)中间消耗与固定资本形成的几种特殊处理

中间消耗衡量的是生产过程中改变物质形态或完全耗尽的那部分货物和服务的价值,不包括购置固定资产的支出和生产者留作自用的固定资产价值,这些都属于固定资本形成。实际上,有些货物是记为中间消耗还是记为固定资本形成,界限并不十分清晰,为此,需要单独加以说明。

1. 小型、廉价和操作相对简单的耐用生产资料支出的处理:例如,锯、铁锹、刀、斧、锤、改锥等,如果这些工具的支出经常发生、且与机器和设备支出相比数额较小,则可作为中间消耗。如果这些工具在生产者的耐用品存量中所占比重较大,则可作为固定资产。

2. 保养和修理的处理:保养和修理与固定资本形成之间的界限并不十分清晰。一般来说,对固定资产进行的日常性定期保养和修理,包括更换坏损零件,应作为中间消耗,因为日常保养和修理是典型的辅助活动。对固定资产的重大更新、改造或扩建,应作为固定资本形成,因为,它们已远远超出了仅维持固定资产正常运转的需要,不仅提高了生产能力还会延长固定资产预期使用年限,从而增加了固定资产的存量。

3. 研究和开发的处理:正常情况下,研究和开发视为资本形成,不能作为中间消耗。如果该活动确实无法给所有者带来任何经济利益,则可将研究和开发作为中间消耗。

4. 矿藏勘探和评估的处理:矿藏勘探和评估支出应视为固定资本形成,不能视为中间消耗。因为,无论勘探是否成功,都是为获得新储备所必须进行的活动,这些支出都应全部列入固定资本形成总额。

5. 军事设备的处理:大型军用设备(如大型军事武器系统)都应处理为固定资本形成;炸弹、鱼雷及其零部件之类的军事耐用品支出在生产完成时记录为存货,在其被使用时记录为中间消耗和存货的减少。

二、固定资本消耗及其核算

(一)固定资本消耗的范围

固定资本是固定资产的价值表现。固定资产是生产单位进行生产经营活动的主要劳动资料,是生产过程产出的、单位价值相对较大、使用年限较长、在使用过程中保持原来物质形态的生产资产。如房屋、建筑物、机器设备、种畜、役畜等。

"固定资本消耗是指在核算期内由于自然退化、正常淘汰或正常事故损坏而导致的、生产者拥有和使用的固定资产存量现期价值的下降"①。固定资本消耗属于生产成本,是固定资产在生产过程中损耗与转移的价值,是核算期内生产单位为补偿生产活动中所耗用的固定资产而提取的价值。为了更好地理解固定资本消耗,应该注意以下几点。

1. 固定资本消耗强调现期价值的下降。固定资本消耗指生产过程中由于各种原因导致的固定资产价值的下降,虽然固定资产的统计范围包括生产者所拥有的全部固定资产,但不包括贵重物品(宝石等)。因为,贵重物品的实际价值不会随时间推移而下降,生产者持有贵重物品的目的是保值与增值。

2. 固定资本消耗针对的是生产资产。固定资产是一种生产资产,是由生产过程产出的,所以,固定资本消耗的计算只包括生产资产。自然资产的耗减或退化,例如土地、矿藏、煤炭、石油、天然气等的耗减,不包括在固定资本消耗统计范围内,因为它们不是生产过程的产出,属于非生产资产。非生产资产的枯竭、退化,不应计入固定资本消耗。

3. 固定资本消耗既包括自然退化导致的价值下降,也包括因技术进步和新产品出现对需求减少导致的资产价值下降。

4. 固定资本消耗包括正常损失。由于火灾、暴雨等天气原因和人为失误等致使生产中使用的固定资产发生损坏,包括在固定资本消耗中,因为这些损坏是正常的或者是预料之中的。如果这些事故的发生有一定的规律性,则在计算该固定资产平均使用年限时就应将其考虑在内。就一个单位来说,平均正常意外损失与实际损失之间存在差异,这一差异应记录在资产物量其他变化账户中。就整个国民经济而言,一定时期内实际发生的意外损坏应等于或接近平均水平。

5. 固定资本消耗不包括战争或严重自然灾害造成的损失。战争或严重自然灾害,如大地震、火山爆发、潮汐等,不包括在固定资本消耗中,因为,这些损坏是不可预知的、偶然发生的。这些损失不能作为生产成本列入生产账户,由此形成的损失应记入资产物量其他变化账户。

6. 固定资本消耗是转移价值,不是新增价值。固定资本消耗是固定资产在生产过程中损耗与转移的价值,是核算期内生产单位为补偿生产活动中所耗用的固定资产而提取的价值,不是新增价值。

7. 固定资本消耗与会计中所说的折旧是不同的。首先,这两个概念的理论基

① 参见《SNA(2008)》,6.240。

础不同。固定资本消耗依据的是经济学机会成本概念，折旧依据的是历史成本概念。固定资产可能是过去购买的，购买时的相对价格与核算期的价格很可能大不一样，依据机会成本概念，固定资本消耗应能反映在生产发生时生产资源的成本和相对需求。依据历史成本概念，核算期使用的固定资产应按当时购买时的价格计算，这就与核算期的实际不相符。其次，这两个概念的计算方法不同。依据机会成本概念，固定资本消耗取决于资产的现期价值，应用重置价格计算，以保证与生产账户中其他项目的一致。依据历史成本概念，折旧通常用于历史成本的核销，用折旧率计算。当存在持续通货膨胀时，固定资产的重置价格一般要高于其历史成本价格，从而按重置价格计算的固定资本消耗一般要高于按历史成本价格计算的固定资本消耗。

8. 固定资本消耗不代表交易的汇总价值。与中间消耗不一样，固定资本消耗不是根据市场交易设置的项目，固定资本消耗价值不是若干交易的汇总价值，它是根据固定资产的损耗情况估算出来的，有人称其为虚拟价值。正因为如此，固定资本消耗的计算比较困难。

(二)固定资本消耗的计算

1. 虚拟固定资产租金法

固定资本消耗表现为固定资产的磨损、相对效率降低、使用寿命缩短，从而使固定资产价值下降。如果将其出租，用户愿意支付的租金就要减少。换句话说，固定资产价值多大，就看它在未来能获取多少租金。固定资本消耗多少，就看它在未来能取得的租金减少多少。根据这一认识，可以用企业所拥有的固定资产在核算期初能获取的租金减期末能获取的租金差额来衡量固定资本消耗。

固定资产租金是使用者为获得资产使用权而向所有者支付的金额，租金的一部分是为补偿租期内固定资产价值下降即固定资本消耗的价值，另一部分是为补偿所有者把资金用于购置固定资产而未存入银行所损失的利息。如果使用者和所有者不是同一个单位，按营业租约支付租金的性质是使用者向所有者购买的服务，应计入使用者的中间消耗，而不是固定资本消耗。如果使用者和所有者是同一个单位，也就是使用自己的固定资产，则租金是虚拟的，固定资本消耗只是虚拟租金的一部分。

2. 永续盘存法

永续盘存法是不断估计资本存量及其变化量的方法，它是一种根据各种有关凭证，在账簿中逐日逐笔进行登记，并随时结算出各种资产账面结存数额的方法。这种方法要求设置分类明细账，逐日逐笔登记资产的收入、支出、损坏、报废、结存的数量，并编制出相当详细的、长期的固定资本形成总额数列，结合固定资产效率在其使用期内的递减速度估算固定资本消耗。

永续盘存法可以达到两个目的，一是计算出资本存量，二是计算出固定资本消耗。

该方法的优点是：由于对于资产的增减变动要逐日逐笔进行登记，并随时结出账面结余数，手续比较严密，因此便于加强监督与管理。同时能及时掌握资产的收发、结存的动态情况，对于加强资产管理具有重要作用。

该方法的缺点是：由于要逐日逐笔进行登记各项资产的增减变动情况，因此工作量较大，尤其对那些品种规格繁多的产品。如果得不到这个数列，则很难运用永续盘存法来估算固定资本消耗。

永续盘存法的具体计算请参阅本书第十一章。

3. 固定资产折旧法

固定资产折旧法是指按固定资产原值和使用年限推算出固定资产折旧额、进而替代固定资本消耗的方法，其计算公式为：

$$\text{固定资产年折旧额}=\frac{\text{固定资产原值}}{\text{固定资产使用年限}}\approx\text{固定资本消耗}$$

固定资产折旧法是会计中常用的方法，它依据的是购买固定资产时的价值。而固定资本消耗应反映生产发生时的成本和相对需求，因此，固定资本消耗不应当按最初获得时的价格来计算，而应该按该资产当前的价格计算。为此，固定资本消耗不宜采用折旧法。

三、增加值及其核算

增加值是生产所创造的价值，代表劳动和资本对生产过程的贡献，增加值又分总增加值与净增加值。从具体的基层核算单位来看，增加值的计算方法包括生产法(按基本价格计算的增加值和按生产者价格计算的增加值)、收入法。

(一)总增加值及净增加值

增加值可以用总额表示，也可以用净额表示。用总额表示时称为总增加值，用净额表示时称为净增加值。总增加值反映基层核算单位在生产过程中所创造的新增价值和固定资产转移价值，净增加值反映基层核算单位在生产过程中所创造的新增价值。

总增加值是产出价值与中间消耗价值的差额，净增加值是总增加值与固定资本消耗价值的差额。

与总增加值相比，净增加值不包括固定资本消耗，扣除了产出中的重复计算，反映了生产劳动的净成果，体现了生产过程的附加价值，是衡量生产所创造价值的重要指标。固定资本消耗是以前创造的固定资产因用于生产过程而不断减少的价值，不是新创造的价值，总增加值包括了固定资本消耗价值说明，总增加值包括重复计算。由此可以看出，净增加值才是真正意义上的增加值，总增加值并不是严格意义上的增加值。

然而，固定资本消耗不是根据市场交易设置的指标，其价值的计算比较困难，因而，很难从总增加值中分离出净增加值。因此，SNA规定，增加值既可以用总额表示，也可以用净额表示。

（二）增加值的计算：生产法

从生产者角度计算基层核算单位增加值的方法简称生产法，增加值包括总增加值与净增加值，其基本计算公式为：

基层核算单位总增加值＝产出－中间消耗

基层核算单位净增加值＝总增加值－固定资本消耗

从价格口径看，增加值既可以按基本价格计算，也可以按生产者价格计算，由此形成不同的方法。

1. 按基本价格计算的基层核算单位增加值

按基本价格计算的基层核算单位总增加值等于按基本价格计算的产出减去按购买者价格计算的中间消耗[①]。按基本价格计算的基层核算单位净增加值等于按基本价格计算的总增加值减去固定资本消耗。

由上述定义可以看出，产出与中间投入采用的价格口径不同，产出用基本价格计算，中间投入用购买者价格计算，从生产者的角度看，这两个口径都反映了生产者的实际支付，所以，按基本价格计算的总增加值是从生产者角度考虑的，反映的是基层核算单位的生产结果。

2. 按生产者价格计算的基层核算单位增加值

按生产者价格计算的基层核算单位总增加值等于按生产者价格计算的产出减去按购买者价格计算的中间消耗。按生产者价格计算的基层核算单位净增加值等于按生产者价格计算的总增加值减去固定资本消耗。

按生产者价格计算的基层核算单位增加值与按基本价值计算的基层核算单位增加值都是用购买者价格计算中间投入，所以，二者的差别主要体现在产出采用了不同的价格口径所致。差额大小等于按生产者价格计算的产出与按基本价格计算的产出的差额，也即产品税与产品补贴的差额。

（三）增加值的计算：收入法

收入法也称分配法，是从生产过程创造收入的角度，根据生产要素在生产过程中应得的收入份额以及因从事生产活动向政府支付的份额的角度来反映最终成果的一种计算方法。收入法的基本思想是，基层核算单位所拥有的生产要素在生产中获得市场价格的收入，这些生产要素归纳起来有劳动、资本、政府服务及管理等，

① 这是SNA推荐采用的计算方法。

这些要素的收入被称为雇员报酬、固定资本消耗、生产税净额、营业盈余／混合收入。它们分别代表雇员的收入、资本的收入（对资本消耗的补偿）、政府的收入及企业（业主）的收入。

按照这种计算方法，基层核算单位增加值由初次分配收入的四个项目：雇员报酬、生产税净额、固定资本消耗和营业盈余／混合收入净额（或总额）加总求得，其计算公式为：

基层核算单位总增加值＝雇员报酬＋生产税净额＋固定资本消耗
＋营业盈余／混合收入净额
＝雇员报酬＋生产税净额＋营业盈余／混合收入总额

基层核算单位净增加值＝按收入法计算的总增加值－固定资本消耗

公式中雇员报酬、营业盈余/混合收入的概念将在第七章详细阐述。

思考与练习

1. 货物与服务有什么区别？
2. 知识载体产品是实物产品吗？
3. 产品的计量单位有哪些？
4. 什么是基本价格、生产者价格和购买者价格，它们有什么关系？
5. 以基层核算单位为基础计算产出与以企业为基础计算产出有什么区别？
6. 什么是中间消耗、固定资本消耗？
7. 基层核算单位增加值的计算方法有哪些？

第六章 生产核算:国民经济总量指标

生产核算的角度有两个,一是对基层核算单位的生产成果进行测算,另一个是汇总出整个国民经济(或不同行业)的总量指标。本章讨论国民经济总量指标的汇总方法及各种总量指标的作用与局限性,并在此基础上,讲述生产账户的表现形式及其作用。

第一节 社会总产出及其核算

社会总产出对应的是社会总产品,它是通过基层核算单位产出汇总得到的,反映国民经济的生产总规模。社会总产出在反映国民经济运行状况中具有独特的作用,但也存在一定的局限性。

一、社会总产出及其评价

产品包括货物和服务两大类,每个具体单位生产的货物和服务是不同的,将所有基层核算单位生产的货物和服务汇总起来统称为社会总产品,由此可以看出,社会总产品也是由货物和服务构成的。

如果说社会总产品是与实物形态相对应的概念,则社会总产出就是与价值形态相对应的概念。

（一）总产出与社会总产出

第五章讲述的产出及其核算方法针对的是一个基层核算单位而言的,总产出是针对基层核算单位群(组)而言的,也就是说,第五章讲述的产出核算方法针对的是不同基层核算单位产出的计算方法,本章讲述的总产出核算方法针对的是基层核算单位群(组)产出的计算方法,有了每个基层核算单位的产出价值,就可以得到不同基层核算单位群(组)总产出的价值,总产出是同一群(组)基层核算单位产出的汇总值。

总产出可以从不同层次、不同角度或不同范围来划定,由此形成不同口径的总产出。例如,从行业的角度来界定,可以得到各行业的总产出。常用的行业总产出指标有:农林牧渔业总产出;采矿业总产出;制造业总产出;电力、热力、燃气及水生产和供应业总产出;建筑业总产出;批发和零售业总产出;交通运输、仓储和邮政业总产出;住宿和餐饮业总产出;信息传输、软件和信息技术服务业总产出;金融业总产出;房地产业总产出;租赁和商务服务业总产出;科学研究和技术服务业总产出;水利、环境和公共设施管理业总产出;居民服务、修理和其他服务业总产出;教育总产出;卫生和社会工作总产出;文化、体育和娱乐业总产出;公共管理、社会保障和社会组织的总产出;国际组织的总产出。从区域的角度来界定,可以得到不同区域的总产出[分省(市、区)的总产出、分东中西地区的总产出等]。从整个国民经济的角度来界定,得到的是社会总产出。

总产出实际上就是不同层次或不同口径所属基层核算单位产出的汇总值,本章重点介绍社会总产出的核算方法,其他不同层次或不同口径总产出的汇总原理是相通的。

社会总产出又称国内总产出,是用货币单位计算的、一个国家常住单位在一定时期内生产的全部产品总量。为了更好地理解社会总产出,应注意以下几点:

1. 社会总产出对应的"生产"与SNA的生产范围一致。

这里应把握两点:一是,经济意义上的生产才有可能成为SNA口径的生产,不是经济意义上的生产,也不是SNA口径的生产,当然,也不能汇总到社会总产出中。例如,吃饭、睡觉、喝水等行为是生产活动,但不是经济意义上的生产活动,不是经济学的研究范畴,因此,不是SNA口径的生产,不能汇总到社会总产出中。二是,SNA的生产范围与经济意义上的生产范围是不同的,构成经济意义的生产不一定是SNA口径的生产,只有SNA界定的生产范围才是社会总产出的统计范围。例如,无酬家务劳动是经济意义上的生产,但不是SNA口径的生产,所以,不包括在社会总产出的统计范围内。有酬家务劳动包括在SNA的生产范围内,因此,也包括在社会总产出的统计范围内。再比如,大中小学教育服务、公共管理和社会管理服务等非市场服务包括在SNA的生产范围内,因此,也包括在社会总产出的统计范围内。

2. 从实物形态上看,社会总产出对应的是社会总产品。

社会总产品由基层核算单位生产的种类繁多的具体产品组成,我们可以将社会总产品按形态分为货物和服务两大类,按用途分为消费品和生产用品两大类。社会总产品既包括作为生活消费的货物,也包括基层核算单位在生产过程中使用的原材料、燃料、辅助材料等货物;既包括居民最终消费需求的各种生活服务,也包括基层核算单位进行的仓储、交通运输等生产性服务。

由此可见,从生产的角度看,社会总产出由所有基层核算单位生产,是所有基层核算单位产出之和;从最终消费与使用的角度看,社会总产出由种类繁多的具体货物和服务组成,是所有货物和服务价值之和。

3. 从价值形态上看,社会总产出反映的是社会总产品的完全价值。

社会总产出的价值是生产资料的转移价值(C)和活劳动创造价值($V+M$)之

和,体现了核算期内一国全部基层核算单位所生产产品的完全价值。社会总产出的价值构成不同于国内生产净值,也不同于国内生产总值。国内生产净值的价值构成是$V+M$,即核算期内一国全部基层核算单位(或全部行业)新创造的价值;国内生产总值的价值构成是C_1+V+M,即核算期内一国全部基层核算单位(或全部行业)生产的总增加值的价值。从项目构成看,社会总产出是一个计算口径最大的国民经济总量指标。

4. 社会总产出的价值并不完全代表货币价值。

为了将非市场性货物和服务汇总到社会总产出中,必须对非市场性货物和服务的价值进行估计,其估计值并不是真正的交易价值,并没有实实在在的货币与其对应。例如,农民自产自用的货物,没有拿到市场上交换,农民也未换回实实在在的货币,为了计算产出,只是将自产自用的货物折合成货币价值而已,折合后的货币价值不代表真实的货币额度。所以,我们在界定社会总产品的定义时,只是强调"用货币单位计算的","用货币单位计算的"并非"真实的等额货币"。

5. 不宜将非货币交易的产出描述为"虚拟产出"①。

对于通过非货币交易而生产的货物和服务,按 SNA 生产范围的规定,也要纳入社会总产品统计中。例如,以易货形式交换的货物和服务,以转移支付形式提供的免费服务等。在计算这些货物和服务的产出时,需要间接估算其价值,英文是"imputed",有人将此译成"虚拟"。需要指出的是,这里所说的"虚拟"指虚拟货物和服务的价值,而不是虚拟交易本身,交易本身是真实存在的,所以,不能说"虚拟产出"。为了避免混淆,建议译成"估算"而不是"虚拟"。

(二)社会总产出的作用

社会总产出是重要的经济总量指标,在国民经济管理中起着重要作用。

1. 社会总产出可以完整地反映整个国民经济与社会发展的现状。

社会总产出由全部基层核算单位生产的货物和服务价值组成,不仅包括了工业、农业、建筑业等货物的价值,还包括商业、金融业等服务的价值,不仅包括公司、准公司等市场性法人单位生产的货物和服务价值,也包括教育、公共管理等非市场性机构单位生产的货物和服务价值。因此,社会总产出不仅包括经济发展,也包括社会发展,这样,社会总产出就可以比较全面地反映整个国民经济与社会发展的状况。

2. 社会总产出可以反映生产的总规模与总水平。

社会总产出是按生产口径计算的,也即产品一旦生产出来,且符合产品标准,就需要计算产出价值。这种计算方法关注于本期生产成果的计量,有利于反映社

① 参见《SNA(2008)》,1.36。

会产品生产的总规模与总水平。

按生产口径计算与按实现口径计算是不同的。按实现口径是指产品销售出去之后,取得销售收入后再计算价值。当期生产的产品并不一定全部销售出去,所以,当期的生产规模并不完全反映能够实现的使用价值。

3. 社会总产出可以反映社会总产品的总周转额。

社会总产出是将一定时期内所有基层核算单位生产的各种货物和服务都用货币作为统一的计算单位加总起来,以求得社会产品总量,由此可以看出,社会总产出反映的是整个社会产品的总周转额。从价值构成上看,社会总产出包括中间产品的转移价值,好像存在重复计算。但是,从使用价值角度看,每一个被加总的对象都是不同的产品,都具有不同的使用价值,正因为有了这个转移价值,才能反映社会总产品周转的全过程。

例如,有三个工厂:纺纱厂、织布厂、服装厂,且假设每个工厂只有一个基层核算单位。棉纱厂用棉花纺成棉纱,织布厂用棉纱织成棉布,服装厂用棉布制成服装。每个工厂都计算产出价值,棉花计算了价值,棉纱价值又包括了棉花的价值,棉布价值又包括了棉纱的价值,服装价值又包括了棉布的价值。另设棉花价值为 a ,棉纱的追加价值为 b ,棉布的追加价值为 c ,服装的追加价值为 d ,则由三个工厂组成的社会总产出[①]的计算如表 6—1—1 所示。

表 6—1—1　总产出汇总过程示意表

纺纱厂产出	$(a)+b$
织布厂产出	$(a+b)+c$
服装厂产出	$(a+b+c)+d$
社会总产出	$3a+3b+2c+d$

由表 6—1—1 可以看出,社会总产出是纺纱厂的生产成果 $a+b$ 、织布厂的生产成果 $a+b+c$ 、服装厂的生产成果 $a+b+c+d$ 之和,这些生产成果分别代表了棉纱、棉布、服装的价值,棉花、棉纱、棉布、服装共同构成了社会总产品,所以,社会总产出反映的是社会总产品的总周转额。

4. 社会总产出可以反映国民经济各部门之间的经济技术联系。

由于社会总产出包括了转移价值,所以,才能更好地体现国民经济各部门再生产消耗和补偿的经济联系,因而,社会总产出有利于国民经济投入与产出关系的分析,有利于国民经济供需平衡关系的分析。如果不包括转移价值,整个社会总产品

① 假设棉花生产基地生产的棉花全部供应给纺纱厂,纺纱厂生产的棉纱全部供应给织布厂,织布厂生产的棉布全部供应给服装厂。

就是不全面的，因而，无法反映中间消耗与最终需求之间的关系。

仍以表 6－1－1 为例，每个企业的产出价值都包括了投入的价值，由此可以分析单个企业的投入产出关系。同时，每个企业投入又是另一个企业的产出，由此可以分析企业间的投入产出关系。

5. 社会总产出是宏观管理分析性指标的基础指标。

国民经济管理会用到很多分析性指标，社会总产出是这些分析性指标的重要基础性指标。从企业来看，为了管理的需要，常要将本企业的利润占产出的比重、成本占产出的比重与全国的平均水平相比，这就需要了解全国的平均水平，以便分析本企业的相对水平。从宏观来看，常要计算劳动生产率（人均社会总产出、单位社会总产出需要的人数）、财政收入占社会总产出的比重等，以分析国民经济的运行状况。从地区来看，常要计算地区总产出占社会总产出的比重，以分析地区经济与社会发展所处的相对水平。从行业来看，常要计算行业总产出占社会总产出的比重，以分析不同行业对国民经济的贡献，等等。

（三）社会总产出的局限性

1. 受原材料转移价值的影响，降低可比性。

由于社会总产出包括了生产资料的转移价值，在其他条件不变的情况下，采用不同种类的原材料，就会使社会总产出数值上升或下降。同样的劳动量，带动的转移价值越多，社会总产出就越大。从企业的角度看，如果单纯追求总产出，就会倾向于选用料多、料贵的原材料。

从可比性的角度看，由于转移价值所占比重不同，因此，即使总产出相同，也无法说明二者的生产水平相同。

假设某地区上年与本年的地区总产出均是 200，单从地区总产出看，该地区的生产总量没有发生变化，没有上升，也没有下降。但是，如果分析总产出的构成就不难发现，虽然地区总产出没有变化，但是转移价值确由上年的 50 上升为本年的 60，这说明，本年地区总产出保持不变是以原材料等转移价值的上升为代价的（见表 6－1－2）。

6－1－2　地区总产出变动比较表

	上年	本年
地区总产出	200	200
其中：转移价值 C	50	60
新增价值 $V+M$	150	140

推而广之，在进行地区的横向比较时，由于各地区的产业结构不同，转移价值所占比重不可能相同，因此，在采用地区总产出进行比较时应该充分考虑这个因

素。例如,工业为主的省份与农业大省、重工业为主的城市与旅游资源为主的城市,转移价值占总产出的比重不可能相同,因此,在用总产出进行对比分析时,可比性会大打折扣。

2. 包括重复计算,无法反映社会最终产品总量和新增生产成果。

社会总产出包括重复计算,所以,它与社会最终产品总量无法对应,无法反映新增生产成果。以表6—1—1为例。由于棉花a全部成了纺纱厂的原材料、棉纱$a+b$全部成了织布厂的原材料、棉布$a+b+c$全部成了服装厂的原材料,所以,可供最终使用的生产成果为$a+b+c+d$,不是$3a+3b+2c+d$。但总产出反映出的经济总量却达$3a+3b+2c+d$,从最终产品的角度看,无疑夸大了社会生产成果。

由于社会总产出存在这些弊端,所以,SNA并未将社会总产出作为反映经济发展水平的总量指标,SNA产出统计的范围仅限于微观——基层核算单位层面,目的是核算出基层核算单位总增加值,进而汇总出国内生产总值。

二、生产者角度社会总产出的汇总:基层核算单位汇总法

基层核算单位汇总法是将所有常住基层核算单位的产出汇总起来获得社会总产出的方法,用公式表示的一般表达式为:

$$社会总产出=\sum 常住基层核算单位产出$$

该方法是从生产口径计算的,所以,又称生产法。

基层核算单位汇总法的优点是舍去了中间环节,将基层核算单位的产出直接汇总,能够最大限度地避免中间环节汇总层次增加造成的原始数据失真,保证全国数据的准确与可靠。

SNA建议,基层核算单位的产出按基本价格计算,这就意味着,基层核算单位的产出价值中不包括产品税但包括产品补贴。从生产的角度看,产品税属于生产单位的生产成果,应该包括在产出价值中,产品补贴不是生产单位的生产成果,不应该包括在产出价值中,所以,如果基层核算单位的产出是按基本价格计算的,则要在宏观层面上加上产品税减去产品补贴。即:

$$社会总产出=\sum 常住基层核算单位按基本价格计算的产出+产品税-产品补贴$$

当基础资料无法满足按基本价格进行计算的要求时,也可以按生产者价格计算,由于按生产者价格计算的产出价值包括了产品税未包括产品补贴,所以,如果基层核算单位的产出是按生产者价格计算的,则宏观层面不用再进行调整,即:

$$社会总产出=\sum 常住基层核算单位按生产者价格计算的产出$$

三、生产者角度社会总产出的汇总:企业/机构单位汇总法

企业/机构单位汇总法是将所有常住企业/机构单位的产出汇总起来获得社会

总产出的方法，也称企业汇总法，用公式表示的一般表达式为：

$$社会总产出=\sum 常住企业/机构单位产出$$

这里所说的常住机构单位是指在中国的经济领土上具有经济利益中心的经济单位。一个法人企业，如果它的全部经济活动发生在中国经济领土范围内，那么它就是中国的常住机构单位。一个企业虽然它的经济活动并非全部发生在中国的经济领土范围内，但在中国经济领土内建立了一个子企业，从事生产经营活动一年以上，则该子企业也是中国的一个常住机构单位。一个住户，如果它在中国的经济领土范围内拥有住房，且为该住户的主要住所，则认为该住户是中国的常住单位。一个政府单位是它行使管辖权的经济领土范围内的常住机构单位。中央政府单位包括位于国外的使馆、领馆。

当企业的产出是按基本价格计算时，上式变为：

$$社会总产出=\sum 常住企业/机构单位按基本价格计算的产出+产品税-产品补贴$$

当企业的产出是按生产者价格计算时，上式变为：

$$社会总产出=\sum 常住企业/机构单位按生产者价格计算的产出$$

中国的机构单位也称核算单位、统计单位。

中国现在推行的联网直报系统是保证该方法实施的重要手段。联网直报就是基层企事业单位（被调查单位）按照统一的规范和要求，通过互联网直接向国家数据中心报送统计数据。在这种模式下，基层企事业单位一次报出，各级统计部门根据需要加工整理所需的资料。联网直报以基本单位名录库为基础，以单位电子报表和调查员电子终端为依托，以统一的统计业务应用软件系统为平台，以联网直报系统为手段，实现由分散设计为统一设计，由分散布置为统一布置，由间接采集为直接采集，由层层上报为同步共享的数据采集模式。在没有推行联网直报系统之前，由于难以依据企业/机构单位产出数据进行汇总，所以，社会总产出是通过层层上报汇总得到的。

与 SNA 推荐的基层核算单位汇总法相比，企业/机构单位汇总法易受机构单位组织结构及专业化程度变化的影响。因为，社会分工越细，专业化水平越高，产品转移价值的重复计算次数就越多，从而总产出的数值也越大。反之，若将几个企业合并成一个总厂或联合企业，总产出就会由于转移价值重复计算的减少而降低。

例如，在表 6—1—1 中，总产出由棉花生产基地、纺纱厂、织布厂、服装厂的产出汇总得到，由于机构改革，将三个工厂合并成一个联合企业，相应地，纺纱厂改成纺纱车间、织布厂改成织布车间、服装厂改成服装车间，根据“工厂法”计算原则，企业内部不允许转移价值的重复计算，则该联合企业的产出由表 6—1—3 所示。

表 6-1-3 联合企业产出计算示意表

棉花的购买价值	a
纺纱车间的追加价值	b
织布车间的追加价值	c
服装车间的追加价值	d
联合企业产出	$a+b+c+d$

由此可以看出,社会的最终产品并没有发生变化,只是由于企业的重组,三个企业的总产出就由 $3a+3b+2c+d$ 变成了 $a+b+c+d$ 。

相反,若将产出界定在基层核算单位层次,基层核算单位产出允许同一企业不同基层核算单位间的转移价值重复计算,虽然纺纱厂、织布厂和服装厂合并后变成纺纱车间、织布车间和服装车间,但从基层核算单位的角度看,这三个车间都是独立的基层核算单位,都应独立的计算基层核算单位的产出,也即纺纱车间的产出仍是 $(a)+b$,织布车间的产出仍是 $(a+b)+c$,服装车间的产出仍是 $(a+b+c)+d$,据此计算的联合企业产出仍是 $3a+3b+2c+d$ 。企业重组后得到的产出与重组前计算的产出相等。

由此可以看出,根据基层核算单位产出汇总得到的社会总产出与根据企业/机构单位产出汇总得到的社会总产出是不一样的。

四、购买者角度社会总产出的汇总

从购买者角度汇总社会总产出就是按照购买者价格来计算所有货物和服务的价值,然后把这些货物和服务的价值加总在一起得到社会总产出。

购买者价格是每一种货物或服务进入消费时的价格,它与产品的实际生产价格不同。产品生产出来后,还要经过运输、商业批发、零售等环节才能进入最终消费,每经过一个环节,产品的实际价格就要在生产者价格基础上增加一份附加价格,以形成购买者价格。

假设某一经济体只有工业、农业、建筑业、运输业、商业 5 个行业,其中的工业部门有四个企业,分别生产“A”、“B”、“C”、“D”四种产品,相应的产出价值分别为 300、250、250、200;农业部门有三个企业,分别生产“甲”、“乙”、“丙”3 种产品,相应的产出价值分别为 200、150、150;建筑行业有两个企业,分别生产“Ⅰ”、“Ⅱ”2 种产品,相应的产出价值分别为 200、100。运输业对这些产品的追加价值分别为 15、15、10、10、10、5、5,商业对这些产品的追加价值分别为 10、10、10、10、5、5、5。这些产品按购买者价格计算的价值分别为 325、275、270、220、215、160、160、200、100,则该经济体按购买者价格计算的社会总产出为 1925(见表 6-1-4 最后一行)。

五、生产者角度社会总产出与购买者角度社会总产出的关系

理论上说，从生产者角度计算的社会总产出与从购买者角度计算的社会总产出应该相等，因为，两种方法是对同一统计总体进行的汇总，所以，结果应该一致。我们可以从表 6－1－4 中归纳出这种等值关系。

由表 6－1－4 可知，从生产者角度汇总社会总产出可以采用企业/机构单位汇总法和行业汇总法：

由企业/机构单位汇总法得到的社会总产出为：

社会总产出＝∑常住企业/机构单位产出

＝(300＋250＋250＋200)＋(200＋150＋150)＋(200＋100)＋(15＋15＋10＋10＋10＋5＋5)＋(10＋10＋10＋10＋5＋5＋5)

＝1925

由行业汇总法得到的社会总产出为：

社会总产出＝∑行业总产出

＝1000＋500＋300＋70＋55

＝1925

由此可以看出，用两种方法汇总得到的生产者角度社会总产出都是 1925。

按购买者价格计算的社会总产出为：

社会总产出＝∑按购买者价格计算的产品价值

＝325＋275＋270＋220＋215＋160＋160＋200＋100

＝1925

从购买者角度汇总的社会总产出也是 1925，由此可以看出，从生产角度汇总得到的社会总产出与从购买者角度汇总得到的社会总产出相等。

表 6－1－4 社会总产出汇总表

产品 / 行业	工业产品				农业产品			建筑产品		行业总产出
	A	B	C	D	甲	乙	丙	Ⅰ	Ⅱ	
工业	300	250	250	200						1000
农业					200	150	150			500
建筑业								200	100	300
运输业	15	15	10	10	10	5	5			70
商业	10	10	10	10	5	5	5			55
按购买者价格计算的产品价值	325	275	270	220	215	160	160	200	100	1925

实际计算中,由于数据来源不同,从生产者角度计算的社会总产出与从购买者角度计算的社会总产出不可能完全一致。

表 6－1－4 举例说明的是货物,货物生产出来后会经过运输、商业等环节,因此,货物的生产者价格与购买者价格是不同的。但对于服务来说,服务的生产与服务的消费是同时进行的,从服务的生产到服务的消费不用经过中间环节,也没有中间环节的价值追加,那么如何体现生产者角度产出与消费者角度产出的相等关系呢?

我们以教育服务和自产自用的粮食为例,再现生产额与支出额相等的核算过程。假设某一经济体的教育服务共有“小学”、“中学”、“大学”3 类,相应的服务价值分别为 1000、800、700;农民自产自用的粮食共有“Ⅰ”、“Ⅱ”2 类,相应的产出价值分别为 200、100。

从生产者的角度看,教育行业的产出价值为 1000、800、700 之和,等于 2500。农民自产自用的粮食产出价值为 200 与 100 之和,等于 300。这两个行业的总产出为 2500 与 300 之和,等于 2800(见表 6－1－5 最后一列)。

从消费者角度看,居民对教育服务的支出额分别为 1000、800、700;农民用于自产粮食的消费支出分别为 200 与 100,从消费者角度计算的用于教育服务与自产自用粮食的总支出为 1000＋800＋700＋200＋100,等于 2800(见表 6－1－5 最后一行)。

从生产者角度计算的总产出(生产额)与从消费者角度计算的总产出(支出额)相等。

表 6－1－5　非市场性服务与自产自用货物生产额与支出额核算实例

	教育服务种类			粮食种类		总产出(生产额)
	小学	中学	大学	Ⅰ	Ⅱ	
教育服务	1000	800	700			2500
农民自产自用的粮食				200	100	300
按购买者价格计算的产出(支出额)	1000	800	700	200	100	2800

第二节　国内生产总值及其核算

国内生产总值有三种表现形态:价值形态、收入形态和产品形态,与此相对应,有三种计算方法:生产法国内生产总值、收入法国内生产总值、支出法国内生产总值,从理论上看,这三种方法的结果是一样的。

一、国内生产总值及其评价

(一)国内生产总值与国内生产净值

1. 国内生产总值

国内生产总值是Gross Domestic Products的中文译法,从英文本意来看,是本地总产品的意思,Product既包括货物也包括服务;Gross与Net相对应,Domestic兼有"国内"及"家庭内"等多重意义,实际上是对统计空间的限定,准确理解应为区域内。即国内生产总值是对某一特定空间内产品(生产)总量的描述,而不仅仅是国家(国内)层次生产总量的称谓。为加以区别,中国全国的生产总值称国内生产总值,地方(省、市等)的生产总值称地区生产总值。香港特别行政区更多地被译为"本地生产毛值"。

由此看出,可将国内生产总值界定为:以货币形式表现的一个国家(或地区)所有常住单位在一定时期内生产的最终货物和服务的总价值。为了更好地理解国内生产总值的概念,要注意以下几点:

(1)国内生产总值的核算主体是统计意义的常住单位,不是国家意义的本国企业。

国内生产总值统计的初级单位可以是基层核算单位,也可以是企业/机构单位,但并不是所有的基层核算单位或企业/机构单位都在本国国内生产总值的统计范围内,只有一国的"常住单位"才被统计。也就是说,只有具备了常住性,才是国内单位,才能成为国内生产总值的统计单位。

常住单位是一个统计概念,常住单位与国家意义的本国企业不完全一致。在开放经济条件下,本国企业可能到国外从事生产经营,外国企业也有可能到本国进行货物或服务的生产,为了避免重复或遗漏,国民经济核算规定按"经济领土"原则计算,而不是按"地理领土"原则计算,只要本国企业在国外时间达到一年或一年以上,其在国外的生产成果应该汇总到外国的GDP中;外国企业在本国时间达到一年或一年以上,其在本国的生产成果应该汇总到本国的国内生产总值中。由此可以看出,国内生产总值的生产单位并不完全与本国企业相对应。

(2)国内生产总值是本期生产的最终产品。

社会产品按用途可分为最终产品与中间产品,最终产品是本期生产出来的用于最终消费、固定资本形成和出口的货物和服务,不包括用于本期生产过程中消耗的货物和服务。本期生产中作为劳动对象消耗的货物和服务称为中间产品,其价值在生产过程中转移到新产品中去。因此,计算国内生产总值时,必须从总产出中扣除中间产品的转移价值。由于国内生产总值不包括中间产品价值,扣除了转移价值的重复计算,能够最大限度地反映一定时期内生产的社会最终产品,更好地与最终需求对接。

以表6—1—1为例,纺纱厂、织布厂和服装厂虽然都有产出,但是,只有服装厂生产的服装构成最终产品,纺纱厂和织布厂生产的产品都投入到下一生产环节,构成中间产品。扣除所有的中间投入后,构成最终产品的价值为$b+c+d$,这样的处理有效地避免了重复计算,弥补了社会总产出指标的不足(见表6—2—1)。

表6—2—1　总产出与增加值汇总过程示意表

	中间投入	产出	增加值
纺纱厂产出	a	$(a)+b$	b
织布厂产出	$a+b$	$(a+b)+c$	c
服装厂产出	$a+b+c$	$(a+b+c)+d$	d
合计	$3a+2b+c$	$3a+3b+2c+d$	$b+c+d$

(3)国内生产总值与货币流量的价值不完全对应。

国内生产总值是以“货币形式”表现的,按货币形式表现的国内生产总值不代表与“货币流量”完全等值,因为,很多非市场交易是非货币交易,自产自用的货物也没有经过市场交换,所以,国内生产总值的大小不完全与货币流量的价值相等,从动态上看,国内生产总值的增长也不一定与货币流量的价值同比例增长。

(4)国内生产总值并非严格意义上的新增价值。

国内生产总值虽然是对最终产品的统计,但这并不意味着国内生产总值不存在重复计算。因为从增加值这一概念看,要准确地测算出没有重复的总量指标,仅扣除中间产品是不够的,还要扣除固定资本消耗,这样才能完整地反映当期的新创造价值。

国内生产总值包括固定资本消耗,固定资本消耗不是本期新增的价值,所以,从严格意义上说,国内生产总值并不完全与新增价值相对应。

2. 国内生产净值

为了更为准确地反映一定时期内一个国家生产的新增价值量,有必要计算扣除了固定资本消耗后的指标,这个指标就是国内生产净值。国内生产净值是在国内生产总值基础上扣除了固定资本消耗后的净额,反映一定时期内国民经济活动的净成果。

由于固定资本消耗不是根据实际交易计算的,因此,很难获得较为及时且准确的固定资本消耗数据,为此,实践中,国内生产总值的应用比国内生产净值的应用更为广泛。

(二)国内生产总值的作用

美国经济学家萨谬尔森和诺德豪斯在他们的著名教科书《经济学》中指出:国

内生产总值是20世纪最伟大的发明之一，对国内生产总值做出了极高的评价。

1. GDP是反映国民经济与社会发展状况的综合指标。

国民经济是一个极其复杂的运行系统，不同部门、不同环节之间存在着复杂的经济联系，准确地了解和把握这个系统是不容易的，需要借助一种行之有效的工具，国内生产总值就是这样一种评价工具。与太空中的卫星能够描述整个大陆的天气情况非常相似，国内生产总值能够提供整个国民经济与社会发展的完整图像。

有人认为，国内生产总值是一个经济指标，不是社会发展指标，这是一个不小的误区。从国民经济行业来看，共有20个部门，这20个部门既有以市场性为主的行业，如农林牧渔业；采矿业；制造业；电力、热力、燃气及水生产和供应业；建筑业；批发和零售业；交通运输、仓储和邮政业；住宿和餐饮业；信息传输、软件和信息技术服务业；金融业；房地产业；租赁和商务服务业等；也有以非市场性为主的行业，如科学研究和技术服务业；水利、环境和公共设施管理业；教育；卫生和社会工作；公共管理、社会保障和社会组织；国际组织等。其中的非市场行业是社会发展的重要内容，这些行业的增加值反映的是社会发展规模与水平。

还有一个误区是，在选用反映社会发展的指标时，习惯于选用实物指标而非价值指标。例如，常用学生人数、教师人数、学校数、人均受教育年限等作为反映教育事业发展的指标，很少用到教育增加值（或教育总产出）；常用医护人员数、医院床位数、病人数作为反映医疗卫生事业发展的指标，很少用到医疗卫生行业增加值（或医疗卫生行业总产出）。实际上，教师人数、学校数、医护人员数、医院床位数是投入指标，不是产出指标，用投入指标说明该行业的自身发展在逻辑上是不通的，投入指标反映的是国家对该行业的支持程度，不是该行业自身发展的结果。相反，教育增加值（或教育总产出）、医疗卫生行业增加值（或医疗卫生行业总产出）才是产出指标，产出指标与实物指标相比的另一个最大好处是，综合性强，利于横向和纵向的对比分析。

2. GDP是宏观经济管理的有效工具——对政府用户而言。

国民经济的宏观经济管理主要是通过制定一系列宏观经济政策来引导的，以便协调国民经济持续、健康、稳定和快速发展。对于GDP的政府用户来讲，主要用于了解宏观经济运行的总体规模和健康性，为政府宏观决策提供依据。比如，宏观决策者将根据GDP运行的总量、态势和轨迹来预计经济增长率、通货膨胀率和失业率，并制订相应的控制目标，采取必要的货币政策和财政政策来干预宏观经济的运行情况。

3. GDP是学术研究的重要依据——对专家和从事研究的用户而言。

对于GDP的专家用户和研究团体来讲，GDP将为他们提供实证分析和模型预测的基础数据，使他们可以根据理论对经济运转的合理性做出逻辑上的判断，对未来的经济活动进行预见或对现存的经济理论进行修正,从而向决策者提出合理化建议,帮助决策者共同实现宏观经济的健康运行与适度增长。例如,可以利用GDP或人均GDP数据来研究贫困问题,收入分配问题,经济增长问题,生产率问题等。

4. GDP是微观决策不可或缺的参照变量——对企业/机构单位和居民个人用户而言。

企业和居民是最基本的生产、消费和投资决策群体,对于这些一般公众用户,了解了GDP以及政府是如何使用GDP的,便是了解了自己赖以生存的大环境。比如:当一个企业知道财政政策、货币政策是根据GDP等有关信息做出的时,他就能在宏观政策出台前,对可能出现的宏观政策做一个预测,如果货币紧缩的可能性很大的话,那么他就能知道:下期生产获得资金不容易,生产成本会增高,就要及早地想办法、调整计划。当一个人了解了GDP的相关知识后,他就能根据GDP的走向判断出自己的就业难度,工资增长可能性的大小等。经济增长率高(即按不变价计算的GDP增长速度),就业的难度就小,工资增长的可能性就大,但同时可能要面对价格走高的情况,这样他就可以调整个人生活规划,降低生活成本,提高生活效用。

5. GDP是国际比较的通行变量。

国内生产总值是国际通行的反映生产发展状况的综合指标,在国际统计标准——国民经济核算体系指导下,各国都按统一的核算框架与规则对国内生产总值进行核算,因此,国内生产总值具有国际可比性,这也是为什么国际社会中的很多决策依据的是国内生产总值(或国民生产总值)。例如,联合国根据国民生产总值和人均国民生产总值来决定一个国家的会费;世界银行根据人均国民生产总值来决定一个国家所能享受的硬贷款、软贷款等优惠待遇;国际货币基金组织根据国民生产总值、黄金与外汇储备、进出口额、出口额占国民生产总值的比例等来决定一个国家在基金组织中所占份额,进而决定在基金组织中的投票权、分配特别提款权的份额及向基金组织借款的份额等。

(三)国内生产总值的局限性

1. 包括固定资本消耗,降低了生产成果的可比性。

固定资本消耗价值不是新增价值,是转移价值,因此,在其他条件不变的情况下,采用不同的固定资产,就会使国内生产总值上升或下降。同样的劳动量,带动的固定资本消耗转移价值越多,国内生产总值就越大。从基层核算单位的角度看,如果单纯的追求总增加值,就会倾向于选用价高的固定资产,或者人为加速固定资产的折旧,提前更新固定资产,造成不必要的浪费。例如,有些事业单位的计算机、打印机、复印机等电子产品的淘汰速度过快,造成使用价值的极大浪费,按现有的非市场服务产出与增加值计算方法，这些单位的增加值却增加了。

假设某地区上年地区生产总值是300，本年增加到320，单从地区生产总值看，该地区的生产总量增长了20。但是，如果分析地区生产总值的构成就不难发现，该地区的净增加值并没有增加，仍为220，固定资本消耗确由上年的80上升为本年的100，致使本年的地区生产总值由去年的300上升为本年的320(见表6—2—2)。

6—2—2 地区生产总值变动比较表

	上年	本年
地区生产总值	300	320
其中：固定资本消耗 C_1	80	100
净增加值 $V+M$	220	220

推而广之，在进行地区的横向比较时，由于各地区的产业结构与资本有机构成不同，固定资本消耗所占比重不可能相同，因此，在采用地区生产总值进行比较时应该充分考虑这个因素。例如，鞍山、包头、邯郸等以钢铁生产为支柱产业的城市与三亚等以旅游业为主的城市相比，固定资本消耗所占比重差别很大，因此，用地区生产总值进行地区比较或用国内生产总值进行两国比较时，不具有绝对意义上的可比性。

2. 包括住户部门生产成果，降低了生产社会化和现代化程度的可比性。

国内生产总值按机构部门分类包括非金融公司部门增加值、金融公司部门增加值、一般政府部门增加值、为住户服务的非营利机构部门增加值、住户部门增加值。沿街摊贩、个体户等非法人企业生产活动包括在住户部门，虽然这些生产活动也是市场性的，但是与归在非金融公司部门中的法人企业相比，生产的社会化程度和现代化程度不在一个层次上。单就国内生产总值来看，并没有反映出住户部门生产所占份额，如果只根据国内生产总值对不同地区的社会生产进行对比，很难反映两地在社会化程度与现代化程度方面的区别。

例如，中国的国内生产总值自2010年起排名世界第二，成为世界第二大经济体。这只是一个GDP的总量排名，总量指标无法全面反映生产的质量。从住户部门增加值所占比重看，1992～2011年，中国在26.6%～32.2%之间，而美国住户部门增加值所占比重为6.5%～7.6%(见表4—2—3)。这表明，虽然中国的GDP总量仅次于美国，但GDP所代表的生产质量还差的很远。从动态看，也不能仅以GDP的增长率作为唯一评价标准，GDP高增长率很可能是住户部门快速增长的结果，如果是这样，很可能说明该经济体的社会化与现代化程度在降低。

对于一个国家内的不同地区也是这样。当两个省份(或地区)的地区生产总值相等时，并不代表两个地区的生产力水平在一个平台上；当两个地区的地区生产总值增长率相等时,也不代表两个地区的发展模式相同。换句话说,不能以地区生产总值多、地区生产总值增长率高作为评判地区经济的唯一指标。

3. 包括农民自产自用的货物生产,降低了生产市场化程度的可比性。

考虑到发展中国家的情况,SNA 对生产范围的规定扩展到了为自身最终使用的生产。虽然,自产自用的生产也是一种生产,但它毕竟是一种自给自足式的生产方式,与社会化大生产不在一个层次上。将自给自足式的生产与社会化大生产合并到一个平台进行综合,并汇总在一起,得到国内生产总值,降低了生产市场化程度的可比性。SNA 虽然将农民自产自用货物的生产纳入到 GDP 的统计范围内,但是它所代表的生产质量是不一样的。农民自产自用货物生产的份额,只是用货币表示的价值,不代表农民通过生产实际收到了这么多的货币,所以,它与通过货币交换卖掉货物获得货币是不一样的。

中国是一个农业大国,且农业生产的社会化程度并不高,中国农业增加值中有相当一部分是农民自产自用的货物价值,例如,农民自己喂养自己消费的鸡、鸭、猪等;自己种植自己消费的粮食、蔬菜等。这些都包括在了国内生产总值中,所以,在对国内生产总值进行分析时,一定要注意这些不可比因素。

4. 包括符合常住单位概念的外资企业生产成果,对国内企业竞争力的反映具有一定的局限性。

如何看待外商投资,一定要一分为二。从生产的角度看,外商投资的生产成果统计到了本国的国内生产总值,拉动了本国的经济增长;从收益的角度看,外资企业在本国获得了投资收益,扩大的是外资企业生产能力。当外商投资所占生产份额较高时,虽然外商的生产成果统计到了本国的国内生产总值,致使本国国内生产总值有较大的提高,但这种提高并不完全代表本国企业生产能力的提高。反之,当本国企业到国外投资所占份额较大时,虽然本国企业的生产成果统计到了他国的国内生产总值,但本国企业在他国获得的投资收益反哺的是本国企业,提高的是本国企业竞争力。如果不加分析,单纯地用国内生产总值与国内企业生产能力相比较,就会得到不切实际的结论。

5. 着眼于当期的流量口径,对国家综合实力的反映具有一定的局限性。

国内生产总值是当期的生产成果,不是多年成果的累计价值,因此,在没有任何约束的条件下,通过破坏原有建筑的方式也可以使国内生产总值增加。从局部利益的角度看,如果单纯追求增加值,就会不顾环境因素、不顾历史积累,而采用“推倒重建”的方针。大家经常举的一个例子是:拆一座楼算一次产值(或增加值),再盖一座楼又算一次产值(或增加值),加起来这座楼算了三次产值(或增加值)。但从存量来看,只有一座楼。拆掉的楼作为垃圾处理,占了耕地,破坏了人类的生存环境。这种做法,虽然当期生产总量增加了,但存量没有增加,环境没有改善。

中国国内生产总值位居世界第二,但大家也一致公认,中国的"存量"没法与其他发达国家比,从某种程度看,反映一个国家综合实力的不是当期的生产成果,而是反映历史积累结果的存量指标。例如,资产总额、航母数量等。仅用国内生产总值对综合实力进行反映具有一定局限性。

(四)国内生产总值能反映福利吗

有些人对国内生产总值的期望很高,希望它能解决所有问题,如果解决不了,就会指责它。人们对它的指责很多,理由五花八门,归结起来就是:国内生产总值不是一个令人满意的福利指标,它没有包括人们的安全感、幸福感等,没有把自然资源的利用作为经济过程的投入来看待,同时,也没有将不合理的生产和消费方式造成的对环境的破坏和环境的污染从生产成果中扣减,因此,国内生产总值的增加不代表社会福利的增加。

所有这些,都是过分依赖国内生产总值、赋予国内生产总值太多责任的表现。其实,每个指标的界定是有前提的,因此,每个指标的作用也是有限的。对于一个指标的评价只能看这个指标是否完成了职责范围内的任务,至于职责范围以外的任务,不是它力所能及的。

国内生产总值的基本职责是什么呢?是对生产成果的测量,所以,它的任务只能是对所属生产范围内的生产成果进行测算,不是对福利进行测算。正像《SNA(2008)》1.75段所说:"国内生产总值常被用作福利测度的指标,但SNA并没有认同这种说法,实际上,SNA中有几项惯例是反对对相关账户做出福利解释的。"

为什么不能将GDP的多少与福利水平挂钩呢[①]?

1. 消费支出的变化不等于福利的变化。

消费品的购买是以货币为交换手段的,货币支出的多,说明购买的消费品就多,生活水平就高,福利水平也就高。所以,一般情况下都会认为,货物和服务的支出(如GDP支出额)与福利的变化相关。但是,也有例外的情况,即最终消费支出方与实际最终消费方不同时。

社会救济就是居民从政府或非营利机构获得的经常转移性收入,例如,政府及相关单位提供的各种困难补助、救济金、助学金、免费提供的货物和服务等,社会救济的支出方是政府部门或非营利机构,社会救济的获得方是居民个人。

SNA设定了两个具体指标反映不同角度的消费:最终消费支出和实际最终消费。最终消费支出的目的在于反映支付责任承担人的实际支付,实际最终消费的目的在于反映获益者实际得到的货物和服务。由于住户是实物转移的获得者,政府和为住户服务的非营利机构是实物转移的支付责任承担者,所以,住户的实际最

---

① 参见《SNA(2008)》,1.76—1.84。

终消费往往大于住户的最终消费支出,一般政府的实际最终消费往往小于其最终消费支出。这种情况下,政府部门的消费支出增加了,但福利水平没有变化,相反,居民个人虽然没有增加消费支出,但福利水平提高了。

2. 消费弹性对福利的影响无法反映在 GDP 中。

国内生产总值是以货币表现的价值量,每一单位的价值量所代表的物量是一样的,也就是说,每个持有一元货币的人所能购买的产品量是相同的,由此带来的满足或福利水平是一样的。

事实是,不同层次的人对单位价值量所购买产品量的满足感或福利增加是不一样的。例如,生活极度贫困的人与已达到温饱水平的人同时提高了相同价值量的食品支出,从 GDP 来看,价值量相同,福利水平应该一样,但是,对于生活极度贫困的人来说,相同食品支出带来的福利增加可能更大些。而 GDP 无法反映由于消费弹性不同对福利水平的影响。

3. 非付费服务带来的福利增加不包括在 GDP 中。

一种具体的服务活动,不论是通过付费获得的,还是未通过付费获得的,都会提高人们的福利水平,但是,按 SNA 的规定,只有付费的服务包括在 GDP 中,未付费的服务不包括在 GDP 中,由此带来的结果是:福利水平的提高与 GDP 的增长不完全对等。例如,居民个人的自我服务和义工群体提供的免费劳务,这两类人员提供的服务都会增加社会中其他人员的福利,但 GDP 没有增加。

4. 自然灾害等创造的额外需求未增加社会福利。

社会福利水平的高低不仅受常规生产的影响,也受自然灾害或战争的影响。自然灾害发生后,增加了抗灾物资和灾后重建产品的需求,相应地增加了生产和消费,增加的生产计入到了 GDP。

但是,从福利水平看并没有提高,灾后重建很可能只是恢复到灾前的水平,也有可能未达到灾前水平。

5. 外部效应对福利水平的影响不包括在 GDP 中。

外部效应可能是有益的,也可能是有害的,有益的外部效应会改善环境,使更多的人受益,从而增加居民的福利水平;有害的外部效应会造成资源浪费,效率低下,从而降低居民的福利水平。由此可见,外部效应与福利水平高度相关。

由于外部效应不是交易,所以,它不包括在 SNA 的生产范围内,其影响也不计入 GDP。

6. 非经济因素对福利水平的影响不包括在 GDP 中。

人们的福利水平不仅受经济因素的影响,还受家庭环境、工作环境、身体健康状况等方方面面因素的影响。除此之外,还受个人主观感受的影响,相同背景的人从事相同的工作且获得相同的待遇,如果他们的世界观和价值观不同,其幸福感和满足感不可能相同。这些非经济因素不仅难以衡量，也不包括在GDP中。

当然，我们不是说不应该对社会福利进行反映，而是说，GDP不是福利测算的恰当指标。

二、生产法国内生产总值的计算：生产法总增加值的汇总

生产法国内生产总值是一个汇总指标，它可以通过不同层次总增加值汇总得到。例如，将所有基层核算单位总增加值汇总、将所有企业/机构单位总增加值汇总、将所有行业生产总值汇总、将所有地区生产总值汇总。不论从哪个层次汇总，生产法国内生产总值都是对生产法总增加值的汇总，也即总增加值是根据“总产出减去中间消耗”计算的。

（一）以基层核算单位为汇总单元

若产出和增加值界定在基层核算单位上，则国内生产总值就是各基层核算单位总增加值之和，用公式表示的一般表达式为：

生产法国内生产总值＝∑常住基层核算单位总增加值

第五章讲到，基层核算单位的总增加值可以按基本价格计算，也可以按生产者价格计算，由此可以得到按基本价格计算的总增加值和按生产者价格计算的总增加值。按基本价格计算的基层核算单位的总增加值未包括上交的产品税和进口税，包括了产品补贴和进口补贴。但从生产的角度看，企业上交的产品税和进口税属于企业的生产成果，应该计入总增加值，企业的产品补贴和进口补贴不属于企业的生产成果，不应计算总增加值，因此，当基层核算单位的总增加值是按基本价格计算时，“GDP就是所有常住生产单位的总增加值之和，另外还要加上没有包含在产出估价中的那部分（或全部）产品税减去产品补贴”（生产法）[①]。用公式表示为：

生产法国内生产总值＝∑常住基层核算单位按基本价格计算的总增加值
＋所有产品税－所有产品税
＝∑（常住基层核算单位按基本价格计算的产出
－按购买者价格计算的中间消耗）＋所有产品税
－所有产品补贴

当基层核算单位的总增加值是按生产者价格计算时，生产法国内生产总值的计算公式为：

生产法国内生产总值＝∑常住基层核算单位按生产者价格计算的总增加值
＋进口税－进口补贴＋不可抵扣VAT
＝∑（常住基层核算单位按生产者价格计算的产出

① 参见《SNA（2008）》，2.138，6.83。

－按购买者价格计算的中间消耗)
＋进口税－进口补贴＋不可抵扣VAT

（二）以企业/机构单位为汇总单元

以企业/机构单位为汇总单元就是将所有常住企业/机构单位的总增加值汇总起来计算国内生产总值的方法,用公式表示的一般表达式为:

生产法国内生产总值＝∑常住企业/机构单位的总增加值
＝∑(常住企业/机构单位产出－中间消耗)

当企业的总增加值是按基本价格计算时,上式变为:

生产法国内生产总值＝∑常住企业/机构单位按基本价格计算的总增加值
＋产品税－产品补贴
＝∑(常住企业/机构单位按基本价格计算的产出
－按购买者价格计算的中间消耗)＋产品税－产品补贴

当企业的总增加值是按生产者价格计算时,上式变为:

生产法国内生产总值＝∑常住企业/机构单位按生产者价格计算的总增加值
＋进口税－进口补贴－不可抵扣VAT
＝∑(常住企业/机构单位按生产者价格计算的产出
－按购买者价格计算的中间消耗)＋进口税
－进口补贴－不可抵扣VAT

（三）以行业(或三次产业)为汇总单元

以行业(或三次产业)为汇总单位就是将国民经济所有行业(或三次产业)生产总值汇总起来计算国内生产总值的方法,用公式表示的一般表达式为:

生产法国内生产总值＝∑行业生产总值

生产法国内生产总值＝∑三次产业生产总值

由于国民经济分行业生产总值(或三次产业生产总值)是在基层核算单位(或企业/机构单位)总增加值基础上汇总得到的,所以,以行业(或三次产业)为汇总单元进行的计算均可归结为以基层核算单位(或企业/机构单位)为汇总单元进行计算,即:

生产法国内生产总值＝∑行业生产总值
＝∑∑各行业所属基层核算单位(或企业/机构单位)
总增加值

生产法国内生产总值＝∑三次产业生产总值
＝∑∑各产业所属基层核算单位(或企业/机构单位)
总增加值

（四）以地区为汇总单元

以地区为汇总单元就是将一国所有地区的生产总值汇总起来计算国内生产总

值的方法，用公式表示为：

生产法国内生产总值＝$\sum$地区生产总值

在中国，常用的地区汇总法就是将 31 个省（直辖市、自治区）的地区生产总值进行汇总。理论上说，将所有省份的生产总值汇总起来，应该是全国的国内生产总值。实际上，由于地区生产总值是从本地区角度设置的，所以，就会存在从地区角度看似合理、从全国角度看就是重复或遗漏的问题，所以，将 31 个省份的地区生产总值进行简单加总，往往不等于国内生产总值。其原因主要是：

1. 地区间的流入流出。地区生产总值是以“本地生产”为范围的，所以，地区间的流入与流出属于本地的生产范围。就像以全国为统计总体那样，产品的进出口属于本国的生产范围一样。按理说，地区间的流入与流出应该按净额计算，就像全国的进出口也是按净额计算的那样。但是，作为一个地区来说，并不像一个国家，所有的产品进出口必须经过一个关口——海关，因此，有可能通过外贸统计、海关统计获得进出口净额指标，这就使得地区间产品的流入与流出有可能存在“双向计算”的问题，由此产生重复计算。

2. 跨地区的企业。分地区生产总值是按地域原则计算的，凡是在本地区内发生的生产活动，都要计入本地区生产总值。对于坐落于单一地区的企业来说，企业的归属地区很明确，对于跨地区的企业来说，在计算增加值时有可能存在重复计算。例如，在总部经济发展模式下，很可能地处总部的 A 地区将总部及其所属的地处 B 地区的产出全部计入 A 地区，而 B 地区也将附属于总部但地处本地区的产出计入 B 地区，由此，B 地区的产出计算了两次。

3. 跨地区特殊行业产出分摊困难。为了得到地区生产总值，有一些跨地区特殊行业的产出要在地区间进行分摊，这些分摊很难达到理想状态。我们这里所说的理想状态是指，分摊后的分量加总起来等于总量。以运输行业为例，大多数航空运输、铁路运输、公路运输都是跨地区的，从一个具体的运输企业来说，产出是可以获得的，但是该企业产出只能代表全国的水平，不代表地区的水平，为了反映不同地区运输业发展状况，应将运输企业相关资料在不同地区间进行分摊。实践中，出于地区利益的考虑，大多数地区存在“沾边就算”的情况。例如，沈阳铁路局的产出有可能全部计入到沈阳，而沈阳铁路局所辖列车途经的其他地区也可能将分摊额计入到本地产出，由此产生重复计算。

4. 资料来源不同。目前，中国的国内生产总值和地区生产总值采用统一方法、分级核算的思路，即全国的 GDP 由国家统计局负责核算，地区生产总值由各省、市统计局负责核算，因此，全国所用样本框与样本不同于各省、市的样本框与样本。

正因为以上几点，国内生产总值不宜采用地区汇总法。

三、收入法国内生产总值的计算:收入法总增加值的汇总

收入法国内生产总值的计算是指,将所有常住基层核算单位按收入法得到的总增加值进行汇总,也即将所有常住生产单位所分配的初始收入汇总起来得到国内生产总值[①]的方法,用公式表示为:

$$\begin{aligned}\text{收入法国内生产总值} &= \sum(\text{雇员报酬}+\text{营业盈余/混合收入总额}\\&\quad+\text{生产和进口税}-\text{生产和进口补贴})\\&= \sum[\text{雇员报酬}+\text{固定资本消耗}+\text{营业盈余/}\\&\quad\text{混合收入净额}+(\text{生产和进口税}-\text{生产和进口补贴})]\end{aligned}$$

雇员报酬、营业盈余、混合收入的概念参见第七章。

四、支出法国内生产总值的计算:最终使用角度

(一)支出、获得和消费

在货物或服务的购买与消费过程中涉及三种活动:首先要向出售者对所需货物或服务进行支付活动,以便获取所购买的货物或服务,最后才能消费所需的货物或服务。由此可抽象出三个概念:支出、获得和消费。

支出指"为得到出售者提供给购买者或其指定的其他机构单位的货物和服务,购买者向出售者支付或同意支付的价值额"[②]。

获得指"当机构单位成为货物的新所有者,或者向其提供服务完成之时,意味着它们获得了这种货物和服务"[③]。

消费指"在生产过程中或为了直接满足人类需求(或需要)而把货物和服务完全消耗掉的行为"[④]。

"支出"强调的是对货物和服务的支付责任,"获得"强调的是对货物和服务所有权的取得,"使用"强调的是对货物和服务的使用。

按常理推论:谁购买谁拥有、谁使用,因此,货物和服务的支付者、获得者和使用者应该是一致的。事实上,承担支付责任的购买者不一定就是拥有货物和服务的获得者。例如,通过实物转移将货物和服务由政府部门和为住户服务的非营利机构转移给住户,从住户的角度看,住户获得了货物和服务,但并未对获得的货物和服务进行支付。从政府和为住户服务的非营利机构角度看,政府单位和为住户服务的非营利机构替住户向出售者支付了货物和服务所需的费用,但并未获得货

---

① 参见《SNA(2008)》,2.140,16.48c。

② 参见《SNA(2008)》,9.32。

③ 参见《SNA(2008)》,9.36。

④ 参见《SNA(2008)》,9.39。

物和服务，由此导致了支付责任的购买者与货物和服务获得者的不一致。如果不进行区分，就无法客观地比较与分析。例如，教育和医疗卫生保健支出很多都是由国家承担的，在这种情况下，若用住户的支付反映居民的教育水平和医疗卫生保健水平就会偏离实际。

那么为什么还要对获得和消费进行区分呢①？原因之一是，获得与使用有时并不一定完全同步，获得并不等于使用。获得与使用是否同步，取决于产品对象是货物还是服务。对于货物来说，住户在获得了货物的所有权之后，可以保留一段时间，然后再使用，如食品的获得与使用。对于服务来说，获得与使用是同步进行的，所以，一般不对服务的获得与使用进行区分。原因之二是，获得与使用的次数并不完全一致。如耐用消费品的获得是一次性的，使用可以是多次的。

SNA 分别从支出与使用的角度，即最终消费支出和实际最终消费，反映机构部门和经济总体的消费。

（二）最终消费支出和实际最终消费

一般意义上的"消费"可以从三个层面来理解，消费品和消费服务的支出、消费品和消费服务的获得、消费品和消费服务的消费（使用）。SNA 对消费是从两个角度设定的：支出角度与消费（使用）角度，与支出角度相对应的指标为最终消费支出，与消费（使用）相对应的指标为实际最终消费。最终消费支出的目的在于反映支付责任承担人的实际支付，实际最终消费的目的在于反映获益者实际得到的货物和服务。

最终消费支出与实际最终消费的区别在于实物转移，最终消费支出指机构单位通过支出承担的消费品和消费服务支付，实际最终消费指机构单位通过支出获得的消费品和消费服务，与通过实物转移获得的消费品和消费服务之和。由于住户是实物转移的获得者，政府和为住户服务的非营利机构是实物转移的支付责任承担者，所以，住户的实际最终消费往往大于住户的最终消费支出，一般政府的实际最终消费往往小于其最终消费支出。

最终消费支出和实际最终消费的承担者是住户、一般政府和为住户服务的非营利机构。因为，金融企业和非金融企业购买货物和服务的目的在于生产，用于中间投入（或雇员的实物报酬）。SNA 假设公司不对住户转移消费品和消费服务，也不接受实物社会转移，因此，没有最终消费支出和实际最终消费（非金融公司和金融公司的可支配收入使用账户与调整后可支配收入使用账户都是虚设账户，不对最终消费支出和实际最终消费进行记录）。记录最终消费支出和实际最终消费的只有住户部门、一般政府部门和为住户服务的非营利机构部门。

---

① 参见《SNA(2008)》，9.40，9.41，9.42。

总之,从支出角度反映的机构部门消费指标有住户部门的最终消费支出、一般政府部门的最终消费支出、为住户服务的非营利机构的最终消费支出。从支出角度反映的国民经济总体消费指标为经济总体最终消费支出。

从消费角度反映的机构部门消费指标有住户部门的实际最终消费、一般政府部门的实际最终消费、为住户服务的非营利机构的实际最终消费。从实际最终消费角度反映的国民经济总体消费指标为经济总体最终消费。

各机构部门的最终消费支出与实际最终消费在价值量上是不等的,国民经济总体的最终消费支出与实际最终消费应该是相等的。"因此,对于经济总体而言,消费支出与实际消费正好相等"①。

目前,我国国民经济核算体系中还没有引入实际最终消费概念。实际上,我国政府提供了广泛的实物社会转移,例如,政府以实物转移的形式对住户提供了大量的教育服务、医疗服务,这些教育服务、医疗服务的真正享受者是接受教育服务和医疗服务的个人,因而它们属于居民实际最终消费。在国民经济核算体系中引入实际最终消费概念,有利于反映居民的真实消费水平,有利于反映政府在改善民生方面的作用,有利于提高居民消费数据的国际可比性。因此,应该在政府职能分类基础上,区分政府在个人消费性货物或服务及公共服务上的支出,以便计算出政府实际最终消费和居民实际最终消费。

(三)支出法国内生产总值计算公式的推导

首先从生产与使用的角度分析社会总供给与社会总需求。

一定时期内使用的货物和服务必须是:在国内生产的、进口的,由此构成总供给。

一定时期内生产的所有货物和服务必须用于:消费(包括中间消耗与最终消费)、资本形成和出口,由此构成总需求。

以购买者价格表示的总供给为:

按基本价格计算的总产出+产品税-产品补贴+进口

以购买者价格表示的总需求(使用)为:

中间消耗+最终消费+资本形成+出口

由于总供给=总需求,所以:

按基本价格计算的总产出+产品税-产品补贴+进口

=中间消耗+最终消费+资本形成+出口

将该公式重新整理后得:

按基本价格计算的总产出+产品税-产品补贴-中间消耗

---

① 参见《SNA(2008)》,9.120。

＝最终消费＋资本形成＋净出口(出口－进口)

＝居民最终消费＋政府最终消费＋资本形成＋净出口

上式中的左侧为生产法国内生产总值的计算公式,右侧为支出法国内生产总值的计算公式,即:

生产法国内生产总值＝支出法国内生产总值

值得注意的是,在计算最终消费时,是从支出的最终承担者角度计算的,不是从最终实际消费者的角度计算的。在计算资本形成总额时,固定资本形成总额只包括通过生产活动生产出来的固定资产,不包括自然资产,存货增加不包括由于价格因素影响产生的持有收益。

支出项目的具体内容与构成请参照第七章。

五、三种汇总方法的关系

国内生产总值是一个国家所有常住单位在一定时期内生产活动的最终成果。它有三种表现形态:价值形态、收入形态和产品形态。从价值形态看,它是所有常住单位在一定时期内生产的全部货物和服务价值超过同期投入的全部非固定资产货物和服务价值的差额,即所有常住单位的总增加值之和;从收入形态看,它是所有常住单位在一定时期内创造并分配给常住单位和非常住单位的初次分配收入之和;从产品形态看,它是最终使用的货物和服务减去进口货物和服务。三种方法分别从不同的方面反映国内生产总值及其构成。

按三种方法汇总的国内生产总值反映的是同一经济总体在同一时期的生产活动成果,因此,从理论上讲,三种计算方法所得到的结果应该是一致的。但是,在实践中,由于受资料来源口径范围的限制和计算方法的影响,要保证三种计算方法得到的结果完全相等几乎是不可能的。

在中国,生产法和收入法都是对各行业的增加值进行核算,为了就每一行业部门取得一致的增加值数据,有的行业,如农业、工业的增加值,以生产法的计算为准,有的行业,如部分服务业增加值,以收入法的计算结果为准,因此,中国的生产法国内生产总值等于收入法国内生产总值。但是,支出法国内生产总值与生产法和收入法国内生产总值之间存在统计误差,有的年份支出法国内生产总值大于生产法和收入法国内生产总值,有的年份结果相反。

第三节　不变价国内生产总值的核算

不变价 GDP 的核算目的是剔除现价 GDP 中的价格影响,观察 GDP 的物量变动,合理地反映真实经济总量和真实经济增长率。现价 GDP 可以采用生产法、收入法和支出法计算,不变价 GDP 只能采用生产法和支出法计算。其原因在于:生产法国内生产总值和支出法国内生产总值是用价值量表示的商品流量,它可以进一步分解为价格和物量两个因素;而收入法国内生产总值反映的是货币流量,无法与商品流量建立起直接联系,因此,无法分解为价格和物量两个因素。

一、相关基本概念

(一)数量

数量是对具体产品物理特征的衡量,用实物单位表示。例如,大米的产量 100 万吨,冰箱的销售量 20 万台。100 万吨和 20 万台表示大米和冰箱的数量。

(二)价格

价格是产品的单位价值,用单位货币量表示。例如,大米的价格是每公斤 5 元人民币,冰箱的销售价格是每台 5000 元人民币。每公斤 5 元和每台 5000 元表示大米和冰箱的价格。

(三)价值

价值是用货币表示的价值量。对于单一产品,产品的价值是产品的价格与数量之积,用公式表示为:

$$v_{ij} = p_{ij}q_{ij} \quad (j = 0, 1, \cdots, t)$$

其中,v_{ij} 代表第 j 时期第 i 个产品的价值,p_{ij} 代表第 j 时期第 i 个产品的价格,q_{ij} 代表第 j 时期第 i 个产品的产量。一般用 $j = t$ 或 $j = 1$ 代表报告期,用 $j = 0$ 代表基期(基年)。

对于多(n)个产品,j 时期的总价值等于所有单个产品价值之和,用公式表示为:

$$\sum_{i=1}^{n} v_{ij} = \sum_{i=1}^{n} p_{ij}q_{ij} \quad (j = 0, 1, \cdots, t)$$

由于价值是用价格这一同度量因素对产品进行度量的,因此,任何产品,不论是货物还是服务,都可以用价值反映出来。价值在不同的产品之间具有可加性,这样才使得用价值表现的、采用数量统计不可能相加的各种产品能够相加在一起。国内生产总值就是在这个前提下,通过价格这个同度量因素,将不同产品汇总到一起形成的总量指标。

(四)物量

物量是用价值形式表示的多种产品的数量总和。单一产品的数量可用数量表述,英文是 quantity;多种产品加总后的数量只能用物量表述,英文是 volume。

数量与物量既有区别又有联系,数量指标只能表示单一产品,由于每种产品的计量单位不同,或者即使计量单位相同但反映的内涵不同,它们之间不能相加,所以,不同的产品不能用相同的数量指标反映。例如,冰箱的计量单位是台,大米和白菜的计量单位都是公斤。物量就是用价值反映的不同产品的数量，它与数量的最大区别是，用一组固定的价格表示不同产品的总和。单一产品的价值量可以分解为价格和数量，由于多种产品的数量是用物量表述的，所以，多种产品价值量分解后的称谓是价格和物量。通过物量这个用货币表述的产品数量，可以帮助人们了解在宏观经济分析中无法看清的价值指标中的数量问题。

从动态分析的角度看，数量的变动仅指单一产品纯数量的变动。例如，大米产量由 100 万吨提高到 150 万吨，提高的 50 万吨仅指大米数量的变动。

物量的变动不仅包括数量的变动，还包括产品质量的变动和结构的变动。

一种产品的价值增加了，除价格提高了以外，还有一个原因是产品的质量发生了变化——或者产品的功能增加了，或者产品的物理特征改善了，这些变化都通过物量的形式反映在产品的价值中。例如，某企业今年生产的计算机产量是 1 万台，去年也是 1 万台，产值从去年的 5000 万元上升为今年的 6000 万元。从计算机数量看没有变化，但从质量看是有变化的，由于质量变化和价格变化两个因素，使计算机的产值由去年的 5000 万元上升为今年的 6000 万元。产品质量变化反映在物量变化中，反过来也成立，即物量变化包括了质量变化。

物量变化还包括经济结构的变化。例如，某地区生产两种型号的汽车：A 与 B，汽车 B 的价格是汽车 A 价格的 2 倍，基期汽车产量是 100，报告期汽车产量也是 100，报告期汽车价格与基期汽车价格相比没有变化，但计算得到的该地区汽车生产增长率却是 20%（见表 6－3－1）。

表 6－3－1 产品结构变动对经济增长影响计算表

汽车型号	基期			报告期			$\sum P_0Q_1$
	Q_0	P_0	$\sum P_0Q_0$	Q_1	P_1	$\sum P_1Q_1$	
A	50	P_A	$50P_A$	20	P_A	$20P_A$	$20P_A$
B	50	$2P_A$	$100P_A$	80	$2P_A$	$160P_A$	$160P_A$
$\sum$			$150P_A$			$180P_A$	$180P_A$

根据表 6－3－1 计算的物量指数和价格指数为：

$$\frac{\sum p_1q_1}{\sum p_0q_0}=\frac{\sum p_0q_1}{\sum p_0q_0}\frac{\sum p_1q_1}{\sum p_0q_1}=\frac{180p_A}{150p_A}\frac{180p_A}{180p_A}=1.20\times 1$$

由表 6－3－1 计算得到的物量指数是 1.2，价格指数是 1，也就是说，该地区报告期汽车生产的增长率是 20%，价格没有变化。实际上，该地区汽车生产的数量并没有发生变化，为什么物量增长了 20%呢？其原因是生产结构发生了变化，B 型号汽车数量由占总量的 50%上升到占总量的 80%。

由此可以看出，虽然汽车的价格和生产数量都没有发生变化，但经济总量由于产品结构的变动而增加了，这种增长也归于物量的增长。

我们常说的增长率指标指的就是物量增长率。例如，经济增长率反映的是整个国民经济的物量增长，它既包括数量的增长，也包括产品质量提高带来的增长和产业结构变动引发生产质量提高带来的增长。例如，住房增长率为20%，不一定是住房面积提高了20%，很可能是住房质量改善的结果。再比如，收入提高了30%，很可能是高收入人群所占比重提高的结果，不一定是各类收入水平发生了变化。

二、扣除价格变动因素的基本方法

(一)价格缩减法

价格缩减法是用价格指数对现价价值进行缩减，也即用现价价值除以价格指数，以求出物量值的方法。

根据缩减的次数又分为单缩法和双缩法。单缩法是直接利用价格指数对价值指标进行缩减，剔除价格变动因素，求出所要缩减指标的不变价数据。双缩法是先分别用价格指数对两个相关的现价价值指标进行缩减，再通过缩减后的两个不变价指标计算出所要求的不变价格。

典型的双缩法是不变价增加值的计算，先通过价格指数分别对总产出和中间投入进行缩减，得出不变价总产出和不变价中间投入，再用不变价总产出减不变价中间投入，得到不变价增加值。

缩减法又称价格指数法，因为它是通过价格指数进行缩减，这就需要一套能够衡量价格变化的价格指数体系，以便能够在尽可能详细的分类水平上进行价格缩减。例如，利用详细的生产者价格指数对工业的行业总产出进行缩减。由于价格缩减法的计算成本较低，简单易行，所以，目前大多数国家都采用这种方法。

(二)物量外推法

物量外推法是利用拉氏或帕氏物量指数，在基年价值量基础上，外推出按照基年价格计算的报告期物量值(不变价数据)的方法。

具体计算步骤是，先求出数量的相对数——$\dfrac{q_{it}}{q_{i0}}$，即第 i 个产品在报告年 t 的数量与在基年0的数量的比值，再用基年或报告年的价值进行加权，推导出物量值。目前，很多国家用这种方法计算工业生产指数，但这种方法从产品算起，在实际操作过程中很难获得与产品相对应的准确的权数。此外，有些服务很难用数量来衡量，如医疗、教育、国防、公共管理等，这也限制了该方法的应用。

(三)直接基年价值法

直接基年价值法又称固定价格法，是把产品的价格固定在某一时期或时点，在一个较长的时期内作为不变价的固定价格，并用报告年的数量乘以基年的固定价格，得到不变价数据。

这种方法很直观，是拉氏定基物量指数最基本的形式，但是，制定不变价产品目录的工作量大，成本高，而且由于基年固定的时间比较长，不能及时反映产品结构的变动，原来列入不变价目录的产品可能已经不复存在了，而新的产品却找不到基年的价格，对不变价格测算的准确性带来影响。

(四)三种方法的比较

缩减法是各国最常用的不变价格计算方法，该方法可以对全社会各类生产活动进行不变价核算，不论是货物还是服务都可以采用这种方法。双缩法是对形成差额的两个数据先进行缩减，把它们都看成是商品流，这样做的好处是，可以分别剔除两个数据中的价格影响，特别是在双方的价格变动趋势不完全一致的情况下，双缩法可以合理地考虑到不同经济指标中的价格影响，避免采用单缩法只对最终结果进行缩减，考虑因素不全面的情况。双缩法主要应用在不变价生产法国内生产总值核算中，对形成行业增加值的总产出和中间投入进行两次缩减。采用这种方法的前提是，具备较好反映产出和投入的现价数据，同时，价格指数较为合理，否则，有可能带来系统性误差，影响不变价国内生产总值的计算结果。

物量外推法大多数是通过就业人数，或者客货运周转量和邮电通信业务总量等物量指标编制出物量指数，应用于相应行业的不变价计算。例如，服务业、交通邮电通信业等，在价格指数不健全的情况下，可以起到直接计算不变价数据的作用。但是，除恶性通货膨胀或质量迅速发展变化的产品(如计算机等电子产品)外，缩减法比物量外推法能够给出更为准确的结果。因为一种产品在一个较短时间内价格的变动幅度通常要小于其数量的变动幅度。

直接基年价值法被大多数国家用于农产品和自产自用产品。在产品品种不多、更新换代慢、价格变动较小的情况下，该方法具有简单快捷的特点。由于基年和权重都固定在同一个年份上，同一基期内不同年份的不变价格数据可以直接相加，所以，便于物量和价格因素的分析。该方法存在的问题是：在基年时间较长、价格变化较大和产品更新换代比较快的情况下，要编制品种繁多的不变价产品目录并加以推广，工作量较大；选取的代表性产品或者规格品也很难适应产品更新换代的需要，固定的权重不能及时反映价格的变化。因此，通过直接基年价值法计算的不变价增长速度有可能高估。

三、不变价生产法国内生产总值的核算

不变价生产法国内生产总值是所有行业不变价生产法总增加值的汇总值，由于每个行业的产品特点不同、基础资料不同，因此，有的行业宜采用价格指数缩减法计

算,有的行业宜采用物量指数外推法计算,有的行业宜采用直接基年价值法计算。

(一)采用缩减法计算

1. 双缩法

从生产法增加值的核算过程可以看到,生产法增加值是用总产出扣减中间投入得到的,每个行业总产出和中间投入的货物和服务是不同的,所以,隐含在它们中的物量和价格是不同的。也即,各行业总产出和中间投入的价格因素是不同的。因此,若要扣除其中的价格因素影响,应该对各行业的总产出和中间投入分别缩减。

对于产出,采用与产出的货物和服务相对应的价格指数缩减,对于中间投入,采用与投入的原材料、物料和燃料等货物,以及从外部购买的服务相对应的价格指数缩减。这就是双缩法,即先分别对各行业总产出和中间投入进行缩减,再用不变价总产出减不变价中间投入,得到不变价分行业总增加值。其计算公式为:

不变价分行业生产法总增加值＝该行业不变价总产出－该行业不变价中间投入

＝(该行业现价总产出/产出价格指数)

－(该行业现价中间投入/中间投入价格指数)

假设某地2013年矿业和制造业的总产出、中间消耗、生产者价格指数、中间消耗价格指数如表6－3－2第1、第2、第4、第5列所示,试计算该地区分行业总增加值和地区总增加值。

根据已知条件,先对现价总产出进行缩减,它等于现价总产出除以生产者价格指数,结果列于表6－3－2中第6列;再对现价中间投入进行缩减,它等于现价中间投入除以中间投入价格指数,结果列于表6－3－2中第7列;再计算分行业不变价总增加值,它等于不变价总产出减去不变价中间投入,2013年矿业和制造业不变价总增加值分别为1709、3861;最后,计算该地区的总增加值,它等于这两个行业不变价总增加值之和,为5570(见表6－3－2中的第8列)。

表6－3－2　某地矿业和制造业2013年不变价总增加值计算表

单位:万元、%

行　业	现价总产出	现价中间投入	现价总增加值	生产者价格指数(2010＝100)	中间投入价格指数(2010＝100)	不变价总产出	不变价中间投入	不变价总增加值
	1	2	3＝1－2	4	5	6＝1/4×100	7＝2/5×100	8＝6－7
矿　业	7300	3800	3500	210	215	3476	1767	1709
制造业	12800	6300	6500	185	206	6919	3058	3861
合　计	20100	10100	10000	—	—	10395	4825	5570

不变价生产法 GDP 采用双缩法是比较合理的，但是，这种方法的前提是，有充分的现价总产出和现价中间投入数据，以及与此相对应的价格指数。一般来看，大多数国家的农业现价总产出和中间投入具备较为详细的数据，也具备农业生产者价格指数和农业生产资料购买价格指数，采用双缩法较为普遍。中国的农业也采用双缩法。

2. 单缩法

在不具备详细的中间投入现价数据和详细的中间投入价格指数、且无法进行双缩的情况下，可以采用单缩法。单缩法是对现价生产法总增加值进行缩减，其计算公式是：

不变价分行业生产法总增加值＝该行业现价生产法总增加值/价格指数

上式中的价格指数可以用与总产出对应的价格指数作为缩减指数，也可以用与中间投入或劳动投入相对应的价格指数作为缩减指数。

假设已知某地 2010～2012 年的现价总产出、现价中间投入、不变价总产出（见表 6－3－3 第 1、第 2、第 3 列），试计算不变价总增加值。

根据已知条件，先计算产出价格指数，它等于现价总产出除以不变价总产出（见表 6－3－3 第 4 列）；再计算现价总增加值，它等于现价总产出减现价中间投入（见表 6－3－3 第 5 列）；最后，将产出价格指数作为缩减指数缩减现价总增加值，得到不变价总增加值（见表 6－3－3 第 6 列）。

表 6－3－3 某地 2010～2012 年不变价总增加值计算表（单缩法）

单位：亿元、%

年份	现价总产出	现价中间投入	2010 年不变价总产出	产出价格指数	现价总增加值	2010 年不变价总增加值
	1	2	3	4=1/3	5=1－2	6=5/4
2010	3200	2400	3200	100	800	800.0
2011	2940	2100	3000	98.0	840	857.1
2012	3680	2700	3100	118.7	980	825.5

单缩法的前提是，总产出和中间投入的价格变动方向相同，变动趋势一致。当不一致时，会给不变价生产法 GDP 的计算带来一定程度的偏差。如果用产出的价格指数缩减，当产出的价格指数低于中间投入的价格指数时，会低估不变价增加值和国内生产总值；相反，则会高估不变价增加值和国内生产总值。

大部分服务业不具备中间投入的详细现价数据，且价格指数也很不完善，因此，采用单缩法比较普遍。

(二)采用物量指数外推法计算

物量指数外推法指在基年不变价指标基础上,根据物量指数外推出核算年的不变价分行业总增加值的方法。

物量指数外推法又分双外推法与单外推法。

双外推法是分别对不变价总产出和不变价中间投入进行外推,然后根据外推出的不变价总产出与不变价中间投入计算不变价总增加值。其计算公式为:

核算年分行业不变价总增加值＝该行业不变价总产出－该行业不变价中间投入

＝(该行业基年不变价总产出×产出物量指数)

－(该行业基年不变价中间投入×中间投入物量指数)

单外推法指在基年不变价分行业增加值基础上,利用产出物量指数外推出核算年的分行业不变价总增加值的方法,其计算公式为:

核算年分行业不变价总增加值＝该行业基年不变价总增加值×产出物量指数

假设已知某地 2010～2012 年的现价总产出、现价中间投入、不变价总产出(见表 6－3－4 第 1、第 2、第 3 列),试计算该地区不变价总增加值。

根据已知条件,先计算产出物量指数,它等于 $t+1$ 年不变价总产出除以 t 年不变价总产出(见表 6－3－4 第 4 列);再计算现价总增加值,它等于现价总产出减现价中间投入(见表 6－3－4 第 5 列);最后,将产出物量指数作为外推因子在 2010 年不变价总增加值基础上,推算各年不变价总增加值(见表 6－3－4 第 6 列)。

表 6－3－4 某地 2010～2012 年不变价总增加值计算表(单外推法)

单位:亿元、%

年份	现价总产出	现价中间投入	2010 年不变价总产出	产出物量指数	现价总增加值	2010 年不变价总增加值
	1	2	3	4	5＝1－2	6＝800×4
2010	3200	2400	3200	100＝3200/3200	800	800.0
2011	2940	2100	3000	98.0＝3000/3200	840	750.0
2012	3680	2700	3100	118.7＝3100/3200	980	775.1

外推法一般用于交通运输业和邮电通信业,这些行业提供的服务相对固定,品种不十分复杂,比较容易编制物量指数,例如,交通运输的客运周转量和货运周转量,邮电通信的邮电业务总量。但是,如果距离基年的时间较长,或者设定的价格不合理,特别是在通信业发展很快、价格又在不断下降的情况下,用基年价格衡量增长速度,往往会高估。

（三）采用直接基年价值法计算

直接基年价值法也称固定价格法，是一种较传统的方法。当产品的多少主要由国家来确定、产品的价格变化较小的情况下，也是一种较为简便易行的方法。自新中国成立到2004年，中国一直在农业和工业的总产值中采用这种方法。2004年以后，农业和工业都采用了缩减法。

四、不变价支出法国内生产总值的核算

不变价支出法国内生产总值核算主要采用价格指数缩减法。由于每一个构成项目反映的都是一个单独的商品流量，因此，所有的构成项目都采用单缩法进行缩减。其计算公式为：

不变价支出法 GDP＝不变价最终消费＋不变价资本形成总额
＋不变价净出口

其中：不变价最终消费＝现价最终消费/价格指数
不变价资本形成总额＝现价资本形成总额/价格指数
不变价净出口＝不变价出口－不变价进口
＝现价出口/出口价格指数－现价进口/进口价格指数

计算不变价支出法国内生产总值时应注意两点：一是，选用尽可能详细的构成项目及价格指数进行计算。例如，最终消费包括政府最终消费、住户最终消费、为住户服务的非营利机构的最终消费，计算时应分别对政府最终消费、住户最终消费、为住户服务的非营利机构最终消费进行缩减；住户最终消费应对食品、衣着等具体类别分别缩减；资本形成总额应分别对固定资本形成总额和库存增加进行缩减；进出口应该分别对货物和服务以及更加详细的进出口产品进行缩减。二是，采用的价格指数应该尽量与支出项目的内涵相对应。例如，住户最终消费中食品类价格指数应该采用食品价格指数，固定资本形成与固定资产投资有关，所以固定资本形成总额的价格指数应采用固定资产投资类价格指数。只有这样，才能保证更准确地剔除现价支出法 GDP 中的价格因素。

五、不变价 GDP 准确性的影响因素

国内生产总值增长速度是在不变价 GDP 基础上计算的，所以，不变价 GDP 计算的准确与否，直接影响到国内生产总值增长率的准确与否，从这个意义上说，不变价 GDP 是否准确，对判断国民经济发展状况起着重要作用。那么，到底有哪些因素影响到了不变价 GDP 结果的准确性呢？

1. 现价数据的详细程度及准确程度

数据的详细程度主要体现在行业分类是否足够的详细。行业划分的越细，在

一个行业中包括的产品同质性就越强,也就越有可能选择与每个行业性质相同的价格指数。

中国现行的国民经济行业分类标准是:行业分为门类、大类、中类和小类,它们的代码分别是一位码、两位码、三位码和四位码。按理说,行业增加值从四位码开始计算最为合理,因为,四位码的行业同质性最强,据此计算的增加值也最具合理性。一些发达国家的生产法 GDP 是从四位码开始计算的,这样,国民经济行业会有 1000 多个。中国在 2004 年以前,生产法国内生产总值基本按门类计算,即在一位码层次计算,只有 17 个行业。2004 年以后,基本按大类核算,共有 94 个行业。

支出项目细化的意义与行业分类一样,都是为了得到准确的不变价详细数据,现价数据全面了,才能为不变价核算建立一个完善的基础,才有可能按照双缩法、单缩法以及外推法进行不变价核算。

2. 高质量的价格指数

缩减法用到的一个重要指标是价格指数,只有价格指数准确了,不变价指标才能真实,所以,价格指数是否真实地反映了交易的价格变化,对获得准确的不变价国内生产总值起着至关重要的作用。

价格指数的计算方法有多种:拉氏价格指数法、帕氏价格指数法、费雪价格指数法。其中的费雪价格指数是最靠近理论指数的理想方法,但由于编制起来比较复杂,实际上只有极少数国家能做到。

拉氏价格指数和帕氏价格指数比较来看,帕氏价格指数比较合理,因为它的权重能及时地反映产品构成的变化,但是,这种方法在实践中存在很多困难,人们不可能每年都花大量时间重新确定权重,因此,在产品的品种和价格变化不是很大的情况下,一般用拉氏价格指数代替帕氏价格指数,中国也是这样。这就影响不变价国内生产总值的准确性。

从国际上最新的价格指数编制方法看,为适应那些更新换代快、价格变化快的高新技术产品的特点,还需要编制链氏环比价格指数并对产品进行质量调整,而中国并没有这样做,这也影响到不变价国内生产总值的客观性。

第四节　生产账户

生产账户用于生产活动的记录,它的平衡项是增加值,它既可以按机构部门编制,也可以按经济总体编制,通过生产账户可以分析生产的规模与结构。

一、基本形式

账户序列描述的是收入在经济总体中如何产生、分配和使用的,而生产账户是账户序列的起点，因此，哪些活动定义为生产，将会决定 GDP 的规模和整个国民经济的总水平。

生产指在机构单位负责、控制和管理之下，以劳动、资本、货物和服务为投入生产货物和服务的活动。生产账户描述的是生产活动的产出和各项投入。表 6—4—1与表 6—4—2 都是生产账户常用的表现形式，来源方是产出，使用方是中间消耗，平衡项是增加值。其中，产出反映的是生产成果，中间消耗反映的是生产过程中用掉的货物和服务。生产账户设置的目的是获得增加值，所以，该账户没有覆盖与生产过程有关的所有交易，只覆盖了与计算增加值有关的产出与中间投入。

表 6—4—1 生产账户

使用	来源
中间消耗	产出
增加值	

表 6—4—2 生产账户

使用	交易与平衡项	来源
	产　出 中间消耗	
	增 加 值	

生产账户是账户体系中的第一个账户，生产形成的收入要结转到后续账户中，链接后续账户的关键变量就是平衡项——增加值，它既是生产账户的平衡项，列入使用方，又是下一个账户的来源方。增加值是核算国内生产总值的重要基础。

平衡项“增加值”既可以用总额表示，也可以用净额表示，用总额表示的是总增加值，用净额表示的是净增加值。净增加值是总增加值与固定资本消耗的差额。

总增加值或净增加值是生产账户的平衡项，同时，它们也是国民经济的重要分析指标。因为，从常住生产者的角度看，国民经济所有单位生产账户的总增加值或净增加值之和即为国内生产总值或国内生产净值。

生产账户的编制对国民经济核算产生相当大的影响，利用生产账户提供的资料可以研究生产结构、经济效益以及国民经济中的一系列重大问题。

二、国民经济总体生产账户

生产账户可以按机构单位、机构部门和国民经济总体编制，也可以按基层核算单位和行业部门编制。表 6—4—3 是以国民经济总体为单位编制的生产账户。

国民经济总体生产账户记录的是整个国民经济货物和服务的生产活动，它的平衡项是国内生产总值和国内生产净值。国内生产总值反映经济总体的生产规模,是国民初始收入的来源。

表 6—4—3　国民经济总体生产账户

使用	交易和平衡项	来源
	产出	3604
	市场产出	3077
	为自身最终使用的产出	147
	非市场产出	380
1883	中间消耗	
	产品税	141
	产品补贴(—)	—8
1854	国内生产总值	

与表 3—2—1 相比较可以看出,表 6—4—3 将总产出 3737 分成两部分:产出 3604、产品税 141 与产品补贴—8(或者说产品税与产品补贴净额 133),有些人不理解为什么有个“产品税与产品补贴”。

先看产品税与产品补贴的归属。从统计的角度看,企业上缴的产品税属于企业的生产成果,应该计入企业的产出额。企业得到的补贴不属于企业的生产成果,不应该计入企业的产出额。

再从国民经济核算的资料来源看。国民经济核算资料大多来源于基层企业的财务资料,从企业的角度看,往往把实际得到的作为企业记账的基础,因此,企业财务资料中提供的生产成果往往不包括上缴的产品税,反到包括产品补贴。这些财务资料并不是严格意义上的国民经济核算的产出概念,应该对这些财务资料按统计概念调整后再汇总到国家层面。然而,“在这种情况下,试图在汇总之前对成千上万的单个企业账户进行调整显然不切实际。在实践中,这些数据是经过一定程度的汇总后才进行调整的”[①]。由于无法调整企业层面的数据,只能汇总后,到宏观层次再进行调整。这就是产品税与产品补贴净额 133 存在的原因。

由此可见,为什么要对微观数据进行调整,原因在于统计概念与会计概念存在差别,微观数据无法与国民经济核算概念完全匹配,这也再次佐证了统计与会计的不同。

为了排除产品税与产品补贴对产出的影响,国民经济总体生产账户分别列示

---

① 参见《SNA(2008)》,1.59。

按基本价格计算的产出、产品税与产品补贴，其中的 3604 就是按基本价格计算的产出。

通过表 6－4－3 可以获得社会总产出与生产法国内生产总值。

社会总产出＝按基本价格计算的总产出＋产品税－产品补贴
＝3604＋141－8
＝3737

生产法国内生产总值＝$\sum$（按基本价格计算的总产出－按购买者价格计算的中间消耗）＋产品税－产品补贴
＝3604－1883＋141－8
＝1854

或者，

生产法国内生产总值＝社会总产出－中间消耗
＝3737－1883
＝1854

通过表 6－4－3 可知，中间消耗占社会生产的比重为 50.4％(1883/3737)，新创造的总价值占社会生产的比重为 49.6％(1854/3737)。

产出按市场性与否分为市场产出、为自身最终使用的产出和非市场产出，根据该分类可以分析整个国民经济的生产结构、分析社会生产的市场化程度和社会化程度。市场产出占总产出比重反映市场化程度，该比重越高，反映市场化程度越高；为自身最终使用产出占总产出比重反映生产的社会化程度，该比重越低，说明生产的社会化程度越高。

通过表 6－4－3 反映的生产结构为：市场产出占社会总产出的 85.4％(3077/3604)，为自身最终使用产出占社会总产出的 4.1％(147/3604)，非市场产出占社会总产出的 10.5％(380/3604)。通过动态比较或横向比较，可以分析该经济体各类生产的发展变化情况与在横向比较中所处的状态。

通过表 6－4－3 还可以分析产品税占社会生产的比重，以分析产品税的缴纳情况。在计算产品税占社会生产的比重时，可以用产出总额 3604 做分母，也可以用市场产出 3077 做分母，分母不同，反映的问题不尽相同。

三、按机构部门分组的国民经济总体生产账户

国民经济总体按机构部门分为 5 个：非金融公司部门、金融公司部门、一般政府部门、为住户服务的非营利机构部门、住户部门。生产账户按机构部门分组有利于分析社会生产的结构，了解各机构部门在国民经济中所占份额，为制定产业发展规划提供参考。表 6－4－4 是在表 6－4－3 基础上，对国民经济总体按机构部门

分组形成的生产账户。

通过表 6－4－4 可以获得根据机构部门汇总法得到的社会总产出与生产法国内生产总值。

表 6－4－4　按机构部门分组的国民经济总体生产账户

使用							来源					
非金融	金融	政府	住户	NPISH	总体	交易和平衡项	非金融	金融	政府	住户	NPISH	总体
						产出	2808	146	348	270	32	3604
						市场产出	2808	146	0	123	0	3077
						为自身最终使用的产出	0	0	0	147	0	147
						非市场产出			348		32	380
1477	52	222	115	17	1883	中间消耗						
						产品税						141
						产品补贴(－)						－8
1331	94	126	155	15	1854	总增加值/国内生产总值						

社会总产出＝∑机构部门按基本价格计算的总产出＋产品税－产品补贴
＝(2808＋146＋348＋270＋32)＋141－8
＝3604＋141－8
＝3737

生产法国内生产总值＝∑(机构部门按基本价格计算的总产出－按购买者价格计算的中间消耗)＋产品税－产品补贴
＝[(2808－1477)＋(146－52)＋(348－222)＋(270－115)＋(32－17)]＋141－8
＝(1331＋94＋126＋155＋15)＋141－8
＝1854

通过表 6－4－4 还可以分析各个机构部门的总产出与总增加值。非金融公司部门的总产出是 2808,金融公司部门的总产出是 146,一般政府部门的总产出是 348,住户部门的总产出是 270,为住户服务的非营利机构部门的总产出是 32;这五个机构部门的中间消耗分别是 1477、52、222、115、17;这五个机构部门的总增加值分别是 1331、94、126、155、15。为了计算不同机构部门对社会生产的贡献,可以计算各机构部门总增加值占国内生产总值的比重。由于国内生产总值 1854 是在宏观层次上加上了产品税净额 133,所以,各机构部门总增加值的汇总值并不等于 1854,为了保持各机构部门占全国比重相加起来等于百分之百,可以用扣除了 133 后的总额指标 1721(1854－133)为分母。由此计算的各机构部门总增加值占国内生产总值的比重分别是:77.3%、5.5%、7.3%、9.0%、0.9%。可见,该经济体中非金融公司对国民经济的贡献最大,其总增加值占国内生产总值的77.3%。换句话说,该经济体的经济发展主要靠非金融公司带动的。

通过表6—4—4还可以分析各机构部门市场生产与非市场生产的状况。市场生产全部由非金融公司部门、金融公司部门和住户部门承担,非金融公司部门的市场产出是2808,金融公司部门的市场产出是146,住户部门的市场产出是123,其中,非金融公司是市场生产的主体,其产出所占比重是91.3%(2808/3077),金融公司和住户部门的市场生产所占比例较小,分别占4.7%(146/3077)和4.0%(123/3077)。非市场生产全部由一般政府部门和为住户服务的非营利机构部门承担,一般政府部门的非市场产出是348,为住户服务的非营利机构部门的非市场产出是32,其中,一般政府是非市场的生产主体,其产出所占比重为91.6%(348/380),为住户服务的非营利机构的非市场产出仅占8.4%(32/380)。为自身最终使用的生产全部由住户部门承担,其产出是147。

通过表6—4—4还可以计算各个机构部门中间消耗占本机构部门产出的比重,以分析不同部门的中间消耗率。非金融公司部门、金融公司部门、一般政府、住户部门、为住户服务的非营利机构部门的中间消耗占本部门总产出的比重分别是为:52.6%(1477/2808)、35.6%(52/146)、63.8%(222/348)、42.6%(115/270)、53.1%(17/32)。由此可以看出,每类部门的中间消耗率是不一样的。

四、其他展示方式

与表6—4—2相比,表6—4—4引入了5个机构部门,并对交易项目做了更为详细的分解,由此得到的细分账户可以展现更多的经济信息。但是,这种细分方式是有限的,因为细分项目如果过多,会使账户过于复杂,影响数据的展示效果。为解决这个问题,可采取另外的展示方式。

(一)按行业分组对生产法GDP的展示

按行业分组对生产法GDP的展示指,根据第四版ISIC的行业层次计算各行业的生产法增加值。第四版ISIC包括21个门类,88个大类。为了更好地根据SNA框架分析经济数据,第四版ISIC在21个门类和88个大类基础上又合并成了10个门类(参见表4—3—1)和38个大类。按行业分组对生产法GDP进行展示是指,计算出不同行业类别(10个门类、21个门类、38个大类、88个大类……)的增加值。

(二)按是否为货币形式对生产法GDP的展示

发展中国家一个非常特殊的情况是:非货币形式的产出所占份额较高,如为自身最终使用的产出,这部分产出虽然也要汇总到国内生产总值中,但是它与货币形式产出所代表的经济含义不同。为了反映发展中国家国内生产总值中货币形式产出与非货币形式产出所占份额，以分析该国社会生产的质量，可对生产法 GDP 分行业、分是否为货币形式进行分别计算，表 6－4－5 就是按是否为货币形式分组的行业总增加值和国内生产总值计算表[①]。

表 6－4－5　按是否为货币形式分组的行业总增加值及国内生产总值

ISIC 中的门类代码	
	货币形式
A	农业、林业和渔业
B	采矿和采石业
C	制造业
D、E	电力、煤气、蒸汽和空调的供应；供水；污水处理、废物管理和修复活动
F	建筑业
G	批发和零售贸易；汽车和摩托车修理
I	住宿与餐饮服务活动
H	运输和仓储
J、K、L、M、N、O、P、Q、R、S、T、U	其他服务业
	货币总量
	非货币形式
A	农业、林业和渔业
F	建筑业
	自用住房的虚拟租金
	其他非货币活动
	非货币总量
	按基本价格计算的总增加值
	生产和进口税减生产和进口补贴
	国内生产总值

① 参见《SNA(2008)》表 18.2。

思考与练习

1. 根据基层核算单位产出汇总得到的社会总产出与根据企业/机构单位产出汇总得到的社会总产出是否相等，为什么？

2. 根据基层核算单位总增加值汇总得到的国内生产总值与根据企业/机构单位总增加值汇总得到的国内生产总值是否相等，为什么？

3. 各省份的地区生产总值加总起来是否等于全国的国内生产总值，为什么？

4. 无酬家务劳动的生产额(收入额)与有酬家务劳动的收入额有什么区别？

5. 国内生产总值的作用与局限性有哪些？

6. 国内生产总值是增加值概念吗？

7. 国内生产总值能反映福利吗？

8. 为什么要计算不变价国内生产总值？

第七章　收入分配与使用核算

收入是一切支出的来源。在国民经济核算中，收入分配与使用核算位于生产核算之后，它是资金流量核算（实物交易部分）的主要内容，集中描述了从增加值到可支配收入的整个分配过程，以及可支配收入用于消费支出的使用过程，为宏观经济管理和分析提供了重要的数据来源。

第一节　收入分配与使用核算的基本问题

要学习收入分配与使用核算，首先应了解收入分配与使用核算的概念、流程与基本框架。因为收入分配与使用核算中的收支流量并非全部都是货币流量，所以需要对这部分收支流量进行虚拟处理。本节对收入分配与使用核算中的这些基本问题进行介绍。

一、收入分配与使用核算的概念

（一）收入分配的概念

收入分配是指，生产过程所创造的价值在参与生产活动过程的要素之间进行的直接分配以及要素收入在不同单位和部门之间的转移收支产生的间接分配。收入分配的对象是以价值形态表现的当期生产成果，在微观层次上它是各单位创造的增加值，在宏观层次上则是国内生产总值。

整个收入分配核算以增加值为起点，目的是反映增加值如何通过不同途径分配给各经济主体单位，形成各机构部门的可支配收入。在收入分配过程中，首先是将增加值通过各种方式支付给劳动者、资本所有者和政府等，然后各经济单位再参与各种收入转移，如缴纳所得税、捐赠、社会救济等，最后是围绕住户部门所发生的实物性转移分配。对上述收支活动按是否与生产过程直接相关进行划分，前一阶段称为收入初次分配，形成各部门的初始收入；后一阶段称为收入再分配，形成各部门的可支配收入和调整后可支配收入。

虽然国民收入分配核算将国民收入分配过程从理论上划分为初次分配和再分配两个阶段，但在现实中，国民收入分配过程是连续进行的，二者交织在一起，两个阶段并没有明显的区分，并不能从时间上明确分清谁先谁后。之所以在理论上区分为两个阶段，主要是因为在每一个阶段上发生的收入分配交易性质并不相同。

在收入初次分配阶段发生的主要是交换性分配活动，在再分配阶段发生的主要是非交换性分配活动，也就是转移性交易。交换性分配活动基于对生产过程的直接或间接参与，分配客体是生产性收入；而转移性交易是指一机构单位向另一机构单位提供货物、服务或资产，而不从后一机构单位获得任何货物、服务或资产作为回报的一种交易，客体是转移性收入。

将国民收入分配区分为初次分配和再分配，其背后的理论依据是分配应兼顾公平与效率，以提高全社会的福利水平。在收入初次分配阶段主要体现效率原则，根据要素在生产过程中的参与状况、对生产的贡献程度大小来确定其收入水平的高低，因此在收入初次分配阶段发生的收支流量都与生产活动有关，市场机制发挥着重要作用，对要素价格的形成起着基础性作用。在收入再分配阶段主要考虑的是社会公平及社会发展，通过各种经常转移适当缩小在初次分配阶段上造成的过大的收入差距。当收入差距较大时，可以采用力度较大的转移手段；当收入差距较小时，可以采用力度较小的转移手段。转移的根本目的是为了实现社会的相对公平性，尽量避免出现两极分化过于严重的局面，以提高全社会整体的福利水平。

（二）收入使用的概念

收入使用是指有关部门将获得的可支配收入用于满足最终消费需要和储蓄的一种活动。消费的实际内容包括多种物品和服务，核算的价值就是各经济单位对消费品和服务的支出。

收入使用核算是在收入分配核算的基础上，以收入分配的最终结果——各部门占有的、可自由支配的收入（可支配收入）为起点，进一步对国民经济各部门的最终消费和储蓄情况进行全面的考察。收入使用核算的中心是消费核算，目的是揭示住户、政府和为住户服务的非营利机构是如何将他们的可支配收入使用于最终消费和储蓄的。

二、收入分配与使用核算的流程与基本框架

（一）收入分配与使用核算的流程

国民收入分配包括两个流程，即初次分配和再分配。在生产过程结束之后，首先在生产领域进行初次分配，然后在全社会进行再分配，初次分配和再分配叠加在一起，形成国民收入分配的最终格局。

收入初次分配主要是依据各要素对生产的贡献进行的分配，结果是各生要素所有者从分配中获得收入。在此环节发生的收入分配流量主要包括劳动者所获得的雇员报酬，资本要素所有者获得的财产收入以及政府获得的生产和进口税净额。各个经济主体可能同时向生产过程提供几种要素，可以从收入分配中获得不同的要素收入。例如住户，其作为劳动要素的提供者可以获得雇员报酬，作为资本要素

的提供者可以获得财产收入。以增加值为起点，经过收入初次分配，最后形成各部门的初始收入。

收入再分配属于宏观分配行为，它是通过转移收支进一步在部门之间和部门内部所完成的收入分配活动。初始收入余额是各机构单位再分配的起点。收入再分配的对象不再是生产性的，也不是交换性的，而是转移性的收支。再分配的形式是各种收支的经常性转移。收入再分配可以进一步区分为二次分配和实物再分配。二次分配包括主要通过非实物社会转移进行的收入再分配，对应的总量指标为可支配收入。实物再分配是指通过实物社会转移进行的再分配，对应的总量指标为调整后可支配收入。

收入分配之后转入收入使用阶段。收入分配是连接生产与使用（消费）的桥梁，消费则是生产的最终目的。收入使用核算的起点是可支配收入，如果考虑了实物收入再分配的话，收入使用核算的起点则是调整后可支配收入。可支配收入可用于消费，消费的节余就是储蓄。

（二）收入分配与使用核算的基本框架

收入分配与使用核算的基本框架见表 7—1—1。

表 7—1—1　收入分配与使用核算的基本框架表

账　户		使用方	来源方
收入初次分配账户	收入形成账户	初次分配支出	增加值
	初始收入分配账户	财产收入的支付 初始收入余额	初次分配收入 财产收入的获得
收入再分配账户	收入再分配账户	再分配支出 可支配收入	初始收入余额 再分配收入
	实物收入再分配账户	实物社会转移 调整后可支配收入	可支配收入 实物社会转移
收入使用账户	可支配收入使用账户	最终消费支出 储蓄	可支配收入
	调整后可支配收入使用账户	实际最终消费 储蓄	调整后可支配收入

收入初次分配账户、收入再分配账户和收入使用账户构成了收入分配与使用核算的完整框架。其中，收入初次分配账户包括收入形成账户和初始收入分配账户，形成各部门的初始收入；收入再分配账户包括收入再分配账户和实物收入再分配账户，形成各部门的可支配收入和调整后可支配收入；收入使用账户包括可支配收入使用账户和调整后可支配收入使用账户，反映可支配收入是如何在最终消费

和储蓄之间使用的。

三、收入分配与使用核算中部分收支流量的虚拟处理

在收入分配中需要虚拟处理的收支流量主要有两种:一种是实物性分配,例如实物性工资和薪金、实物社会转移等。对于实物性劳动报酬的处理主要涉及估价问题。实物社会转移形成的收入流量是虚拟的,因为当发生实物社会转移时,不是对居民的直接支出,而是转移支出单位购买或生产特定货物或服务的支出,然后再将货物或服务转移给居民。二是雇主为雇员支付的社会缴款。表面上看,社会保障缴款只是涉及雇主的一项交易,与雇员无关。若按这一观察来进行记录,就会发生严重的信息混淆。雇主缴款表面上看是雇主的个人行为,但它是为雇员缴纳的社会保障基金,这一缴款实质上是雇员的社会保障缴款。SNA 通过改变交易流程来处理这一问题:将雇主向社会保障机构进行的缴款改变为雇主对雇员支付这部分工资、薪金,然后雇员将此项收入支付给社会保障机构。通过改变交易流程,我们可以清楚地看到由雇主统一支付的社会保障缴款的实物经济含义:对雇主来说,他的付款实际是代雇员进行的社会保障缴款;对雇员来说,这部分用于社会保障的款项是他们工资或薪金的一部分,应算作是雇员报酬。

在收入使用核算中,也存在需要进行虚拟处理的情况:一是机构单位自己消费自己生产的货物和服务时需要虚拟计算,为这些支出所花费的费用就可以看作是消费支出;二是对发生在机构单位之间的实物社会转移的消费需要进行虚拟计算。

第二节　收入初次分配核算

收入初次分配是在参与生产过程的要素所有者以及政府间进行的分配,包括参与生产过程的资产因其使用权在一定时间内出让而产生的财产收入。

收入初次分配核算包括两个阶段:第一个阶段是立足于生产者进行分配的收入形成过程,这是进行初次分配和再分配的前提,在收入形成账户中进行核算;第二个阶段是在收入形成基础上立足于收入获得者进行的初始收入分配过程,在初始收入分配账户中进行核算。

一、收入形成核算

收入形成核算是从生产者角度考虑的,从功能上说反映的是各机构部门的增加值要素构成,由此反映了劳动者、政府和企业等机构单位之间的最初分配关系。

(一)收入形成账户

收入形成账户从生产者角度记录了直接与生产过程相联系的分配交易。该账

户记录了政府单位和直接参与生产活动的单位的初始收入。收入形成账户是生产账户的进一步延伸或者说细化，同时也是收入分配账户的基础。

收入形成账户既可以按产业活动单位和产业部门编制，也可以按机构单位和机构部门编制。在收入形成账户中，各个机构部门、机构子部门或产业部门的初始收入指的是它们所创造的初始收入，而不是所获得的初始收入。例如，在住户部门的收入形成账户中，雇员报酬项目指的是住户非法人企业应付的雇员报酬，而不是住户部门应得的雇员报酬，后者在初始收入分配账户中记录。

来源方列示在收入形成账户的右方，记录的是增加值。增加值的口径既可以是未扣除固定资本消耗的增加值(总增加值)，也可以是扣除固定资本消耗的增加值(净增加值)。使用方列示在收入形成账户左方，记录的是生产创造的收入，包括雇员报酬、生产和进口税净额、营业盈余/混合收入，其中，营业盈余/混合收入是增加值减去雇员报酬、生产税净额之后的平衡项。收入形成账户的基本形式见表7—2—1。

表7—2—1 收入形成账户

使　用	来　源
雇员报酬 生产和进口税净额 营业盈余总额/混合收入总额 固定资本消耗(—) 营业盈余净额/混合收入净额	总增加值 固定资本消耗(—) 净增加值

(二)收入形成过程中的分配流量

1. 雇员报酬

(1)雇员报酬的构成

SNA(2008)将从事生产活动的劳动者区分为雇员和自雇者。雇员是指按照协议为企业工作，并按其贡献获得现金或实物报酬的人；自雇者是指那些为自己工作的人，他们是非法人企业的所有者或者是所有者的家庭成员。

雇员报酬是指，核算期内企业按雇员在生产活动中的贡献支付给雇员的全部现金和实物报酬①。雇员报酬主要由以下两个项目构成：

①应付工资或薪金。可以是货币形式也可以是实物形式。货币形式的工薪收入是指以现金或类似现金形式的工资、资金、津贴和其他劳务收入。实物报酬是生产单位提供的、劳动者可以在自己的时间里享用的货物和服务的价值。实物报酬的例子有，单位发放的实物商品，上下班交通服务，提供给雇员个人使用的机动车

① 《SNA(2008)》，7.5。

或其他耐用品服务，铁路或航空公司提供给员工的免费旅程，为雇员子女开办的幼儿园，雇主给予雇员的在未来某些时候买入股票的期权等。

②雇主应付的社会缴款。是指雇主为使其雇员能获得社会福利而应缴付给社会保障基金或其他就业相关社会保险计划的款项①，包括对社会保险计划的缴款，对其他就业相关社会保险计划的实际社会缴款，对其他就业相关社会保险计划的虚拟社会缴款。雇主社会缴款的目的在于使自己的雇员能获得社会福利，因此，雇主社会缴款应与现金、实物工资与薪金一起记为雇员报酬的一部分。雇员报酬中不包括对其员工所发放的困难补助或救济等，因为后者与生产无关，属于收入再分配的范畴。

雇主社会缴款在核算中的处理方法是：首先将社会缴款的等值金额记录在收入形成账户的雇员报酬项目下；然后根据情况，或是在收入再分配账户中记录为住户向社会保障基金或其他就业相关社会保险计划的转移支付，或是在收入使用账户中记录为住户对与运行保险相关的金融服务的支付。一旦社会缴款义务产生，应同时在上述三个账户中进行记录②。

雇员报酬作为收入形成项目，只记录生产者对其雇员所支付的劳动报酬，不包括作为自雇者（即业主）在非法人企业个体经营中所获得的报酬。

(2)雇员股票期权的处理方法

SNA(1993)对雇员股票期权的处理方法没有明确的统一规定，随着雇员股票期权在经济中的重要性上升，SNA(2008)对雇员股票期权的核算方法给出了明确的规定。

SNA(2008)关于雇员股票期权的定义是：雇员股票期权是雇主与雇员在某日（授权日）签订的一种协议，根据协议，在未来约定时间（含权日）或紧接着的一段时间（行权期）内，雇员以约定价格（执行价格）购买约定数量的雇主股票。雇员股票期权涉及三个日期，分别是授权日、含权日和行权日。授权日是指期权提供给雇员的日期；含权日是指可行权的最早日期；行权日是指实际行权（或权利消失）的日期。

在SNA(2008)中，金融资产中的一个类别"金融衍生工具和雇员股票期权"包括了雇员股票期权。对于雇员来说，雇员股票期权的变化要作为雇员报酬和金融资产的变化分别记录在收入账户和金融账户的资产变动部分；对于雇主来说，雇员股票期权要作为与雇员资产变化相对应的金融负债变化记录在其金融账户；管理雇员股票期权的成本由雇主承担，作为雇主的中间消耗处理。

对于雇员股票期权的估价，SNA(2008)采用国际会计准则委员会(IASB)的建

① 《SNA(2008)》，7.56。
② 《SNA(2008)》，7.58。

议：授权日期权的公允价值等于当时的行权价格乘以含权日可行权的期望期权数，除以含权日之前的服务年数。如果既没有可观测的市场价格也没有公司按照上述建议所做的估计，那么期权的价值可利用期权定价模型进行估价。

SNA(2008)规定，应在授权日对雇员股票期权进行估价，并作为雇员报酬记录；如果不能实现，期权价值应该在含权日记录。雇员股票期权在授权日和含权日之间的任何价值变化都被视为雇员报酬的一部分记录在收入分配和使用账户；在含权日与到期日之间的任何变化都将视为雇员的持有损益。

2. 生产和进口税净额

生产和进口税净额是生产和进口税与生产和进口补贴的差额，是代表政府参与生产单位分配所获得的收入。

(1)生产和进口税

生产和进口税分为产品税和其他生产税。

①产品税。产品税是指对生产、销售、转移、出租或交付货物或服务而征收的税；或者对以自身消费或资本形成为目的使用货物或服务而征收的税。产品税包括以下几类：

第一，增值税。是指在货物或服务的转移过程中，分阶段向相应企业征收，但最后完全由最终购买者承担的税。增值税是一种可抵扣的税，这是因为生产者通常并不需要按开具给客户的发票上所列出的税额向政府全额缴纳，而是可以进行抵扣：生产者自己购买用于中间消耗或固定资本形成的货物或服务时，作为购买者获得的发票上会列出增值税额，这一部分金额可从生产者作为销售者的应缴增值税中扣除[①]。

第二，不包括增值税的进口税和进口关税。是指当货物跨越经济领土意义上的国境或关境，或服务由非常住生产者提供给常住机构单位时，这些货物或服务应缴纳的税。

第三，出口税。是指货物离开经济领土或服务由常住者提供给非常住者时应缴纳的税。

第四，除增值税、进口和出口税之外的产品税。包括一般销售税或流转税、消费税、特定服务税(如对通信、广告、娱乐、餐饮等所征收的税)、金融和资本交易税、财政专营利润(如政府特许的烟草生产商转移给政府的利润)、中央银行实施高于市场水平的利率产生的税。

②其他生产税。其他生产税是指除产品税以外，企业因从事生产活动而应缴纳的所有税。主要包括工资或劳力税，土地、房屋或其他建设物定期税，营业和执

① 《SNA(2008)》，7.89。

业执照税，固定资产使用或其他活动税，印花税，污染税，跨国交易税。

SNA(2008)对生产和进口税的分类见表7—2—2。

表7—2—2 SNA(2008)中的生产和进口税

编码	税的名称
D2	生产和进口税
D21	产品税
D211	增值税
D212	进口税和进口关税(不包括增值税)
D2121	进口关税
D2122	除增值税和关税之外的进口税
D213	出口税
D214	除增值税、进口和出口税之外的产品税
D29	其他生产税

在中国，生产和进口税包括营业税、增值税、消费税、固定资产投资方向调节税、城市维护建设税、印花税、城镇土地使用税、土地增值税、车船税、船舶吨税、车辆购置税、进口税、耕地占用税、契税、烟叶税等。

生产和进口税记录在收入形成账户的使用方和初始收入分配账户的来源方。

(2)补贴

补贴与生产和进口税相反，是政府为了影响生产单位的产量和产品价格水平，对生产单位做出的无偿转移支出。补贴与生产税的作用方向相反，可视为负生产税。

补贴分为产品补贴和其他生产补贴两大类：

①产品补贴。产品补贴包括进口补贴、出口补贴和其他产品补贴。其中，其他产品补贴包括国内使用产品补贴、政府贸易组织的亏损、对公营公司和准公司的补贴、中央银行实施低于市场水平的利率产生的补贴。

②其他生产补贴。是指产品补贴以外的、常住企业因参与生产应得的补贴。例如，政府为弥补企业为减少或消除污染排放而进行附加处理活动的部分或全部成本，向企业提供的减少污染补贴。

在中国，生产和进口补贴主要是指政策性亏损补贴，不包括对固定资产投资的补助。

3. 营业盈余/混合收入

营业盈余是增加值扣除雇员报酬与生产和进口税净额之后的余额。它是生产单位在生产过程中产生的盈余收入，反映了增加值中分配给资本要素所有者的部分。

混合收入是对拥有非法人企业的住户所设计的收入项目。作为非法人企业的住户一方面作为所有者，是资本要素的提供者，他们获得的收入是营业盈余；另一方面，作为劳动力所有者，在经营过程中提供的劳动力所获得的收入是劳动报酬。在国民经济核算实践中，很难严格区分两种性质的收入，因此将二者作为一个整体进行核算，称为混合收入。

在中国，没有引入混合收入的概念，使用劳动者报酬而未使用 SNA 中雇员报酬的概念。中国国民经济核算中的劳动者报酬既包括雇员报酬，也包括作为混合收入的自雇者报酬。所以，中国劳动者报酬的口径要大于 SNA 雇员报酬的口径。

还需要注意，国民经济核算中的净营业盈余与会计核算中的营业利润是有差别的。(1)净营业盈余是按现期价格核算的结果，不包括企业库存货物交易中由于价格变化带来的持有损益，而营业利润是按历史成本计算的，包括持有损益。(2)净营业盈余是从总营业盈余中扣除固定资本消耗得到的，其中固定资本消耗的计算是按照现价固定资产存量计算的，而计算营业利润所扣除的折旧是按照固定资产存量的历史成本计算的。(3)净营业盈余是立足于当期生产成果核算的盈余，不管这些产出是否销售出去，而营业利润是对应当期销售收入的盈利，不管它们是否是本期生产的。

(三)收入形成账户的例子

在表 7—2—3 中，总增加值(1854)和净增加值(1632)来自于生产账户。

收入形成账户从要素角度反映了国内生产总值的构成，即：

收入法国内生产总值(1854)＝雇员报酬(1150)＋生产和进口税(235)－补贴(44)＋营业盈余总额(452)＋混合收入总额(61)

收入法国内生产净值(1632)＝雇员报酬(1150)＋生产和进口税(235)－补贴(44)＋营业盈余净额(238)＋混合收入净额(53)

从不同要素在创造收入中的贡献来看，雇员报酬是 1150，说明雇员所创造的收入占国内生产净值 1632 的 70.47％；由各机构部门创造的营业盈余净额(238)和住户部门创造的混合收入净额(53)共为 291，占国内生产净值 1632 的 17.83％；生产和进口税净额为 235－44＝191，占国内生产净值 1632 的 11.70％。另一方面，从各机构部门对收入形成的贡献看，非金融公司创造的收入是 1121，占国内生产净值 1632 的 68.69％；金融公司创造的收入是 78，占 4.78％；一般政府创造的收入是 289，占 17.71％；住户创造的收入是 133，占 8.15％；NPISH 创造的收入是 11，占 0.67％。

表 7—2—3　按机构部门分组的国民经济总体收入形成账户

使用									来源								
交易和平衡项	非金融公司	金融公司	一般政府	住户	NPISH	经济总体	国外	合计	交易和平衡项	非金融公司	金融公司	一般政府	住户	NPISH	经济总体	国外	合计
雇员报酬	986	46	98	11	11	1150		1150	总增加值/国内生产总值	1331	94	126	155	15	1854		1854
生产税与进口税			235			235		235	净增加值/国内生产净值	1174	82	99	132	12	1632		1632
补贴(—)			—44			—44		—44									
营业盈余总额	292	46	27	84	3	452		452									
混合收入总额				61		61		61									
营业盈余总额中的固定资产消耗(—)	157	12	27	15	3	214											
混合收入总额中的固定资产消耗(—)				8		8											
营业盈余净额	135	34	0	69	0	238		238									
混合收入净额				53		53		53									

二、初始收入分配核算

(一)初始收入分配账户

收入形成之后,就转入初始收入分配核算环节。初始收入分配是收入形成分配的继续,是从初始收入接受者的角度进行的核算,核算的目的是反映各机构单位最终得到的初始收入数量。

初始收入分配账户与收入形成账户的区别主要体现在两个方面:第一,收入形成账户主要记录常住机构单位或部门作为生产者所创造的初始收入,而初始收入分配账户则主要记录常住机构单位或部门作为接受者所获得的初始收入;第二,与生产活动相关的收入形成账户既可以按产业活动单位和产业部门编制,也可以按机构单位和机构部门编制,但初始收入分配账户与生产活动不具备收入形成账户那样的直接联系,只能按机构单位或机构部门编制。

初始收入分配账户的起点是从收入形成账户中转来的平衡项——营业盈余/混合收入。初始收入分配账户记录的内容可归纳为两方面:一是各部门作为收入接受者从收入形成账户支付中所获取的生产性收入;二是各部门之间进一步发生的财产收入流量。初始收入分配账户综合反映了各部门参与收入初次分配的结果。

表 7—2—4 初始收入分配账户

使用	来源
财产收入	营业盈余总额/混合收入总额
	固定资本消耗(一)
	营业盈余净额/混合收入净额
初始收入总额	财产收入
固定资本消耗(一)	雇员报酬(住户部门)
初始收入净额	生产和进口税净额(政府部门)

在表 7—2—4 中,来源方的项目包括:(1)收入形成账户所记录的初始收入的去向信息,包括企业的营业盈余、住户的混合收入、住户部门应收雇员报酬、政府部门应收生产和进口税净额。(2)应收财产收入。使用方只有一个交易项目,即机构单位或部门应付给债权人、股东、土地所有者等的财产收入。这样,在营业盈余/混合收入的基础上,经过雇员报酬、生产和进口税净额以及财产收入的收支,形成了各部门的初始收入。初始收入是账户的平衡项,也是体现整个收入初次分配结果的综合指标,表示各部门在初次分配过程中最终取得的生产性收入。从整个初次分配过程看,一部门初始收入是该部门增加值加减所有初次分配收支的结果。如

果仅从初始收入分配账户看，初始收入是该部门营业盈余(或混合收入)加各种初次分配收入减财产收入支付之后的余额。初始收入记录在使用方，有总额和净额之分。

不同部门初始收入的构成差异很大，这是由于某些特定类型的初始收入只能为某些特定部门或国外部门所获得。例如，税收的获得者只有一般政府和国外部门，而雇员报酬的获得者只有住户和国外部门。各个机构部门初始收入构成情况如下：(1)非金融公司部门与金融公司部门的初始收入等于营业盈余加应收财产收入减应付财产收入。(2)一般政府部门的初始收入包括：应收生产税、进口税减应付的生产补贴；应收财产收入减应付财产收入。也可能包括少量的营业盈余，来自于属于一般政府部门的从事市场化生产的单位。(3)住户部门的初始收入包括：雇员报酬和属于住户的混合收入；应收财产收入减应付财产收入。可能包括一些营业盈余，来自于自有住宅者为自身消费而提供的居住服务。(4)为住户服务的非营利机构部门的初始收入几乎完全由应收财产收入减应付财产收入构成[①]。

如果要得到初始收入分配更详细的情况，可以将初始收入分配账户分解为业主收入账户和其他初始收入分配账户。在业主收入账户中，营业盈余减应付利息与地租再加上应收财产收入，即得到业主收入。对非金融公司部门与金融公司部门来说，业主收入与初始收入的唯一区别在于，业主收入的测度是在支付红利、从准公司提取收入以及支付再投资收益之前进行的。除这两类部门外，其他部门不计算业主收入。业主收入对市场生产者尤其有用，它也是与生产者有关的指标。在没有通货膨胀的情况下，业主收入接近于企业会计中所理解的利润与亏损概念。在其他初始收入分配账户中，来源方的第一项就是结转来的业主收入账户的平衡项——业主收入，而不是收入形成账户的平衡项——营业盈余或混合收入。

(二)初始收入分配账户中的流量——财产收入

所谓财产收入是指由于资产的所有者将其所拥有资产的使用权让渡给其他单位使用而从对方获得的回报。并不是所有资产都能为其所有者带来财产收入。只有当金融资产和自然资源的所有者将其资产交由其他机构单位支配时，才会产生财产收入。例如，生产性有形资产如建筑物、机器设备等使用权转让而产生的租借费用，不能作为财产收入，而应视同提供服务和购买服务，计为提供者的产出和使用者的中间消耗。

因使用金融资产而产生的应付收入称为投资收入；使用自然资源而产生的应付收入则称为地租。投资收入是金融资产所有者因向另一机构单位提供资金而应得到的作为回报的收入[②]，包括利息、公司已分配收入、外国直接投资的再投资收

① 《SNA(2008)》，7.19。

② 《SNA(2008)》，7.108。

益和其他投资收入;地租是指自然资源的所有者(出租人或地主)将自然资源交由另一机构单位(承租人或佃户)支配以供其在生产中使用而应得的收入①。财产收入即为投资收入与地租收入之和。

各类财产收入的含义解释如下:

1. 利息

利息是某类金融资产所有者因将其金融资产交由另一机构单位支配而应得的财产收入。这类金融资产包括存款、债券、贷款和其他应收账款等。

2.公司已分配收入

包括红利和准公司收入提取。红利是股东因将资金交由公司支配而有权获得的一种财产收入;准公司收入提取是指所有者从准公司所提取的可分配收入,这种提取的收入相当于以红利的形式分配的公司收入。所谓准公司是指由一个常住机构单位拥有的,其职能类似于公司的非法人企业。准公司与其所有者之间的关系实质上就是公司与其股东的关系。

3.外国直接投资的再投资收益

将外国直接投资者的留存收益看成按外国投资者所有的权益比例已分配和汇给国外投资者,然后由国外投资者将其再投资到企业中。它是针对外国投资者直接投资企业的财产收入虚拟的流量,并未形成外商实际的财产收入。

4. 其他投资收入

包括属于投保人的投资收入、养老金权益的应付投资收入和属于投资基金股东集体的投资收入。其中,属于投保人的财产收入是指保险企业用保险准备金进行各种投资所得的收入,然后将其收入支付给投保人的收入。

5.地租

在SNA中,地租和租金是有区别的。租金是指经营租赁中承租人因使用属于另一单位的固定资产所做的支付,在此过程中,资产所有者是有生产活动的,他要对出租的固定资产进行维护、必要的替换,并要按承租人的要求提供固定资产。地租是指资源租赁中因使用自然资源而发生的支付。地租是财产收入的一种形式,而租金则处理为服务的销售或购买。

土地地租和地下资产地租是两种主要形式的资源地租。土地地租是指土地所有者从土地承租人那里应收取的财产收入,其形式可以是现金,也可以是实物。对土地上的房屋或其他建筑物的应付租金被处理为对服务的购买。地下资产地租是指地下资产所有者出让地下资产开采权而应收取的一种财产收入。地下资产地租可能以固定金额形式定期支付,也可能随地下资产开采数量或质量的变化而变化。

---

① 《SNA(2008)》,7.109。

财产收入既可以是来源方项目,也可以是使用方项目。发生的财产收入流量在使用者一方记录在财产收入项的使用方,同时在所有者一方记录在财产收入的来源方。

(三)初始收入与国民总收入、国民净收入

将国内各机构部门的初始收入加总就得到国民收入。初始收入区分为初始总收入和初始净收入,相应地,国民收入也区分为国民总收入(Gross National Income,GNI)和国民净收入(Net National Income,NNI),即各机构部门原始总收入之和称为国民总收入,原始净收入之和称为国民净收入。

从含义上说,国民收入是指该国所有机构单位当期从国内和国外获得的全部生产性收入和财产收入。常住单位的初始收入虽然主要分配给其他常住单位,但有一部分也会分配给非常住单位。同样,非常住单位的初始收入有些也会分配给本国常住单位。因此,可以得到这样的平衡关系:

国民总收入＝GDP＋(常住单位从非常住单位应收的初始收入

－常住单位应付给非常住单位的初始收入)

＝GDP＋来自国外的初始收入净额

国民总收入扣除固定资本消耗就得到国民净收入,即:

国民净收入＝国民总收入－固定资本消耗

SNA(1993)将国民生产总值(Gross National Product,GNP)改称为国民总收入是基于以下考虑:一是避免将生产概念和收入概念混淆起来。原来的国民生产总值是一个收入概念,而不是一个生产概念,而国内生产总值才是一个生产概念,是反映常住单位生产活动的最终成果;二是强调无论是"国内"还是"国民",两者都与全体机构单位或机构部门有关,二者之间的差别不在于核算的范围,而在于一项是核算产出,一项是核算收入。

(四)初始收入分配账户的例子

在收入形成账户(见表 7－2－3)中,雇员报酬(1150)记录的是常住单位生产支付的部分,它包含了支付给国内和国外劳动要素所有者两部分,但不包括国内要素所有者从国外得到的劳动收入。在初始收入分配账户中(见表 7－2－5),常住单位支付给非常住单位的雇员报酬是 2,常住单位从非常住单位获得的雇员报酬是 6,因此,该期国民所得到的雇员报酬为 1150＋6－2＝1154。

在表 7－2－3 的收入形成账户中,国内生产净值是 1632,而在表 7－2－4 的初始收入分配账户中,国民净收入是 1642,二者相差 10,其原因是常住单位从非常住单位获得的初始收入大于支付给非常住单位的初始收入。其中,常住单位从非常住单位获得的雇员报酬是 6、财产收入是 44,常住单位支付给非常住单位的雇员报酬是 2、财产收入是 38,所以:

表 7—2—5 按机构部门分组的国民经济总体初始收入分配账户

使用																	来源
交易和平衡项	非金融公司	金融公司	一般政府	住户	NPISH	经济总体	国外	合计	交易和平衡项	非金融公司	金融公司	一般政府	住户	NPISH	经济总体	国外	合计
									营业盈余总额	292	46	27	84	3	452		452
									混合收入总额				61		61		61
									营业盈余净额	135	34	0	69	0	238		238
									混合收入净额				53		53		53
雇员报酬							6	6	雇员报酬				1154		1154	2	1156
生产税与进口税								0	生产税与进口税			235			235		235
补贴(一)								0	补贴(一)			—44			—44		—44
财产收入	134	168	42	41	6	391	44	435	财产收入	96	149	22	123	7	397	38	435
初始收入总额/国民总收入	254	27	198	1381	4	1864		1864									
初始收入净额/国民净收入	97	15	171	1358	1	1642		1642									

来自国外的初始收入净额＝6＋44－2－38＝10

国民净收入(1642)＝国内生产净值＋来自国外的初始收入净额

＝1632＋10

根据表7－2－4,可以计算各机构部门的初始收入净额：

非金融公司部门初始收入净额＝135＋96－134＝97

金融公司部门初始收入净额＝34＋149－168＝15

一般政府部门初始收入净额＝0＋235－44＋22－42＝171

住户部门初始收入净额＝69＋53＋1154＋123－41＝1358

NPISH部门初始收入净额＝0＋7－6＝1

国民净收入＝97＋15＋171＋1358＋1＝1642

或

国民净收入＝238＋53＋1154＋235－44＋397－391＝1642

在表7－2－3的收入形成账户中,住户部门支付的雇员报酬是11,而在表7－2－4的初始收入分配账户中,住户部门从常住单位和非常住单位获得的雇员报酬是1154,因此,住户部门从初始收入分配中获得的雇员报酬远远多于它在收入形成过程中所创造的数额。

第三节　收入再分配核算

收入再分配是指在收入初次分配基础上进一步完成的收入分配活动,其分配起点是初始收入,记录的是发生在各机构部门之间以及与国外之间的经常转移项目。

一、收入再分配的方式——经常转移

(一)经常转移与资本转移

转移(transfer)是交易的一种形式,是单方面的交易,指一个机构单位向另一个机构单位提供货物、服务或资产,而不从后一机构单位获得任何货物、服务或资产作为回报的一种交易。转移包括经常转移(current transfer)和资本转移(capital transfer)。

资本转移是指以资产所有权被转让造成转移双方资产增减为前提而不涉及现期收入的转移支付。这种转移会减少转出方的资产,增加接受方的资产,进而直接影响转移双方的投资水平或财富水平。资本转移通常数额较大,它通常是一次性的、不规则地发生的。

经常转移是除资本转移以外的所有转移。经常转移是这样一种形式的交易：

在交易中，一个机构单位向另一个单位提供货物、服务或资产但又不向后者索取任何货物、服务或资产作为与之直接对应的回报，并且交易的一方或双方无须获得或处置资产①。经常转移会经常和有规律地发生，并会影响转移双方的现期收入水平和消费水平。

国民经济核算中之所以要区分经常转移和资本转移是因为两者的性质和影响存在着显著的差异。经常转移与现期收入和消费有关，需要在收入分配和收入使用账户中予以反映；而资本转移与投资和积累有关，直接影响接受者的资产负债水平，需要在资本形成账户中予以反映。

在收入再分配核算中，只有经常转移才属于再分配的内容。

（二）经常转移的形式

经常转移有多种存在形式，不同的形式有不同的功能。归纳起来，经常转移大致有三种形式：所得税、财产税等经常税；社会缴款和社会福利；其他经常转移。

1.所得税、财产税等经常税

所得税包括对住户征收的个人所得税、对公司企业征收的企业所得税以及各种资本收益税和博彩税等。财产税是根据各机构单位拥有的财产或净值数额定期征收的税目，包括对土地和房屋征收的房地产税、对公司企业的资产净值征收的资产税等。其他经常税包括：对住户或居民个人征收的人头税，对居民个人征收的车船牌照税、枪支执照税、护照费、机场建设费等。这种经常转移发生的流向通常是由其他部门向政府部门转移，形成政府部门的转移收入。

2.社会缴款和社会福利

这种转移是维持住户当前和未来的福利而在机构单位之间进行的经常转移，可在全社会各个机构部门之间相互交错发生。

社会缴款（social contribution）是住户部门为保证在未来某个时期能获取社会福利金，而对政府组织的社会保险计划或各个单位建立的基金所缴纳的款项，如对失业保险、退休保险、医疗卫生保险计划的缴款。社会缴款有直接式和间接式之分。直接式社会缴款是雇员及其他居民个人直接对社会保险计划缴款；间接式缴款是各单位代其雇员对社会保险计划支付缴款，一般将其视为单位以报酬形式支付给雇员，然后由雇员支付给社会保险计划。这样，整个社会缴款表现为住户部门的转移性支出，政府部门和其他部门的转移性收入。

社会福利（social benefits）是住户部门所获得的经常转移，用来满足因某些特定事件或环境而产生的需求，例如疾病、失业、退休、居住、教育等。社会福利有两种方式：社会保险福利和社会救济福利。社会保险福利是政府通过社会保险基金

---

① 《SNA(2008)》，8.10。

向居民提供的福利，包括失业金、退休金、抚恤金、医疗保险金等。社会保险福利以居民在此以前支付社会缴款为前提。社会救济福利是指社会保险计划之外由政府部门或非营利机构向住户提供的经常转移，包括生活困难补助、救济金、助学金等。社会福利的形式既可以是现金社会福利，也可以是实物社会福利，如政府对灾民发放的救灾物资等。社会救济福利不受以前支付缴款的条件限制。社会福利是居民从政府及其他部门收到的经常转移，形成政府和其他部门的转移性支出，居民部门的转移性收入。

3.其他经常转移

是指除上述转移之外的各种经常性转移，具体形式包括非寿险的净保费（即从非寿险保费总额中扣除服务费后的余额）和索赔，政府内不同部门或不同单位间的经常转移，本国政府与国外政府及国际组织间的经常转移（如援助、捐赠、会费缴纳或定期付款），支付给为住户服务的非营利机构、或从为住户服务的非营利机构获得的经常转移（如会费、捐赠、赞助及其他形式的缴款），常住住户和非常住住户之间的经常转移。

二、收入再分配账户

（一）收入再分配账户的基本形式

收入再分配账户显示了各机构单位或部门的初始收入是怎样通过经常转移支付与获得（不包括实物社会转移）而转变成该单位或部门的可支配收入的[①]。收入再分配账户中不包括实物社会转移。

表 7—3—1 收入再分配账户

使 用	来 源
经常转移支出	初始收入总额/国民总收入
所得税、财产税等经常税	初始收入净额/国民净收入
净社会缴款	经常转移收入
实物社会转移以外的社会福利	所得税、财产税等经常税
其他经常转移	净社会缴款
可支配总收入	实物社会转移以外的社会福利
固定资本消耗(一)	其他经常转移
可支配净收入	

在收入再分配账户（表 7—3—1）中，记录在账户来源方中的初始收入是再分配的起点，既可以是初始收入总额，也可以是初始收入净额，差别在于是否包含固

① 《SNA(2008)》，8.2。

定资本消耗。来源方还记录了当期应收的各种经常转移收入。账户的使用方记录了当期应支付的各种转移支出和账户的平衡项——可支配收入。根据权责发生制原则，本账户中的项目除平衡项外，转移收支都是应付和应收额，它们与同期实际支付和获得的数额可能并不一致。

(二)可支配收入

可支配收入(disposable income)是体现各经济主体参与收入初次分配和再分配最终结果的总量，是各经济主体当期用于最终消费支出的最大数额。

根据前面的分析，可得出如下关系：

可支配收入＝初始收入＋实物社会转移之外的经常转移收入
－实物社会转移之外的经常转移支出

也就是说，各部门初始收入加减该部门应收和应付的实物社会转移之外的经常转移收支后的余额，形成可支配收入。可支配收入可分别按总额和净额计算，差别在于固定资本消耗。可支配收入可用于消费，消费之后的结余就是储蓄，形成资金来源。

国内各部门可支配总(净)收入之和为国民可支配总(净)收入。在收入再分配阶段，常住单位与非常住单位之间可能发生一些经常转移，有以下关系：

国民可支配总收入＝国民总收入＋来自国外的经常转移净额
＝GDP＋来自非常住单位的要素收入净额
＋来自国外的经常转移净额

可支配收入是一个非常重要的指标。它既是收入分配核算最终的平衡项，是连接经常账户和积累账户的桥梁，同时它又有着重要的经济意义：可支配收入是各部门在不减少其现金、变卖其资产或增加其负债条件下，在核算期内可用于货物和服务消费支出的最大数额。

从收入的形态看，国民收入只是反映初次分配过程中所形成的各种关系和结果，并不是一个完整的收入概念。而国民可支配收入完整反映了收入的初次分配和再分配的全过程，是一个完整的收入概念。另外，只有可支配收入才是可以用于最终消费和积累的收入。所以，国民可支配收入是比国民收入更好的一个收入指标。

(三)收入再分配账户的例子

在表7－3－2中，国民总收入(1864)和国民净收入(1642)来自于初始收入分配账户(表7－2－5)；来源方列示了各种经常转移收入(1174)：所得税、财产税等经常税(213)，净社会缴款(333)，实物社会转移以外的社会福利(384)，其他经常转移(244)；使用方列示了各种经常转移支出(1212)：所得税、财产税等经常税(212)，净社会缴款(333)，实物社会转移以外的社会福利(384)，其他经常转移(283)。可支配总收入和可支配净收入作为平衡项出现在账户的使用方，其平衡式是：

可支配总收入(1826)＝国民总收入(1864)＋经常转移收入(1174)
－经常转移支出(1212)

可支配净收入(1604)＝国民净收入(1642)＋经常转移收入(1174)
－经常转移支出(1212)

从国内与国外之间经常转移收入的角度来观察，有：

可支配总收入(1826)＝初始收入总额(1864)＋来自国外的经常转移收入(17)
－对国外的经常转移支出(55)

可支配净收入(1604)＝初始收入净额(1642)＋来自国外的经常转移收入(17)
－对国外的经常转移支出(55)

收入再分配账户的平衡项——国民可支配净收入与生产账户的平衡项——国内生产净值在数值上是一致，二者均为1632。一方面说明SNA是严格按照经济学的基本原理来设计的，即生产领域生产多少，分配领域就分配多少，并注重核算体系前后的一致性。另一方面，也进一步验证了国民收入并不是一个完整的收入指标，它只是一个反映收入初次分配的指标。

三、实物收入再分配账户

(一)实物收入再分配账户的基本形式

在收入再分配中，经常转移可能并不总是以现金形式发生的，也可能以实物形式出现。实物社会转移(social transfer in kind)是指政府和为住户服务的非营利机构对住户提供的实物性转移，表现为住户部门的实物转移收入和其他部门的实物转移支出。

实物社会转移通常有以下两种情况：一是对住户提供的实物性社会福利，包括社会保险福利和社会救济福利，如政府对灾民发放的食品、衣物、帐篷、药品等救济物资；二是对住户个人的非市场货物和服务的转移，即免费或以无经济意义的价格向住户提供的货物与服务，主要包括一些公共品如教育、医疗保健等。

实物社会转移形成的收入流量是虚拟的，因为当发生实物社会转移时，不是对住户的直接支出，而是转移支出单位购买或生产特定货物或服务的支出，然后将货物与服务转给住户。

全社会的收入分配结构只有经过实物收入再分配后才能最终形成。实物收入再分配账户是收入再分配过程的一个延续阶段。它在收入再分配的基础上反映实物社会转移对收入结果的影响。由于实物社会转移仅发生于政府部门、为住户服务的非营利机构和住户之间，因此实物收入再分配账户不涉及非金融公司部门与金融公司部门。将现金经常转移和实物社会经常转移区分开并由此设计两个不同

表 7—3—2　按机构部门分组的国民经济总体收入再分配账户

使用																	来源
交易和平衡项	非金融公司	金融公司	一般政府	住户	NPISH	经济总体	国外	合计	交易和平衡项	非金融公司	金融公司	一般政府	住户	NPISH	经济总体	国外	合计
									初始收入总额/国民总收入	254	27	198	1381	4	1864		1864
									初始收入净额/国民净收入	97	15	171	1358	1	1642		1642
经常转移	98	277	248	582	7	1212	17	1229	经常转移	72	275	367	420	40	1174	55	1229
所得税、财产税等经常税	24	10	0	178	0	212	1	213	所得税、财产税等经常税			213			213	0	213
净社会缴款				333		333	0	333	净社会缴款	66	213	50	0	4	333	0	333
实物社会转移以外的社会福利	62	205	112	0	5	384	0	384	实物社会转移以外的社会福利			384			384	0	384
其他经常转移	12	62	136	71	2	283	16	229	其他经常转移	6	62	104	36	36	244	55	299
可支配总收入	228	25	317	1219	37	1826		1826									
可支配净收入	71	13	290	1196	34	1604		1604									

账户，其主要目的有两个：一是更清楚地说明政府和为住户服务的非营利机构的作用；二是更真实地反映住户部门实际的可支配收入水平和实际消费水平。

表 7—3—3　实物收入再分配账户

使　用	来　源
实物社会转移	可支配总收入
调整后可支配总收入	可支配净收入
调整后可支配净收入	实物社会转移

在表 7—3—3 所示的实物收入再分配账户中，初始流量是从再分配账户结转而来的可支配总(净)收入。账户的来源方记录可支配总(净)收入和实物社会转移收入；账户的使用方记录实物社会转移支出和调整后可支配总(净)支出，其中，调整后可支配总(净)支出是账户的平衡项。平衡关系式为：

调整后可支配总收入＝可支配收入总额＋实物社会转移收入－实物社会转移支出

调整后可支配净收入＝可支配收入净额＋实物社会转移收入－实物社会转移支出

(二)调整后可支配收入

在收入再分配阶段还存在着对住户部门的实物社会转移。在各部门可支配收入的基础上，加上该部门应得的实物社会转移，或减去该部门应付的实物社会转移，就得到调整后可支配收入(adjusted disposable income)。

从部门来看，住户部门调整后的可支配收入等于可支配收入加上应得的实物社会转移；政府和为住户服务的非营利机构部门调整后的可支配收入等于可支配收入减去应付的实物社会转移；由于实物社会转移不涉及非金融公司部门和金融公司部门，因此，这种调整对这两个部门不产生影响。由于实物社会转移只发生在国内各机构部门之间，因此，从一国经济总体来看，国民可支配收入等于调整后可支配收入。

SNA 之所以区分可支配收入与调整后可支配收入，目的在于为不同的消费概念给出对应的收入概念：可支配收入对应最终消费支出，是可用于最终消费支出的最大数额；调整后可支配收入对应实际最终消费，是可用于实际最终消费的最大数额。在实际应用中，目前仍然以可支配收入为主。

SNA 特别强调，尽管可支配收入和调整后可支配收入的差别在于实物社会转移，但切不可将可支配收入理解为可得到的现金收入。这是因为，可支配收入中还包括很多非现金项目，例如，自产自用或实物报酬等非现金收入。

表 7—3—4　按机构部门分组的国民经济总体实物收入再分配账户

使用																	来源
交易和平衡项	非金融公司	金融公司	一般政府	住户	NPISH	经济总体	国外	合计	交易和平衡项	非金融公司	金融公司	一般政府	住户	NPISH	经济总体	国外	合计
									可支配总收入	228	25	317	1219	37	1826		1826
									可支配净收入	71	13	290	1196	34	1604		1604
实物社会转移			184		31	215		215	实物社会转移				215		215		215
调整后可支配总收入	228	25	133	1434	6	1826		1826									
调整后可支配净收入	71	13	106	1411	3	1604		1604									

(三)实物收入再分配账户的例子

在表7－3－4中：

调整后可支配总收入(1826)＝可支配总收入(1826)＋实物社会转移收入(215)－实物社会转移支出(215)

调整后可支配净收入(1604)＝可支配净收入(1604)＋实物社会转移收入(215)－实物社会转移支出(215)

对照表7－3－2和表7－3－4可以看出，由于非金融公司部门和金融公司部门不存在实物社会转移，因此，两个部门的可支配收入与调整后可支配收入相同，分别是228和25。一般政府部门和NPISH分别向住户部门支付实物社会转移184和31，使它们调整后的可支配收入分别减少184和31，由可支配收入317和37分别变为133和6。同时，住户部门由于接受了一般政府和NPISH的实物社会转移215(184＋31)，由原来的可支配收入1219变为1434。由于实物社会转移是在常住单位之间进行的，有一方转进，必然有一方转出，二者相互抵消后，从整个经济总体来看，调整后国民可支配收入与国民可支配收入完全相同，总额均为1826，净额均为1604。

第四节 收入使用核算

从国民经济循环过程来看，经过收入的初次分配和再分配之后，接下来就是收入的使用。本节介绍收入使用核算的相关内容。

一、收入使用核算的内容

生产活动的最终目的是为社会提供各种用于最终消费的货物和服务，只有将可支配收入用来购买并消费这些货物和服务时，才能实现生产的目的。但是，可支配收入不可能全部用于当期的最终消费支出，必须有一部分用于资本形成的需要，这部分未被消费掉的余额就是储蓄。因此，收入的使用包括消费和储蓄，收入使用核算就是为了反映住户、政府和为住户服务的非营利机构如何将他们的可支配收入在最终消费和储蓄之间进行分配的。

储蓄是可支配收入减去最终消费后的余额，是可支配收入使用账户的平衡项，因此，收入使用核算的中心是最终消费核算，而对储蓄的使用则置于资本形成核算和金融交易核算中。

二、可支配收入使用账户与调整后可支配收入使用账户

(一)可支配收入使用账户

可支配收入使用账户与收入再分配账户相衔接。在表7－4－1的可支配收入

使用账户中，来自于收入再分配账户中的平衡项——可支配收入为初始流量，记录在账户的来源方。最终消费支出记录在账户的使用方，其中，最终消费支出进一步区分为个人消费支出和公共消费支出。本账户的平衡项是储蓄，也记录在账户的左方。养老金权益变化调整是该账户的调整项，它是住户所缴纳的养老基金与收到的养老基金的差额，构成住户对金融资产的获得减处置。对住户而言，该调整项记录在右边的来源方，对金融机构或其他承担养老金债务的单位而言，则记录在左边的使用方。平衡项储蓄既可以按总储蓄计算，也可按净储蓄计算，二者相差固定资本消耗。

表 7—4—1　可支配收入使用账户

使　　用	来　　源
最终消费支出	可支配总收入
个人消费支出	可支配净收入
公共消费支出	养老金权益变化调整
养老金权益变化调整	
总储蓄	
净储蓄	

在表 7—4—2 中：

总储蓄(427)＝可支配总收入(1826)－最终消费支出(1399)

净储蓄(205)＝可支配净收入(1604)－最终消费支出(1399)

在表 7—4—2 中，整个国民可支配净收入 1604 中，最终消费支出用去 1399。净储蓄 205 表明在不吸引外资的情况下，全社会可用于下一个核算期投资活动的规模。在最终消费支出中，用于住户个人货物和服务的最终消费支出为 1230，占最终消费支出 1399 的 87.9%；由一般政府和 NPISH 出资供社会成员集体享用的公共消费支出为 169，占最终消费支出的 12.1%。在个人最终消费支出的 1230 中，由住户承担的支出为 1015，占个人最终消费支出的 82.5%；由一般政府和 NPISH 承担支出，将货物或服务提供给住户最终消费的金额为 184＋31＝215，占个人最终消费支出的 17.5%。

(二)调整后可支配收入使用账户

调整后可支配收入使用账户与实物收入再分配账户相衔接。在表 7—4—3 的调整后可支配收入使用账户中，位于来源方的调整后可支配收入是初始流量，它来源于实物收入再分配账户的平衡项；使用方记录的是实际最终消费和该账户的平衡项——储蓄，其中，实际最终消费进一步区分为实际个人消费和实际公共消费。

表 7—4—2 按机构部门分组的国民经济总体可支配收入使用账户

使用																	来源
交易和平衡项	非金融公司	金融公司	一般政府	住户	NPISH	经济总体	国外	合计	交易和平衡项	非金融公司	金融公司	一般政府	住户	NPISH	经济总体	国外	合计
									可支配总收入	228	25	317	1219	37	1826		1826
									可支配净收入	71	13	290	1196	34	1604		1604
最终消费支出			352	1015	32	1399		1399	最终消费支出								1399
个人消费支出			184	1015	31	1230		1230	个人消费支出								1230
公共消费支出			168		1	169		169	公共消费支出								169
养老金权益变化调整	0	11	0		0	11	0	11	养老金权益变化调整				11		11	0	11
总储蓄	228	14	−35	215	5	427		427									
净储蓄	71	2	−62	192	2	205		205									

表 7—4—3　调整后可支配收入使用账户

使　用	来　源
实际最终消费 　实际个人消费 　实际公共消费 养老金权益变化调整 总储蓄 净储蓄	调整后可支配总收入 调整后可支配净收入 养老金权益变化调整

在表 7—4—4 中：

总储蓄(427)＝调整后可支配总收入(1826)－实际最终消费(1399)

净储蓄(205)＝调整后可支配净收入(1604)－实际最终消费(1399)

在两个收入使用账户中，储蓄为平衡项。不论是可支配收入减去最终消费支出，还是调整后可支配收入减去实际最终消费，得到的储蓄相等。这是因为，对整个国民经济来说，国民可支配收入与调整后国民可支配收入相等，最终消费支出与实际最终消费相等，所以两个账户的储蓄额必然相等。

在表 7—4—4 中，非金融公司部门不存在实际最终消费，其调整后可支配收入全部用作储蓄。金融公司部门虽然也不存在实际最终消费，但住户的养老金权益变化调整构成了该部门的使用，因此，它的调整后可支配净收入 13 扣除调整项 11 后用作净储蓄的数字是 2。对于一般政府部门，可供其使用的调整后可支配净收入为 106，其用于实际公共消费的金额为 168，超支了 62，对应的净储蓄是－62，这是政府的财政赤字。对于住户部门，可供其使用的调整后可支配净收入为 1411，其中，用于实际最终消费 1230，用于净储蓄为 192；住户用于实际最终消费的 1230 比该部门的最终消费支出 1015(参见表 7—4—2)多出 215，这部分消费来自于一般政府和 NPISH 的实物社会转移，其中，有 184 是政府支出，有 31 是 NPISH 支出(参见表 7—4—2)。

需要注意的是，可支配收入使用账户与调整后可支配收入使用账户不是序列关系，也不是层级关系，而是服务于不同分析目的或政策目的的两个平行账户。SNA 对作为实物社会转移的货物和服务的价值采用了两种不同的方式加以记录：在可支配收入使用账户中，作为政府部门或 NPISH 支付的最终消费支出；在调整后可支配收入账户中，作为政府部门或 NPISH 支付的、住户部门获得的实物社会转移，并记录为住户部门实际最终消费的一部分。

表 7—4—4 按机构部门分组的国民经济总体调整后可支配收入使用账户

使用									来源								
交易和平衡项	非金融公司	金融公司	一般政府	住户	NPISH	经济总体	国外	合计	交易和平衡项	非金融公司	金融公司	一般政府	住户	NPISH	经济总体	国外	合计
									调整后可支配总收入	228	25	133	1434	6	1826		1826
									调整后可支配净收入	71	13	106	1411	3	1604		1604
实际最终消费			168	1230	1	1399		1399	实际最终消费								1399
实际个人消费				1230		1230		1230	实际个人消费								1230
实际公共消费			168		1	169		169	实际公共消费								169
养老金权益变化调整	0	11	0		0	11	0	11	养老金权益变化调整				11		11	0	11
总储蓄	228	14	−35	215	5	427		427									
净储蓄	71	2	−62	192	2	205		205									

三、消费核算

(一)消费的概念

消费是人类最基本的活动之一,无论是对人民生活还是对国家经济社会发展都有着十分重要的意义。亚当·斯密曾经说过,消费是所有生产的惟一终点和目的。在国民经济核算和国民经济统计中,消费指的是最终消费(final consumption),它是为满足个人或公众的需要或欲望而对货物和服务的使用。

与生产过程中的中间消耗不同,最终消费是出于非生产目的而使用货物和服务;与资本形成不同,最终消费是为了满足即期生活需要或公共需要,不是为了增加所持有的资产。

非金融公司和金融公司没有消费功能,公司所购买的货物和服务被作为中间消耗或作为雇员的实物报酬,而不是作为消费来处理,因此,最终消费由住户、政府和为住户服务的非营利机构三个部门的消费组成。消费的对象是货物和服务,分别称为消费品和消费服务。

(二)两种不同口径的最终消费

在 SNA 中,最终消费有两种计算口径:一是以承担货物和服务的支出为标准,从支出者的角度核算最终消费,称为最终消费支出(final consumption expenditure);二是以货物和服务的实际获得为标准,从获得者的角度核算最终消费,称为实际最终消费(actual final consumption)。二者的区别在于:最终消费支出是以货物和服务的最终购销行为发生为标准,反映的是购买者购买货物和服务时向出售者支付的价值;实际最终消费是以消费对象的实际获得为标准,指的是实际获得的货物与服务的价值。在大多数情况下,支出承担者也就是获得者,但在某些情况下二者并不一致。例如,享受公费医疗的职工是医疗保健服务的获得者,但医疗费用是由政府承担的。在这里,最终消费的支出承担者与实际获得者之间发生了一笔实物社会转移。推广到一般情形,某部门最终消费支出与实际最终消费之差,等于该部门应收或应付的实物社会转移。但从国民经济整体来看,最终消费支出与实际最终消费在总量上是相等的。

对于住户部门、政府部门和 NPISH 部门来说,不同消费概念与不同收入概念之间存在不同的关系。在图 7—4—1 中,对于住户部门,最终消费支出+储蓄=可支配收入,最终消费支出+实物社会转移=实际最终消费,实际最终消费+储蓄=调整后可支配收入;对于政府部门和 NPISH 部门,实际最终消费+储蓄=调整后可支配收入,实际最终消费+实物社会转移=最终消费支出,最终消费支出+储蓄=可支配收入。

之所以区分最终消费支出与实际最终消费,主要原因有两点:一是为了使消费

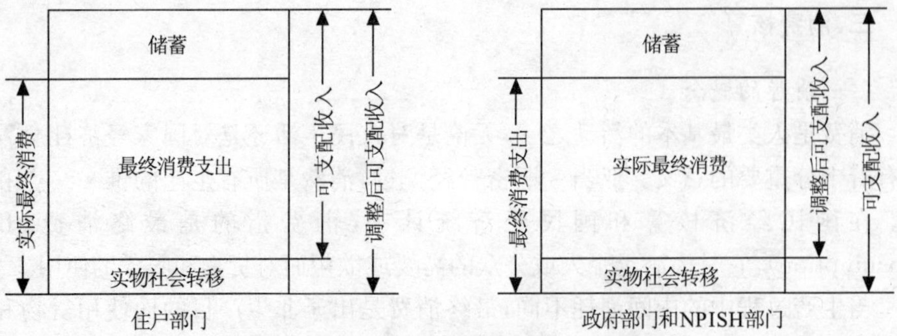

图 7—4—1 收入与消费对应关系示意图

与收入概念保持一致,最终消费支出核算对应的是可支配收入,实际最终消费支出对应的是调整后的可支配收入;二是为了更真实地核算住户部门的消费水平,以便能对国民经济整体的消费水平有一个正确的认识。

就 SNA 有关收入使用核算在宏观经济分析应用方面的作用而言,将最终消费分别从最终消费支出和实际最终消费加以考察可以满足不同方面对消费状况的研究及政策制定的需要。首先,从承担最终消费支出的角度看,通过考察全社会的支出都由哪些部门承担,以及各自支付的数额是多少,可以分析各不同消费主体在最终消费中的作用及最终消费支出的结构。尤其是对于政府,由于有一部分个人的消费支出和全部公共消费支出要由其承担,考察政府的最终消费支出数额,以及这部分支出占政府全部支出的比重,可以为政府制定相应的财政税收政策提供可靠的依据。其次,从最终获得并实际消费的角度看,通过考察全社会的实际消费总额都由哪些部门完成,尤其是住户的实际最终消费数额及其在实际最终消费总额中所占的比重,可以真实地反映居民在核算期的消费水平。同时,也为宏观管理部门制定消费政策和经济分析提供了依据。

应该注意的是,不能将消费支出等同于货币性支出。消费支出既包括直接购买支出,也包括虚拟购买支出,例如,消费者消费自产自用的货物和服务的价值,以及以实物报酬和实物转移形式计入收入的货物和服务的价值。

一般说来,住户部门的实际最终消费大于最终消费支出,而政府部门和为住户服务的非营利机构的实际最终消费小于最终消费支出。

(三)最终消费支出核算

最终消费支出是指常住单位在核算期内对于货物和服务的全部最终消费支出,也就是常住单位为满足物质、文化与精神生活的需要,从本国经济领土和国外购买的货物和服务的支出,不包括非常住单位在本国经济领土内的消费支出。

最终消费支出可以分解为住户最终消费支出和公共消费支出,其中公共消费支出又可以进一步分解为政府最终消费支出和为住户服务的非营利机构的最终消费支出。

1. 住户最终消费支出核算

住户最终消费支出是指核算期内由常住住户所承担的消费性货物和服务的支出。除购买的消费型货物和服务之外，住户最终消费支出还包括易货交易的虚拟支出、以实物收入形式收到的货物和服务的虚拟支出、同一住户自产自用的货物和服务的虚拟支出。从消费的性质来看，包括下述内容：耐用消费品支出；非耐用消费品支出；各种消费性服务支出；住房服务支出。

在中国，住户消费被称为居民消费。居民消费按用途分为食品、衣着、居住(包括自有住房服务)、家庭设备用品及服务、医疗保健、交通和通信、文教娱乐用品及服务、实物消费、银行中介服务、保险服务、其他等11类。居民消费主要利用城乡住户抽样调查的人均消费支出和对应的城乡人口数进行推算。此外，银行中介服务、保险服务、自有住房服务、公费医疗消费支出等利用有关部门资料进行计算。

2. 公共消费支出核算

公共消费支出包括政府最终消费支出和为住户服务的非营利机构最终消费支出两部分，是指由政府和为住户服务的非营利机构承担费用，对社会公众提供的消费性货物与服务的价值，其中政府最终消费支出是主要部分。

按照职能划分，公共消费支出包括教育、卫生保健、社会保险和福利、体育和娱乐、文化等方面。从受益对象考虑，公共消费支出可区分为用于住户和用于公共服务两部分。用于住户的公共消费支出其受益者通常是特定的住户部门的某个人或某类人，如教育、卫生保健服务等；用于公共服务的支出是指政府等部门为向整个社会提供公共服务而承担的支出，它的受益对象是社会所有成员，如行政管理服务、国防服务等。

从消费提供方式或来源看，公共消费支出有两种情况：一种是由政府和为住户服务的非营利机构从市场上购买货物和服务，然后免费或以低于成本的价格提供给住户；另一种是政府和为住户服务的非营利机构作为非市场生产者，免费或以无经济意义的价格提供给社会公众。

在中国，由于没有将为住户服务的非营利机构单列出来，因此，公共消费支出指的就是政府消费支出。

(四)实际最终消费核算

1. 住户实际最终消费

住户部门实际最终消费是指各个住户获得的消费性货物和服务。住户部门的实际最终消费是其最终消费支出加上应得的实物社会转移价值。住户部门实际最终消费价值是以下三部分之和：第一，住户在消费性货物和服务上的支出价值，其中包括针对以无经济意义价格销售的非市场货物或服务的支出；第二，政府单位以实物社会转移形式向住户提供个人消费性货物和服务时承担的相应支出价值；第三，NPISH 以实物社会转移形式向住户提供个人消费性货物和服务时承担的相应支出价值。其中，政府单位或 NPISH 承担的实物社会转移的支出价值等于提供给住户的货物和服务的价值减去按无经济意义的价格收费时住户承担的支出金额。

2. 公共实际最终消费

政府和 NPISH 的实际最终消费等于其最终消费支出减去以实物社会转移形式提供给住户的货物和服务支出。因此，政府和 NPISH 的实际最终消费等于其在公共服务上所承担的支出。

四、常用的消费统计指标

(一)社会消费品零售总额

社会消费品零售总额是指国民经济各行业直接出售给城乡居民和社会集团的消费品总额。它反映各行业通过多种商品流通渠道向居民和社会集团供应的生活消费品总量，是反映社会消费总需求的重要指标。

社会消费品零售总额与最终消费在口径上存在着区别：第一，最终消费包括服务消费，而社会消费品零售总额不包括服务消费；第二，最终消费包括虚拟消费，如农民自产农产品的自我消费、自有住房的消费等，而社会消费品零售总额不包括这部分内容；第三，社会消费品零售总额包括出售给临时来华的外国人、华侨、台湾同胞和外国驻华使领馆人员的消费品，最终消费支出不包括这些消费品，在 GDP 核算中，它们包括在货物和服务的出口中；第四，最终消费支出包括中国临时离境人员和中国驻外使领馆人员在国外购买的消费品，社会消费品零售总额不包括这部分消费品；第五，社会消费品零售总额包括出售给居民用于建造房屋的建筑材料，但最终消费不包括；第六，社会消费品零售总额包括对企业、企业化管理的事业单位等非政府单位的商品零售额，最终消费不包括这部分内容；第七，社会消费品零售总额包括出售给政府单位的交通工具和电讯产品，最终消费则不包括这些内容。因此，最终消费更接近理论上所讲的消费概念，社会消费品零售总额则是不完全消费的概念。但是，社会消费品零售总额有月度数据，时效性强，可以更及时地观察消费需求的变动，因此，在中国的宏观经济分析中，社会消费品零售总额这一指标使用得更为普遍。最终消费作为核算指标，虽然时效性差一些，但它可以更全面准确地描述消费需求，对于更深入、更准确地进行宏观经济分析能够起到更大的作用。

社会消费品零售总额月度数据一般在月后 12 日左右发布，季度数据一般在季后 18 日发布，月度和季度数据都可以在国家统计局网站和下个月 30 日出版的《中国经济景气月报》上查到；年度数据在次年 1 月 24 日左右在国家统计局“全年经济形势新闻发布会”上首次发布，还可以在次年 2 月底发布的《国民经济和社会发展统计公报》、5 月出版的《中国统计摘要》和 9 月出版的《中国统计年鉴》上查到。

（二）城乡居民消费支出

城乡居民消费支出是指城乡居民家庭用于日常生活的全部支出，反映城乡居民实际消费水平的变化。它既包括城乡居民购买商品的支出，也包括用于文化生活、服务等非商品性支出，还包括用于赠送的商品或服务的支出。居民消费支出按用途可以分为食品、衣着、居住、家庭设备用品及服务、医疗保健、交通和通信、教育文化娱乐服务、其他商品和服务八大类。需要特别指出的是，这一指标是一个“人均”的概念，即居民家庭成员平均每人的消费支出，而没有考虑人口数量的增加和结构的变化。对应的指标分别是城镇居民家庭平均每人消费性支出和农村居民家庭平均每人生活消费支出。

城乡居民消费支出每季度公布一次，国家统计局网站在季后 25 日左右公布，在季后 30 日左右出版的《中国经济景气月报》上也可以查到；年度数据在每年 5 月出版的《中国统计摘要》和 9 月出版的《中国统计年鉴》上可以查到。

（三）消费率

消费率也称为最终消费率，是指最终消费支出占支出法 GDP 的比重，一般按现行价格计算。用公式表示为：

$$消费率=\frac{最终消费}{支出法\ GDP}\times 100\%$$

消费率反映了生产活动的最终成果用于最终消费的比重。通过观察消费与生产之间的关系，可以研究经济的增长类型和运行质量，揭示其发展规律。

近年来，中国的消费率一直大大低于世界平均水平，也明显低于各主要发达国家和发展中国家的水平，这与中国所处的工业化进程尚未完成的经济发展阶段密切相关。因此，积极扩大消费需求，逐步提高消费率，是促进中国经济持续发展的重要任务。

（四）消费拉动率

消费拉动率，又称消费对 GDP 增长的拉动率、消费对 GDP 增长的贡献率、消费拉动系数，是指一定时期消费需求增量占当期 GDP 增量的比重，反映经济增长率中消费需求拉动所占的份额。计算方法为：

$$消费拉动率=\frac{当年不变价最终消费-上年不变价最终消费}{当年不变价支出法\ GDP-上年不变价支出法\ GDP}\times 100\%$$

同时，还可以计算消费拉动 GDP 增长的百分点。计算方法为：

$$消费拉动\ GDP\ 增长（百分点）=消费拉动率\times GDP\ 增长率$$

其中，GDP 增长率一般为不变价生产法 GDP 增长率。

第五节 中国收入分配与收入使用的若干统计问题

收入分配与收入使用研究是中国经济研究中的一个热点问题。但是，许多人对一些收入分配与收入使用的基本指标的定义、口径和具体计算方法还存在误解，从而得到一些不正确的结论。因此，需要对中国收入分配与收入使用的一些统计问题进行分析，以消除认识上的误区。

一、劳动者报酬问题[①]

劳动要素收入是收入分配研究中一个倍受关注的问题，但无论在 SNA 中，还是在中国国民经济核算实践中，都缺少一个反映劳动要素收入的完整指标。

SNA 针对雇员设置的劳动报酬指标是雇员报酬，针对自雇者，SNA 并没有设置相应的劳动报酬指标，而是设置了混合收入指标，它包含了业主及其家庭成员在个体经营户和农户中所做工作的回报，即劳动报酬，以及个体经营户和农户创造的营业盈余两部分内容。SNA 之所以没有针对自雇者设置劳动报酬指标，是因为通常情况下很难把个体经营户和农户中的劳动报酬和营业盈余区分开来。但是，这种指标设置方式没有给出完整的劳动要素收入指标，给 GDP 中劳动要素收入和资本要素收入所占份额等问题的研究带来了困难。

我国国民经济核算体系针对所有劳动者设置了劳动报酬指标，即劳动者报酬，它既包含 SNA 中的雇员报酬，也包括 SNA 中的混合收入所包含的劳动报酬。在历史上，中国劳动报酬的口径曾经发生过变化，表现为对个体经营户的劳动者报酬口径进行过两次修订。

第一次修订发生在第一次全国经济普查的 2004 年。在 2004 年之前，将个体经营户的混合收入都作为劳动报酬处理。2004 年所做的修订是：将个体经营户的混合收入作为营业盈余处理，只将个体经营户的雇员报酬作为劳动者报酬处理。

第二次修订发生在第二次全国经济普查的 2008 年。2008 年所做的修订是：依据第二次经济普查资料计算的每一行业相近规模企业的劳动者报酬和营业盈余的比例，将个体经营户的混合收入划分为劳动者报酬和营业盈余。2008 年在对个体经营户劳动者报酬口径进行修订的同时，对 2004～2007 年的历史数据做了同口径修订。

在这两次修订中，均未对农户的劳动者报酬口径进行调整，即农户的混合收入始终是作为劳动者报酬处理的。这主要是考虑农户经营规模比较小，劳动生产率

---

① 许宪春，"当前我国收入分配研究中的若干问题"，《比较》2011 年第 6 期。

比较低，利润率比较低，将农户的混合收入全部作为劳动者报酬处理不会产生大的差异。

2004年以来全国历年间收入法GDP和分行业收入法增加值中的劳动者报酬数据是可比的，但2004年以前与2004年以后的数据具有一定程度的不可比性：2004年以前，个体经营户的混合收入全部作为劳动者报酬处理；2004年以后，个体经营户的混合收入则被区分为劳动者报酬和营业盈余两部分。因此，在2003年与2004年间，收入法GDP和分行业收入法增加值中的劳动者报酬数据出现了跳跃。因为到目前为止，国家统计局没有公布全国收入法GDP和分行业收入法增加值构成项目数据，所以数据用户感受不到上述数据的跳跃。

在国家统计局对个体经营户劳动者报酬口径进行第二次修订，并对2004～2007年历史数据进行修订时，地区个体经营户劳动者报酬没有做到与国家同步修订，到目前为止，仍有部分地区采用第一次修订的方法。这会影响国家和地区之间劳动者报酬和营业盈余数据的可比性：2004年之后，全国数据包含个体经营户混合收入中的劳动者报酬，而地区汇总数据则不完全包含这部分劳动者报酬。

由于我国没有公布全国收入法GDP和分行业收入法增加值构成项目数据，有的学者在对劳动要素收入进行历史比较研究中，利用地区收入法GDP和分行业收入法增加值中的劳动者报酬汇总数据替代全国的相应数据。这种简单的替代是有问题的，它低估了2004年以后全国收入法GDP和分行业收入法增加值中的劳动者报酬数据，同时，加大了2004年以后与2004年以前全国收入法GDP和分行业收入法增加值中的劳动者报酬数据之间的不可比性。

在有关劳动要素收入国际比较等问题的研究中，有的学者将我国的劳动者报酬或者剔除农户混合收入后的劳动者报酬与其他国家的雇员报酬进行比较。例如，有的学者将我国的劳动者报酬占GDP的比重，或者劳动者报酬剔除农户混合收入后的部分占GDP的比重与其他国家的雇员报酬占GDP的比重进行比较。这两种比较也是有问题的，因为无论是劳动者报酬还是剔除农户混合收入后的劳动者报酬都比雇员报酬的口径大。

二、财产收入问题[①]

在我国收入分配研究中，关于财产收入有许多误解，需要认真进行辨析。

(一)出租房屋收入是财产收入吗?

在我国收入分配研究中，一般都把出租房屋收入作为财产收入处理。但是，房屋既不是金融资产，也不是自然资源，所以按照SNA的定义，由出租房屋所产生的

① 许宪春，“当前我国收入分配研究中的若干问题”，《比较》2011年第6期；许宪春，“财产收入与其他几种类型收入的区分问题”，《财贸经济》2013年第2期。

收入不是财产收入。那么,出租房屋所产生的收入是一种什么类型的收入呢?在SNA中,房屋等建筑物、机器和设备等固定资产的所有者把它们直接出租给承租人,获得租金收入,是一种经营租赁方式。这种租赁方式是一种生产活动,出租人向承租人提供一种租赁服务,获得服务收入;承租人获得租赁服务,做出服务支出。与其他类型经营性收入一样,出租房屋获得的房租收入并不完全构成房屋出租者的初次分配收入来源,房租收入扣除维修费用、物业管理费用等中间消耗和生产税、劳动者报酬等部分增加值构成项目,得到出租房屋这项生产活动的总营业盈余,它构成房屋出租者的初次分配收入来源。

(二)房屋销售增值收入是财产收入吗?

在我国收入分配研究中,一般都把财产转让的溢价收入作为财产收入,例如,出售住房增值部分的收入作为财产收入处理。房屋属于固定资产。在SNA中,因资产价格随着时间发生变化而对资产所有者产生的收益价值称为持有收益。一旦因持有收益而增值的资产被出售了,就说这些持有收益被实现了。这种持有收益属于重估价核算的内容,而不是收入分配核算的内容。在房屋价格上升的情况下,房屋的销售价格就会超过其购买价格,形成差价收入。这种收入实际上也是因持有房屋一段时间给其所有者带来的已实现的持有收益,因此不能作为财产收入处理。

(三)出售艺术品的增值收入是财产收入吗?

在我国收入分配研究中,一般都把出售艺术品超过原购买价的那部分收入作为财产收入处理。根据SNA(2008)的规定,艺术品是贵重物品的一种,其显著特点是,在正常情况下,其实际价值会随着时间而上升,至少不会下降。艺术品的销售价值超过购买价值的差价收入实际上是因艺术品价格的上升给其所有者带来的已实现的持有收益,因此不能作为财产收入处理。

(四)出售股票的收入是财产收入吗?

在我国收入分配研究中,一般将出售股票获得的收入作为财产收入处理。股票作为金融资产的一种类型,经常发生买卖行为。与因持有股票获得的红利不同,出售股票获得的收入是其所有者以出让股票所有权为代价获得的现金或存款等其他类型金融资产。因此,股票的出售只是改变了原所有者的金融资产结构,并没有增加其初次分配收入。所以,出售股票获得的收入与财产收入是不同的。

(五)知识产权收入是财产收入吗?

在我国收入分配研究中,一般都把出让家庭或家庭成员拥有的专利、版权等知识产权所获得的净收入作为财产收入处理。根据SNA(2008)的规定,知识产权产品属于固定资产。出让知识产权产品获得的收入与销售其他类型固定资产获得的收入一样,是以出让知识产权产品这种类型固定资产的所有权为代价,获得了现金或者存款等金融资产。因此,知识产权产品的出让只是改变了其原所有者的资产结构,并没有增加其初次分配收入。所以,出让知识产权产品获得的收入与财产收入是不同的。

三、应当用什么指标反映宏观收入分配格局中的居民可支配收入①

在中国,宏观收入分配是通过资金流量表来核算的。资金流量表把收入分配区分为初次分配和再分配。初次分配指的是对投入生产活动的生产要素的支付和因从事生产活动向政府交纳的税金及从政府得到的补贴,对生产要素的支付包括劳动者报酬、财产收入和营业盈余,向政府交纳的税金和从政府得到的补贴分别是生产税和生产补贴,初次分配之后形成居民、企业和政府的初次分配收入;再分配指的是经常转移支付,包括所得税、社会保险缴款、社会保险福利、社会补助等,再分配之后形成居民、企业和政府的可支配收入。

所以,资金流量表反映了国民可支配收入是如何在居民、企业和政府之间进行分配,以及通过这种分配所形成的三者分配关系,因而它反映了宏观收入分配的基本格局。因此,资金流量表中的居民可支配收入才是反映宏观收入分配格局中居民可支配收入的正确指标。

四、资金流量表中的居民可支配收入与住户调查中的居民可支配收入之间的区别②

部分研究人员通过农村居民人均纯收入乘以农村常住人口,加上城镇居民人均可支配收入乘以城镇常住人口,得出全国居民可支配收入。这种计算方法是不可取的,国家统计局从来没有利用这种方法计算全国居民的可支配收入。主要原因有两个:第一,农村居民人均纯收入与城镇居民人均可支配收入在口径范围上存在差异,两者之间存在不可加性;第二,住户调查中的农村居民人均纯收入和城镇居民人均可支配收入与反映宏观收入分配格局中居民可支配收入的正确指标,即资金流量表中的居民可支配收入还存在多方面的区别。

(一)基本用途的区别

住户调查中的居民可支配收入的基本用途:一是反映居民可支配收入的详细收入来源,包括工资性收入、经营性净收入、财产性收入、转移性收入及其详细构成项目;二是反映不同类型居民群体之间的收入分配差距;三是为资金流量表中的居民可支配收入核算提供重要的基础资料。资金流量表中的居民可支配收入的基本用途:一是反映全体居民的可支配收入总量;二是用于计算居民可支配收入在国民

① ② 许宪春,“准确理解中国的收入、消费和投资”,《中国社会科学》2013年第2期。

可支配收入中的占比。

如果想了解居民可支配收入的详细来源构成、城乡之间和不同群体之间的居民收入差距，应着重观察住户调查中的居民可支配收入；而如果想了解居民可支配收入总量和宏观收入分配结构中的居民可支配收入占比，应着重观察资金流量表中的居民可支配收入。

(二)口径范围的区别

1. 劳动者报酬与工资性收入口径范围的区别

一是资金流量表采取的是权责发生制原则，所以它的劳动者报酬包括单位交纳的社会保险缴款、单位交纳的住房公积金和行政事业单位职工的离退休金及其所享受的公费医疗和医药费，而住户调查采取的是收付实现制原则，它的工资性收入不包括上述项目；二是资金流量表中的劳动者报酬包括个体经营户的业主及其家庭成员的劳动报酬以及农户户主及其家庭成员的劳动报酬和农户创造的利润，而住户调查中的工资性收入不包括这些收入。

2. 营业盈余与经营性净收入的区别

一是住户调查中的经营性净收入包括个体经营户的业主及其家庭成员投入劳动应得的报酬和个体经营户创造的利润，也包括农户户主及其家庭成员投入劳动应得的报酬和农户创造的利润，而资金流量表中的营业盈余只包括个体经营户创造的利润；二是资金流量表中的营业盈余包括农户得到的农业生产补贴，而住户调查没有把这种补贴作为经营性净收入，而是作为农民的转移性收入处理了。

3. 财产净收入与财产性收入的区别

一是关于“支出”处理的区别。在资金流量表中，体现在居民可支配收入中的是财产净收入，即应收财产收入与应付财产收入的差额；在住户调查中，体现在居民可支配收入中的是财产性收入，没有扣除财产性支出。二是关于“应收”和“实收”的区别。资金流量表采取的是权责发生制原则，所以它的财产收入是当期应收财产收入，而住户调查采取的是收付实现制原则，所以它的财产性收入是当期实际得到的财产性收入。三是关于出租房屋的租金净收入处理的区别。在资金流量表中，出租房屋与出租其他固定资产一样，属于生产活动，从而出租房屋的租金净收入，即出租房屋的租金收入扣除有关税费和维修费用等各种成本支出属于增加值的构成部分，而在住户调查中，出租房屋的租金净收入是作为财产性收入处理的。四是出售艺术品、邮票等收藏品超过原购买价部分的收入和财产转让溢价部分的收入处理的区别。在住户调查中，出售艺术品、邮票等收藏品超过原购买价部分的收入，财产转让溢价部分的收入，包括出售住房增值部分的收入是作为财产性收入处理的；在国民经济核算中，上述收入应当作为持有收益处理，不属于收入分配核算的范围，所以资金流量表中的居民可支配收入不包括上述收入。

4. 经常转移净收入与转移性收入的区别

一是关于"支出"处理的区别。在资金流量表中，体现在居民可支配收入中的是经常转移净收入，即经常转移收入与经常转移支出的差额；在住户调查中，体现在居民可支配收入中的主要是转移性收入，没有完全扣除转移性支出。二是关于单位交纳的社会保险缴款处理的区别。在资金流量表中，单位交纳的社会保险缴款在作为劳动者报酬处理的同时，又以居民的经常转移支出的形式支付出去了；在住户调查中没有相应的转移性支出。三是关于行政事业单位职工离退休金处理的区别。在住户调查中，行政事业单位职工的离退休金是作为转移性收入处理的；在资金流量表中，行政事业单位职工的离退休金是作为劳动者报酬处理的。四是关于个人提取的住房公积金处理的区别。在住户调查中，个人提取的住房公积金是作为转移性收入处理的；而在资金流量表中，个人提取的住房公积金是作为居民金融债权的减少处理的。

(三)资料来源和计算方法的区别

住户调查中的居民可支配收入是利用调查户的收支资料计算出来的。随着市场经济的发展，住户保护隐私和怕露富的意识日益增强，部分高收入住户拒绝接受调查，所以调查户对高收入住户的代表性不够；同时，接受调查的一些住户也存在少报和漏报的现象。因此，住户调查中的居民可支配收入不可避免地存在一定程度的低估。

资金流量表按照国民经济核算国际标准的要求利用多种资料来源计算居民可支配收入，在很大程度上避免了住户调查对居民可支配收入的低估。例如，资金流量表利用经济普查资料计算普查年度的劳动者报酬，避免了利用住户调查中的工资性收入计算劳动者报酬对普查年度居民可支配收入的低估。

五、事业单位的规费收入是否形成政府部门的可支配收入[①]

按照我国目前的核算制度，事业单位属于政府部门。事业单位与行政单位相比，它的经费来源不全是财政拨款，不足部分靠规费收入来弥补。由于我国事业单位多，规费收入量大，自然会提出一个疑问：这些规费收入是否都形成了政府部门的可支配收入？回答是：规费收入中只有很小的一部分形成了政府部门的可支配收入。

举例说明如下。假设某年某个事业单位的经常性(非投资性)支出为9000万元，其中5000万元为财政拨款，4000万元为规费收入，需要提取的固定资产折旧为500万元。按总产出计算方法，该事业单位的总产出等于经常性支出加折旧，为

① 彭志龙，"关于我国宏观收入分配的概念界定与核算"，http://www.stats.gov.cn。

9500万元。假设该事业单位的总产出构成为:中间消耗(业务费)4300万元,劳动者报酬4600万元,折旧500万元,生产税70万元,营业盈余30万元(一般情况下,事业单位不应该有营利或只是微利,也不需要缴纳太多的生产税)。由此得到该事业单位的增加值为5200万元。该事业单位的初次分配收入=增加值-劳动者报酬-生产税=530万元。假设不考虑再分配,因此该单位的可支配收入也是530万元。这530万元由该单位的折旧和营业盈余构成。进一步地看,折旧是提取数,与规费收入没有关系。与规费收入有关系的是剩下的30万元营业盈余,占规费收入的0.75%。也就是说,该事业单位的规费收入只有0.75%转化为可支配收入,其余绝大部分用于中间消耗和发放工资。可见,事业单位的规费收入对政府部门的可支配收入影响很有限。

六、财政收入与政府可支配收入是什么关系①

此处的财政收入是指预算内财政收入,它包括税收收入和非税收入。税收收入可以分成几大类,主要有:生产税、财产税、所得税,这些都是政府可支配收入的组成部分。非税收入情况复杂,其中一部分构成政府可支配收入,主要是专项收入、罚没收入等。还有一部分不属于政府可支配收入,主要是行政事业性收费。行政事业性收费中的大部分是行政事业单位对特定对象提供服务所收取的费用,属于交易行为,既不具有税收属性,也不是财产收入或转移收入。概括起来,财政收入中除了大部分行政事业性收费外,基本上都形成了政府可支配收入。

反过来,政府可支配收入中除了来自财政收入的部分外,还有哪些收入呢?政府可支配收入是政府部门在初次分配环节和再分配环节中的所有收入减去所有支出的净收入,因此,政府可支配收入实际涉及收入和支出两个方面,这与财政收入只涉及收入一个方面有所不同。从政府可支配收入的收入方看,除了财政收入的内容外,还有行政事业单位存款利息收入、社会保险缴款、政府部门固定资产折旧和少量的营业盈余等。政府可支配收入还涉及一些支出项,主要是生产补贴、国债利息支出、社会保险支出、政府对居民支付的各种补贴等。

综合起来看,财政收入与政府可支配收入不是简单的包含或被包含关系,而是既有联系、又有明显差别的两个收入概念。

---

① 彭志龙,"关于我国宏观收入分配的概念界定与核算",http://www.stats.gov.cn。

七、支出法中的居民消费与住户调查中的居民消费之间的区别①

(一)基本用途的区别

住户调查中的居民消费的基本用途有:一是反映居民消费的详细构成项目;二是反映不同类型居民群体之间的消费差距;三是为支出法 GDP 中的居民消费核算提供重要的基础资料。支出法 GDP 中的居民消费的基本用途有:一是反映居民消费总量;二是用于计算居民消费在支出法 GDP 中所占的比重。

因此,如果想了解居民消费的详细来源构成和不同类型居民群体之间的消费差距,应当着重考察住户调查中的居民消费;如果想了解居民消费总量和最终需求结构中的居民消费需求占比,应当着重考察支出法 GDP 中的居民消费。

(二)口径范围的区别

一是居住消费口径范围的区别。住户调查中的居住消费包括农村居民购买生活用房支出、建筑生活用房材料支出、建筑生活用房雇工工资和城镇居民住房大型维修、大型装潢材料支出,支出法 GDP 中的居住消费不包括这些支出。二是医疗保健消费口径范围的区别。支出法 GDP 中的医疗保健消费包括国家财政为农村居民支付的新农合医疗和医药费、社保基金为城镇居民支付的医疗和医药费以及行政事业单位职工享受的公费医疗和医药费,住户调查中的医疗保健消费不包括这些费用。三是关于金融中介服务、保险服务和自有住房服务的区别。支出法 GDP 中的居民消费包括居民对金融中介服务、保险服务和自有住房服务的消费,住户调查中的居民消费不包括这些类型的消费。四是关于实物消费的区别。支出法 GDP 中的居民消费包括城镇居民的实物消费,住户调查中的居民消费不包括这种类型的消费。

(三)资料来源和计算方法的区别

支出法 GDP 中居民消费的计算采用了与住户调查中的居民消费不同的资料来源,主要表现在:(1)交通和通信消费中的家用汽车购买支出采用了汽车工业协会、公安部和国家统计局工业统计中的有关资料。(2)农村居民医疗保健消费中的新农合医疗和医药费、城镇居民医疗保健消费中的社保基金支付的医疗和医药费以及行政事业单位职工享受的公费医疗和医药费分别采用了卫生部、人力资源和社会保障部以及财政部的相应资料。(3)金融中介服务和保险服务采用了金融机构、保险机构的有关资料。

---

① 许宪春,"准确理解中国的收入、消费和投资",《中国社会科学》2013 年第 2 期。

思考与练习

1. 什么是经常转移和资本转移？两者如何区分？

2. 如何区分最终消费支出和实际最终消费？将二者加以区分的意义是什么？

3. 某国的国民经济核算资料如下(单位：亿元)：

(1)国内生产总值 3708；(2)固定资本消耗 444；(3)雇员报酬 1524；

(4)生产税 470； (5)生产补贴 88； (6)营业盈余总额 918；

(7)混合收入总额 884。

要求：根据上述资料编制该国的收入形成账户。

4. 无论在中国还是外国，"劫富济贫"都被认为是一种正义的举动。在各国的收入再分配政策中，累进的个人所得税是重要的工具之一。你认为累进税是"劫富济贫"吗？

第八章　资本核算

机构单位所持有资产价值量的变化涉及四个账户。资本账户是其中的第一个账户，它记录非金融资产的交易；第二个是金融账户，记录金融资产和负债的交易；第三个账户是资产物量其他变化账户，记录非交易也非价格变化导致的非金融资产和金融资产价值的变化；第四个账户是重估价账户，记录价格变化对资产价值的影响。这四个账户通过记录机构单位或部门所持有资产的价格和物量变化（不论其是否由交易引起），可显示资产净值从期初到期末的变化，并能够按照构成项目对其进行分解。所有四个账户的影响全部集中反映在资产负债表中[①]。本章介绍资本核算的相关内容，接下来的各章介绍其他账户。

第一节　资产的概念与非金融资产的分类

资产是 SNA 中的基本概念，也是开展资本核算、金融交易核算、资产物量其他变化核算以及重估价核算的基础。本节介绍资产的概念与非金融资产的分类，金融资产的分类则在第九章第一节介绍。

一、资产的概念

（一）法定所有者与经济所有者

SNA（2008）区分了法定所有者和经济所有者。货物和服务、自然资源、金融资产和负债的法定所有者，是指在法律上有权并能持续获得这些相关实体之经济利益的机构单位[②]。所有经济活动都会涉及经济利益和风险两个方面，两个时期之间的经济利益转换也不可避免地涉及转换风险。货物和服务、自然资源、金融资产和负债的经济所有者，是指由于承担了有关风险而有权享有该实体在经济活动期间内运作带来的经济利益的机构单位[③]。

在大多数情况下，法定所有者和经济所有者是同一个主体，但有些情况下也可以是不同的主体。在 SNA（2008）中，如无特别的说明，一般都将所有者理解为是

---

① 《SNA(2008)》，10.1。

② 《SNA(2008)》，3.21。

③ 《SNA(2008)》，3.26。

经济所有者。当二者不一致时,SNA(2008)规定将资产记录在经济所有者而非法定所有者的资产负债表上,交易记录的时间点为经济所有权变更的时间。

(二)资产的定义

在对法定所有者与经济所有者进行区分的基础上,SNA(2008)将资产定义为:资产是一种价值储备,反映经济所有者在一定时期内通过持有或使用某实体所产生的一次性或连续性经济利益。它是价值从一个核算期向另一个核算期结转的载体①。SNA 中,所有的资产都是经济资产。

资产范围的界定原则是:该实体是否是其经济所有者一定时期内经济利益的一种来源。资产范围限定在经济活动中使用和拥有所有权的资产,某些项目被排除在资产范围之外,如耐用消费品、人力资本以及部分自然资源。耐用消费品因为其提供的服务不属于生产范围所以不属于 SNA 所界定的资产;人力资本在 SNA 中不作为资产,这是因为人的"所有权"很难确定;某些自然资源因为没有经济价值(如沙漠)或因为没有所有者(如空气)而不认为是资产。

由于资产是代表未来收益的存量,因此,所有的资产都可以用货币价值来表现。这个价值代表了资产蕴含的所有收益的市场价值。

资产分为金融资产和非金融资产。本节介绍非金融资产,金融资产在第九章中介绍。

二、非金融资产的分类

(一)SNA(2008)中非金融资产分类的变化

SNA(2008)对非金融资产的分类进行了较大幅度的修订,并扩展了资产边界,参见表 8—1—1。

表 8—1—1 SNA(2008)与 SNA(1993)关于非金融资产分类的对照表

SNA(1993)	SNA(2008)
生产资产(AN.1)	**生产资产(AN.1)**
固定资产(AN.11)	固定资产(AN.11)
有形固定资产(AN.111)	住宅(AN.111)
住房和其他建筑物	其他建筑和构筑物
机器和设备	非住宅建筑
培育资产	其他建筑
无形固定资产(AN.112)	土地改良
矿藏勘探	机器和设备
计算机软件	运输设备

① 《SNA(2008)》,3.30。

表 8－1－1(续)　SNA(2008)与 SNA(1993)关于非金融资产分类的对照表

SNA(1993)	SNA(2008)
娱乐、文学或艺术原件	信息通信技术(ICT)设备
其他无形固定资产	其他机器和设备
	武器系统
	培育性生物资源
	重复提供产品的动物资源
	重复提供产品的林木、庄稼和植物资源
	知识产权产品
	研究与开发
	矿藏勘探和评估
	计算机软件和数据库
	计算机软件
	数据库
	娱乐、文学和艺术原件
	其他知识产权产品
存货(AN.12)	**存货 (AN.12)**
材料和用品	材料和用品
在制品	在制品
培育资产在制品	培育性生物资源在制品
其他在制品	其他在制品
制成品	制成品
供转售的货物	军事存货
	供转售的货物
贵重物品(AN.13)	**贵重物品**
贵金属和宝石	贵金属和宝石
古董和其他艺术品	古董和其他艺术品
其他贵重物品	其他贵重物品
非生产资产(AN.2)	**非生产资产(AN.2)**
有形非生产资产(AN.21)	**自然资源(AN.21)**
土地	土地
地下资产	矿藏和能源资源
非培育生物资源	非培育性生物资源
水资源	水资源
	其他自然资源
	无线电频谱
	其他
无形非生产资产(AN.22)	**合同、租约和许可(AN.22)**
专利性实体	可交易的经营租赁
租约和其他可转让合同	自然资源使用许可
购买的商誉	从事特定活动的许可
其他无形非生产资产	货物和服务的未来排他性权利
	商誉和营销资产(AN.23)

与SNA(1993)相比,SNA(2008)中资产的主要变化有:

1. 资产不再区分为有形资产和无形资产。

在SNA(1993)中,对非金融资产的分类原则中,有形和无形的区分是一个主要的标准:将生产资产中的固定资产分为“有形固定资产”和“无形固定资产”,将非生产资产分为“有形非生产资产”和“无形非生产资产”。而在SNA(2008)中,不再区分有形资产和无形资产,因为二者已经无法作为区分资产固定形态的标准了。以“商誉与营销资产”为例,这部分在SNA(1993)中属于无形非生产资产,但是它们的表现形式又包括了商标、标识等有形的概念。SNA(2008)为了更严谨,就取消了这样的分类。

2. 无形固定资产改称为知识产权产品并进行了扩展。

(1)研究与开发由SNA(1993)中的非生产资产变为SNA(2008)中的生产资产。在SNA(1993)中,“研究与开发”被归入无形非生产资产中的“专利”分类,据此研究与开发具有了两个特征:无形资产和非生产资产。而在SNA(2008)中,“研究与开发”被视为是资本形成,归入到生产资产中的固定资产类别中,属于其中的知识产权产品的一类。因此,SNA(2008)中不再有“专利”的科目。

(2)“计算机软件”改为“计算机软件和数据库”。在SNA(1993)中,固定资产分类下的无形资产中设置了“计算机软件”子分类。对于生产活动中使用时间超过1年的计算机软件视为固定资产。同时,将购入或者开发的、使用期限在1年以上的大型数据库,和计算机软件等同处理。在SNA(2008)中,将“计算机软件”和“数据库”设为不同的子分类。

3. 将军事武器系统确认为生产资产。

在SNA(1993)中,只有那些可用作民用生产目的的军事固定资产才被作为生产资产处理,并记录相应的固定资本形成;只能用于军事目的的武器系统的开支,被作为中间消耗处理。而在SNA(2008)中,武器系统被纳入到资产的范围,作为生产资产处理,形成了生产资产中的一个新类别。

4. 存货的修订。

(1)存货中增加“军事存货”分类。SNA(1993)将存货分为材料和用品、在制品、制成品和供转售的货物4类,而SNA(2008)增加了“军事存货”一类。

(2)为了同固定资产中对培育性生物资源的修订相对应,将原来的“培育资产在制品”改为“培育性生物资源在制品”。

5. 关于“商誉和营销资产”的修订。

SNA(1993)中,商誉为资产分类中的第四级分类,即资产——非生产非金融资产——无形非生产资产——购入商誉,对其记录也仅在企业销售或接管过程中才会发生。在SNA(2008)中,该部分内容有了以下变化:第一,提出了“营销资产”的概念，并和商誉一起形成“商誉与营销资产”子分类；第二，提升了“商誉和营销资产”的分类级别，即资产——非生产资产——商誉和营销资产；第三，提出了统一的方法对“商誉和营销资产”的价值进行评估，即将持续经营下的企业的价值与企业净值之间的差异部分界定为“商誉和营销资产”的价值。

6. 其他修订。

其他修改包括：(1)在其他建筑物和构筑物类别下，增加了“土地改良”，取代了SNA(1993)中的“非生产非金融资产的重大改良”的分类，并将土地的所有权转移费用包括在该项下。(2)在机器和设备类别下增加了“信息通信技术设备”的分类。(3)“矿藏勘探”更名为“矿藏勘探与评估”。(4)“有形非生产资产”更名为“自然资源”，并扩大了核算范围。新分类中的“矿藏和能源资源”与原来的“地下资产”相对应，“其他自然资源”为新增加的次级类别，包括“无线电频谱”和“其他”。

(二)SNA(2008)中非金融资产的分类

非金融资产是经济资产的主要类别之一，是在非金融交易过程中积累起来的资产。非金融资产种类繁多，按照其产生情况，可将非金融资产分为生产资产和非生产资产。

1. 生产资产

生产资产是SNA生产范围内作为生产过程的产出而形成的非金融资产。在SNA(2008)中，生产资产主要有三类：固定资产、存货和贵重物品。

(1)固定资产

固定资产是生产过程中被反复或连续使用一年以上的生产资产。在SNA(2008)中，固定资产分为住宅、其他建筑物和构筑物、机器和设备、武器系统、培育性生物资源、知识产权产品等类别。

①住宅。住宅是指完全或基本作为居住使用的房屋或房屋的指定部分，包括各种附属结构，如车库。

②其他建筑和构筑物。包括非住宅建筑、其他构筑物和土地改良。非住宅建筑是指住宅之外的整个或部分建筑物，固定装置、设施和设备等建筑物的组成部分也包括在内。其他构筑物是指除房屋以外的构筑物，其中包括街道、下水道以及场地清理费等。土地改良是指能够极大改良土地的数量、质量或生产率，或者防止土地退化的行为，如土地清理、修筑水井和灌溉水渠等。

③机器和设备。是指生产用和运输用机器设备，包括交通设备，用于信息、计算机和通信的机器，以及其他机器和设备。如机动车、船舶、铁路货车和客车、飞机、自行车、计算机、机床、锅炉等。

④武器系统。包括军舰、潜艇、军用飞机、坦克、导弹运载工具和发射架等交通设备和其他设备。

⑤培育性生物资源。是指在机构单位的直接控制、负责和管理之下，能重复提供产品的动物资源和能重复产果的树木、庄稼和植物资源。重复提供产品的动物资源是指其自然生长和繁殖都在机构单位的直接控制、负责和管理之下的动物，包括种畜、奶牛、用于产毛的动物、用于比赛的动物（如赛马）等。重复提供产品的林木、庄稼和植物资源是指其自然生长和繁殖都在机构单位的直接控制、负责和管理之下的植物，包括为产水果和坚果、树汁或树脂、树皮和树叶而培育的林木。

⑥知识产权产品。知识产权产品是研究、开发、调查或者创新的成果，这些行为会产生知识，由于使用这些知识受到法律或者其他保护措施的限制，其开发者可以将其在市场上出售或为了自身的利益将其用于生产。知识可以作为一种单独的产品存在，也可以蕴含于其他产品之中。知识产权产品包括研究与开发（R&D），矿藏勘探和评估，计算机软件和数据库，娱乐、文学或艺术原件，以及其他知识产权产品。研究与开发是指为了增加知识储备（包括有关人类、文化和社会的知识）并利用这种知识储备开发新的应用，系统性地从事创造性活动。矿藏勘探和评估是指对石油、天然气和非石油矿藏进行勘探，并随后对这些发现进行评估。计算机软件包括计算机程序、程序描述和上述系统与应用软件的支持材料。数据库是指以某种允许高效访问和使用数据的方式组织起来的数据文件。娱乐、文学或艺术原件是指记录或体现戏剧表演、广播电视节目、音乐表演、体育比赛、文学和艺术作品等影片、录音、手稿、磁带、模型等。其他知识产权产品是指上述项目之外、属于固定资产的其他一切产品。

（2）存货

存货是指生产者使用的，打算在将来销售、生产使用或其他使用的货物和服务的存量。在 SNA（2008）中，固定资产包括材料和用品、在制品、制成品、军事存货和供转售的货物。

①材料和用品。材料和用品是指企业存在仓库里打算作为中间投入用于生产的所有货物。

②在制品。在制品是指企业生产的、加工尚不够充分的产品，它们还未达到能被其他机构单位使用时的正常状态。

③制成品。制成品是指作为产出而生产的、生产者欲将其提供给其他机构单位且在此之前不再打算做进一步加工的货物。

④军事存货。军事存货是指武器或武器系统中供一次性使用的物品，如弹药、导弹、火箭、炸弹等。

⑤供转售的货物。转售的货物是指诸如批发商或零售商等企业购买的货物，目的是为了将其转卖给顾客。

（3）贵重物品（valuables）

贵重物品是指主要不是用于生产或消费，而是在一段时间内作为价值贮藏手段持有的、具有相当大价值的生产性货物。贵重物品包括贵金属和宝石、古董和其他艺术品以及其他贵重物品。

①贵金属和宝石。不是由企业为了销售或作为生产过程的投入而持有，不是作为货币黄金而持有，也不是以未分配金属形式作为金融资产而持有，此时持有的贵金属和宝石应被视为贵重物品。如非货币黄金、白金、钻石、银等。

②古董和其他艺术品。不是由企业为了销售而持有的、被公认为艺术品和古董的绘画、雕塑等，除此之外的部分应被视为贵重物品。原则上博物馆的展品属于贵重物品。

③其他贵重物品。不属于其他分类的贵重物品，包括有公认市场价值的邮票、硬币、瓷器、书籍等收藏品，以及精美的首饰、时尚的宝石和有重大可实现价值的金属。

2. 非生产资产

非生产资产是通过生产过程以外的方式形成的非金融资产。非生产资产包括三类：自然资源，合约、租约和许可，商誉和营销资产。

(1)自然资源。自然资源包括自然形成的资产，如具有经济价值的土地、水资源、非培育性森林和矿藏。

(2)合约、租约和许可。只有当下述两个条件都满足时才作为资产处理：第一，合约、租约和许可规定了使用资产或提供服务的价格，且该价格不同于当合约、租约和许可不存在时的价格；第二，合约的一方必须在法律上和实际上有能力实现这一价差。

(3)商誉和营销资产。商誉用来反映一个商业实体资产和负债以外的账面价值，体现的是一个公司治理结构、公司文化、人力资源、管理、销售网络、顾客基础等方面的价值。营销资产是指品牌、报头、注册商标、公司标识、域名等项目，它是现有或潜在客户对公司及其产品的总体印象。

第二节 资本形成核算

资本形成也称为投资，是资本核算的重要内容，是收入用于消费后余下的那部分收入的使用。

一、资本形成核算的基本问题

(一)资本形成的概念

严格地讲，资本形成是指各机构单位通过经济交易获得或处置生产资产的行为，反映经济过程中用于积累从而增加了生产资产的货物与服务价值。所谓获得，包括购入、自己生产、接受赠予等形式;处置则包括出售、报废、磨损等形式。在核算上,资本形成就是各单位当期获得减处置的净获得,具体包括固定资本形成总额、存货变化和贵重物品净获得三个项目。

应注意资本形成与非金融投资的区别。从部门或机构单位看,非金融投资除资本形成外,还包括非生产资产投资,主要包括土地及其他非生产资产净购买。但和资本形成相比,土地及其他非生产资产净购买一般数额很小,而且从一国看,各部门的非生产资产净购买会相抵为零,非金融投资在量上与资本形成相等,因此,讨论非金融投资,一般以资本形成为其主要内容。

(二)资本形成的交易

资本形成交易有两种:一是当期产出(及进口品)作为资本品被配置在各部门,转移为各部门的资产;二是原有资产的交易,结果使原有资产在不同部门得以重新配置。原有资产又称为现有资产,是指已经过从生产者(或进口者)到使用者的所有权转让的货物资源,它在本次交易之前已被国内某单位作为资本形成所记录,例如二手市场上买卖的机器设备。

对各单位和部门而言,其资本形成中很可能既包括原有资产也包括产出转化的新资产;但对一国来说,国内各单位之间现有资产的交易都属于内部交易,获取和处理会相互抵消,这样一国当期资本形成基本上是当期产出和进口品转化的新资产。多数情况下,资本形成的结果是具有独立形态、能单独识别的新资产,它可以直接增加对应类别非金融资产的数量和价值,如建筑物和机器设备等。另一些情况下,资本形成表现为对原有资产的改善,如土地改良、建筑物大修理与翻新、计算机软件的更新等,这时资本形成的结果不能单独识别和估价,不能增加资产的数量,只是因提高了资产质量而增加了资产的价值。

(三)资本形成的性质

1. 资本形成不同于消费。

不论何种形式的资本形成,如购买机器设备、增加原材料储备、改良土地、建造厂房住宅等,都是为了通过持有或使用这些资产而获得经济利益和增加产出,都具有生产性,因此,通常将那些供生产性使用的资源称为资本品,将供消费使用的资源称为消费品。区分资本形成和消费的标志主要是看谁持有这些资源和持有的目的。凡被生产者持有、拟进一步作为生产的手段或投入物者,都作为资本形成,否则应作为消费。如在住户部门,住宅被视为提供住房服务(产出)的手段,因此购买或建造住宅被作为资本形成;家庭耐用品购买则被作为消费,因为这些物品提供的服务并不作为生产产出的组成部分。

2. 资本形成不同于中间消耗。

资本形成是资源在当期的积累,是未来生产扩大的准备;中间消耗则是资源在当期生产过程中的消减。区别二者的关键是看其在各机构单位所行使的职能。中间消耗是生产者职能的体现，它与当期产出的计量有关，是各单位计算增加值、宏观上计算最终产出的扣减项目；资本形成体现的是资产所有者的职能，是各单位投资的方式之一和宏观最终产出的使用方式之一，会增加各单位及一国的非金融资产。

3. 资本形成的实物构成与非金融资产构成是一致的。

资本形成的实物构成与非金融资产构成是一致的，二者在核算范围和分类上具有一致性，而且各大类内部的详细分类也是一致的。

4. 资本形成核算与消费核算、生产核算是连为一体的。

从宏观上看，资本形成是国内最终使用的组成部分，将资本形成总量与消费总量相加，可得国内当期最终使用量；再与当期净出口相加，即可求得当期国内最终产出量即 GDP。

(四)资本形成核算的原则

1. 记录时间原则

资本形成核算的记录时间，应以交易者(买者)获得资源所有权的时间为标准。在购入方式下应以购入时间为准；自产方式(如自建固定资产、自制在制品和制成品)下应以生产时间为准；赠与转移方式下应以交接时间为准。对固定资产，尤其不能将资本形成的记录时间等同于固定资产的生产时间(自制情况下除外)，也不能等同于固定资产投入生产使用的时间。

2. 估价原则

资本形成核算的估价应遵循现期实际价格原则。购入方式下应按购入价格估价。如果购入的是新资产，用于估价的价格应是包含运费、安装费及其他中间费用的购买者价格；如果是原有资产购入，则估价是买价与运费、安装费和各种所有权转移费用与转移税之和。在自制方式下，应按资产的基本价格估价。在基本价格无法估计时，也可采用生产成本估价。在转移方式下，则应按估计的基本价格和运费、转移费来估算。

在具体估价计算上应注意，对原有资产，一些单位的资产获得和另一些单位的资产处理对应存在，为保证核算结果的准确性，应尽力使交易双方采用相互配合的价格估价；对由产出转化的新资产，则应尽力使资本形成的估价与产出核算的估价相一致，以保证生产核算与使用核算结果的一致性。

二、固定资本形成核算

(一)固定资本形成的概念与内容

固定资本形成是核算期内通过经济交易在固定资产上发生的积累，也可定义为生产者对耐用性资本货物的支出价值。

按照固定资产的含义和分类，固定资本形成包括以下内容：(1)住宅资本形成；(2)其他建筑物和构筑物资本形成；(3)机器和设备资本形成；(4)武器系统资本形成；(5)培育性生物资源资本形成；(6)知识产权产品资本形成。

(二)固定资本形成的基本核算方法

固定资本形成总额等于生产者在核算期内获得的固定资产价值减处置的固定资产价值。

获得的固定资产价值包括购入的固定资产、由易货交易或实物资本转移而获得的固定资产、生产者自制自用的固定资产，这些资产既可以是产出转化的新资产，也可以是过去时期形成的原有资产；固定资产处理应视为负资本形成看待，它包括出售与易货交易中付出的、实物资产转移时付出的、被所有人拆毁或报废或屠宰的固定资产等，但处理的对象仅限于原有资产。

(三)固定资本形成某些具体项目的核算

1. 研究与开发

在SNA(1993)中，研究与开发被归入非生产资产。SNA(1993)虽然承认研究与开发活动具备投资的性质，不是一种仅用于当期生产的投入，可以为未来带来收益，但考虑到实践中很难将研究与开发活动和其他具有类似特征的活动区分开来，对研究与开发形成的资产不好识别和归类，也很难对研究与开发资产的价值以及折旧率进行准确估计，因此，将研究与开发活动支出作为中间消耗处理。

随着经济社会和科技的发展，研究与开发活动在经济发展中的作用越来越重要，研究与开发支出的比重也越来越大。近年来，研究与开发支出的计量和测算方法获得了长足发展，研究与开发成果在现代经济发展中的资产属性也越来越明显。SNA(2008)明确规定，除非很明显地知道研究与开发活动不能为其生产者(或所有者)带来未来收益，否则将研究与开发作为固定资本形成处理。在研究与开发不能为其生产者(或所有者)带来未来收益的情况下，它被视为中间消耗而不是资本形成。

SNA(2008)建议，市场生产者为自身利益从事的研究与开发，原则上应按其如被商业转包所应支付的基本价格进行估价。但实践中这个价格很难得到，因此可以按生产总成本来估价。专门的商业性研究机构进行的研究与开发，应该按销售收入、合同收入、佣金收入、服务费等进行估价。政府单位、大学和非盈利性研究机构等进行的研究与开发属于非市场生产活动，应以发生的总成本估价。

2. 武器系统

SNA(1993)认为，生产武器系统的主要目的是用于战争，而在实际用于战争时，它们是用于破坏而不是生产，因此武器系统支出不应视为资本形成。在SNA(1993)中，破坏性武器及其运载设备方面的支出，包括火箭、导弹及其弹头、军舰、潜水艇、战斗机、轰炸机、装甲车等方面的支出，没有作为固定资本形成记录，而是记录为政府的最终消费支出。在SNA(1993)中，只有那些可作民用生产目的的军事固定资产的支出才被记录为固定资本形成。

SNA(2008)则认为，武器系统（如弹道导弹）在国防服务中被连续使用，即使在和平时期仅仅是用作威慑手段，它们的存在为人们提供了一个和平的环境，使人们从中受益，因此应被作为资产处理。将军事武器系统纳入固定资产后，军事武器系统的支出将从政府消费支出调整为固定资本形成，同时应按依照固定资产计算的固定资本消耗计算在政府消费支出中，由于这部分固定资本消耗的计算，将导致GDP略有增加。

3. 计算机软件和数据库

在SNA(2008)中，将计算机软件和数据库设为不同的子分类分别列示。

在对计算机软件价值的评估方面，SNA(2008)提出如果计算机软件的“拷贝”被无偿发布使用时，SNA对这部分流量不做任何记录。但是，如果软件所有者出于获得预期盈利的目的而无偿发布时，那么这些预期收益的现值应计入资产负债表。

SNA(2008)将数据库分为自用、购入和通过许可的方式使用的数据库。数据库的创建一般采用成本加成法来进行估值。数据管理系统的成本不应计入数据库成本，而是作为计算机软件资产，除非该系统是采用经营租赁的方式使用的。用于销售的数据库应采用市场价格进行估值，在这种情况下，如果可以将计算机软件部分分离出来，应该将其归入软件的销售。

4. 知识产权产品原件和复制品

SNA(2008)将知识产权产品原件和复制品视为不同的产品，如果符合条件，原件和复制品均应被视为固定资产。SNA(2008)给出了不同情况下的处理意见。对于原件，在市场购买的原件以购买者价格估价，自己内部开发的原件以其估算的基本价格或生产成本估价。SNA(2008)对复制品的处理如下：如果复制品被直接销售，并在生产中使用1年以上，被视为是固定资产；如果复制品以许可的方式进行使用，使用期限在1年以上，并且使用者承担了所有的风险和收益，也将其视为固定资产；许可方式使用下，如果没有长期的使用协议，则使用费的支付应被视为服务的购买，作为中间投入；如果采用初次进行大额的支付，然后后期采用小额支付的方式使用复制品，初次支付应被视为固定资产形成，后期支付应被视为服务的购买。因此，在SNA(2008)中，复制品的购买和使用不再被作为单一的中间消耗，而是在某些特定情况下被视为固定资产。

（四）固定资本形成总额与净额

固定资本形成的计量有总额和净额两种方式，二者的差别在于是否扣除当期固定资本消耗。固定资本消耗是指固定资产在当期生产过程中的消耗。它是生产过程的投入价值，从资产存量角度看则代表固定资产在核算期内因正常陈旧和损坏而形成的价值减少，因而表现为固定资产价值的负增加即固定资本负形成。

用固定资产当期获得与处置相减计算固定资本形成，如果式中的处置仅指固定资产在完整形态上的出售、赠与、转让和报废，那么计算结果就是固定资本形成总额。在总额基础上扣除当期固定资本消耗，就得到固定资本形成净额。从理论上说，固定资本形成净额较总额能更加准确地反映期内固定资产因经济交易而发生的全部价值变化。

需要注意的是，固定资本形成总额的计量对象是固定资产在完整形态上的当期增减变动量，与资产实物量变化相伴随；而固定资产消耗计量的则是对应于全部固定资产的价值损耗量，并不体现完整的资产形态。此外，固定资本消耗在计算上也存在局限性，因此，在固定资本形成核算中，更加注重固定资本形成总额的核算，同时列出固定资本消耗作为抵减项目，以便计算固定资本形成净额，对应非金融资产的价值变动。

（五）中国固定资本形成核算存在的问题

一是范围不全。例如，没有将大牲畜和林木果树培育资产、单位内部研发使用的计算机软件、文学艺术品原件、研发支出等内容纳入固定资本形成总额中。

二是分类较粗。虽然按住宅、非住宅建筑物、机器和设备、土地改良支出、矿藏勘探费、计算机软件（市场上购买）、其他等 7 个项目分类，但没有运输设备、培育资产、文学艺术品原件等细分类。

三、存货变化核算

存货变化是指核算期期末与期初相比，各机构单位所拥有的存货资产的净变化。存货变化的计算方法与固定资本形成相类似，即用当期获得的存货价值与处置的存货价值相减计算存货变化。存货变化可以是正值，也可以是负值，分别表示存货上升和下降。存货变化对应于常住单位在一定时期内存货实物量变动的市场价值，即期末价值减期初价值的差额，再扣除当期由于价格变动而产生的持有损益。

存货变化包括以下内容：材料和用品存货变化、在制品存货变化、制成品存货变化、军事存货变化和供转售的货物存货变化。

1. 材料和用品存货变化

材料和用品可能会因为物质损耗或发生意外损坏、盗窃而损失掉，这种损失的记录和估价方法类似于从存货中提取用于生产的材料和用品。材料和用品中不包括车辆、计算机等新获得的固定资产的存货，也不包括企业作为贵重物品获得的艺术品、贵重金属或宝石的储备。

2. 在制品存货变化

对于生产周期长的在制品进行核算尤其重要，这样的产品包括农产品、船舶、飞机、住宅、计算机软件等。如果生产期内价格和成本相对稳定，可以通过计算发生在该核算期内的生产总成本的相应比例，再用这一比例乘以制成品的基本价格来测算在制品价值的增加，制成品产出的价值则按成本比例分配于各个生产期。如果价格和成本的平均水平在每个核算期都有变化，那么产出应按其完成时所采用的价格和成本估价，然后对前几个核算期计算的在制品价值再按平均成本水平变动的比例逐期进行重估。

3. 制成品存货变化

入库或出库的制成品按这些货物入库或出库时发生的基本价格估价，由于各种原因而造成的制成品损失也与提货一样处理。

4. 军事存货变化

在SNA(1993)中，一些破坏性的武器，如导弹和炸弹等，不能够被持续、反复的使用，因而不符合固定资产的定义。这些产品的使用会造成生命和财产的损失，对其使用不能理解为是产品和服务的生产过程，也不能将其作为是中间消耗。因此，对于这种一次性使用的军用物资，SNA(1993)中将其作为最终消费中的存货，但并没有将其与其他存货进行区分和单独列示。在SNA(2008)中，对于一次性使用的武器设备，依然视为存货，但是与其他类型的存货进行了单独列示，设置了"军事存货"分类。

5. 供转售的货物存货变化

进入企业存货的供转售的货物应按其实际或估计的购买者价格估价，包括向供货者以外的其他人支付的额外运费，不包括使用提供企业自有运输工具承担的费用。从存货中提取的供转售的货物应按提货时的现行购买者价格估价，这种价格不同于获得供转售的货物时可能支付的购买者价格。

四、贵重物品的获得与处置核算

(一)贵重物品的属性

首先，贵重物品是指经济生产过程的产物，由此可以和自然资产区分开来。例如钻石矿中所储之矿石乃是自然资产，只有被开采出来的或经过加工的钻石才有可能成为贵重物品。

其次，贵重物品是一种资产。贵重物品的所有权是显而易见的，关键的问题是其收益性如何体现出来。从经济价值的角度来看，贵重物品的收益性主要体现在其价值贮藏功能上。持有者收藏贵重物品，其基本出发点在于普遍持有以下看法：

在经济发展过程中，贵重物品的价值可以保持不变甚至上涨，因此持有贵重物品可以作为抵挡货币购买力下降的一种手段。此外，持有者可以从贵重物品价格变动中获取持有收益。

(二)贵重物品的识别

在某些情况下，容易把住户所持有的某些贵重物品作为消费品看待，譬如佩戴的贵金属或钻石首饰。在此情形下，贵重物品似乎无异于一般的耐用消费品。但是真正的贵重物品一定是随着时间的推移而变得更加珍贵，可以抵挡通货膨胀对其价值的侵蚀，这种属性在一般消费品身上很难找得到。如果一件普通的消费品被公认弥足珍贵且预计其价值会持久，则需要对这件消费品进行重新分类，赋予其贵重物品的身份。由此可见，区别贵重物品与其他耐用消费品的关键在于物品价值的恒久性。

另外一个容易产生混淆的情况是由金融机构所持有的非货币黄金。在SNA中，只有货币当局持有的、用于国际支付手段的黄金才是金融资产，中央银行和其他金融中介机构所持有的其他非货币黄金应作为贵重物品看待。

此外，某些具有贵重物品形态的产品不应作为贵重物品来核算，主要有几种情况。第一，如果企业持有一些具有贵重物品形态的物品(如黄金)，但实质上将这些物品用作中间投入，则这些物品只能作为中间消耗核算。第二，如果贵重物品的生产企业持有自己所生产出来的、待售的贵重物品，或者经销商(如珠宝商和画廊)持有待转售的贵重物品，则这些物品应作为存货核算，因为持有者无意于通过长期持有它们实现保值增值的目的。第三，贵重物品的展出单位(如博物馆)持有贵重物品是为了维持其单位的正常运转，此时展品应作为固定资产核算。概言之，一件物品是否应作为贵重物品看待，关键在于所有者持有它的目的和动机。

综上，贵重物品包括下述几个部分：(1)金融中介机构持有的非货币贵金属；(2)企业持有的不是作为中间消耗、存货或固定资本形成的贵重物品；(3)住户持有的贵重物品。

(三)贵重物品的获得处置核算方法

持有贵重物品的目的主要是为了保值和增值。珍贵物品净获得等于获得的珍贵物品价值减去处置的珍贵物品价值。获得的贵重物品包括新的和现有资产，处置的贵重物品仅限于现有资产。贵重物品获得的估计方法是按获得者向处置者支付的价格加上各种与资产所有权转移有关的费用来计算；贵重物品处置的估价方法则按获得者向处置者支付的价格减去后者承担的各种与资产所有权转移有关的费用来计算。

在中国，贵重物品的净获得由于其发生数额较小且难以界定、难以收集数据，所以目前没有将其作为单独的构成项目进行核算。

第三节　资本转移核算

资本转移是资本筹集的重要内容，它与储蓄一起构成了资本账户的资金来源。本节介绍资本转移核算的相关内容。

一、资本转移的概念

(一)资本转移概念的界定

资本转移是一个机构单位无偿地向另一个机构单位提供用于固定资本形成的资金或实物，而不从后者获得任何对应物作为回报的交易。

资本转移具有三个特征：第一，出于投资目的；第二，资产所有权的转移，涉及交易一方或双方对资产的获得或处置；第三，资本转移来自支付方的资产，同时增加接受方的投资来源，它能影响交易者双方或一方资产负债存量的变化，但不影响任何一方的可支配收入或储蓄额。

正是由于资本转移与资产负债的变化相联系，因此，资本转移才作为投资的资金筹集来看待，而不是作为获得可支配收入以改进消费水平的手段。

(二)两种形式的资本转移：现金转移和实物转移

资本转移可以是现金转移，也可以是实物转移。作为资本转移的现金通常是转出方通过处置存货以外的资产所筹集的资金，产生现金资本转移的条件是转入方必须利用所得现金购置资产。实物资本转移是指存货和现金以外的资产所有权的转移或债权人取消债务而没有接受任何对应物作为回报。实物资本转移被视为两笔交易的合并：一方对另一方转移资本，然后由另一方购买资本品。

(三)资本转移与经常转移的区别

资本转移之外的转移称为经常转移。从经济流程的角度来看，经常转移发生在可支配收入形成之前，是对收入的再分配，它的计量会影响到交易双方的收入额和储蓄额，也会影响到货物服务的消费水平；资本转移发生在收入形成和储蓄计量之后，它是对财富的再分配，但不会影响交易者的储蓄水平。

可以从三个方面来区分资本转移和经常转移：

第一是转移的使用目的是积累还是消费。经常转移能够提高接受转移一方在核算期的消费水平，因此属于收入的范畴，在收入再分配环节核算；资本转移在核算期只影响接受转移一方的投资水平，所以要作为与投资有关的资金筹集活动在非金融资产环节核算。

第二是转移支付的基础和来源，即转移是否与现期收入有关。经常转移与交易双方的当期收入水平和消费有关，会影响可支配收入的水平和对货物和服务的消费水平,但不会使交易者的资产量发生变化;而资本转移会造成交易方资产量的增减,而不影响其消费水平。

第三是转移的频率是否具有经常性和规律性。资本转移通常规模大、频率低、发生无规律;而经常转移通常规模小、频率高,常常是定期发生。

对于一些转移,交易双方的认识可能不一致。例如,遗产税的支付,住户可能认为是资本转移,而政府却认为是经常转移。SNA(2008)规定,即使一项转移只涉及某一方的一项或几项资产的获得或处置,也应被交易双方同时归类为资本转移。

二、资本转移各个项目的核算

(一)资本税

资本税是指针对机构单位所拥有的资产价值或净值,或针对机构单位之间作为遗产、生者之间的赠予或其他转移物所转移的资产价值,不定期或间隔相当长时间而征收的税。包括资本税和资本转移税两种。(1)资本税。是指针对机构单位所拥有资产或资产净值的价值不定期或间隔相当长时间而征收的税。(2)资本转移税。是指针对机构单位之间所转移资产的价值所征收的税,主要包括遗产税和赠予税。

(二)投资补助

投资补助是指政府以现金或实物形式向常住或非常住机构单位提供的、全部或部分用以获得固定资产的资金。如果补助的是现金,接受者必须将所收到的投资补助用于固定资本形成,并且补助金往往是与具体投资项目(如大型建筑项目)联系在一起的。如果投资项目要持续很长一段时间,现金补助可能要分期支付,并在几个核算期内分别加以记录。实物补助是指由政府向其他常住或非常住单位转移的交通设备、机器和其他设备,或直接提供的房屋或其他建筑物。它们可能是由援助国政府所拥有的企业生产的,也可能是由援助国直接对其付款的其他企业生产的。对于实物补助,通常要先记录一笔现金资本转移,然后记录购买了这个实物转移的项目。例外的情况是,如果转移的是现有资产,而且接受方是常住单位,那么资产的所有权转移可能由政府记录为负的资本形成,由接受方记录为正的资本形成,但是仍然要记录为资本转移,这样双方的资产负债表才能正确地反映已经发生的资产净值变化。

(三)其他资本转移

其他资本转移是指除上述类别之外的资本转移,如各单位之间的巨额赠与和遗产转移,政府向企业提供的长期巨额亏损补贴,债务豁免,为补偿保险单未包括的大量损坏或严重损伤而支付的大笔赔款,由中央政府向下级政府拨付的作为固定资本形成总额的费用,各单位对非营利机构固定资产形成的特大捐赠,如对大学捐资用于修建图书馆、体育馆等。

其中，债权人和债务人之间经共同协商对债务的取消，处理为债权人对债务人的资本转移，其价值等于债务取消时未偿清债务的价值。但注销债务不是资本转移，所以并不在资本账户和金融账户中记录。如果债权人认可这种债务注销或债务人不履行债务的行为，则在债权人和债务人的资产物量其他变化账户中记录。

第四节　资本账户

资本账户记录与非金融资产获得有关的交易和涉及财产再分配的资本转移，它是对实物投资及其资金来源的全面核算。

一、资本账户的基本形式

资本账户的右方反映非金融投资的资金来源，左方反映非金融资产的投资去向。资本账户的基本形式见表8－4－1。

表8－4－1　资本账户

资产变化	负债和净值变化
资本形成总额	总储蓄
固定资本形成总额	固定资本消耗(－)
存货变化	净储蓄
贵重物品净获得	应收资本转移
固定资本消耗(－)	应付资本转移(－)
非生产非金融资产的净获得	
土地净购买	
其他非生产资产净购买	
净贷出(＋)/净借入(－)	

账户的右方记录有关资金筹集的项目，包括储蓄和资本转移，反映了一国或一部门所拥有的净值在交易中的当期变化量。其中，储蓄是可支配收入使用账户的平衡项，是各部门可支配收入扣除用于最终消费支出后可用于非金融资产投资和净金融投资的部分。在资本账户中，储蓄代表了各单位进行投资活动的自有资金，是投资资金的主要来源。储蓄有总储蓄和净储蓄之分，影响该单位或部门净值变化的是净储蓄的数额。

在资本账户的右方，资本转移分为资本转移应收额和资本转移应付额两个项目。获取的资本转移记为收入，出让的资本转移记为支出，各部门应收额与应付额相减的净额，形成了该部门净值的变化。从国民经济整体来看，国内各单位之间的

表 8－4－2 按机构部门分组的国民经济总体资本账户

资产变化

交易和平衡项	非金融公司	金融公司	一般政府	住户	NPISH	经济总体	国外	合计
资本形成总额	308	8	38	55	5	414		414
固定资本形成总额	280	8	35	48	5	376		376
存货变化	26	0	0	2	0	28		28
贵重物品获得减处置	2	0	3	5	0	10		10
固定资本消耗(－)	－157	－12	－27	－23	－3	－222		－222
资本形成净额	151	－4	11	32	2	192		192
非生产非金融资产的获得减处置	－7	0	2	4	1	0		0
净贷出(＋)/净借入(－)	－56	－1	－103	174	－4	10	－10	0

资本转移会作为内部流量收支相抵，扣除这些内部流量后，对一国起作用的就是来自国外的资本转移和对国外的资本转移，两者相减之差额为来自国外或付给国外的资本净转移。

账户的左方记录经济交易中各种非金融资产的当期变化量，包括固定资本形成总额、存货变化、贵重物品净获得、非生产非金融资产的净获得等项目，其中的前3项为资本形成的内容。非生产非金融资产的净获得包括土地净购买和其他非生产资产净购买。土地净购买是指由经济交易发生的土地获取与处置相减的净价值。土地包括土地本身和位于其上的河流，不包括土地上的属于固定资产的房屋和其他建筑物、果园、地下资产、非培育生物资源以及地下水资源。从机构部门来看，土地净购买可以是正数也可以是负数，但从国民经济整体来看，由于各机构部门土地净购买会正负抵消，所以一国的土地净购买为零。其他非生产资产净购买是指土地之外的其他非生产资产的获得减处置。

账户的右方减去左方后的差额为净借出(＋)或净借入(－)，它是资本账户的平衡项，记录在账户的左方，反映机构单位或部门或经济总体的资金余缺情况。如果该差额为正值，表示该机构单位或部门或经济总体可供借出的资金数额；如果该差额为负值，表示为保证经济的平衡运行需要借入的资金数额。

一般而言，在 SNA 中特别是在平衡项中，前缀"净"意味着扣除了固定资本消耗。对于净借出(＋)/净借入(－)来说却不是这样，这里的"净"指的是可以向其他单位提供资金的资产与需要从其他单位筹措资金的资产之间的差额。净借出的正值表明该机构部门资金有余，拥有可直接向其他部门提供的资金净额。

二、资本账户的例子

在表 8－4－2 的资本账户的右方，资本筹集的主要来源是各部门的自身储蓄，

表 8-4-2(续)　按机构部门分组的国民经济总体资本账户

负债和资产净值变化

交易和平衡项	非金融公司	金融公司	一般政府	住户	NPISH	经济总体	国外	合计
净储蓄	71	2	−62	192	2	205		205
应收资本转移	33	0	6	23	0	62	4	66
应付资本转移(−)	−16	−7	−34	−5	−3	−65	−1	−66
储蓄和资本转移引起的资产净值变化	88	−5	−90	210	−1	202	−10	192

净储蓄最大的部门是住户部门，其次是非金融公司部门。在资本账户的左方，非金融投资的主要部门是非金融公司部门和住户部门，主要项目是固定资本形成，存货变化、贵重物品获得减处置、非生产资产获得减处置的数额都比较小。

经过资产积累之后，只有住户部门属于资金盈余部门，其净贷出的金额为174。住户部门储蓄和资本转移引起的资产净值变化 210＝192＋23－5，资产变化为 55－23＋4＝36，因此其平衡项净贷出 174＝210－36。

非金融公司部门、金融公司部门、一般政府部门和 NPISH 均为资金短缺部门，其净借入分别是 56、1、103 和 4。对于非金融公司部门来说，通过储蓄和资本转移筹集到的可用于投资的资金只有 88，而该部门的非金融投资净额却为 144(即 151－7)，需要从其他部门净借入 56。

从经济总体看，核算期经过各项经济交易后，剩下来可供借出的资金为 10。从经济活动主体看，净贷出的 10 是由五个机构部门的净贷出或净借入构成的，即：10＝(－56)＋(－1)＋(－103)＋174＋(－4)。从经济活动的客体看，净贷出的 10 是由净储蓄 205 加上应收资本转移 62，减去应付资本转移 65 和非金融投资净额 192(即 192＋0)后得到的。

思考与练习

1. 试述 SNA(2008)关于非金融资产分类的变化。
2. 资本转移的特征有哪些？
3. 试述资本形成总额核算的主要内容。

第九章　金融交易核算

金融交易核算描述和反映由交易因素引起的金融资产和负债的变化情况,非交易因素引起的变化不属于金融交易和资金流量核算的内容。本章的主要内容包括:金融交易核算的基本问题、金融交易账户以及金融交易核算的扩展——资金流量核算。

第一节　金融资产与金融交易

金融资产是金融交易的基础。本节介绍金融资产的概念、金融资产的分类及金融交易的相关内容。

一、金融资产及其分类

(一)金融资产的界定

在第八章中,将经济资产划分为生产资产和非生产资产两大类,这是从经济资产的形成方式所做的划分。如果从性质上对经济资产进行分类,可以分为金融资产和非金融资产两大类。

金融资产是一种与金融交易相联系的特殊经济资产。金融资产是一种权益,在一定时期内持有或使用这种资产会带来经济利益。金融资产是机构单位之间通过合同所创造的经济资产,这些合同界定了机构单位的债权或债务关系。机构单位间债权与债务的关系有两个方面:一是债权(金融资产),二是债务(金融负债)。金融债权具体表现为一个机构单位向另一个机构单位提供资金时所缔结的契约关系。金融负债是一种使债权人能依据与债务人间所规定的契约条款获得债务人一次或连续付款的资产。金融资产与金融负债具有对称性(货币黄金和特别提款权除外),金融资产对应着金融负债。

金融资产包括所有金融债权、公司股票或公司其他权益,以及被货币当局持作储备资产的黄金。作为一种权利,金融资产往往借助于一些载体而存在,即金融工具。金融工具是证明金融资产所有权的单据,如现金、存单、债券、股票等。金融工具本身并没有价值,作为金融资产权利的象征,其价值是金融资产的价值。

金融资产与其他经济资产有显著的区别:第一,绝大多数的金融资产都创造了债务与债权的关系,使得一个机构单位获得了对另一个机构单位经济资产的债权;

第二,金融资产并不会直接提供货物与服务;第三,金融资产以利息收入、持有收益以及价值储藏等形式提供利益。

应当注意,金融资产与金融公司的资产是有区别的。金融公司的资产有金融资产,也有非金融资产,如金融公司拥有的建筑物、机器设备、商誉等。

(二)金融资产的分类

1. SNA(2008)对金融资产分类的修订

表9—1—1是SNA(2008)与SNA(1993)金融资产/负债分类的比较表,主要变化有:(1)一级分类由原来的7类变成8类,增加了"金融衍生产品和雇员股票期权"类别,分类目录更为详细。(2)在"通货和存款"分类中,可转让存款项下引入了"银行间头寸"这一新的分类,记录交易双方都是银行的贷款和存款。(3)将"股票以外的证券"改为"债务证券"。(4)将"股票和其他权益"改为"权益和投资基金份额",并增加了次级分类明细。(5)"保险专门准备金"改为"保险、养老金和标准化担保计划",并调整了次级分类。(6)"金融衍生产品"分类引入了"雇员股票期权"。(7)备忘项目由SNA(1993)的"外国直接投资、权益、贷款和其他"4项减至"外国直接投资"和"不良贷款"两项。

表9—1—1 SNA(2008)与SNA(1993)金融资产/负债分类比较表

SNA(1993)	SNA(2008)
货币黄金和特别提款权	货币黄金和特别提款权
货币黄金	货币黄金
特别提款权	特别提款权
通货和存款	通货和存款
通货	通货
可转让存款	可转让存款
其他存款	银行间头寸
	其他可转让存款
	其他存款
股票以外的证券	债务性证券
短期	短期
长期	长期
贷款	贷款
短期	短期
长期	长期
股票和其他权益	股权和投资基金份额
	股权
	上市股票

表 9—1—1(续) SNA(2008)与 SNA(1993)金融资产/负债分类比较表

SNA(1993)	SNA(2008)
	非上市股票
	其他股权
	投资基金份额/单位
	货币市场基金份额/单位
	其他投资基金份额/单位
保险专门准备金	保险、养老金和标准化担保计划
住户对人寿保险准备金和养恤基金的净权益	非人寿保险技术性储备
住户对人寿保险准备金的净权益	寿险和年金权益
住户对养恤基金的净权益	养老金权益
保险费预付款和未决索赔准备金	养老金经理人的养老基金债权
	标准化担保代偿准备金
	金融衍生工具和雇员股票期权
	金融衍生工具
	期权
	远期
	雇员股票期权
其他应收/应付款	其他应收/应付款
商业信用和预付款	商业信用和预付款
其他	其他
备忘项目	备忘项目
外国直接投资	外国直接投资
权益	不良贷款
贷款	
其他	

2. SNA(2008)对金融资产的分类

(1)货币黄金和特别提款权(SDR)

SNA(2008)将货币黄金定义为货币当局拥有所有权、作为储备资产的黄金,包括黄金(包括在分配黄金账户里持有的黄金)和非分配黄金账户,后者是非常住单位授予的黄金交割要求权。只有作为金融资产和外汇储备组成部分持有的黄金才是货币黄金。作为储备资产的金块是唯一没有对应负债的金融资产。分配黄金账户提供所有权给实物黄金,未分配黄金账户是以黄金名义的存款(若由非居民持有则记为外国通货)。货币黄金定义的变化源于对分配和未分配黄金账户的认识,而

SNA(1993)没有讨论分配和未分配黄金账户。

特别提款权是国际货币基金组织创造的分配给成员国用来补充现有官方储备的国际储备资产。获得特别提款权的国际货币基金组织成员国并没有归还特别提款权的实际义务，持有特别提款权意味着拥有从国际货币基金组织的其他成员国无条件地获得外汇或其他储备资产的权利。

与其他金融资产不同，货币黄金和特别提款权没有债权和债务的对称性，它们只是作为货币当局的债权出现，而不表现为任何一方的债务。

(2)通货和存款

通货是指可以作为支付手段进入流通的各种货币，包括纸币和硬币、本币和外币，但不包括作为储备资产的金币(属于货币黄金)。存款包括可转让存款和其他存款。通货是发行机构的负债、持有者的资产，存款是持有者的资产、存款机构的负债。

(3)债务性证券

债务性证券是作为债务证明的可转让工具，包括票据、债券、可转让存款证、商业票据、债权证、资产支持证券和通常可在金融市场交易的类似工具。

(4)贷款

贷款是金融机构将其所吸收的资金，按照一定的利率贷放给客户并按约定的日期归还的信用业务，包括短期贷款和长期贷款。

(5)股权和投资基金份额

股权和投资基金份额的显著特征是持有者对发行单位的资产有剩余索取权。股权包括证明对清偿了债权人全部债权后的公司或准法人公司的剩余价值有索取权的所有票据和记录。股权包括上市股票、非上市股票和其他股权。股权是发行机构单位的负债。投资基金是将投资者的资金集中起来投资于金融或非金融资产的集体投资，分为货币市场基金和其他投资基金。

(6)保险、养老金和标准化担保计划

包括非人寿保险技术性储备、寿险和年金权益、养老金权益、养老金经理人的养老基金债权和标准化担保代偿准备金。

(7)金融衍生工具和雇员股票期权

金融衍生工具是与某种特定金融工具或特定指标或特定商品挂钩的金融工具。金融衍生工具分为两大类：期权和远期。在每一类里，均可按市场风险类别细分为外汇、单一货币利率、股票、商品、信用和其他。雇员股票期权是雇主与雇员在某日(授权日)签订的一种协议，根据协议，在未来约定时间(含权日)或紧接着的一段时间(行权期)内，雇员能以约定的价格(执行价格)购买约定数量的雇主股票。

(8)其他应收/应付款

其他应收/应付款包括商业信用和预付款以及其他各种应收/应付款项，是提供信用、预付、应收一方的资产，是接受信用、预收、应付一方的负债。

(9)备忘项目

SNA(2008)中的备忘项目包括外商直接投资和不良贷款。

二、金融交易

金融交易是指涉及机构单位金融资产所有权变化的所有交易，包括金融债权和负债的产生和清偿。机构单位在一个核算期内获得的金融资产减去发生的金融负债，就得到净金融投资(即净贷出/净借入)。

SNA对金融交易做较宽的理解，将所有货币性交易都作为金融交易看待，在金融账户中加以核算。货币性交易是指涉及货币支付或金融资产的产生或消失的交易。货币性交易包括两种：一是严格的金融交易，二是其他货币性交易，即货币性实物交易。

严格的金融交易是指机构单位交易的对象仅限于金融资产而不涉及实物的交易。例如，企业划转银行存款清偿应付账款，则存款资产减少，同时应付账款项负债等额减少；住户提取存款购买股票，则存款资产减少，同时股票资产等额增加。对于这种交易，所有的流量都被分别记录在交易双方的金融账户上，因而无论如何变化，只能表现为一种资产(或负债)转换为另一种资产(或负债)，或者资产与负债同时产生或同时减少，账户登录结果可能影响金融资产或负债的形式组合，也可能改变金融资产和负债的数量，但不会影响金融资产和负债之间的平衡关系。

对于货币性实物交易，交易只有一方面是金融性的，另一方面却是非金融性的，金融资产所有权的变化是为了充当实物交换的媒介。例如，企业向员工支付劳动者报酬，从而引起存款资产的减少或贷款负债的增加；居民支付现金购买消费品，从而引起现金资产的减少，或者将收到的劳动者报酬存入银行，从而引起存款资产的增加。对于货币性实物交易，金融账户是非金融账户的对应账户或称决算账户，由交易引起的实际资源流量，如货物和非金融资产所有权转手或要素收入支付等将分别记入生产账户、收入及使用账户和资本账户，对应的货币流量引起的金融资产与负债变动才记入金融账户。就是说，在非金融账户上作为来源记录的价值，必然在金融账户上有同等价值的资产增加或负债减少做对应记录；同样前者作为使用记录的价值，必然对应后者关于资产减少或负债增加的记录。因此，这种交易的存在，改变了各部门金融账户上资产与负债的平衡关系，而且，使各部门金融账户的平衡与非金融账户的平衡联系在一起。

第二节 金融账户

金融账户记录所有发生在各机构部门之间及与国外之间的金融交易所引起的金融资产和负债的变动。

一、金融账户的基本形式

金融账户的基本形式如表 9－2－1 所示。金融账户按金融手段类型记录交易，左方反映金融资产的净获得，右方反映负债的净发生。金融资产净获得减去负债净发生之差额作为资金净借出(＋)/净借入(－)记在账户右方，使账户两方保持平衡，该项目在价值上等于资本账户的平衡项——净借出/净借入。获得金融资产意味着出借(或贷出)资金，发生负债意味着借入资金。因此，金融资产净获得与负债净发生之差额若为正值，表示当期净贷出(＋)，即最终流出的资金量；若差额为负值，则表示净借入(－)，即最终流入的资金量。

表 9—2—1 金融账户

资产变化	负债和净值变化
货币黄金和特别提款权	净贷出(＋)/净借入(－)
通货和存款	货币黄金和特别提款权
债务性证券	通货和存款
贷款	债务性证券
股权和投资基金份额	贷款
保险、养老金和标准化担保计划	股权和投资基金份额
金融衍生工具和雇员股票期权	保险、养老金和标准化担保计划
其他应收/应付款	金融衍生工具和雇员股票期权
	其他应收/应付款

将各机构部门的金融账户进行汇总即可得到经济总体金融账户，参见表 9—2—2。

金融账户中各项指标之间存在着一定的平衡关系。从各机构部门内部的平衡关系看：

资产净获得＝负债净获得＋净贷出(＋)/净借入(－)

从各种金融资产类型自身的平衡关系看：

资产净获得＝负债净获得

我们以非金融公司部门为例说明机构部门内部的平衡关系。在表 9－2－2 中：非金融公司部门资产净获得(83)

＝非金融公司部门负债净获得(139)＋非金融公司部门净借入(－56)

表 9—2—2 按机构部门分组的国民经济总体金融账户

资产变化

交易和平衡项	非金融公司	金融公司	一般政府	住户	NPISH	经济总体	国外	合计
金融资产净获得	83	172	−10	189	2	436	47	483
货币黄金和特别提款权		−1				−1	1	0
通货和存款	39	10	−26	64	2	89	11	100
债务性证券	7	66	4	10	−1	86	9	95
贷款	19	53	3	3	0	78	4	82
股权和投资基金份额	10	28	3	66	0	107	12	119
保险、养老金和标准化担保计划	1	7	1	39	0	48	0	48
金融衍生工具和雇员股票期权	3	8	0	3	0	14	0	14
其他应收/应付款	4	1	5	4	1	15	10	25

在 SNA 的所有账户中，金融账户是记录机构单位间经济交易的最后一个账户。与其他账户不同的是，金融账户没有可以结转到另一个账户的平衡项。这种特殊性是由货币性交易的性质所决定的。金融交易所涉及的金融资产所有权的变化都在金融账户中反映出来，可以说，金融账户反映的是实际资源流量的货币性对应记录。通过对货币流量的记录，金融账户完成了实际资源流量与货币流量的封闭流程。因此，作为对宽口径金融交易的记录，金融账户没有对应的平衡项，它是机构单位间经济交易的最后一个账户。

二、金融账户的作用

(一)记录各机构部门金融资产的变化情况

金融账户记录发生在机构单位之间和机构单位与国外之间的交易，由此而产生的金融资产负债的变化情况，在金融账户中加以记录。因此，金融账户记录的是各机构部门金融资产与负债存量在当期的变动，这决定了它与资产负债账户之间的紧密联系。金融账户的作用在于它记录了金融资产、负债存量因经济交易而发生的变动，这正是存量变化的主要部分。

(二)完成与资本形成核算的连接

在资本形成核算中，如果一部分的净储蓄及资本转移净额未能全部用于非金融投资，形成的当期盈余即为资本账户的净贷出，它决定了该部门在金融市场上必然将此剩余资源以各种方式出借给其他部门，该部门金融账户上必然表现为资产增加或负债减少或二者的组合，表示资金自本部门流出。相反，如果一部门筹集的资本不足以弥补非金融投资，资本账户上表现为净借入，那么该部门必然要在金融

表 9－2－2(续)　按机构部门分组的国民经济总体金融账户

交易和平衡项	负债和资产净值变化							
	非金融公司	金融公司	一般政府	住户	NPISH	经济总体	国外	合计
净贷出(＋)/净借入(－)	－56	－1	－103	174	－4	10	－10	0
负债净获得	139	173	93	15	6	426	57	483
货币黄金和特别提款权								
通货和存款		65	37			102	－2	100
债务性证券	6	30	38	0	0	74	21	95
贷款	21	0	9	11	6	47	35	82
股权和投资基金份额	83	22				105	14	119
保险、养老金和标准化担保计划		48	0			48	0	48
金融衍生工具和雇员股票期权	3	8	0	0	0	11	3	14
其他应收/应付款	26	0	9	4		39	－14	25

市场上通过各种方式从其他部门借入资金以弥补缺口，该部门金融账户上必然最终表现为资产减少或负债增加或二者的组合。因此，金融账户的作用在于它和资本账户密切联系，解释了各机构部门在非金融交易中形成的资金盈余的去向和资金短缺的来源，是使所有经济交易账户得以终结的账户。

(三)反映国内与国外金融市场的联系

金融交易核算还综合反映了一国金融市场的总体状况及参与国际金融市场的状况。通过不同金融项目的分类，记录了各种金融活动，为从宏观上把握当期金融市场总体态势，分析当期金融活动的流量和主要流向提供了基本的金融数据。

三、金融交易核算的原则

(一)记录时间原则

权责发生制是国民经济核算的基本原则，金融交易核算也遵循这一原则。金融交易双方在同一时间记录交易。对于严格意义上的金融交易，与交易有关的所有登录只属于金融账户时，它们应在资产所有权转移的同一时间记录。如发行一种负债和取得相应的金融资产，或偿还一笔负债和相应的金融资产的变现，则双方应按负债发生的日期或偿还的日期记录这笔交易。对于货币性实物交易，交易的一方是金融性、另一方是非金融性时，金融账户记录金融债权的时间要与非金融账户记录引起该金融债权的交易时间一致。例如，货物与服务的销售引起商业信用，应在有关非金融账户中登录时(即当转移货物所有权或提供服务时)也在金融账户中进行登录。

(二)估价原则

金融交易核算遵循市场价格原则。金融资产交易按获得或转让资产时的实际价格记录，且不包括手续费、佣金、金融交易税等，因为手续费和佣金作为服务付款处理，金融交易税作为产品税范围内的服务税处理。交易双方应按同一价格记录。对于不在金融市场上交易的项目，以其面值确定其市场价格，所得（或所付）资金与面值的差额则作为服务费处理。

（三）记录基础——取净值和合并

取净值是指针对同一机构单位，只记录金融资产的净获得和负债的净发生。资产净获得是总获得与处置相抵后的净额，负债净发生是负债发生减去负债清偿的净值。例如，对于经营存款的金融机构来说，一时期内既吸收客户存款（这是该机构的负债发生），又要承担客户提取存款（这是该机构的负债清偿），金融交易核算不是分别记录存款的增加或减少，而是以净增加作为该机构的负债净发生。

金融交易核算中的合并是指，将某一组机构单位的资产交易与同一组机构单位对应的负债交易相抵消的过程。合并能在不同的层次进行，如国民经济总体、机构部门和子部门。不同层次的合并适用于不同类型的分析。例如，在国民经济层次上，金融账户的合并抵消了国内各机构部门之间的交易，反映了该国与国外之间的金融状况；在机构部门层次上，金融账户的合并使得有可能追踪净借出部门与净借入部门之间的全部资金流动情况；金融公司子部门层次上，金融账户的合并能够提供有关金融中介活动的详细信息。

四、金融账户中各项目的核算

（一）货币黄金和特别提款权

货币黄金和特别提款权的交易是指发生在各国货币当局之间的买卖与转让，分别记录为本国货币当局和国外的金融资产增减变化。货币黄金的购买作为资产增加记入国内货币当局的金融账户，对应项作为国外的资产减少加以记录。

非货币黄金的交易，包括货币当局持有的非储备黄金和除中央银行以外的金融机构持有的所有黄金的交易不是金融交易。如果这种交易的唯一目的是为了储藏财富，则处理为贵重物品的获得减处置；在其他情况下，则处理为最终消费、中间消耗、存货变动、出口或进口。

需要注意的是，黄金的货币化或非货币化都不属于金融交易。黄金的货币化是指货币当局为了增加持有的货币黄金，通过新采掘或从私人市场上购得现存黄金的行为。当货币当局获得黄金时，在资产物量其他变化账户中，作为分类变化来处理。

特别提款权的创立与取消的过程被视作金融交易。这些交易按分配总额记录，一方面记入 IMF 一个参加国货币当局的金融账户，另一方面记入代表参加国全体的国外。

（二）通货和存款

通货和存款上的金融交易包括通货的增加或处置，存款的设立、增加或提取。通货作为发行者的负债和持有者的资产分别记入各自的金融账户。期末与期初相比，货币持有量的净增加记录为各持有部门的资产变化，与此相对应，本国货币当期净发行额记为金融机构的负债变化，外国货币净流入额记录为国外部门的负债变化。各部门当期存款净增加额应记录在各部门金融账户的资产方，同时应记入金融机构的负债变化（指国内存款部分）和国外部门的负债变化（指存入国外部分）。

对于存款来说，银行利息的支付被区分为SNA利息和间接计算的金融中介服务费（FISIM）。SNA利息首先记录在初始收入分配账户中，然后作为一项新存款记录在金融账户中。

（三）债务性证券

以债券为例，各部门当期购买减处置（兑现或出售）的其他部门发生的债券净额，应记为各部门的资产变化；各部门当期发行减兑付的债券净额，记为各部门的负债变化。

（四）贷款

国内各金融机构当期对企业、政府、住户及国外发放的贷款扣除原有贷款当期清偿之净额，应分别记为金融机构的资产变化和各借入部门的负债变化；自国外获得的净贷款应记为各借入部门的负债变化和国外部门的资产变化。

（五）股权和投资基金份额

金融账户里包括三种不同类型的股权交易：第一种是对在交易所买卖的股票价值的记录；第二种股权交易是所有者注资，有时是所有者退股；第三种股权交易专指外商直接投资企业收益再投资的权益增加或收回情况。投资基金份额或基金单位价值的增加——不包括来自持有损益的价值增加，也不包括再投资收益——在SNA中应做如下处理：先记录为对基金份额或基金单位持有者的分配，然后在金融账户中记录为持有者的再投资。

（六）保险、养老金和标准化担保计划

对于非寿险专门准备金，在金融账户中记录已支付的保费和应付但未付的索赔的调整；对于寿险和年金权益，在金融账户中记录应收保费净额与应付索赔之差；对于养老金权益，应收缴款净额和应付保险金之差，金融账户中显示的养老金权益增加等于收入使用账户中登录的养老金权益变化加上此前养老金经理人的权益转移；对于养老金经理人的养老基金债权，金融账户记录增加的养老金权益与养老金权益投资收入之差；对于标准化担保代偿准备金，金融账户中记录预收费用和未结算的代偿的调整。

（七）金融衍生工具和雇员股票期权

对于期权类工具，应以期权费记录交易双方的资产或负债交易价值。对于远期类工具，应按照交易时合同对交易双方的价值来确定资产方和负债方，并按照合同价值来记录资产或负债交易价值。SNA(2008)建议雇员股票期权交易按雇员报酬记录在金融账户中，数额为股票期权的价值，并且指出，股票期权价值最好应在授权日和含权日之间的时期分摊，如果无法做到则记在含权日。

（八）其他应收/应付款

应按当期发生与结算之净额分别记为应收单位所属机构部门金融账户的资产变化和应付单位所属机构部门的负债变化。

第三节 资金流量核算:金融交易核算的扩展

资金流量核算也称资金流量统计，是国民经济核算体系的重要组成部分，它从资金运动这一侧面，系统反映社会资金的来源、运用、结构、余缺情况，是研究货币政策，进行宏观经济管理的重要分析工具。资金流量核算所依据的工具是资金流量表。

资金流量核算是金融交易核算的细化，资金流量表是金融账户的延伸和扩展。

一、为什么要进行资金流量核算

金融账户按金融资产类型记录了所有机构部门资产的净获得和负债的净发生。金融账户显示了每个部门为筹集金融资源而发生的金融负债和该部门获得的金融资产。因此，金融账户显示了金融交易的两个方面——交易中涉及的金融资产或负债和交易是否涉及资产或负债，这对弄清净借入部门为其资金短缺融资和净借出部门为配置其富余资金是非常有价值的。但是，金融账户只提供了金融交易的基本描述，并没有反映详尽的金融流量关系，不能直接回答金融流量流动的方向、方式和力度，不能回答谁为谁提供资金的问题。因此，要全面认识金融流量及其在经济过程中的作用，须了解更详尽的部门之间的金融关系，尤其是围绕金融中介机构所形成的金融关系。

资金流量核算对金融核算从两个方面进行了深化。第一，资金流量表提供了“资金从哪里来”的详细描述。资金从哪里来，描述了金融资产的来源，反映了一个部门金融负债的分布情况。第二，资金流量表提供了“资金到哪里去”的详细描述。资金到哪里去，描述了金融资产的去向，反映了一个部门所拥有的金融资产债权分布情况。

为了全面认识金融流量及其在经济中的作用，了解更详尽的部门之间的金融联系和这种金融联系据以发生的金融资产常常是重要的。例如,政府往往不仅要知道它用什么类型的负债来弥补赤字,而且还要知道哪些部门(或国外)提供了资金。对金融公司来说,重要的是不仅要知道它们获得的金融资产的构成,而且还要知道它们对哪些部门拥有债权。此外,常常要分析一个部门的各个子部门之间的资金流量(如中央政府与地方政府的金融交易)和跨部门的资金流量。这些详细的信息是了解融资如何进行和如何随时间而变化所必需的。这正是资金流量核算所要解决的问题。

二、资金流量核算的范围与特点

(一)资金流量核算的范围

各国资金流量核算的范围并不完全相同。资金流量核算的范围因各国国民经济核算的完善程度、国民经济核算工作在各经济管理机构中的分工情况、国民经济运行机制和管理方式以及金融市场发育程度的不同而有所不同。资金流量核算的范围有以下三种类型:

1.只核算金融交易。

这种核算范围的交易项目主要由金融交易组成,核算的起点是净金融投资。一般来说,统计组织及管理系统较为分散的国家大多采用这种模式,资金流量表通常由中央银行独立编制和发布,政府统计部门不再加工整理。例如,西班牙、挪威等国仅编制单纯反映金融交易的资金流量表,不包括任何非金融交易。这种核算模式具有金融交易项目详细、编制时间短、可按季度编制、实用性强等优点。但这种核算模式存在与国民经济其他核算的协调问题。例如,部门划分一般直接使用金融统计的分类方法,与一般的国民经济分类有差别。另外,资金运用与来源也缺乏与国民总支出的消费与投资(收入分配资料部分)之间的联系。使用者难以将资金流量核算资料与其他经济核算资料结合运用,使得资料的使用价值降低。

2.除金融交易外,核算范围还包括总储蓄和资本形成总额,在一定程度上把资金流量表和其他核算联系起来。

这种模式核算的起点是总储蓄,其交易项目由两部分组成:一是非金融交易项目,包括总储蓄、资本转移、资本形成总额;二是金融交易项目。这种模式能够较好地消除与其他核算的协调问题,直接提供实物投资与金融投资的关系。这类资金流量表,有的国家由中央银行编制,由国家统计部门做一些技术处理与调整;有的国家由统计部门提出要求,由银行根据这些要求编制;有的国家是银行提供基础资料,由统计部门编制。编制这类表的国家,生产收支核算一般都比较规范。目前大多数国家编制的就是这类资金流量表。

3.以 GDP 作为核算的初始流量,不仅包括金融交易,也包括实物交易。

这种核算模式将核算范围进一步拓展到包括收入、分配、再分配、消费与投资的整个过程。其核算起点是增加值，特点是交易环节多，信息量大，与其他核算紧密相联，便于分析应用。这种模式将金融交易与资本交易、积累交易与经常交易结合起来，更完整地反映了各部门投资资金的来源和形成过程以及运用和调剂情况，具有更强的分析功能。加拿大、中国等国采用这种核算模式。

（二）资金流量核算的基本原则

1. 复式记账原则。在实物交易部分，一个部门的收入同时是对应部门的支出；收入记录在来源方，支出记录在使用方。在金融交易部分，一个部门金融资产增加（或减少），同时是对应部门金融负债的增加（或减少）；金融资产的增加或减少记录在使用方，负债增加或减少记录在来源方。

2. 权责发生制原则。凡是在本期发生应属于本期的收入和支出，不论其款项是否收到或支付，一律作为本期的收入和支出核算。

3. 计价原则。资金流量表中的实物交易部分的计价原则与生产核算的计价原则一致，都使用市场价格计算。金融交易部分的计价要区分货币市场交易和资本市场交易。货币市场交易按交易工具的面值计价；资本市场的交易工具主要包括股票和债券，按获得或转让资产时的价格记录。

（三）资金流量核算的特点

1.资金流量核算把着眼点放在整个国民经济的高度，对国民经济各部门的各种资金的来源和使用进行全面核算和分析。它描述的是资金在部门间的流动，超越了各部门专业统计的特点，是对宏观经济进行的全面性核算。

2.它不限于金融活动领域，如货币、存款、贷款及债券等项的变动，而且还反映非金融部门的交易活动，如收入、分配、消费、投资等实物资金流量的变动。

3.它不是对金融领域中各种交易项目的简单统计，而是以经济部门为主体，以资金交易为对象，在两者的统一联系中，描述部门间的资金流动。

4.它采用复式记账法，说明了经济活动中部门间此收彼付的交易活动。

三、资金流量表及其平衡关系

资金流量核算是通过资金流量表来进行的。常用的资金流量表的表式一般是标准式资金流量表，它实际上是各部门资金流量账户表的综合。

（一）资金流量表的基本结构

标准式资金流量表的主栏一般是经济交易项目，分为实物交易和金融交易两大类，宾栏则按各个机构部门划分。每个部门又分为资金来源（S）和资金运用（U）两栏。标准式资金流量表如表 9－3－1 所示。

表 9—3—1 标准式资金流量表(简表)

项目			住户		非金融公司		金融公司		一般政府		为住户服务的非营利机构		国内部门合计		国外		所有部门合计	
			U	S	U	S	U	S	U	S	U	S	U	S	U	S	U	S
实物交易	经常账户	收入 Y																
		净转移收入 T																
		消费 C																
	资本账户	储蓄 S																
		投资 I																
		储蓄投资差 $S-I$																
金融交易	金融账户	金融资金使用 F_U																
		金融资金来源 F_S																

(二)资金流量表中的交易项目

在表 9—3—1 中,实物交易在经常账户和资本账户中反映。

在经常账户中,“收入”表示从生产中得到的国内生产总值;“净转移收入”是各部门通过再分配取得和付出货币的净额;收入和净转移收入之和是可支配收入,即可用于消费和积累的资金;“消费”是指居民消费和政府消费。在资本账户中:“储蓄”是可支配收入减去消费后的余额;“投资”对应于资本形成总额;“储蓄投资差”是每个部门可用于投资资金与实际用于投资资金的差额,反映出部门的资金状况是资金盈余、资金不足还是资金平衡。

金融账户中,“金融资金使用”是一个总计项目,它表示一个部门通过各种融资渠道所获得的金融债权的合计数;“金融资金来源”是金融资金使用的对应项目,它表示一个部门通过各种融资渠道获得的资金合计数;金融交易的具体项目,可以分成国内金融交易和国外金融交易两大部分;国内金融交易主要形式有存款、贷款和证券、货币三大类;国外金融交易项目实际上是国际收支平衡表的金融部分。

(三)资金流量表中的平衡关系

1. 部门内平衡关系

部门内平衡关系是从资金流量表纵向上显示出来的列平衡关系,也就是部门资金流量表的平衡关系,因此也称为部门内平衡关系。部门内平衡关系可用公式表示如下:

经常账户平衡关系:

$$Y+T=C+S \qquad (9-3-1)$$

资本账户平衡关系:

$$S=I+(S-I) \tag{9-3-2}$$

金融账户平衡关系：

$$(S-I)+F_S=F_U \tag{9-3-3}$$

部门内总体平衡关系：

$$Y+T+F_S=C+I+F_U \tag{9-3-4}$$

从资金流量表纵向平衡关系，可以得出以下几点认识：

(1)经常账户的来源和使用之差是"储蓄"[$S=(Y+T)-C$]，它转入资本账户作为资金来源；资本账户的来源与使用之差是"储蓄投资差"($S-I$)，又称为金融盈余，它转入金融账户作为资金来源。资金流量表中三大账户，从经常收支到实物投资再到金融交易是逐步展开、逐层深入的。

(2)资金流量表在纵向上把各部门的可支配收入、消费和投资与其金融资产(负债)的增减变化结合起来，使各部门的"储蓄投资差"与其金融资产负债增量差相等，即：

$$Y+T+F_S=C+I+F_U \tag{9-3-5}$$

$$(Y+T-C)-I=F_U-F_S \tag{9-3-6}$$

$$S-I=F_U-F_S \tag{9-3-7}$$

(3)如果一个部门有资金余额，必然要借给其他部门以增加本部门的金融资产，使金融资产增量与负债增量的差额，等于该部门的资金余额。反之，如果一个部门有资金差额，就必须从其他部门筹措，这将增加本部门的金融负债，使负债增量超过金融资产增量的数额，等于该部门的资金差额。

(4)在资金流量表中，任何一个部门的资金来源总额 $\sum_{i=1}^{n}S$ 必然等于资金使用总额 $\sum_{i=1}^{n}U$，即部门内总体上是平衡的。这种平衡关系还可以扩展到全社会，即全社会所有部门资金来源总和 $\sum_{j=1}^{m}\sum_{i=1}^{n}S$ 与其资金使用总和 $\sum_{j=1}^{m}\sum_{i=1}^{n}U$ 必然相等(其中 n 为交易项目数，m 为机构部门数)。即：

部门内总体平衡式：

$$Y+T+F_S=C+I+F_U \tag{9-3-8}$$

全社会总体平衡式：

$$\sum_{j=1}^{m}Y+\sum_{j=1}^{m}F_S=\sum_{j=1}^{m}C+\sum_{j=1}^{m}I+\sum_{j=1}^{m}F_U \tag{9-3-9}$$

其中，$\sum_{j=1}^{m}T=0$，即全社会净转移收入为0。

2. 部门间平衡关系

部门间平衡关系是资金流量表横向显示出来的平衡关系。

资金流量表金融交易部分的每一种交易项目，都代表一种金融活动。每一种金融活动都会引起一些部门金融资产和负债的变动，而且这两类变动在数量上必然相等。所谓有借必有贷，有资产必有负债，有资金占用必有资金来源，就是这个意思。

同样，资金流量的部门间平衡关系可以扩展到全社会，即全社会金融资产的总和等于全社会金融负债的总和。由于每一种金融交易在部门间是平衡的，所以全社会各种金融交易之和在部门间也必然是平衡的，这种平衡体现整个金融市场的平衡。即：

$$\sum_{j=1}^{m} F_U = \sum_{j=1}^{m} F_S \qquad (9-3-10)$$

3. 储蓄投资总体平衡关系

资金流量表中"储蓄投资差"项在各机构部门间也是平衡的。储蓄投资差是资金流量分析的重要指标。根据储蓄投资差的数值，可将各部门分为三类：$S-I>0$，为盈余部门；$S-I<0$，为赤字部门；$S-I=0$，为平衡部门。盈余部门的资金流向金融市场，赤字部门则从金融市场获得资金。各部门的储蓄投资差之和最后应为 0，即 $\sum_{j=1}^{m}(S-I)=0$。

尽管储蓄投资在各部门内往往存在差额，但是从全社会看，二者在总体上是平衡的。这种平衡是实物市场与金融市场的总体平衡，也是部门平衡关系与部门间平衡关系的综合。把内部平衡式 $\sum_{j=1}^{m}Y+\sum_{j=1}^{m}F_S=\sum_{j=1}^{m}C+\sum_{j=1}^{m}I+\sum_{j=1}^{m}F_U$ 与外部平衡式 $\sum_{j=1}^{m}F_U=\sum_{j=1}^{m}F_S$ 左右两端分别相加再抵消同类项，就得到 $\sum_{j=1}^{m}S=\sum_{j=1}^{m}I$，即 $\sum_{j=1}^{m}(S-I)=0$。

以上三类平衡关系说明资本形成同金融交易是密切相连的。储蓄正是连接实物资金流量和金融资金流量的桥梁。在国民经济各机构部门中，除住户部门的投资来源于本部门的储蓄，其他机构部门的投资大部分来自住户部门的储蓄。从住户部门储蓄到其他机构部门投资的转化，正是借助于金融中介和金融交易才得以实现的。就整个国民经济而言，某一机构部门增加的金融资产必是另一个机构部门增加的负债，反之亦然。所有国内部门之间的金融交易会相互抵消，金融交易只起资金融通作用，并不增加经济总体的实际资源。

四、中国的资金流量核算

(一)中国资金流量表的概况

中国的资金流量表采用标准式矩阵表,基本结构是交易项目×机构部门的矩阵表式,包括实物交易和金融交易两部分。行(主栏)设资金流量的交易项目,即反映资金流量的各项指标。列(宾栏)设机构部门,是资金流量核算的主体,每个机构部门下设"来源"与"使用"两栏,分别反映各种资金流量发生的性质,其中,"来源"表示资金的流入,"使用"表示资金的流出。表中每个数据均由所在行列的经济概念所决定。

资金流量表中的部门分类使用的是机构部门分类,将所有机构单位分为五大部门:非金融企业部门、金融机构部门、政府部门、住户部门和国外部门。在资金流量核算中,国外部门反映中国对外经济往来中的收支和借贷关系。

中国现行的资金流量表分为两大部分:上半部分为实物交易部分,由国家统计局国民经济核算司编制;下半部分为金融交易部分,由中国人民银行调查统计司编制。

(二)资金流量表(实物交易部分)

资金流量表实物交易部分主要包括收入分配、收入使用和非金融投资三个方面,记录了所有机构部门关于收入分配与实物交易的资金来源与资金运用情况,以及收入分配与实物交易在各机构部门之间的资金运动情况。

净出口和增加值反映各机构部门的初始资金来源。劳动者报酬、生产税净额、财产收入属于收入的初次分配,其分配结果形成初次分配总收入。经常转移属于收入的再分配,其分配结果形成可支配收入。最终消费是最终使用的一部分。总储蓄是一个平衡项,它等于可支配总收入减去最终消费。资本转移是与投资相关的资金转移,它与总储蓄一起,构成投资资金来源。资本形成总额是最终使用的另一部分。

净金融投资也是一个平衡项,它是各机构部门总资金来源与总资金运用的差额,反映机构部门或经济总体资金富余或短缺的情况。在实物交易部分,净金融投资是实物交易账户的平衡项,它是总储蓄加资本转移收入减非金融投资后的余额。非金融投资包括资本形成总额和其他非金融资产获得减处置。计算公式为:

净金融投资=(总储蓄+资本转移净额)-(资本形成总额
+其他非金融资产获得减处置)　　(9-3-11)

表9-3-2是2011年中国资金流表的实物交易部分,我们对其平衡关系进行考察。

初次分配总收入=增加值-运用方的劳动者报酬+来源方的劳动者报酬
-运用方的生产税净额+来源方的生产税净额
-运用方的财产收入+来源方的财产收入

表 9—3—2 2011 年中国资金流量表(实物交易)

单位:亿元

机构部门 交易项目	非金融企业部门		金融机构部门		政府部门		住户部门		国内合计		国外部门		合计	
	运用	来源	运用	来源	运用	来源	运用	来源	运用	来源	运用	来源	运用	来源
1. 净出口												−12163.3		−12163.3
2. 增加值		274841.1		24958.3		40363.3		132941.4		473104.0				473104.0
3. 劳动者报酬	98610.2		8062.5		34400.0		80385.5	222423.8	221458.2	222423.8	1070.1	104.5	222528.4	222528.4
(1)工资及工资性收入														
(2)单位社会保险付款														
4. 生产税净额	57843.2		2906.3		300.8	62270.8	1220.5		62270.8	62270.8			62270.8	62270.8
(1)生产税														
(2)生产补贴														
5. 财产收入	44709.3	21175.5	40060.0	43429.2	6788.9	10922.6	8329.6	18853.2	98930.2	93422.9	8247.8	13755.1	107178.0	107178.0
(1)利息	23905.6	19571.9	37656.3	42808.7	6156.0	4135.4	8287.3	15913.6	76005.1	82429.6	6706.1	281.7	82711.2	82711.2
(2)红利	16449.8	1541.7	1145.8	620.4		2391.0		1110.8	16638.0	4706.3	1541.7	13473.4	18179.7	18179.7
(3)土地租金	3033.2					3075.5	42.3		3075.5	3075.5			3075.5	3075.5
(4)其他	1320.7	61.9	1257.9		632.9	1320.7		1828.9	3211.5	3211.5			3211.5	3211.5
6. 初次分配总收入		94853.9		17358.6		72066.9		284282.9		468562.4				
7. 经常转移	16933.2	1069.8	5490.5	3311.1	34189.6	52325.8	31817.9	33307.5	88431.2	90014.3	3589.1	2006.1	44438.9	44438.9
(1)收入税	13367.0		3402.6			22823.8	6054.1		22823.8	22823.8			22823.8	22823.8
(2)社会保险缴款					5416.4	27217.6	21801.2		27217.6	27217.6				
(3)社会保险福利					20363.9			20363.9	20363.9	20363.9				
(4)社会补助	144.7				7444.2			7588.8	7588.8	7588.8			7588.8	7588.8
(5)其他经常转移	3421.5	1069.8	2087.9	3311.1	965.1	2284.5	3962.6	5354.8	10437.1	12020.2	3589.1	2006.1	14026.3	14026.3
8. 可支配总收入		78990.5		15179.2		90203.2		285772.6		470145.4				470145.4
9. 最终消费					63154.9		168956.6		232111.5				232111.5	
(1)居民消费							168956.6		168956.6				168956.6	
(2)政府消费					63154.9				63154.9				63154.9	
10. 总储蓄		78990.5		15179.2		27048.3		116816.0		238033.9		−9204.7		228829.2
11. 资本转移	2005.3	6219.4			6230.7	2425.6	57.3		8293.3	8645.1	363.0	11.3	8656.3	8656.3
(1)投资性补助		6219.4			6219.4				6219.4	6219.4			6219.4	6219.4
(2)其他	2005.3				11.3	2425.6	57.3		2073.9	2425.6	363.0	11.3	2436.9	2436.9
12. 资本形成总额	147080.4		400.1		23868.4		56995.3		228344.3				228344.3	
(1)固定资本形成总额	137961.0		400.1		23433.6		53887.3		215682.0				215682.0	
(2)存货增加	9119.4				434.8		3108.0		12662.3				12662.3	
13. 其他非金融资产获得减处置	23626.2				−9033.2		−14593.0							
14. 净金融投资	−87502.0		14779.1		8408.1		74356.4		10041.4		−9556.5		484.9	

资料来源:《中国统计年鉴—2013》,中国统计出版社,2013 年版。

以住户部门为例：

初次分配总收入＝132941.4－80385.5＋222423.8－1220.5－8329.6＋18853.2
＝284282.8(亿元)[①]

可支配总收入＝初次分配总收入－经常转移支出＋经常转移收入

以住户部门为例：

可支配总收入＝284282.9－31817.9＋33307.5＝285772.5(亿元)[②]

总储蓄＝可支配总收入－最终消费

以住户部门为例：

总储蓄＝285772.6－168956.6＝116816.0(亿元)

净金融投资＝总储蓄－资本转移支出＋资本转移收入－资本形成总额
－其他非金融资产获得减处置

以住户部门为例：

净金融投资＝116816.0－57.3－56995.3－(－14593.0)＝74356.4(亿元)

(三)资金流量表(金融交易部分)

金融交易是指涉及机构单位金融资产所有权变化的所有交易，包括金融债权和负债的产生和清偿。金融交易中，一个机构单位一方面会形成或处置金融资产，抵消以后体现金融资产的净获得；另一方面会发生和清偿债务，抵消以后体现负债的净发生。

资金流量表的金融交易部分记录了所有机构部门金融资产的净获得和负债的净发生。通过资金流量表的金融交易部分，不仅可以弄清各个机构部门为筹集金融资源而发生的负债以及该部门获得的金融资产，还能掌握各个机构部门之间谁为谁提供资金的问题。

从范围看，现实的金融交易活动包括国内金融交易和国外金融交易。国内金融交易的资金流量核算内容包括通货、存款、证券公司客户保证金、贷款、未贴现的银行承兑汇票、保险准备金、金融机构往来、准备金、证券、证券投资基金份额、库存现金、中央银行贷款、其他等13项内容。国外金融交易是中国与国外在经济往来中发生的金融活动，包括直接投资、其他对外债权债务、国际储备资产、国际收支错误与遗漏等4项内容。

其中，通货是指以现金形式存在于市场流通中的货币，包括本币和外币；存款是指金融机构接受客户存入的货币款项，存款人可随时或按约定时间支取款项的信用业务；贷款指金融机构将其所吸收的资金按一定的利率贷放给客户约期归还的信用业务；保险准备金指对人寿保险准备金和养恤基金的净权益、保险费预付款

---

① 因四舍五入的原因，与表中的284282.9略有差别。

② 因四舍五入的原因，与表中的285772.6略有差别。

表 9—3—3　2011 年中国资金流量表(金融交易)

单位:亿元

机构部门 交易项目	非金融企业部门		金融机构部门		政府部门		住户部门		国内合计		国外部门		合计	
	运用	来源	运用	来源	运用	来源	运用	来源	运用	来源	运用	来源	运用	来源
净金融投资	—44271		—1318		10178		48644		13234		—13234			
资金运用合计	66790		194721		20363		74140		356014		25258		381272	
资金来源合计		111061		196038		10185		25496		342780		38492		381272
通货	555		153	6162	123		4961		5792	6162	370		6162	6162
存款	41373		5396	113415	19763		47690		114222	113415	2219	3026	116442	116442
证券公司客户保证金	—4020		—571	—6511	—35		—1840		—6466	—6511	—45		—6511	—6511
贷款		66963	95764	1442		1691		25496	95764	95592	1245	1417	97009	97009
未贴现的银行承兑汇票	10271	10271	10271	10271					20542	20542			20542	20542
保险准备金	931			5242		2107	6417		7348	7348			7348	7348
金融机构往来			2308	4188					2308	4188	6172	4291	8480	8480
准备金			36154	36154					36154	36154			36154	36154
证券	—157	19397	18758	—3927	112	6142	2484		21196	21611	343	—71	21540	21540
证券投资基金份额	860		376	2282	416		606		2258	2282	24		2282	2282
库存现金			1072	1042					1072	1042		30	1072	1072
中央银行贷款			—727	—727					—727	—727			—727	—727
其他(净)	8808		4139	26753	—16		13823		26753	26753			26753	26753
直接投资	3211	14224							3211	14224	14224	3211	17435	17435
其他对外债权债务	4958	2466	—3428	252		246			1530	2965	2965	1530	4495	4495
国际储备资产			25057						25057			25057	25057	25057
国际收支错误与遗漏		—2259								—2259	—2259		—2259	—2259

资料来源:《中国统计年鉴—2013》,中国统计出版社,2013 年版。

和未结索赔准备金；金融机构往来指各金融机构之间的资金往来，包括同业存放款和同业拆借款；准备金指各金融机构在中央银行的存款及缴存中央银行的法定准备金；证券主要包括股票和债券，是发行者的负债，认购者的资产；库存现金指各金融机构法定准备金之外的库存现金；中央银行贷款指中央银行对各金融机构的贷款；其他（净）指上述资产以外的其他金融资产净额；直接投资指外国、港澳台地区在中国和中国在外国、港澳台地区以独资、合资、合作及合作勘探开发方式进行的投资；国际储备资产指中央银行拥有的可以随时动用并有效控制的对外资产，包括货币黄金、特别提款权、外汇储备、在基金组织的储备头寸和其他债权；国际收支错误与遗漏指在国际收支统计中，由于资料不完整、统计时间、统计口径、统计分类和计价标准不一致，以及不同币种间的换算差额等原因而形成的误差与遗漏。

净金融投资也是金融交易账户中的一个重要项目，是金融交易的起点。净金融投资为正值的部门，资金以储蓄存款、购买股票证券等形式流向金融市场；净金融投资为负值的部门，资金以借贷、发行或出售股票证券等形式从金融市场筹集资金。在金融交易账户中，净金融投资是金融资产的增加额减金融负债的增加额之后的余额。用公式表示为：

$$\begin{aligned}\text{净金融投资} &= \text{金融资产增加} - \text{金融负债增加} \\ &= \text{资金运用合计} - \text{资金来源合计} \qquad (9-3-12)\end{aligned}$$

表 9－3－3 是 2011 年中国资金流量表的金融交易部分，以住户部门为例：

净金融投资＝74140－25496＝48644(亿元)

需要注意的是，在资金流量表的实物交易部分和金融交易部分，都设置了净金融投资项目。理论上，这两个净金融投资指标的数据应完全一致，但由于资料缺口较多，许多数据不能直接满足编表的需要，只能进行推算。因此，形成了两个大小不一致的净金融投资数据。这两个净金融投资的差额通常记作统计误差。

五、资金流量表的分析应用

（一）分析收入分配关系

资金流量核算描述了当期生产成果在价值上的分配过程，揭示了各部门收入形成过程及其特点，为分析各环节上的收入分配格局及各种分配方式的作用提供了依据，是制定分配政策和进行宏观经济理论研究不可缺少的工具。通过资金流量表提供的数据，可以研究收入形成过程及其在机构部门之间的分配关系，了解可支配收入的使用去向。例如，可以分析在收入分配中国家、企业、居民三者之间的关系，即分析每一部门获得了多少收入，占有总收入的百分比。具体来说，可以分析劳动者报酬、财产收入、初次分配总收入、可支配总收入等在各机构部门的占有结构。通过这种分析，可以为制订分配政策，调整利益格局提供依据。

(二)分析消费与储蓄行为

资金流量表反映了各部门可支配收入的使用去向。可支配总收入用于最终消费后的剩余部分即为总储蓄，它是国内各机构部门非金融投资的主要资金来源。通过资金流量表，可以研究各机构部门及经济总体当期形成的可支配总收入是如何使用的，有多大比例被用于消费支出，多大比例被节余下来用于储蓄。也可以研究消费、储蓄在各机构部门的结构状况。例如，可以计算各机构部门的储蓄率和国民储蓄率，其中，机构部门储蓄率是该机构部门的总储蓄与其可支配总收入之比；国民储蓄率是国民总储蓄与国民可支配总收入之比。

(三)分析非金融投资与资金余缺

资金流量表提供了各机构部门和经济总体的资金形成总额，可以将之与各机构部门和经济总体的总储蓄进行比较，判断各机构部门和经济总体的资金余缺状况。例如，根据国民总储蓄与资本形成总额二者之间的差额，可以判断中国进行非金融投资所需的资金是有余还是不足。

(四)分析金融投资

资金流量表描述了金融交易中各部门资金余缺的调剂过程以及各类金融资产的交易数额，可用于分析和研究金融部门在资金运动中的中介作用和各类金融资产对金融交易的贡献份额。

思考与练习

1. SNA(2008)对金融资产是如何分类的？
2. 金融账户的作用是什么？
3. 为什么要进行资金流量核算？
4. 资金流量核算的范围有哪几种？
5. 请根据最新的《中国统计年鉴》，分析如下问题：

(1)以“实物交易”部分为例，说明中国资金流量表的部门内平衡是如何实现的。

(2)以“金融交易”部分为例，说明中国资金流量表的部门间平衡是如何实现的。

第十章 资产其他变化核算

资产负债核算是对所拥有的资产和所承担的负债的数量规模、结构状况及其变动进行的核算。完整的资产负债核算既包括资产负债的存量核算，也包括资产负债的流量核算。资产负债存量核算主要是编制资产负债表。资产负债流量核算是对核算单位在两个不同时点之间所拥有的资产与所承担的负债的变动情况进行的核算，在SNA中主要是通过积累账户来反映的。引起资产负债变动的原因主要分为物量因素和价格因素，而物量因素又分为交易因素和外生因素。因此，资产负债流量核算包括:(1)对交易因素引起的资产负债变动进行的流量核算，主要是编制资本账户与金融账户;(2)对外生因素引起的资产负债变动进行的流量核算，主要是编制资产物量其他变化账户;(3)对价格因素引起的资产负债变动进行的流量核算，主要编制重估价账户。其中，(2)和(3)统称为资产其他变化核算和资产其他变化账户，它是对交易之外的因素所带来的资产和负债价值变化的核算，记录的是除交易之外的其他流量。资本账户、金融账户、资产物量其他变化账户、重估价账户共同构成了反映资产负债变动的积累账户。(1)的内容在第八章和第九章做了介绍，本章介绍(2)和(3)的内容。

第一节 资产物量其他变化核算

资产物量其他变化，是指由于机构单位无法控制的外生因素或事件而引起的资产或负债的变化。例如，新的资源的发现、战争或其他政治事件、自然灾害的破坏、资产所属机构单位和资产分类的变化以及机构部门结构变化等因素引起的资产数量的增减变动。

一、资产物量其他变化的内容

资产物量其他变化可以被分为三个主要类别:第一类是除交易因素以外的资产和负债的出现和消失;第二类是与外部效应和灾难影响有关的资产物量变化;第三类是与部门分类和结构变化及资产与负债的分类变化有关的资产物量变化。具体来说，资产物量其他变化包括以下内容:

(一)非金融资产的经济出现

经济出现是指某种本来未列入资产负债表的物品被列入到资产的范围而出现在资产负债表之中。非金融资产的经济出现分为两类:生产资产的经济出现和非生产资产的经济出现。

生产资产的经济出现是指那些具有重大意义或特殊价值的贵重物品和历史纪念物,如宝石、古董或其他艺术品等贵重物品,建筑物与构筑物等历史纪念物在被首次认可时,知识产权产品在首次出现时,作为一种生产资产记录在资产物量其他变化账户中。

非生产资产的经济出现主要包括:(1)可开采地下资源储量的增加。(2)从未利用的自然资产向经济活动的首次转移。例如,土地从荒芜状态转变为可以确定其所有权和可用于经济目的的状态,建筑堤坝填海所产生的田地等,为了得到木材而大规模采伐的原始森林等。(3)经济用途变化引起的非生产资产的质量变化。例如,耕地变成了建筑物的地基,同一块地的价值发生了增值,就被认为是资产总量额外的增加。(4)非培育生物资源的自然生长。像鱼类、自然森林等非培育生物资源是经济资产,但是它们的生长不在任一机构单位的直接控制、负责和管理之下,因此不是生产,这类资产的递增必须视为一种经济出现记录在资产物量其他变化账户中。(5)商誉和营销资产的出现。例如,一个企业被以超过其净值的价值销售时,购买价格中超出净值的部分所形成的"购买的商誉"等。

对于经济出现类的资产物量其他变化,可以按以下两种不同情况分别用不同的方法估价:如果一项经济出现与一笔交易有关,如购买商誉、历史纪念物时,就用该笔交易来估价该项经济出现的价值;对于其他情况下的经济出现,可以按该项资产的预期未来收益流量的现值或贴现值估价。

(二)非生产性非金融资产的经济消失

经济消失是指自然资源的耗减和其他经济消失。例如,开采造成的地下资产储量的减少,砍伐森林造成的耗减,经济用途变化和经济活动引起的非生产资产的质量退化,购买的商誉、可转让合同的注销、专利保护的结束等。在国民经济核算中,只有产品和生产资产的消耗才能计入中间消耗、最终消费和非金融投资,经济活动对非生产资产的使用只能作为经济消失记录在资产物量其他变化账户中。

对于经济消失的资产物量其他变化,如果经济消失的是某项资产的全部,资产物量其他变化按其最近的资产负债表中的总额估价;如果消失的是某项资产的一部分,则按该项资产损失的一定百分比进行估价。

(三)巨灾损失

巨灾损失记录的物量变化是可能毁灭所有类型资产的大规模的、个别的和可识别的事件所造成的损失。具体说来,这里所指的巨灾包括大地震、火山爆发、海啸、特大飓风、旱灾和其他自然灾害，战争、骚乱和其他政治事件，以及诸如有毒物质大量溢漏或放射性物质释放到空气中等技术事故。损失包括异常洪灾或风灾造成的土地质量的恶化，旱灾或流行性疾病造成的培育资产的破坏，森林大火或地震中建筑物、设备或珍贵物品的毁坏，以及自然大灾害或政治事件造成的货币或无记名证券的意外毁坏。

(四)无偿没收

无偿没收是指政府或其他机构单位以征税和罚款之外的非常手段占有包括非常住单位在内的机构单位的资产而不予以充分补偿。之所以将征税和罚款排除在外，是因为这些属于强制性转移，要在生产核算和收入分配核算中记录。

(五)未另分类的物量其他变化

未另分类的物量其他变化分为两类:一是未另分类的非金融资产的其他物量变化，包括由于意外淘汰、破碎等原因造成的固定资产提前报废和由于火灾、偷盗、虫害等造成的存货异常损失，生产设施在投入经济使用前就废弃等;二是未另分类的金融资产和负债的其他物量变化，包括国际货币基金组织特别提款权的分配和取消，由于债务人破产或其他原因出现的债权人注销坏账等。

(六)分类变化

分类变化分为两种情况:一是部门分类和结构的变化。将一个机构单位从一个部门重新归类到另一个部门，就转移了它的全部资产负债，或者是一个部门的内部组织结构的变动(如公司的重新构建，包括公司兼并、分立等)引起的某些金融资产负债的消失或出现。二是资产和负债分类的变化，例如，黄金的货币化与非货币化、土地用途的改变等。

二、资产物量其他变化账户

(一)资产物量其他变化账户的形式

资产物量其他变化账户是为记录和反映外生因素引起的资产、负债和净值的增加或减少而设立的账户。资产物量其他变化账户提供的资料是编制期末资产负债表的重要依据之一。

资产物量其他变化账户的左方记录资产变化，右方记录负债和净值的变化。经济总体资产物量其他变化账户的形式如表 10－1－1 和表 10－1－2 所示，其中，表 10－1－1 按资产物量其他变化的内容划分，表 10－1－2 按资产负债的类型划分。

在表 10－1－1 中，该经济总体核算期内物量其他变化使得资产总量增加 13(即 33＋(－11)＋(－11)＋0＋2＋0)，负债增加 3(即 1＋2)，所以，由于资产物量其他变化引起的资产净值变化是 10(即 13－3)，其中，非金融公司部门的资产净值增加 14,金融公司部门、一般政府部门和住户部门的资产净值分别减少 1、2 和 1,NPISH 部门的资产净值保持不变。在资产变化项中,非金融资产的经济出现使得经济总体的资产增加 33,非生产性非金融资产的经济消失和巨灾损失均使得资产减少 11,未另分类的物量其他变化使得资产增加 2,而无偿没收和分类变化没有带来资产的变化;在负债变化项中,未另分类的物量其他变化使得经济总体的负债增加 1,分类变化使得负债增加 2。

在表 10－1－2 中,资产的其他物量变化是 13,负债的其他物量变化是 3,由资产物量其他变化引起的资产净值变化是 10(即 13－3)。在资产方增加的 13 中,由非金融资产带来的资产增加是 10(即(－7)＋17),由金融资产带来的资产增加是 3。资产的增加主要是由非金融公司部门带来的,该项数值是 9;负债的增加是由一般政府和住户带来的,二者分别使负债增加 2 和 1。

(二)资产物量其他变化账户的作用

1. 从核算体系完整性上考虑。

尽管相对于由交易导致的资产负债存量变化来说,资产物量其他变化处于次要的位置,但从核算体系完整上考虑,资产物量其他变化账户具有重要的意义,它保持了存量核算与流量核算的一致性,完整核算资产负债存量从期初到期末的变化。

2. 从功能上考虑。

(1)资产物量其他变化账户的第一个功能是允许某些资产不通过交易进入和退出 SNA。进入和退出资产负债表的行为被分别称为经济出现和经济消失。一旦自然形成的资产如地下资产获得了经济价值或者变得没有经济价值,进入和退出就产生了。交易可以引起资产的变化,它是通过机构单位之间的共同协议达成的,而非交易因素是机构单位与自然之间的作用,它也会引起资产的变动,这些非交易资产的变动要在资产物量其他变化账户中反映。

(2)资产物量其他变化账户的第二个功能是记录了外部事件对资产价值的影响。资产物量其他变化账户记录了那些意外的、不可预测的事件给得之于资产(和相应的负债)的经济利益所带来的后果。例如,一机构单位未经所有者的同意就取走资产,由于不满足双方同意这一基本前提,这种行为不能看作是一种交易,但它确实又改变了不同机构单位的资产数量。

(3)资产物量其他变化账户的第三个功能是,记录了机构单位和资产的分类变化、机构单位结构变化以及资产和负债分类的变化而引起的资产和负债的变化。

第二节　重估价核算

在宏观经济运行中,价格水平是不断变化的,这将影响资产和负债的实际价

表 10－1－1 按机构部门分组的国民经济总体资产物量其他变化账户

（按资产物量其他变化的内容划分）

资产变化 其他流量	非金融公司	金融公司	一般政府	住户	NPISH	经济总体	国外	合计
非金融资产的经济出现	26	0	7	0	0	33		33
生产性非金融资产			3			3		3
非生产性非金融资产	26	0	4	0	0	30		30
自然资源	22		4			26		26
合约、租约和许可	4					4		4
商誉和营销资产								
非生产性非金融资产的经济消失	−9	0	−2	0	0	−11		−11
自然资源耗减	−6	0	−2	0	0	−8		−8
自然资源	−6		−2			−8		−8
非生产性非金融资产的其他经济消失	−3	0	0	0	0	−3		−3
自然资源						0		0
合约、租约和许可	−1					−1		−1
商誉和营销资产	−2					−2		−2
巨灾损失	−5	0	−6	0	0	−11		−11
生产性非金融资产	−5		−4			−9		−9
非生产性非金融资产			−2			−2		−2
金融资产/负债						0		0
无偿没收	−5	0	5	0	0	0		0
生产性非金融资产	−1		1			0		0
非生产性非金融资产	−4		4			0		0
金融资产/负债						0		0
未另分类的物量其他变化	1	1	0	0	0	2		2
生产性非金融资产	1					1		1
非生产性非金融资产						0		0
金融资产/负债		1				1		1
分类变化	6	−2	−4	0	0	0		0
部门分类和结构的变化	6	0	−4	0	0	2		2
生产性非金融资产	3		−3			0		0
非生产性非金融资产	1		−1			0		0
金融资产	2					2		2
资产和负债分类的变化	0	−2	0	0	0	−2		−2
生产性非金融资产		−2				−2		−2
非生产性非金融资产	0	0	0			0		0
金融资产	0	0	0			0		0
物量其他变化合计	14	−1	0	0	0	13		13
生产性非金融资产	−2	−2	−3	0	0	−7		−7
非生产性非金融资产	14	0	3	0	0	17		17
金融资产	2	1	0	0	0	3		3

表 10－1－1(续)　按机构部门分组的国民经济总体资产物量其他变化账户

(按资产物量其他变化的内容划分)

其他流量	负债和资产净值变化							
	非金融公司	金融公司	一般政府	住户	NPISH	经济总体	国外	合计
非金融资产的经济出现								
生产性非金融资产								
非生产性非金融资产								
自然资源								
合约、租约和许可								
商誉和营销资产								
非生产性非金融资产的经济消失								
自然资源耗减								
自然资源								
非生产性非金融资产的其他经济消失								
自然资源								
合约、租约和许可								
商誉和营销资产								
巨灾损失								
生产性非金融资产								
非生产性非金融资产								
金融资产/负债								
无偿没收								
生产性非金融资产								
非生产性非金融资产								
金融资产/负债								
未另分类的物量其他变化	0	0	0	1	0	1		1
生产性非金融资产								
非生产性非金融资产								
金融资产/负债	0	0	0	1	0	1		1
分类变化	0	0	2	0	0	2		2
部门分类和结构的变化	0	0	2	0	0	2		2
生产性非金融资产								
非生产性非金融资产								
金融资产	0	0	2	0	0	2		2
资产和负债分类的变化	0	0	0	0	0	0		0
生产性非金融资产								
非生产性非金融资产								
金融资产	0	0	0	0	0	0		0
物量其他变化合计	0	0	2	1	0	3		3
生产性非金融资产								
非生产性非金融资产								
金融资产	0	0	2	1	0	3		3
由资产物量其他变化引起的资产净值变化	14	－1	－2	－1	0	10		

表 10－1－2 按机构部门分组的国民经济总体资产物量其他变化账户
（按资产负债的类型划分）

资产变化

其他流量	非金融公司	金融公司	一般政府	住户	NPISH	经济总体	国外	合计
物量其他变化合计	14	－1	0	0	0	13		13
生产性非金融资产	－2	－2	－3	0	0	－7		－7
固定资产	1		－3			－2		－2
存货	－3					－3		－3
贵重物品		－2				－2		－2
非生产性非金融资产	14	0	3	0	0	17		17
自然资源	10	0	1	0	0	11		11
合约、租约和许可	4		2			6		6
商誉和营销资产	0					0		0
金融资产	2	1	0	0	0	3		3
货币黄金和特别提款权						0		0
通货和存款						0		0
债务性证券						0		0
贷款						0		0
股权和投资基金份额/单位	2					2		2
保险、养老金和标准化担保计划		1				1		1
金融衍生工具和雇员股票期权						0		0
其他应收/应付款						0		0

值。期初资产负债是按照期初价格核算的，而期末资产负债又是按照期末价格核算的。因此，期末与期初资产负债存量的差异，除了有数量增减变动外还有价格因素变动即重估价的影响。

一、重估价与名义持有损益

SNA 使用现行价格核算所有的经济流量和经济存量，即对于经济交易，使用交易发生时的市场价格估价；对于资产和负债，按编制资产负债表时的市场价格或重置价格估价。重估价账户是专门记录一定时期内由于价格变动引起的资产和负债的价值变化，这类变化与核算期间资产和负债在数量上和质量上的任何变动无关。该账户的主要作用是对资产负债进行估价调整。

持有损益（holding gain/loss）又称为名义持有损益，是指由于价格变化而形成的资产（负债）收益和损失。它是资产或负债的所有者由于持有资产或负债，而被动承受价格变动对资产或负债价值影响的后果，所有者在其中并未对资产或负债采取任何加工或转换的行为。持有损益有时被称为资本损益，但持有损益的叫法

表 10—1—2(续) 按机构部门分组的国民经济总体资产物量其他变化账户
(按资产负债的类型划分)

负债和资产净值变化

其他流量	非金融公司	金融公司	一般政府	住户	NPISH	经济总体	国外	合计
物量其他变化合计								
生产性非金融资产								
固定资产								
存货								
贵重物品								
非生产性非金融资产								
自然资源								
合约、租约和许可								
商誉和营销资产								
金融资产	0	0	2	1	0	3		3
货币黄金和特别提款权								
通货和存款								
债务性证券								
贷款						0		0
股权和投资基金份额/单位			2			2		2
保险、养老金和标准化担保计划				1		1		1
金融衍生工具和雇员股票期权								
其他应收/应付款								
由资产物量其他变化引起的资产净值变化	14	−1	−2	−1	0	10		

更合适一些,这是因为,持有损益的发生纯粹是一定时期内持有资产或负债的结果,资产或负债本身并没有发生任何形式的改变。持有损益不仅包括固定资产、土地和金融资产等"资本"上的损益,还包括生产者持有的存货、在制品上的损益。

当一笔特定资产的价值增加或一笔特定负债的价值减少时,都可以给其持有者带来相应的持有收益;当一笔特定资产的价值减少或一笔特定负债的价值增加时,则会给其持有者带来相应的持有损失。最典型的例子就是股票投资者因为股票价格变化所带来的收益或损失:股票价格上涨,给持有者带来持有收益;股票价格下降,带来的后果就是持有损失。类似情况还有在汇市上进行各种外汇交易所带来的损益。

要正确理解持有损益,需要注意以下几点:

第一,持有损益可以是正值也可以是负值,也可以是零。如果是正值,称为持有收益;如果是负值,称为持有损失,二者统称为持有损益。对于资产所有者,资产价格上升时获得持有收益,资产价格下降时承受持有损失;对于负债,情况则正好相反,价格上升会引起持有损失,价格下降则引起持有收益。正的持有收益,不管是特定资产价值的上升引起的，还是特定负债价值的降低引起的，都会增加有关单位的资产净值。相反，持有损失会减少有关单位的资产净值，无论是特定资产价值的下降引起的，还是特定负债价值的提高引起的。

第二，持有损益是针对特定资产/负债计算的，每一笔资产/负债的持有损益的计算前提是，该资产/负债的数量和质量保持不变，但发生了价格的变化。因此，固定资产正常损耗引起的资产价格下降属于固定资本消耗，不是持有损益；具有固定偿还期、应计利息的证券、票据等资产和负债，越接近偿还期价值越高，高出部分实际上是累计的未付利息，是资产本身的升值，不是价格的提高，所以也不是持有损益。

第三，在核算期内，不论资产持有时间多长，都可能产生持有损益。不仅仅在核算期内全程持有的资产会产生持有损益，既未在期初资产负债表上出现也未在期末资产负债表上出现的资产或负债也可能产生持有损益。

第四，持有损益只是理论值，并不一定是实际实现的损益，只有当资产和负债在市场上变现时，损益才能得到真正的实现。例如，股票价格上涨给股票持有者带来的持有收益只有在股票卖出时才能真正实现。如果该资产仍被当前所有者持有，该持有损益就没有实现。

二、名义持有损益的核算

（一）不同情形下名义持有损益的核算

核算期内的交易价值中包含已实现的名义持有损益，期末资产负债表上的资产和负债价值中包含未实现的名义持有损益，因此，重估价对象的正确价值必须既包括已实现的名义持有损益，又包括未实现的名义持有损益。换言之，必须包括全部的名义持有损益。

我们考察不同情形下名义持有损益的核算问题。为简化起见，假定在核算期内没有发生交易，也不存在其他物量变化。

第一种情形：对于在整个核算期内一直持有的资产，核算期内应计的名义持有损益等于期末资产负债表价值减去期初资产负债表价值。这是未实现的名义持有损益。

第二种情形：对于核算期期初持有并在核算期内出售的资产，应计的名义持有损益等于实际或估计的处置价值减去期初资产负债表价值。这是已实现的名义持有损益。

第三种情形：对于核算期内购置而且到期末仍然持有的资产，应计的名义持有损益等于期末资产负债表价值减去资产的实际或估计的购置价值。这是未实现的名义持有损益。

第四种情形：对于核算期内购置并予以处置的资产，应计的名义持有损益等于实际或估计的处置价值减去实际或估计的购置价值。这是已实现的名义持有损益。

需要注意的是，一项特定资产在给定时间内发生的总名义持有损益，既要包括那些在期初或期末资产负债表中出现的资产，也要包括那些在核算期内获得或处置的资产，所以，不可能仅仅根据资产负债表本身的数据计算出总持有损益。

(二)名义持有损益的核算方法

名义持有损益的核算方法有两种：直接法和间接法。

1. 直接法

对于一个机构单位(或部门)，分别直接计算各种类型资产和负债的持有损益，然后将所有结果加总，这就是计算名义持有损益的直接法。

假设在整个核算期内都持有某项资产，在时间 0 和 t 时的资产价格分别是 p_0 和 p_t，资产数量为 q，则在时间 0 和 t 之间的名义持有损益可以表示为：

$$G=(p_t-p_0)q$$

按直接法计算名义持有损益，需要具备关于各种资产的获得、处置和其他变动的时间、数量及相应价格的完整资料，工作量非常大，在国民经济核算实践中是难以实现的。因此，直接法核算名义持有损益不太常用。

2. 间接法

间接法又称为剩余法，它是利用衔接期初与期末资产负债表的经济交易、外生物量变动和持有损益之间的关系推导出来的计算方法。名义持有损益的计算公式为：

名义持有损益=(期末资产价值－期初资产价值)－(交易引起的资产变化
+资产其他物量变化)

采用间接法计算名义持有损益的关键是要遵守 SNA 的估价原则：关于资产所有交易或外生物量变动必须按交易或外生物量变动发生时的现行价格估价，而记录在资产负债表上的资产必须按编表时的重置价格估价。

我们通过一个例子来说明名义持有损益的计算。假设一个公司在核算期期初拥有 100 单位的资产，价格为 20，期初资产价值为 2000。在核算期内的某一时点上，该资产的价格升至 22，该公司买入了另外的 15 个单位的资产，成本为 330。到核算期末时，资产的价格升至 25，于是出售 15 个单位的资产，价值 375。期末资产负债表中的存量仍然是 100 单位，总价值为 2500。因此，名义持有损益=(2500－2000)－[(－45)+0]=545。交易引起的资产价值变化是 375－330=45，这是已实现的名义持有收益；与期初相比，资产价值增加了 500，这是未实现的名义持有收益。由此可以得到名义持有损益为 545。

三、中性持有损益与实际持有损益

根据资产的价格变化幅度与一般价格水平的变化幅度是否相同来划分，名义持有损益可以分解为中性持有损益和实际持有损益。

（一）中性持有损益

如果在给定时期里某资产价值的上升幅度超过一般价格水平，意味着该资产在期末比它在期初可以交换更多物量的货物、服务和资产。中性持有损益是指资产价格的变化幅度与一般价格水平的变动幅度相同情况下而形成的持有损益，它是一种均衡的、平均的持有损益，即价格影响后的资产换取其他货物和服务的能力不发生变化。

设 r 表示全社会一般价格水平的定基价格指数，r_0 和 r_t 分别为时间 0 和 t 时的定基价格指数，记中性持有损益为 NG，则有：

$$NG=(\frac{r_t}{r_0}-1)p_0q$$

中性持有损益的大小取决于当期国民经济一般价格水平的变化。当发生通货膨胀，所有资产的中性持有损益均为正值，即其持有者获得持有收益，相应的债务人承担持有损失；当发生通货紧缩时，情况正好相反。中性持有损益实质上是为了使资产在核算期内保持实际价格不变而必须增值的部分。

（二）实际持有损益

实际持有损益是指由资产价格的总变化中不同于全社会一般价格水平变化所带来的持有损益。实际持有损益等于名义持有损益减去中性持有损益。记实际持有损益为 RG，则有：

$$\begin{aligned}RG&=G-NG\\&=(p_t-p_0)q-p_0q(\frac{r_t}{r_0}-1)\\&=p_tq-p_0q-p_0q\frac{r_t}{r_0}+p_0q\\&=p_tq-p_0q\frac{r_t}{r_0}\\&=\frac{p_t}{p_0}p_0q-\frac{r_t}{r_0}p_0q\\&=(\frac{p_t}{p_0}-\frac{r_t}{r_0})p_0q\end{aligned}$$

实际持有损益的数值取决于特定资产（或资产组合）价格变化相对于一般价格水平变化的幅度，其取值有三种可能：正、零和负。如果该资产价格上涨幅度大于一般价格水平的上涨幅度，或者资产价格下降幅度小于一般价格水平的下降幅度，则实际持有损益为正，资产持有者获得持有收益，相应的债务人则承受持有损失。资产相对价格的提高，将直接导致它所能换取的货物、服务或其他资产的数量较过去增加，所以，实际持有损益衡量了资产持有者实际购买力的变化。

由于不同资产的价格变化相对于一般价格水平变化的幅度是不同的，可能一些资产的持有者得到正的实际持有收益，而另一些资产持有者得到的是实际持有损失。所以实际持有损益可能导致净值在机构单位之间、机构部门之间、甚至常住单位与非常住单位之间的重大再分配，改变资产持有者的实际购买力，从而对他们的经济行为产生影响。

四、特殊情形下的名义、中性和实际持有损益

1. 在一般价格水平保持不变的情况下，中性持有收益为零，实际持有收益等于名义持有收益。例如，一般价格水平的变动率为0，某资产价格上涨5%，则该资产的实际持有收益和名义持有收益均为5%。

2. 当一般价格水平发生变化时，如果某类资产的价格变化方向幅度与一般价格水平变化方向幅度相同，则该资产的实际持有损益为0，中性持有收益等于名义持有收益。例如，一般价格水平上涨10%，某资产价格上涨10%，则该资产的名义持有收益10%，中性持有收益为10%，实际持有收益为0。

3. 当价格水平呈上涨趋势时，如果某资产的价格上涨幅度大于一般价格上涨幅度，则该资产的中性持有收益小于名义持有收益，从而获得实际持有收益。例如，一般价格水平上涨10%，某资产价格上涨15%，则该资产的名义持有收益15%，中性持有收益为10%，实际持有收益为5%。

4. 如果某资产的价格上涨幅度小于一般价格水平的上涨幅度，则该资产的中性持有收益大于名义持有收益，从而实际持有收益为负，即产生持有资产损失。例如，一般价格水平上涨15%，某资产价格上涨10%，则该资产名义持有收益10%，中性持有收益为15%，实际持有收益为－5%。

5. 具有固定货币价值的资产和负债，如现金、存款、贷款、预付款等，其价格（面值）是不变的，因而其名义持有损益恒为0，实际持有损益与中性持有损益互为相反数。

6. 当存在通货膨胀时，具有固定货币价值的资产和负债的中性持有损益一定是正数，因而其实际持有损益一定是负数。对于债务人来说，意味着实际净值的提高；对于债权人来说，意味着实际净值的下降。

五、重估价账户

重估价账户记录核算期内金融资产、非金融资产和负债所有者应计的持有损

表 10—2—1 按机构部门分组的国民经济总体重估价账户

资产变化

其他流量		非金融公司	金融公司	一般政府	住户	NPISH	经济总体	国外	合计
名义持有收益和损失	非金融资产	144	4	44	80	8	280		280
	生产性非金融资产	63	2	21	35	5	126		126
	固定资产	58	2	18	28	5	111		111
	存货	4		1	2		7		7
	贵重物品	1		2	5		8		8
	非生产性非金融资产	81	2	23	45	3	154		154
	自然资源	80	1	23	45	3	152		152
	合约、租约和许可	1	1				2		2
	商誉和营销资产								
	金融资产	8	57	1	16	2	84	7	91
	货币黄金和特别提款权		11	1			12		12
	通货和存款						0		0
	债务性证券	3	30		6	1	40	4	44
	贷款						0		0
	股权和投资基金份额/单位	5	16		10	1	32	3	35
	保险、养老金和标准化担保计划							0	0
	金融衍生工具和雇员股票期权							0	0
	其他应收/应付款							0	0
中性持有收益和损失	非金融资产	101	3	32	56	6	198		198
	生产性非金融资产	60	2	20	34	5	121		121
	固定资产	58	2	18	28	5	111		111
	存货	1		1	2		4		4
	贵重物品	1		1	4		6		6
	非生产性非金融资产	41	1	12	22	1	77		77
	自然资源	40	1	12	22	1	76		76
	合约、租约和许可	1					1		1
	商誉和营销资产								
	金融资产	18	71	8	36	3	136	12	148
	货币黄金和特别提款权		14	23			16		16
	通货和存款	8		3	17	2	30	2	32
	债务性证券	2	18		4	1	25	3	28
	贷款	1	24	3			28	1	29
	股权和投资基金份额/单位	3	14		9		26	2	28
	保险、养老金和标准化担保计划	1	1		5		7	1	8
	金融衍生工具和雇员股票期权						0		0
	其他应收/应付款	3			1		4	3	7

表 10—2—1(续)　按机构部门分组的国民经济总体重估价账户

负债和资产净值变化

其他流量	非金融公司	金融公司	一般政府	住户	NPISH	经济总体	国外	合计
非金融资产								
生产性非金融资产								
固定资产								
存货								
贵重物品								
非生产性非金融资产								
自然资源								
合约、租约和许可								
商誉和营销资产								
金融资产	18	51	7	0	0	76	15	91
货币黄金和特别提款权							12	12
通货和存款								
债务性证券	1	34	7			42	2	44
贷款								
股权和投资基金份额/单位	17	17				34	1	35
保险、养老金和标准化担保计划								
金融衍生工具和雇员股票期权								
其他应收/应付款								
由名义持有损益引起的资产净值变化	134	10	38	96	10	288	−8	280
非金融资产								
生产性非金融资产								
固定资产								
存货								
贵重物品								
非生产性非金融资产								
自然资源								
合约、租约和许可								
商誉和营销资产								
金融资产	37	68	13	5	3	126	22	148
货币黄金和特别提款权							16	16
通货和存款	1	26	2		1	30	2	32
债务性证券	1	21	4			26	2	28
贷款	18		7	3	1	29		29
股权和投资基金份额/单位	14	14				28		28
保险、养老金和标准化担保计划		7				7	1	8
金融衍生工具和雇员股票期权								
其他应收/应付款	3			2	1	6	1	7
由中性持有损益引起的资产净值变化	82	6	27	87	6	208	−10	214

表 10—2—1(续) 按机构部门分组的国民经济总体重估价账户

资产变化

	其他流量	非金融公司	金融公司	一般政府	住户	NPISH	经济总体	国外	合计
实际持有收益和损失	非金融资产	43	1	12	24	2	82		82
	生产性非金融资产	3	0	1	1	0	5		5
	固定资产	0	0	0	0	0	0		
	存货	3	0	0	0	0		3	3
	贵重物品	0	0	1	1	0	2		2
	非生产性非金融资产	40	1	11	23	2	77		77
	自然资源	40	0	11	23	2	76		76
	合约、租约和许可	0	1	0	0	0	1		1
	商誉和营销资产								
	金融资产	—10	—14	—7	—20	—1	—52	—5	—57
	货币黄金和特别提款权	0	—3	—1	0	0	—4	0	—4
	通货和存款	—8	0	—3	—17	—2	—30	—2	—32
	债务性证券	1	12	0	2	0	15	1	16
	贷款	—1	—24	—3	0	0	—28	—1	—29
	股权和投资基金份额/单位	2	2	0	1	1	6	1	7
	保险、养老金和标准化担保计划	—1	—1	0	—5	0	—7	—1	—8
	金融衍生工具和雇员股票期权	0	0	0	0	0			
	其他应收/应付款	—3	0	0	—1	0	—4	—3	—7

益。首先记录的是名义持有损益,然后这些持有损益被分解为中性持有损益和实际持有损益。资产的持有损益记录在账户的左方,负债的持有损益则记录在右方。重估价账户的平衡项是由于名义持有损益造成的净值变化,是一个机构单位(部门)全部资产和负债的正负名义持有损益的代数和。当重估价账户分解为中性和实际持有损益两个独立账户时,这一平衡项相应地可分解为两个新的平衡项:中性持有损益引起的净值变化和实际持有损益引起的净值变化。

表 10—2—1 是经济总体的重估价账户。在表 10—2—1 中,该经济总体资产的名义持有损益是 364(即 280+84),负债的名义持有损益是 76,由名义持有损益引起的资产净值变化是 288(即 364—76)。在资产的名义持有损益中,从资产类型看,主要是非金融资产引起的,占 76.9%(即 280/364);从部门结构看,资产的名义持有损益主要是由非金融公司部门和住户部门持有的资产引起的,前者为 152(即 144+8),后者为 96(即 80+16),分别占名义持有损益的 41.8%(即 152/364)和 26.4(即 96/364)。负债的名义持有损益是 76,主要是由金融公司部门持有的负债引起的(为 51),占所有负债名义持有损益的 67.1 %。

表 10—2—1(续) 按机构部门分组的国民经济总体重估价账户

负债和资产净值变化

其他流量	非金融公司	金融公司	一般政府	住户	NPISH	经济总体	国外	合计
非金融资产								
生产性非金融资产								
固定资产								
存货								
贵重物品								
非生产性非金融资产								
自然资源								
合约、租约和许可								
商誉和营销资产								
金融资产	−19	−17	−6	−5	−3	−50	−7	−57
货币黄金和特别提款权	0	0	0	0	0	00	−4	−4
通货和存款	−1	−26	−2	0	−1	−30	−2	−32
债务性证券	0	13	3	0	0	16	0	16
贷款	−18	0	−7	−3	−1	−29	0	−29
股权和投资基金份额/单位	3	3	0	0	0	6	1	7
保险、养老金和标准化担保计划	0	−7	0	0	0	−7	−1	−8
金融衍生工具和雇员股票期权	0	0	0	0	0	0	0	0
其他应收/应付款	−3	0	0	−2	−1	−6	−1	−7
由实际持有损益引起的资产净值变化	52	4	11	9	4	80	2	66

名义持有损益可以分解为中性持有损益和实际持有损益。例如，在表 10—2—1中，非金融公司部门的名义持有损益是 134，它被分解为中性持有损益 82 和实际持有损益 52 两部分。同样，经济总体的名义持有损益为 288 被分解为中性持有损益 208 和实际持有损益 80 两部分。

思考与练习

1. 资产物量其他变化核算的主要内容包括哪些？

2. 下列哪些活动需要记入资产物量其他变化账户？

(1)某地区由于修公路占用耕地 100 公顷。

(2)某地区将一批沙漠荒地建设成经济林。

(3)某单位因遭遇特大水灾造成重大经济损失 500 万元。

(4)某单位由于债务人破产而无法追加债务人所欠的债务。

(5)某单位由于价格变化，使其所持有的资产增值 200 万元。

3. 如何对名义持有损益进行分解？

第十一章　资产负债核算

资产负债核算，简单地说就是对经济存量中资产与负债总规模及其结构的核算。资产负债核算主要是通过资产负债表来实现的。资产负债表反映机构单位或部门在核算期初和期末的资产负债存量价值。

第一节　基本概念和性质

本节着重介绍资产负债核算中涉及的基本概念，以及资产负债核算的存量核算性质。

一、基本概念

资产负债核算，简单地说就是对宏观经济存量中资产与负债总规模及其结构的核算。基于国民经济的整体性与综合性，我们应首先从全面、综合的角度来理解掌握资产负债核算中的一些基本概念。

（一）流量核算与存量核算的区分

国民经济核算包括流量核算和存量核算，其中所指的流量和存量是国民经济核算体系记录经济信息的两类核算指标的基本形式。从时间特征上看，流量指的是某一核算期内的经济行为和所产生的效果，存量指的是经济行为在该核算期末这一特定时点的历史累积状况。因此，某一特定核算期各种流量的沉淀形成期末存量，而存量的变动（增加或减少）本身又是流量的一种表现形式，存量与流量彼此是可以互相转化的，这种联系一般可以表述为：

期初存量＋期内流量变化＝期末存量

或：期末存量－期初存量＝期内流量变化＝期内流量增加－期内流量减少

所谓流量核算是指对一定时期内的经济交易的累计发生额（或者是增减相抵后的净额）进行的核算，存量核算是指对在一定时点上所拥有的资产和财富，以及所承担的债务的历史积累总额进行的核算。从核算内容来看，流量核算是关于经济运行过程的核算，而存量核算则是关于经济运行的各种条件及经济运行结果的核算，两者紧密联系，相辅相承。

对流量和存量进行核算，必须在以下三个方面保持一致性：

（1）流量核算和存量核算在分类方面要保持一致，包括对于资产项目分类的一致性和对于机构部门分类的一致性。

(2)流量核算和存量核算在核算的时间方面要保持一致,要分别针对同一核算期的期内、期初和期末进行核算。

(3)流量核算和存量核算要采取一致的估价标准。

(二)资产和负债

资产和负债是经济总体和机构部门资产负债表的组成部分。与反映经济流量的账户相反,资产负债表所反映的是一个部门或整个经济在某个时点上所持有的资产和负债的存量。

在SNA中,资产是一种经济资产,它是指机构单位对它拥有所有权,所有者通过对它的使用、持有和处置,可以获得经济利益的实体。负债是资产的伴生物,它是金融债权的对应体,是"负资产"。各种资产作为资金的运用,其来源有可能是其权益的积累,也可能是某种形式的负债。对负债进行核算,可以使我们能够从正反两个方面观察形成资产的资金来源的变动情况与结存情况,同时又便于系统地观察不同交易者之间的资金融通联系。广义的资产包含负债。

(三)资产的分类

按照上述对资产的定义,资产的分类可以从不同方面进行划分,这主要取决于研究考察的目的。在实际工作中,我们经常使用的是两种分类:一是按机构部门分类,二是按资产性质分类。

1.按机构部门的资产分类

将资产按机构部门分类,其目的在于考察资产的归属、占有关系及内在的联系。这种分类同机构部门的分类相同,即资产划分为相应的机构部门。机构部门一级划分有非金融公司、金融公司、一般政府、住户和为住户服务的非营利性机构五类,相应地资产也划分为这五类。中国机构部门一级划分有非金融企业、金融机构、政府和住户四类,资产相应也分为这四类。

2.按资产性质的资产分类

为考察研究一国总体、各部门资产负债存量的结构、内容和作用,也可着眼于资产性质进行分类。这种分类,在日常工作中最为普遍。SNA(2008)对资产进行了详细分类。

资产首先分为两类:非金融资产和金融资产。

(1)非金融资产

非金融资产包括:生产资产和非生产资产两类。生产资产又分为三类:固定资产,存货,贵重物品。非生产资产也分为三类:自然资源,合约、租约和许可,商誉与营销资产。

(2)金融资产

金融资产包括八类:货币黄金与特别提款权,通货与存款,债务性证券,贷款,股权和投资基金,保险、养老金和标准化担保计划,金融衍生工具和雇员股票期权,其他应收/应付款。

二、资产负债核算是存量核算

资产负债核算属于存量核算的范畴,作为当期经济活动的初始条件,表现为期初资产负债规模和结构,经过当期经济活动,如生产、分配、消费、积累等,形成当期经济活动的结果——期末资产负债的规模和结构。因此,国民经济范围内的存量和流量紧密相连,可以按一定方式互相转化,而存量核算与流量核算也可以依一定方式构成互相适应、彼此衔接的完整体系。

从国民经济整体考察,经济存量归根到底是过去历期的产出和收入中未被消耗、损耗和消费的部分之积累总和。各期资产的增加,则是期内的产出和收入扣除消耗、损耗和消费后的部分在存量上的投资,包括非金融投资和对外净投资。因而,一国国民经济存量是过去时期有关经济流量沉淀或积累的结果。

从国民经济各部门考察,其可支配收入扣除消费后的余额即为储蓄,所有部门的储蓄加上来自其他部门,包括国外的资本转移净额构成投资的资金来源,用于固定资本形成,存货增加和其他非金融资产购买等。

但是,经济运行过程中由于各部门的投资带来资产存量的变化并不等于其储蓄和资本转移收入净额之和,从而需要在部门之间直接或间接地融通资金,即资金剩余部门与资金不足部门之间通过各种渠道互相调剂资金余缺,整个国内经济的资金余缺则与国外部门进行调剂。各部门资金的余缺和投资需求引发了金融活动,这些金融交易必然引起各部门债权和债务关系的发生和变化。这样,就可以清楚地看到,各部门的可支配收入不是用于消费,就是用于投资。于是,各部门期初的资产加上期内的投资,或者期初的负债加上期内的举债,再经过必要的资产物量调整和重估价,就得到期末的资产或负债,这一基本原理可以用公式表述如下:

期初资产(负债)+期内投资(举债)±重估价和其他物量调整=期末资产(负债)

为了使期初和期末资产负债核算的有关数据能够衔接,两个时点的资产和负债互相协调一致,还需要对存量核算和相应的流量核算在有关项目上不一致的地方进行调整和归并。根据国民经济核算体系的核算原理,这种调整归并包括三部分内容:

1.本期内由交易因素引起的资产或负债的变动。这主要包括核算期内通过交易和非金融投资、金融投资等引起的资产(负债)数量变化的价值。

2.本期内由非交易因素引起的资产外生变动,也称资产物量其他变动。这主要包括:有形资源资产的增加与减少,如森林资产等的自然增长,新发现的地下矿产资源等以及资源资产的耗减、损失与退化；由非经济因素、不可预见的突发事件等引起的资产负债物量的变化，如战争或自然灾害等引起的资产或负债的数量变化；由于机构单位、机构部门和资产分类的变化引起的调整，如扣留或没收其他机构单位的资产等引起的资产增加或减少，或者由于机构单位的成立或倒闭，分解或合并等原因引起的资产增加或减少。

3.由市场价格变化引起的持有资产价值或处置资产价值的变动。由于资金流量核算或资本账户、金融账户的非金融资产、金融资产与负债是按当期经济活动发生时的交易价格即现时市价计算的，资产负债表上的期初、期末资产负债则是按期初、期末两个不同时点的市场价格计算的，这就需要进行一些价格上的调整，即重估价，以核算期初期末资产负债表之间已实现和未实现的资本持有收益和资本持有损失，即由价格变化因素引起的资产或负债的增值或减值。同理，对在期初以前就已持有的资产或负债，其净值也要换算成核算期初或期末的时点价值。

引起价格变动的因素一般有市场价格的变动、市场利率的变动和外汇汇率的变动等。

第二节　资产负债的估价

本节着重介绍资产负债核算中的估价问题。

一、估价的一般原则

在资产负债核算中，对有关资产负债的估价是一件较为复杂的工作。对各项资产负债进行估价既要遵循国民经济核算的基本原则，也要遵循一些特别的原则，通常包括以下几条：

（一）现期原则

现期原则是指对某一资产负债进行估价时，要采用它的现期价格。积累账户中各个项目的登录一般都是按照现期价格来处理的。为了使资产负债表和积累账户保持一致，资产负债表上的每一项目也应当这样估价，即将该资产负债看作是与编制资产负债表的有关日期获得，如果是非金融资产，还要包括相关的所有权转移费用。这就意味着用来估价资产和负债（因而还包括净值）的一套价格是资产负债表有关日期的、各具体资产和负债的现期价格。

特别地，对内部交易不能采用原始价格估价，而应按照这些交易发生时的现期价格估价。这种内部交易包括入库与出库、中间消耗和固定资本消耗。

（二）市场原则

国民经济核算中要采用市场价格或准市场价格来估价，资产负债核算对各类具体资产负债的估价也要尽可能地采用该资产负债的市场价格或准市场价格，也就是要遵循市场原则。

对于某些资产或负债，可能因最近以来没有进行交易，也可能是其他原因，无法直接获得其市场价格。对于这些项目，估价仍然应遵循这一原则，采用近似或准市场价格。近似市场价格可通过三种途径获得：一是根据同类市场的类似资产或负债的实际成交的直接观察价格进行估算；二是通过累加和重估价该资产在有效期内的获得减处置，得到近似市场价格；三是用未来收益的现值作为近似市场价格。后两种方法都有一个前提假设，即假定市场是有效率的、并有良好的信息。

(三)一致性原则

资产负债核算中，对资产和负债进行估价还要遵循一致性原则。这具体体现在以下几个方面：一是交易双方记录一致，对某一项特定资产或负债，价格对买方和卖方都是相同的，就金融资产/负债而言，债权人和债务人必须采用相同的估价；二是资产负债表与积累账户估价一致，由于资产负债存量可能是在编制资产负债表时形成，也可能在其以前形成，因此必须统一采用现期市场价格来估价，这样才与积累账户中估价相一致；三是资产负债核算与国民经济核算其他部分一致，如对固定资产来说，只有按扣除累计固定资本消耗后的现期购买者价格或基本价格记入资产负债表，即采用通常所说的"减记重置成本法"，这样才能保证资产负债表的记录与国民经济核算其他部分对固定资本消耗的核算相一致。

(四)机会成本核算原则

正如前面所说，采用机会成本概念是国民经济核算不同于工商会计的一个重要区别。国民经济核算采用重置成本法，工商会计通常是以历史基础来记录成本，企业资产负债表就是采用历史成本法编制的。国民资产负债核算不同，要体现机会成本核算原则。因此，编制资产负债表不用历史成本，而以现期市场价格或准市场价格来进行估价。

(五)估价方法择优采用原则

对于某一项具体的资产负债来说，可选择的估价方法有多种，实际估价时应根据一般的估价原则择优采用。这就要求对各项资产负债所采用的估价方法尽可能真实地反映核算时点上资产负债的实际价值，以利于分析核算单位实际资产负债规模、结构分布和利用情况，从而准确反映其人力、物力和财力的实际水平。因而在核算某一时点的资产负债价值时，必须注意选择最合适的估价方法，使资产负债的估价尽量接近其实际价值。

二、估价方法

对资产负债进行估价或重估价，常用的方法一般有以下几种：

1.现期市价法。现期市价法又叫销售比较法。这种方法是将待估价资产负债与其他同类资产负债的现期市场价格相比较，来对该资产负债估价。现期市价法运用时较为灵活，可以应用于各种固定资产、存货和金融资产负债。但是实际当中，在确定用以比较的参照资产负债时具有一定的随意性，各单位之间的标准难以完全统一。

现行市价法包括三种具体方法：一是市场测定价值法，即根据各资产负债实际在市场上的成交价格来核算它们的价值；二是市场价格参照法，即以市场上相同或相似的交易价格为参照，确定待估资产负债的价值；三是市场折余法，即以全新条件下的同样资产的现期市场价格减去它按照现期市场价格核算的累计折旧额之后的余额，作为待估资产的价值。

2.价格指数法。价格指数法以各类资产买入年为基期，计算出各类资产的价格指数(定基指数)，用这一价格指数将各类资产买入价换算为现期市场价格，作为待估资产的价值。这种方法对资产价值的换算较容易，关键在于准确编制各类资产的价格指数。一般而言，构造覆盖很长时期的合适价格指数在理论上和实践上都有困难。它一般用于无法获得当期资产价格，但拥有该资产完整的历史年份的价格序列的情形。

3.重置成本法。这种估价方法就是将过去购置的资产按现在的重置价值进行估价。从是否考虑折旧与损耗上看，这个重置价值可区分为完全重置价值与残余重置净值。完全重置价值是指估计该资产全新状态下的重置价值；残余重置净值是重置成本减去它的有形损耗、无形损耗和经济性损耗以后的估算价值。

重置成本法可分为两种：一是复原重置成本，指以按现期市场价格去购置与原资产技术、质量相同的同样资产所需要的成本；二是更新重置成本，指按现期市场价格去购置与原资产相似或功能相同的，但采用新材料、新技术的资产所需要的成本。一般而言，采用更新重置成本有利于技术进步，这种方法估价比较接近资产的实际价值，常用于少数自制的价值量较大的特殊设备，或经过多次技术改造的设备，或经过多次翻新的建筑物的估价问题。

4.未来收益现值法。对于那些收益延迟的资产如林木等，或者是收益在生长期内分布的资产如地下矿产等，在进行估价时，尽管是用正常的市场价格来估价其最终产出，但还必须使用贴现率来计算其预期收益的现值，作为对该项资产的估价。在收益现值法中，预期收益和贴现率是两个基本的因素。未来收益必须依据资产在经营寿命期限内发展变化的影响因素来估计，这些影响因素包括经济发展水平、技术条件、社会环境等。贴现率不用一般的利率如政府债券收益中导出的利率，而应当从所考虑的特定类型资产如林地、矿井和采石厂等为基础的信息导出，可以根据市场利率加上一定的风险收益率来确定。采用收益现值法来估价的资产主要是生产资产中的无形固定资产和非生产资产。

5.外币资产汇率调整法。以外币标价的资产和负债应当换算成以本币表示的价值,特别是对少数国内暂时不生产的、以外汇进口的技术设备及受汇率影响较大的一些资产进行估价时,就必须采用汇率调整法进行估价或重新估价。汇率调整法以被估价资产的实际购置价格为定基价格,用汇率变动指数进行调整来确定资产的估算价值。汇率变动指数是以核算期汇率与资产购置时汇率相对比的相对数。

6.永续盘存法。永续盘存法是SNA推荐的用来估算固定资产存量的一种方法。该方法应用较为广泛,因此,下面我们将专门介绍该方法。

三、永续盘存法

永续盘存法实质上是对历年投资形成的固定资产进行重估价后,根据所选折旧方式(如直线折旧法或双倍递减余额法)确定的某个资本消耗率,按逐年推算的方法计算在编表时点上的资本存量总额、固定资本消耗和资本存量净额。

(一)永续盘存法的计算步骤

采用永续盘存法,其计算要点如下:

1.利用合适的固定资产价格指数,按照实际的或估算的同类固定资产的现期购买者价格,对一切仍在使用的固定资产(不考虑其已使用年限)进行重估价。将这些重估价值累加即得到资本存量总额的价值。如果要得到按不变价的资本存量总额的年度时间序列,也可以按基年价格来估价。

2.选择固定资产的折旧方式,常用的有直线折旧法和双倍递减余额法,这样便能确定固定资产的资本消耗率。

3.对于构成现价资本存量总额的所有固定资产,将所确定的折旧公式应用于其实际的或估计的现期购买者价格,便能估算出固定资产的资本消耗价值。某机构部门或产业部门的固定资本消耗是该机构部门或产业部门拥有的所有固定资产的资本消耗之和。

4.各单项固定资产的净值(或减记价值)等于同类资产的实际或估计的现期购买者价格减去直到那个时点应计的固定资本消耗的累计价值。所有仍在使用的固定资产的净值之和即为资本存量净额。利用合适的固定资产价格指数,可从按现期价格计算的资本存量净额得到按基年价格计算的资本存量净额(或者是由基年价格转转为现期价格)。

(二)永续盘存法计算的数例

下面,我们结合数例,介绍永续盘存法计算的基本步骤。

表11-2-1中:假定已知各年的投资额与固定资产价格指数,其连续8年的

投资、固定资本存量与固定资本消耗情况，对于某类固定资产，采用直线折旧法，使用年限为 4 年，并且假定在第一年的固定资本存量为零。

表 11－2－1　推算固定资产存量的永续盘存法例子

行次	项目	价格基础	年份							
			1	2	3	4	5	6	7	8
a	固定资产形成总额	现行价格	500	735	848	920	1150	1560	2600	2700
b	价格指数(第 1 年＝100)		100	105	106	115	115	120	130	150
c	固定资产形成总额	第 1 年价格	500	700	800	800	1000	1300	2000	1800
d	年末固定资产存量	第 1 年价格	500	1200	2000	2800	3300	3900	5100	6100
e	资产消耗	第 1 年价格	125	300	500	700	825	975	1275	1525
f	存量净额年度增加额	第 1 年价格	375	400	300	100	175	325	725	275
g	年末资产存量净额	第 1 年价格	375	775	1075	1175	1350	1675	2400	2675
h	年末资产存量净额	现行价格	375	814	1140	1351	1552	2010	3120	4013
i	年初存量	现行价格	0	375	814	1140	1351	1552	2010	3120
j	固定资产形成总额	现行价格	500	735	848	920	1150	1560	2600	2700
k	资产消耗	现行价格	125	315	530	805	949	1170	1658	2288
l	重估价	现行价格	—	19	8	96	—	68	168	481
m	年末资产存量净额	现行价格	375	814	1140	1351	1552	2010	3120	4013

表 11－2－1 中的头两行是已知的。a 行的数字，是按现行价格计算的固定资产形成总额，数据可自国民经济核算账户中得到，b 行是固定资产价格指数。我们在此以第 4 年数据为例说明。假定 n 为年份。

(1)c 行是把历年的固定资产形成总额统一换算成按第 1 年价格计算的数字。

$$(c)_n=(a)_n\div(b)_n$$

$$800=920\div115\%$$

(2)d 行是按第 1 年价格计算的年末固定资产存量，它是把连续 4 年(假定固定资产使用年限在这里为 4 年)按第 1 年价格计算的固定资产形成总额加总，计算公式为：

$$(d)_n=(c)_{n-3}+(c)_{n-2}+(c)_{n-1}+(c)_n$$

$$2800=500+700+800+800$$

(3)e 行为资产消耗，它等于按第 1 年价格计算的年末固定资产存量除以固定资产使用年限(这里 L＝4)，计算公式为：

$$(e)_n=(d)_n\div L=(d)_n\div4$$

$$700=2800\div4$$

(4)按第1年价格计算的存量净额年度增加额等于按第1年价格计算的某年固定资产形成总额减该年按相同价格计算的资产消耗，即得到f行：

$$(f)_n=(c)_n-(e)_n$$
$$100=800-700$$

(5)按第1年价格计算的年末资产存量净额等于本年存量净额增加额加上年按第1年价格计算的年末资产存量，即得到g行：

$$(g)_n=(f)_n+(g)_{n-1}$$
$$1175=1075+100$$

(6)按现行价格计算的年末资产存量净额，等于按第1年价格计算的该年年末资产存量净额，乘以该年价格指数，即得到h行：

$$(h)_n=(g)_n\times(b)_n$$
$$1351=1175\times 115\%$$

(7)第i行为按现行价格计算的年初存量，它等于上年度按现行价格计算的年末资产存量。

$$(i)_n=(h)_{n-1}$$
$$1140=1140$$

(8)j行等于a行。

(9)按现行价格计算的资产消耗，等于按第1年价格计算的资产消耗，乘以该年价格指数，即得到k行：

$$(k)_n=(e)_n\times(b)_n$$
$$805=700\times 115\%$$

(10)m行为按现行价格计算的年末资产存量净额，等于按现行价格计算的年初资产存量加当年固定资产形成总额，减去资产消耗，再加上重估价。计算公式为：

$$(m)_n=(i)_n+(j)_n-(k)_n+l_n$$

因此

$$l_n=(m)_n-[(i+j)_n-(k)_n]$$
$$96=1351-[(1140+920)-805]$$

应用永续盘存法的前提条件，就是必须具备过去各年的按原始价值估价的各类固定资产价值额的统计资料。因此，如果是在数据资料完备的情况下，应用永续盘存法不仅能够推算出期末固定资产存量净额，同时也可推算出该期固定资产消耗与重估价所得持有资产损益。

四、各类资产负债的估价

前面介绍了资产负债估价的一般原则和方法，我们对资产负债进行估价时要遵循一般性的原则，根据具体情况选择合适的估价方法，下面介绍资产负债核算中各类资产负债的估价问题。

(一)非金融生产资产的估价

非金融生产资产是作为来自生产过程的产出而产生的非金融资产，包括固定资产、存货和珍贵物品，下面分别介绍如何对这些资产估价。

1.固定资产

固定资产数量巨大，分布于国民经济的各个部门之中，并且由于固定资产一般是在不同时间形成的，由于固定资本消耗、行政范围变动、机构变更、交易行为和价格变化等原因，使得核算单位的固定资产的规模、结构经常发生变化，因此必须对固定资产进行恰当地估价。

原则上，固定资产应当按照相同技术规格和年龄的资产在市场中的通行价格进行估价。在实际中，无法获得详细信息，必须借助于其他方法进行估价。最通行的方法是：用资产负债表期初（或获得新资产的时间）价值加上核算期内资产的重估价因素，减去核算期内估算的固定资本消耗以及任何其他物量变化和处置价值。现期市价法、重置成本法、物价指数法、收益现值法、永续盘存法和汇率调整法都能用于对固定资产的估价。

对固定资产存量估价常用的是永续盘存法，这是联合国统计局在SNA中推荐使用的方法。使用永续盘存法时，某一时期的固定资产存量价值是以按资产类型和获得年度分类的固定资本形成估算额为基础的。如果某一现存资产存在活跃的交易市场，用永续盘存法计算固定资产存量和固定资本消耗时，要考虑观察到的、该资产交易活跃时的市场价格。

①住宅、汽车、飞机和其他运输工具采用现期减记重置成本法估价。由于这类资产交易市场比较活跃，能够产生有代表性的现期市场价格。因此，对这些存在现期市场价格的资产，除了采用现期减记价值外，还列出按现期市场价格所作的估价，作为备忘项目。

②土地改良价值按照最初实施改良的价值记录，并要进行适当的估价。

③对现存工业厂房和设备来说，采用减记重置成本法和永续盘存法等估价。由于此类资产具有专业特点，交易可能是特殊原因所致，其市场缺乏典型性，市场上观察到的价格不适合用来估价。

④在生产中年复一年被持续使用的牲畜以某一年度该动物的购买者价格为基础进行估价。对于年复一年产生产品而培育的树木（包括灌木）获得上述信息比较难，按累计资本形成的现期减记价值记录。

⑤研究与开发支出按合同价格进行估价。如果是自行开展研发的，就要按照累计成本进行估价。

⑥矿藏勘探应按与其他机构单位的勘探合同支付的金额来估价，或者根据自营勘探发生的成本估价。过去发生的、仍未完全摊销的那部分勘探费，按现期价格和成本重估价。

⑦知识产权产品的原件，如计算机软件和娱乐、文学或艺术原作应基于最初成本的经减记的价值以现期价格重估价，无此价格时按内部生产发生的生产成本估价。也可以用预期收益现值法进行估价。

2.存货

存货是为在随后的时期销售、生产使用或其他使用而持有的货物和服务。存货一般种类繁多，周转时间较短。存货估价有如下要点：

①材料和用品存货按与资产负债表有关日期的市场购买者价格估价。

②制成品按核算期的基本价格估价。如果得不到基本价格，可根据生产成本的价值加上预计的营业盈余或估算的混合收入，以此估算基本价格。

③在制品存货按与资产负债核算有关日期的基本价格估价，把核算期末发生的在制品生产成本占总成本的比重，乘以在与资产负债有关的日期制成品上实现的基本价格，便得到在制品存货在期末资产负债表中的价值。对于培育资产在制品，估价正在生长的林木的习惯做法是在扣除把林木培育成熟、伐木等的费用后，将未来销售林木的预期收益折算成现值；在大多数情况下，其他庄稼和牲畜都是参考其现期市场价格进行估价。

④转售货物是批发商和零售商准备转销的、不再加工的货物存货，按购买它们的价格估价，但要剔除批发商和零售商发生的运输费用。

3.贵重物品

珍贵物品包括贵金属、宝石、古董和其他艺术品等，珍贵物品基本上不用于生产和消费，但它们具有显著价值，预计能够保值或至少实际价值不下降，一般作为贮藏价值的手段。

对珍贵物品估价，应根据这些物品的市场发育程度，按核算有关日期的实际购买价格或估算的购买价格来估价。若缺乏有组织的市场，可以根据可信程度，利用为防火、防盗等而投保的价值量，对这些物品进行估价。

(二)非金融非生产资产的估价

非金融非生产资产是生产过程以外产生的非金融资产。

1.自然资源

(1)土地

在国民经济核算中，将土地定义为地面本身，包括土壤和与之相连的、在其上能够行使所有权的地表水，还包括物质上不能与土地本身分开的较大改进。土地估价较为复杂，有如下要点：

①经过交易的土地，按新所有者支付的价格，包括摊销的所有权转移费用来估价。

②对于其上有房屋的土地来说，市场将直接提供土地价值的信息，然而常见的是并不直接给出土地价值，一般可以根据价值评估报告计算的场地价值与房屋价值的比率，从房屋的重置成本或从土地和房屋结合的市场价值中推导出土地的价值。

③土地核算时一般应将土地价值与其上面的建筑物、其上生长的作物和树木等价值分开计算，即只计算土地价值。如不能分开时，将它们当作一种复合资产，计入所占价值最大的那一类资产中去。

④对一些未经交易的土地，可参照类似土地交易价格，推算或估算其价值；或者是采用收益现值法进行估价。

(2)矿产和能源储备

地下矿产是指在目前给定的技术水平和相对价格下，在经济上可开采的已探明储量的矿产储备。矿井、坑道和其他开采场地不属于地下资产，而包括在建筑当中。由于地下资产的所有权不能在市场上经常变化，不易获得合适的、能用于估价的市场价格。地下资产的估价常采用收益现值法，即由将它们用于商业性开发的预计净收益的当前价值来决定。

(3)非培育性生物资源，水资源及其他自然资源

如果承认非培育的生物资源与水资源具有经济价值，且没有包括在相连的土地的价值当中，则应包括在资产负债表中。由于这类资产几乎无法观察到市场价格，通常是采用预期收益现值法进行估价。

2.合约、租约和许可

合约、租约和许可，可能是可在市场运作的使用自然资源的租约和许可证，也可能是开展某项活动的许可、以及未来货物和服务专用的授权。此类合同只有满足下列条件才能作为资产列入资产负债表中：法律协议使得持有者的收益超出了支付给自然资源出租人、所有者或许可发放者的价格，并且在法律上和实际上得到持有者的认定。

3.商誉和营销资产

对于商誉和营销资产，资产负债表中记录的是企业被接收或营销资产被出售时出现在金融账户上的摊销价值。这些记录不用重估价。

(三)金融资产/负债的估价

一旦金融资产和负债在金融市场上进行经常性交易，它们就应按现期市场价格来估价，该价格不应包括服务费、手续费、佣金和类似的对交易中所提供服务的付款。

1.货币黄金和特别提款权

货币黄金按有组织的市场或中央银行之间的双边协议建立的价格来估价。特别提款权的价值国际货币基金组织根据一篮子货币每日决定,它对国内货币的汇率可从外汇市场价格中获得。

2.通货和存款

对通货来说,其名义价值或面值即是其估价。对于存款,在债权人和债务人的资产负债表中记录的价值是债务人清偿存款时,按照存款条件,有合同义务向债权人偿还的本金额。任何与期货和期权合同有关的保证金付款都包括在存款中处理。

3.债务性证券

短期证券和对应的负债原则上按现期市场价值估价。如果得不到市场价值,以面值发行的短期证券应按尚未到期或尚未支付的应计利息来估价。折价发行的证券应按发行价格加应计利息估价。但若原始期限太长,折价发行的证券按面值估价可能偏差较大,所以按面值估价的方法最好仅限于折价发行的、原始期限不超过三个月的票据与按面值发行的、执行设定利率的短期票据和债券。

长期证券和对应的负债,当它们在市场上进行经常性交易时,一般应按现期市场价格估价。

4.贷款

对于贷款,其应记入债权人和债务人资产负债表的价值是债务人在贷款到期时按照合同有义务偿还给债权人的本金额。

5.股权和投资基金

上市股票以现期价格估价。未上市股票在无法获得实际市场价值时,可参考以下方法估价:近期交易价格、净资价值、现值/市盈比率、统计人员根据宏观信息调整的企业账面价值、自有资金账面价值、摊销全球价值。

上市基金采用基金份额的市场价格估价。未上市基金可参照未上市股票估价方法。

6.保险、养老金和标准化担保计划

保险、养老金和标准化担保计划包括:非寿险专门准备金、寿险和年金权益、养老金权益、标准化担保下的代偿准备金。

非寿险专门准备金,以及寿险和年金权益,按资产负债表编表当日未满期保费加上留出弥补未决赔款的数额。

养老金计划下的权益包括两项:一是当养老金数额的决定方式是事先商定的;二是当养老金数额依赖于未来养老金缴款中获得金融资产的投资绩效。对于前者,应采用养老金提供者负债的精算估计值;对于后者,其价值是代表未来收益人的养老金持有金钱融资产的市场价值。

标准化担保下的代偿准备金,应等于现有担保索赔的预期水平减去任何预期收回。

7.金融衍生工具和雇员股票期权

金融衍生工具按市场价值估价。雇员股票期权,应根据所授予的权益工具的公允价值进行估价。

8.其他应收/应付账款

对于债权人和债务人来说,商业信用、预付款和其他应收或应付项目都应当按在债务清偿时债务人有合同义务向债权人支付的本金额来进行估价。股票以外证券的应计利息记为基本资产价值的增加。存款和贷款的应计利息按照国际惯例,若利息资本化,则计入本金增加;若没有将利息资本化,则归入其他应收/应付账款。

第三节 资产负债表

资产负债核算,包括两个方面:微观方面,它全面反映企业在一定时点上的财务状况,即资产负债和所有者权益的状况,可以表明企业拥有的或控制的经济资源和资金实力,企业的偿债能力和筹资能力以及企业所有者权益的结构和负债经营情况;宏观方面,它是以一个国家(或地区)为整体的核算,通常称为国民资产负债核算,反映一国国民经济或部门在一定时点上拥有各类资产和负债的状况,表明国民经济运行的起始和终结。国民资产负债核算以企业资产负债核算为基础,二者的基本概念是一致的,但包含的具体项目及分类等有所不同。

资产负债核算主要是通过资产负债表来实现的。因此,本节着重介绍资产负债表及其编制的相关内容。

一、国民经济核算体系中的资产负债核算

(一)对资产负债核算的基本认识

资产负债核算被引入国民经济核算体系,是经济发展的必然,这是构成一个完整的国民经济核算体系所必要的。戈德史密斯就曾明确指出,一个国民经济核算体系,如果缺少了国民资产负债表的话,就不能认为是完整的。

1.资产负债核算是存量核算,它是流量核算的起点和最后的结果。正如前所述,流量是以存量开始的,在一定时期内,其通过运行、积累和沉淀,形成期末的存量,而这种期末的存量,又是另一时期流量的开始。在国民经济总体这一层次,诸如投入产出、收入支出、积累消费、进口出口等流量的变动,都只是国民财产(或国

民财富)等存量在期初期末这一段时间内存量增减的体现。从这个意义上可以说,资产负债存量核算是国民经济核算的核心内容。

2.存量核算是国民经济核算体系的一个完整部分。从整个社会再生产过程看,资产负债存量核算反映了社会再生产的基本条件——物力、财力的存量核算,期初的资产存量是国民经济流量运行的条件,期末资产存量则国民经济流量运行的结果,把期初与期末资产负债连结起来的就是这一时期内一切生产与收支、储蓄与投资、贷出与借入的结果形成的整个积累过程而体现出的资产负债流量情况。由此可见,资产负债核算与经济流量核算是有机地结合在一起的。

3.从方法上看,资产负债核算与生产核算、收入分配和使用核算、积累核算、国外核算在核算框架上是共同的,在资料上是相互衔接和联系的。

(二)资产负债核算的主要内容

资产负债核算反映的是一定时点上一个国家或地区拥有的以价值量表示的不同种类资产负债的总量规模与结构关系。

1.进行资产负债总量规模的核算。资产负债表涉及的总量规模最重要的数据是资产总量、负债总量和资产负债差额(即净值)。进行这几项数据的核算,主要是研究和了解整个国家或地区经济资产与负债的总量规模,看其拥有多少资产,承担多大债务,摸清整个国民经济的"家底",正确评估国民财富状况、水平及分布,全面把握和分析综合国力和基本国情,为各级政府进行宏观调控与管理,制定国民经济中长期发展规划和发展战略提供基础数据。

2.进行资产负债项目构成状况的核算。资产负债表设有非金融资产、国内金融资产与负债、国外金融资产与负债、储备资产、资产负债差额五大项目。这五项组成了国民资产负债的主要内容结构。其中,非金融资产核算可以反映各个机构部门非金融资产的分布结构和相应数量规模;国内金融资产与负债核算,可以反映国内各机构部门债权债务状况;国外金融资产与负债核算,可以反映国内各机构部门与国外的债权债务关系;储备资产核算,可以反映一国国际支付能力的高低及在国际市场的经济实力;资产负债差额是全部资产减去全部负债后的差额,它是一个国家或地区的资产净值的重要标志。

3.进行资产负债分机构部门核算。各机构部门全部资产价值的大小反映了各相应部门的经济实力,其所占比例的大小则反映了它们对经济的影响程度。机构部门中相应的资产行业结构和经济类型结构,特别是固定资产的"生产能力"结构在一定程度上反映了生产资源的行业配置和经济类型配置情况,同时与 GDP 相结合,则在更合理的程度上反映了国民经济的产业结构。通过这些数据的核算及研究,可以按照产业重点发展顺序来制定宏观产业政策,从经济存量的角度来调整国民经济的产业结构。

二、资产负债表的形式及扩展

资产负债表，也叫资产负债账户，是在某一特定时点编制的、记录一个机构单位或一组机构单位所拥有的资产价值和承担的负债价值的报表。

资产负债表可以针对机构单位编制，也可以针对机构部门或经济总体编制。针对经济总体编制的资产负债表，即所谓的国民资产负债表。

就表本身所反映的内容来看，资产负债表包括期初资产负债表、资产负债变化表和期末资产负债表。

（一）资产负债表的一般形式

资产负债表的一般形式可用“T”型表来表示。

表 11—3—1　期初、期末资产负债表

资产		负债	
非金融资产 　生产资产 　非生产资产 金融资产		负债 净值	
合计		合计	

资产负债表在左边记录资产，在右边记录负债和资产净值，这与记录这些项目变化的积累账户的记录方法是相同的。

资产负债表中的平衡项是资产净值，该项目被定义为由一个机构单位或部门所拥有的全部资产减其未偿还的所有负债。因此，资产净值的变化可以完全由资产负债表中所有其他项目的变动来解释。

表 11—3—1 在实际核算中，可分列为两个表，分别表示期初资产负债表、期末资产负债表：这两个表的内容和形式都是一致的，只是表的标题不同。由于表的形式都采取了“T”型表的形式，我们在此就不列示了。

（二）纳入资产负债变化的资产负债表

上述表 11—3—1 列示了资产负债表的一般形式。就表内部所反映的内容来看，还未反映出期内资产负债的变化情况，因此需要对表 11—3—1 进行扩展，以反映期末与期初之间的期内资产负债变化情况，从而得到期内资产负债变化表。

纳入期内资产负债变化的资产负债表原则上仍可以采用“T”型表的形式。稍加变化之后，我们可以得到变化后的资产负债表 11—3—2。

资产负债变化表概述了积累账户的内容。也就是说，在资产负债变化表中，每项资产或负债的登录应等于资产或负债在四个积累账户中登录的总和。

表 11—3—2 期初资产负债表、资产负债变化表和期末资产负债表

资产存量及其变化		负债存量及其变化	
期初资产负债表		期初资产负债表	
非金融资产 生产资产 非生产资产 金融资产		负债 净值	
期内资产负债变化表		期内资产负债变化表	
非金融资产 生产资产 非生产资产 金融资产		负债 净值	
期末资产负债表		期末资产负债表	
非金融资产 生产资产 非生产资产 金融资产		负债 净值	

（三）扩展至机构部门和经济总体的资产负债表

表 11—3—1 和表 11—3—2 列示的资产负债表，没有包括机构部门，因此从形式上还属于简表。根据核算的具体需要，可将各机构部门的资产负债情况纳入进来进行考察，这就需要在表 11—3—2 的基础上进行进一步的扩展。扩展至机构部门的资产负债表如表 11—3—3 所示。

表 11—3—3 机构部门和经济总体的资产负债表

		资产存量及变化						负债存量及变化					
		非金融公司	金融公司	一般政府	住户	NPISH	经济总体	非金融公司	金融公司	一般政府	住户	NPISH	经济总体
期初资产负债表	非金融资产												
	金融资产负债												
资产负债变化表	非金融资产												
	金融资产负债												
期末资产负债表	非金融资产												
	金融资产负债												

表 11—3—3 中的金融资产和非金融资产，采取了合并的方式，因此在表中未细分。实际核算中，每一项资产都应详细列示出来。因此，表 11—3—3 实际已经详细列示了机构部门和经济总体的资产负债整个存量和流量变化情况。

表11—3—3中列示的信息，包括了三个部分的内容：

1.第一部分反映每一机构部门及经济总体的期初资产、负债和资产净值。

2.第二部分显示了资本账户、金融账户、资物量其他变化账户以及重估价账户中所登录的内容总和。

3.第三部分反映期末资产负债表，其各单元数字应等于表的前两部分对应单元数字之和。

(四)资产账户

在表11—3—3基础上，根据核算和研究需要，还可以进行进一步的变化，从而得到基于资产角度的经济总体资产账户。

资产账户从性质上讲，仍是资产负债表，只不过它更侧重反映经济中所有机构单位所持有的单一类别资产(或负债)的价值。

表11—3—4 经济总体的资产账户

	期初资产负债表	资本和金融账户	资产物量其他变化账户	重估价账户	期末资产负债表
非金融资产					
金融资产/负债					
资产净值					

同类资产的期初和期末存量数据与表11—3—3相同，但采用了更详细的分类，同时各列显示了资本和金融账户、资产物量其他变化账户以及重估价账户中对各类资产的登录信息。

三、资产负债表的数例分析

在国民经济核算中，资产负债表作为一种存量账户，其结构与一般意义上的流量账户是有所不同的，它所反映的是特定时点上(期初和期末)的资产(资金运用)与负债(资金来源)的借、贷平衡关系，以及存量与流量之间的动态衔接关系。这两种关系，我们在以下的表中可以看到。

以“T”型表为例，我们结合数据，展示存量与流量之间的平衡关系。

1.期初资产负债表和期末资产负债表

表11—3—5反映的是一国经济总体以“T”型简表列示的期初资产负债表。

在表11—3—5中，期初的非金融资产是4621，金融资产是8231，负债是7762，净值是5090。

表11—3—6反映的是一国经济总体以“T”型简表列示的期末资产负债表。

表 11—3—5 期初资产负债账户

单位:亿元

资产		负债	
非金融资产	4621	负债	7762
生产资产	2818		
非生产资产	1803	净值	5090
金融资产	8231		
合计	12852	合计	12852

表 11—3—6 期末资产负债账户

单位:亿元

资产		负债与净值	
非金融资产	5103	负债	8267
生产资产	3112	净值	5590
非生产资产	1991		
金融资产	8754		
合计	13857	合计	13857

期末非金融资产是 5103,金融资产是 8754,负债是 8267,净值是 5590。

这两个账户可以按机构部门编制,也可按经济总体编制。资产负债表或账户所要表述的问题是一致的,只是表现形式不同。如果按经济总体编制,则可得到期初的经济总体资产负债表。从这个意义上说,表 11—3—5 和表 11—3—6 中的净值(经济总体资产负债表中的"净值")与企业资产负债表中的"所有者权益"(基金或资本)相类似,它既是核算中的一个平衡项,同时又是显示财产水平的重要指标。

2.期内资产负债变化表

比较表 11—3—5 和表 11—3—6,我们很容易就能发现:

(1)期初资产负债表和期末资产负债表在形式上是一致的:作为资产一方,其项目都为非金融资产和金融资产;作为负债与净值一方,其项目都为负债和净值。

(2)两个表的差别在于:资产、负债以及净值在数值上不同。

这种差别具体是:非金融资产期初为 4621,期末为 5103;金融资产期初为 8231,期末为 8754;负债期初为 7762,期末为 8267;净值期初为 5090,期末为 5590。

如果采用期末减期初的方法来计算差值,则会有:非金融资产变化为 482,金融资产变化 523,负债变化 505,净值变化 500。生产资产和非生产资产的变化也可依此得出,在此不再述及。

把上述计算的结果,同样采用"T"型表来表示,就会得出资产负债变化表,如表 11—3—7 所示。

表 11—3—7　资产负债变化表

单位:亿元

资产变化		负债与净值变化	
资产总变化	1005	负债总变化	505
非金融资产	482	净值总变化	500
生产资产	294	储蓄和净资本转移①	202
非生产资产	188	资产物量其他变化	10
金融资产	523	实际价格变化	288

资产负债变化表是期内资产负债变动的一种账户表述方式,反映资产负债的期内变动。

把上述期初资产负债表、期末资产负债表以及资产负债变化表结合在一起,我们就可以很清楚地看到资产负债表的一个基本平衡关系式:

期初存量＋期内变化＝期末存量

非金融资产:　4621＋482＝5103

金融资产:　8231＋523＝8754

负债:　7762＋505＝8267

净值:　5090＋500＝5590

资产负债变化有两个功能:一是将期初资产负债表与期末资产负债表进行对接,上述推导已揭示;二是通过资产负债变化表,将存量核算与流量核算进行对接,对此下述将涉及。

3.资产负债变化表与积累账户的对接:存量核算与流量核算的平衡

期初(或期末)资产负债表与资产负债变动表之间必然存在一定的对应衔接关系,即期初的资产、负债或净值加上期内相应项目的总变动数额,就分别等于期末的资产、负债、或净值。

不过,资产负债变动表所概括的内容却并不是单一的。它除了反映期内各种交易流量(投资、举债和储蓄等)所引致的数量变动之外,还要反映由于各种非交易因素所引致的数量变动(如战争或自然灾害所引起的资产数量损失,或者新资源的发现所引起的资产数量的增加,等等)以及由于价格水平的变化所引致的资产(负债)损益。而这些内容恰恰也是积累账户核算的内容。所不同的是:资产负债表从存量角度来考察,积累账户是从流量角度来考察的。

资产负债变化表,在核算中它是积累账户流量的反映。通过资产负债表与积累账户的对应关系,我们就能领会到存量与流量在核算中是如何衔接的。

① 净值变化包括的三项内容,即储蓄和净资本转移、资产物量其他变化、实际价格变化在此列示出来,是为了与后续积累账户中的项目保持一致。

表11—3—8是我们对积累账户的一种合并表述形式。

表11—3—8 积累账户

单位:亿元

积累系列账户	资产变化	交易和平衡项	负债和净值变化
资本账户		储蓄净额	205
	414	资本形成总额	
	376	固定资本形成总额	
	28	存货变化	
	10	贵重物品的获得减处置	
	−222	固定资本消耗	
		应收资本转移	62
		应付资本转移(一)	65
		由于储蓄和净资本转移引起的净值变化	202
	10	净贷出/净获得	
金融账户	436	金融资产获得净额	
		负债净额	426
		(细项省略)	
		净贷出/净获得	10
资产物量其他变化账户	−7	生产资产	
	−17	非生产资产	
	3	金融资产	3
		由于资产物量其他变化引起的净值变化	10
重估价账户		名义持有资产收益(由于实际价格变化)	
	280	非金融资产	
	126	生产资产	
	154	非生产资产	
	84	金融资产	
		负债	76
		由名义持有损益引起的净值变化	288

表11—3—8资产负债变化表与积累账户的对应关系可从如下计算中看出:

(1)非金融资产482=(资本账户中的)414−222+(资产物量其他变化账户中的)17−7+(重估价账户中的)280

(2)金融资产523=(金融账户中的)436+(资产物量其他变化账户中的)3+(重估价账户中的)84

(3)负债505=(金融账户中的)426+(重估价账户中的)76+(资产物量其他变化账户中的)3

(4)净值 500=(资本账户中的)202+(资产物量其他变化账户中的)10
+(重估价账户中的)288

至此,我们可以看出,表 11-3-7 和表 11-3-8 反映的内容是一致的,差别在于:资产负债变化表是从存量角度考察的,积累账户是从流量角度考察的。

由于存在存量和流量平衡的关系,因此,我们说,资产负债存量核算是流量核算的起点和最后的结果。

四、资产负债表的编制

资产负债核算的主要形式是通过编制各种资产负债表来进行的。实际操作过程中,可以按机构单位、机构部门和经济总体分别编制资产负债表。

就机构单位或机构部门而言,资产负债表是以净值指标这一形式,来概括反映机构单位和机构部门的非金融资产的状况,表明自身的债务偿还能力、举债筹资能力、经营活动的经济效益等。就经济主体或一个国家而言,资产负债表则以非金融资产与对国外净债权,这两项主要指标之和,显示该国的国民财富及总体经济实力水平。

一般在编制表的过程中,将机构单位的资产负债表按机构部门加以合并(将部门内各机构单位之间的金融资产和负债关系相互抵销),便可得出机构部门的资产负债表。将机构部门的资产负债表加以排列合计,便可得出经济总体资产负债表,即国民资产负债表。因此可以说,国民资产负债表是所有机构单位和机构部门资产负债表的总和。

1.机构单位资产负债表

机构单位资产负债表是反映一定时点上机构单位经营资金的来源与运用的财务状况表。机构单位的资产负债表一般形式是账户式,账户的左方或借方记录资产,右方或贷方记录负债和净值,净值也是表的平衡项。净值被视为机构单位拥有的所有非金融资产和金融资产的价值减其所有的未偿还负债的价值,即代表机构单位对资产所拥有的权益。

机构单位资产负债表通常在期末编制,把期末资产负债和期初资产负债加以对比,就是一定时点上机构单位生产经营活动最终财务成果。机构单位资产负债表的一般表式如表 11-3-9 所示。

根据表中各项目间的核算关系,可以得出机构单位资产负债表的基本结构及平衡关系式:

资产=负债+权益

或:权益=资产-负债

表 11—3—9 机构单位资产负债表

资产		负债	
项目	余额	项目	余额
一、流动资产		一、流动负债	
货币资金		短期借款	
短期投资		应付账款	
应收账款		未交利税	
存货		二、长期负债	
二、长期投资		长期借款	
三、固定资产		应付债券	
固定资产原值		长期应付款	
减:累计折旧		负债合计	
固定资产净值		三、所有者权益	
四、无形资产及递延资产		实收资本	
五、其他长期资产		盈余积累	
资产总计		负债及所有者权益总计	

2.机构部门资产负债表

机构部门的资产负债表所反映的是该部门在一定时点上所拥有非金融资产、金融资产以及负债的总量及结构状况。

机构部门资产负债表的一般形式也是账户式,账户的左方为资产方,右方为负债方和净值。机构部门的资负债表也是在期末编制。编制机构部门的资产负债表的方法是在机构单位资产负债表的基础上进行的,通常是先将各机构单位进行适当的部门归类,再将所有的机构单位的资产负债表的各项指标加以合并调整,即得机构部门的资产负债表。合并后的机构部门内各机构单位之间的金融资产和负债互相抵销,剩下本部门的非金融资产和本部门对其他机构部门的金融资产及负债。一般地,各部门的非金融资产(有形资产、无形资产)及金融资产之和与金融负债是不相等的,前者通常大于后者,这个差额就是资产负债表的“净值”。净值的作用与机构单位资产负债表中的“净值”(也称“资本”或“权益”)基本相同,它既是机构部门资产负债核算上的一个平衡项,同时又是显示机构部门财力物力的重要指标。

机构部门资产负债表的一般表式如表 11—3—10 所示。

如同机构单位资产负债表一样,机构部门资产负债表的基本平衡关系式是:

资产总计=负债总计+净值

或:净值=资产总计—负债总计

表 11－3－10 机构部门资产负债表

资产		负债	
项目	余额	项目	余额
一、非金融资产		一、金融负债	
固定资产		通货	
库存		存款	
其他非金融资产		贷款	
二、金融资产		股票及其他股权	
通货		证券	
存款		保险准备金	
贷款		其他	
股票及其他股权		负债总计	
证券		二、净值	
保险准备金			
其他			
资产总计		负债及净值总计	

3.国民资产负债表

经济总体资产负债表，也叫国民资产负债表。国民资产负债表反映一个国家在一个时点上的资产和负债的总量规模、分布、结构和国民财富及总体经济实力的状况和水平。它是各机构部门资产负债的合并表式，即把所有机构部门的资产负债表合并，再加上国外部分的金融资产负债数据，形成完整的国民资产负债表。

从国民经济各部门核算的角度看，机构部门资产负债表是其必要的组成部分。在由企业核算资料编制部门资产负债表，或者，由部门核算资料编制国民资产负债表时，通常面临着采用何种方法归并有关资料的选择：一种是简单"加总法"，另一种则是所谓"合并法"(这些方法也适合于处理金融流量和某些支流量资料)。两种方法的区别在于，后者是将系统内部(即各单位或各部门之间)的金融债权与债务互相抵消，只保留系统与外部的金融联系。应该说，两种方法并无高下之分，在一定场合都有其特定的分析意义。尤其是，当我们需要着重考察整个金融市场的规模和结构状况时，采用简单加总法较为适宜；而当我们需要强调整个国民经济的财富存量水平时，采用合并法则更为有利。

国民资产负债表一般也采用资产项目×机构部门的排列形式，主栏为资产项目，宾栏为机构部门，在每一部门下设资金使用和资金来源，即资产方和负债方。国民资产负债表的一般表式如表 11－3－11 所示。

表 11-3-11 国民资产负债表

	住户		非金融公司		一般政府		金融公司		NPISH		合计	
	使用	来源	使用	来源	使用	来源	使用	来源	使用	来源	使用	来源
一、非金融资产												
固定资产												
库存												
其他												
二、国内金融资产与负债												
通货												
存款												
贷款												
股票及其他股权												
证券(不含股票)												
保险准备金												
其他												
三、国外金融资产与负债												
长期资本												
短期资本												
四、储备资产												
五、资产负债差额												
合计												

国民资产负债表主宾栏项目的基本平衡关系式为:

(1)各机构部门的“使用”项之和＝合计栏中“使用”项

(2)各机构部门的“来源”项之和＝合计栏中“来源”项

(3)金融总资产＝金融总负债

(4)非金融资产＋金融资产＝金融负债＋净值

(5)合计栏非金融资产＝合计栏资产负债总差额

五、资产负债表的应用分析

利用资产负债表,可以从以下几个方面进行分析:

1.资产负债总量分析

一个国家的国民财富与资产总量是这个国家最基本的核算指标,它的大小是国情国力的主要标志。研究资产负债总量规模,看其拥有多少资产,承担多少债务,可以全面分析一个国家或地区的国民财富、经济实力和生产能力,了解综合国力和基本国情。比如,将各年的国民财富和资产总量列成时间数列,分别计算定基增长速度和环比增长速度,可以反映国民财富在某一较长时期内总的增长情况和各个不同时期财富增长情况,即可进行存量总规模的总量变动分析。另外,把国民财富总量和人口数量联系起来,就可算出每人平均的国民财富水平;把固定资产总量和劳动力数量联系起来,就可得出劳动力的技术装备程度指标;再按行政区划和城乡分组的国民财富资料,便可研究地区间和城乡间经济发展水平的差异程度及其发展变化趋势,便于比较不同地区国民财富总量、人均财富与存量、财富类别结构的特点等。

2.资产负债表结构分析

结构分析通常采用一些比率来进行:

(1)通过对非金融资产中生产资产与全部资产总值的比率计算,可以掌握国民经济的物质基础和生产能力,了解固定资产等重要生产资料的设备更新、技术水平和技术进步程度,把握各行业资本有机构成的变化趋势。

(2)通过对固定资产与存货的比率计算,可分析国家、地区和部门的固定资产与存货规模与结构,从而制定正确的生产、流通和投资政策。

(3)通过对国内金融资产的各种比率计算,结合资金流量表,可以分析金融资产与负债在各机构部门中的流量与流向,了解通货、存款、贷款、股票和证券的分布和规模、来源和使用。

(4)通过对国外金融资产与负债的比率计算,可了解在某一时点上国内通过向国外投资、借款、购买国外股票债券等各种债权,以及国外向国内投入金融资本、国内向国外发行投资债券等各种债务。从而正确制定利用外资计划,合理安排使用外资。

(5)通过对流动资产与全部资产的比率计算,可分析资产的流动性程度。

(6)负债比率的计算。它可用来分析一个国家的债务负担,表明在资产总值中,有多少资产是通过举债获得的。其公式为:

$$负债比率=\frac{负债}{资产总值}$$

$$或:负债对净值比率=\frac{负债}{净值}$$

3.资产负债部门结构分析

通过分析部门资产负债表,可以全面描述和了解住户、非金融公司、政府、金融公司和国外这五个机构部门资产负债的规模、结构、资金来源、使用和变动情况。各机构部门全部资产价值的大小反映了该部门的经济实力,其所占比重的大小则反映它们对经济的影响程度。特别是,资产的部门结构和行业分布反映了生产资源的部门配置情况。因此,资产的部门结构分析就成为进行产业结构分析的基础。

在资产的部门结构分析中,若结合资金流量表,以及从资产负债的来源、使用等角度进行分析,也可反映不同的问题。如结合资金流量表,我们可了解社会资金循环运动过程,从资产负债的来源、使用角度,我们可了解各行业的生产能力等。

4.资产负债的经济效益分析

主要是对国民经济存量和流量的关系进行分析,从多种角度反映资产负债与经济发展的关系和宏观经济效益,评价经济实力和生产能力。主要指标有以下几种:

(1)分析国家的国民财产和国内生产总值之间的数量关系。公式如下:

$$\text{亿元国民财产创造的内生产总值}=\frac{\text{国内生产总值(亿元)}}{\text{国民财产总计(亿元)}}$$

这个指标不但含有直接参加生产的国民财产,而且还包含所有间接参与生产和没有参与生产的国民财产,不仅用来衡量经济效益,而且可以用来衡量一个国家经济发展水平。

(2)分析国内资金使用效益。公式如下:

$$\text{国内资金综合使用效益}=\frac{\text{国民财产合计(亿元)}}{\text{国内金融资产总额(亿元)}}$$

$$\text{贷款利税率}=\frac{\text{利税总额(亿元)}}{\text{国内贷款总额(亿元)}}$$

(3)分析国外资金使用效益。公式如下:

$$\text{国外资金利税率}=\frac{\text{国外资金创造的利税(亿元)}}{\text{使用国外资金总额(亿元)}}$$

思考与练习

1.什么是资产负债核算?

2.什么是经济存量和经济流量?简述两者之间的关系。

3.简述SNA关于生产资产、非生产资产和金融资产的详细分类。

4.对各种资产负债存量进行估价时应遵循哪些原则?

5.在实践中为了取得各种类型资产负债存量的现行价格常常采用哪些估价方法?

6.简述资产负债变化表的基本结构。

7.简述期初和期末资产负债表之间的动态衔接关系。

8.资产负债存量核算数据可用于哪些方面的经济分析?

参考文献

1. 联合国、欧盟委员会、经济合作与发展组织、国际货币基金组织、世界银行编，中国国家统计局国民经济核算司、中国人民大学国民经济核算研究所译．2008年国民账户体系．中国统计出版社，2012年版．
2. 邱东、蒋萍、杨仲山．国民经济核算．经济科学出版社，2002年版．
3. 邱东．国民经济统计学(第二版)．高等教育出版社，2011年版．
4. 邱东．国民经济核算分析．格致出版社、上海人民出版社，2009年版．
5. 蒋萍、杨仲山．货币与金融统计学．立信会计出版社，2006年版．
6. 杨缅昆．GDP及其扩展核算研究概论．中国统计出版社，2007年版．
7. 高艳云．价格指数的理论与方法．中国财政经济出版社，2008年版．
8. 高敏雪等．国民经济核算原理与中国实践．中国人民大学出版社，2006年版、2009年版、2013年版．
9. 杨灿．国民经济统计学——国民经济核算原理．科学出版社，2008年版、2013年版．
10. 杨灿．国民核算与分析通论．中国统计出版社，2005年版．
11. 高玲芬．国民经济核算概论．浙江工商大学出版社，2013年版．
12. 广东商学院国民经济研究中心．国民经济发展与国民经济核算．经济科学出版社，2011年版．
13. 王德发、朱建中．国民经济核算概论．上海财经大学出版社，2006年版．
14. 韩云虹．国民经济核算与分析．经济科学出版社，2005年版．
15. 钱伯海．国民经济核算原理．中国经济出版社，2001年版．
16. 王金南．绿色国民经济核算．中国环境科学出版社，2009年版．
17. 周国梅、周军．绝色国民经济核算：国际经验．中国环境科学出版社，2009年版．
18. 朱启贵．绿色国民经济核算论．上海交通大学出版社，2005年版．
19. 向蓉美等．国民经济核算及分析．西南财经大学出版社，2005年版．
20. 朱之鑫、许宪春．中国不变价国内生产总值核算方法研究．北京大学出版社，2012年版．
21. 李宝瑜．国民经济统计分析．中国统计出版社，2002年版．
22. 邱东．国民经济统计学．中国统计出版社，1992年版．
23. [德国]彼得·冯德利普．经济统计学．德国联邦统计局，1997年版．
24. 许宪春．当前我国收入分配研究中的若干问题．比较，2011(6)．
25. 许宪春．准确理解中国的收入、消费和投资．中国社会科学，2013(2)．
26. 许宪春．财产收入与其他几种类型收入的区分问题．财贸经济，2013(2)。
27. 许宪春．经济分析与统计解读(2012—2013)．北京大学出版社，2013年版．
28. 国民统计局国民经济核算司．中国国民经济核算．中国统计出版社，2004年版．
29. 李连友．国民经济核算学．经济管理出版社，2001年版．
30. 颜日初、徐唐先．国民经济统计学．中国财政经济出版社，1999年版．
31. 赵彦云．国民经济核算教程．中国统计出版社，2000年版．

32. 王德发、朱建中．国民经济核算概论．上海财经大学出版社，2006 年版．
33. 彭志龙．关于我国宏观收入分配的概念界定与核算．http://www.stats.gov.cn.
34. 李连友．论收入分配和使用核算与经济分析应用．http://www.stats.gov.cn.
35. “SNA 的修订与中国国民经济核算体系改革”课题组．SNA 的修订及对中国国民经济核算体系改革的启示．统计研究，2012(6).
36. “SNA 的修订与中国国民经济核算体系改革”课题组．SNA 关于生产资产的修订及对中国国民经济核算的影响研究．统计研究，2012(12).
37. “SNA 的修订与中国国民经济核算体系改革”课题组．SNA 关于政府发放许可收费的处理及中国税费核算的梳理．统计研究，2012(1).
38. “SNA 的修订与中国国民经济核算体系改革”课题组．SNA 关于雇员股票期权核算方法的研究及其对中国国民经济核算的影响．统计研究，2013(7).
39. “国家统计局固定资产投资统计制度方法改革”课题组．俄罗斯、波兰固定资产投资统计制度和固定资本形成总额核算方法研究．统计研究，2013(6).
40. 刘伟．“2008 SNA 对非金融资产的修订及影响分析．统计研究，2010(11).
41. 刘伟．生产和进口税核算的理论分析与启示．统计研究，2013(2).
42. 李静萍．贵重物品核算浅议．统计研究，2006(7).
43. 陈杰．关于非金融资产的分类和术语的修订问题．统计研究，2008(12).
44. 许涤龙、周光洪．SNA 关于金融工具核算方法的修订．统计研究，2009(9).
45. 许涤龙、周光洪、陈艳军．SNA 关于非金融资产和金融资产分类的修订．统计与信息论坛，2009(2).
46. 许涤龙、周光洪．SNA 关于知识产权产品核算方法的修订．统计与信息论坛，2009(5).
47. 魏和清．SNA2008 关于 R&D 核算变革带来的影响及面临的问题．统计研究，2012(11).
48. 杨仲山、何强．国民经济核算体系(1993SNA)修订问题研究．东北财经大学出版社，2008 年版．
49. 陈梦根．2008SNA 对金融核算的发展及尚存议题分析．财贸经济，2011(11).
50. 国家统计局国民经济核算司．中国经济普查年度资金流量表编制方法．中国统计出版社，2007 年版．
51. 郑菊生、卞祖武．国民经济核算体系原理——宏观经济统计学．上海财经大学出版社，2000 年版．
52. 杨廷干、刘小瑜、蔡定萍．国民经济核算——理论、方法及应用．经济管理出版社，1998 年版．